INTEGRIDADE INTENCIONAL

INTEGRIDADE INTENCIONAL

Como Empresas Inteligentes Podem Liderar uma Revolução Ética

ROBERT CHESNUT

EX- CHIEF ETHICS OFFICER DO AIRBNB

COM JOAN O'C. HAMILTON

ALTA BOOKS
E D I T O R A
Rio de Janeiro, 2021

Integridade Intencional

Copyright © 2021 da Starlin Alta Editora e Consultoria Eireli. ISBN: 978-65-5520-395-0

Translated from original Intentional integrity : how smart companies can lead an ethical revolution. Copyright © 2020 by St. Martin's Press. ISBN 9781250272478. This translation is published and sold by permission of f St. Martin's Publishing Group, the owner of all rights to publish and sell the same. PORTUGUESE language edition published by Starlin Alta Editora e Consultoria Eireli, Copyright © 2021 by Starlin Alta Editora e Consultoria Eireli.

Todos os direitos estão reservados e protegidos por Lei. Nenhuma parte deste livro, sem autorização prévia por escrito da editora, poderá ser reproduzida ou transmitida. A violação dos Direitos Autorais é crime estabelecido na Lei nº 9.610/98 e com punição de acordo com o artigo 184 do Código Penal.

A editora não se responsabiliza pelo conteúdo da obra, formulada exclusivamente pelo(s) autor(es).

Marcas Registradas: Todos os termos mencionados e reconhecidos como Marca Registrada e/ou Comercial são de responsabilidade de seus proprietários. A editora informa não estar associada a nenhum produto e/ou fornecedor apresentado no livro.

Impresso no Brasil — 1ª Edição, 2021 — Edição revisada conforme o Acordo Ortográfico da Língua Portuguesa de 2009.

Produção Editorial Editora Alta Books **Gerência Editorial** Anderson Vieira **Gerência Comercial** Daniele Fonseca	**Produtores Editoriais** Illysabelle Trajano Thiê Alves **Assistente Editorial** Luana Goulart	**Coordenação de Eventos** Viviane Paiva eventos@altabooks.com.br **Assistente Comercial** Filipe Amorim vendas.corporativas@altabooks.com.br	**Editor de Aquisição** José Rugeri j.rugeri@altabooks.com.br **Equipe de Marketing** Livia Carvalho Gabriela Carvalho marketing@altabooks.com.br
Equipe Editorial Ian Verçosa Maria de Lourdes Borges Raquel Porto Thales Silva	**Equipe de Design** Larissa Lima Marcelli Ferreira Paulo Gomes	**Equipe Comercial** Daiana Costa Daniel Leal Kaique Luiz Tairone Oliveira	
Tradução Diego Franco Gonçales **Copidesque** Raquel Escobar	**Revisão Gramatical** Alessandro Thomé Flavia Carrara	**Diagramação** Rogerio Passos	**Capa** Marcelli Ferreira

Publique seu livro com a Alta Books. Para mais informações envie um e-mail para **autoria@altabooks.com.br**

Obra disponível para venda corporativa e/ou personalizada. Para mais informações, fale com **projetos@altabooks.com.br**

Erratas e arquivos de apoio: No site da editora relatamos, com a devida correção, qualquer erro encontrado em nossos livros, bem como disponibilizamos arquivos de apoio se aplicáveis à obra em questão.
Acesse o site **www.altabooks.com.br** e procure pelo título do livro desejado para ter acesso às erratas, aos arquivos de apoio e/ou a outros conteúdos aplicáveis à obra.

Suporte Técnico: A obra é comercializada na forma em que está, sem direito a suporte técnico ou orientação pessoal/exclusiva ao leitor.

A editora não se responsabiliza pela manutenção, atualização e idioma dos sites referidos pelos autores nesta obra.

Ouvidoria: ouvidoria@altabooks.com.br

Dados Internacionais de Catalogação na Publicação (CIP) de acordo com ISBD

C524i   Chesnut, Robert
Integridade Intencional: Como Empresas Inteligentes Podem Liderar uma Revolução Ética / Robert Chesnut ; traduzido por Diego Franco Gonçales. - Rio de Janeiro : Alta Books, 2021.
320 p. ; 16cm x 23cm.

Tradução de: Intentional Integrity
Inclui índice e apêndice.
ISBN: 978-65-5520-395-0

1. Administração de empresas. 2. Empresas inteligentes. 3. Ética. I. Gonçales, Diego Franco. II. Título.

2021-1752   CDD 658
                  CDU 005

Elaborado por Vagner Rodolfo da Silva - CRB-8/9410

Rua Viúva Cláudio, 291 — Bairro Industrial do Jacaré
CEP: 20.970-031 — Rio de Janeiro (RJ)
Tels.: (21) 3278-8069 / 3278-8419
www.altabooks.com.br — altabooks@altabooks.com.br
www.facebook.com/altabooks — www.instagram.com/altabooks

Para minha família:
minha esposa, Jillian;
meus filhos, Bianca e Cliff;
meus pais, Kitty e Bob;
minha família estendida, Justin, Amanda, Blake, Nick e Brock;
e, claro, Uncle Brother

Sumário

Introdução: Levantem as mãos?
Uma nova abordagem para a integridade — 1

1. Espiões, jarts e racismo: as raízes dos embates na cultura corporativa — 21

2. Os Seis Cs: etapas fundamentais para encorajar a integridade no trabalho — 37

3. C de Chefe: a integridade vem de cima — 46
   Momento Codificado 1: Regina e o Texto Revelador — 64
   Momento Codificado 2: Quem é Seu Cliente, Charlie? — 65

4. Quem somos? Definindo o significado de integridade para sua empresa — 66
   Momento Codificado 3: Paul, Serena e um Pato Morto — 83
   Momento Codificado 4: Um Dilema Não Muito Suave — 84

5. Sabotando a missão: os 10 problemas de integridade mais comuns — 87
   Momento Codificado 5: O Jogo Começa, a Vibe Termina — 115
   Momento Codificado 6: Só Mais Um Intervalo para Tequila — 116

Momento Codificado 7: Marty e o Constrangimento Midiático 116
Momento Codificado 8: Defina "Acadêmico" 117

6. Renove, detone, repita: comunicando a integridade 119

Momento Codificado 9: Tory e as Dez Folhas Sulfite 135

Momento Codificado 10: Ganha-ganha-ganha, ou Nenhuma Boa Ação Fica Sem Punição? 136

7. Tapete vermelho para as reclamações: um processo de denúncia descomplicado e seguro 137

Momento Codificado 11: No Xerox 151
Momento Codificado 12: A Culpa é do Rio 151

8. Quando o inevitável acontece: consequências adequadas para violações éticas 152

Momento Codificado 13: Pirataria de Senhas 171

9. De olho nos cenários: monitorando a cultura corporativa contra sinais de encrenca 172

Momento Codificado 14: Três Ratos Cegos 184

10. Cara, não é que você "não sabe flertar": transgressões sexuais no trabalho 185

Momento Codificado 15: Sam, Ela Não Está a Fim de Você 204
Momento Codificado 16: "Claro, Entendi Perfeitamente" 205

11. Seu cliente o define: expandindo a integridade a uma comunidade 206

Conclusão

Um superpoder para nossos tempos 219

Apêndice: Discussão dos Momentos Codificados 239

Posfácio 283

Agradecimentos 295

Notas 299

Índice 307

INTEGRIDADE INTENCIONAL

Introdução

Levantem as mãos?
Uma nova abordagem para a integridade

Eu olho para a sala cheia, com cerca de cinquenta novos contratados, e disparo a pergunta que sempre provoca risos desconfortáveis e olhares de soslaio:

"Levantem as mãos. Quem neste grupo é íntegro?"

Eu espero.

Algumas mãos sobem rápido. Outras vão até a metade, os recém-contratados virando a cabeça para examinar a sala, como que se perguntando: "Será que devo levantar minha mão?"

"Poucos", eu observo, sorrindo.

Risadas quebram a tensão e se transformam em silêncio; as mãos começam a abaixar. As pessoas se mexem nas cadeiras.

É assim que começa — uma conversa direta e transparente com os novos funcionários, geralmente agradável, mas às vezes desconfortável, sobre o que significa ter Integridade Intencional no local de trabalho.

◆

Em 2016, ingressei no Airbnb como consultor jurídico. Fundada em 2008 por três jovens de vinte e poucos anos que alugavam colchões infláveis em um pequeno apartamento de São Francisco, a empresa agora ajuda dezenas de milhões de viajantes a se conectar com acomodações únicas. Os fundadores do Airbnb foram pioneiros na "economia compartilhada", na qual plataformas da internet

2 Integridade Intencional

como eBay, Uber, Lyft, Turo, Upwork, Poshmark e muitas outras impulsionam o potencial existente em tudo, de hospedagem e obras de arte a roupas e veículos.

Muitas dessas empresas, inicialmente elogiadas e celebradas como inovadoras, agora se encontram no centro de importantes debates sobre o impacto da tecnologia na sociedade. Os políticos e a imprensa estão fazendo perguntas difíceis sobre os impactos mais significativos: plataformas como a Upwork, por exemplo, estão permitindo formas flexíveis de trabalho que liberam o potencial humano ou estão apenas permitindo que as grandes empresas explorem os trabalhadores "temporários"? As empresas de caronas oferecem novas fontes de renda e tornam as ruas mais seguras ou são uma coleção de operadores não regulamentados com muitas informações sobre aonde os clientes estão indo? O Airbnb está ajudando milhares de pessoas a aproveitar o espaço não utilizado para aumentar sua renda ou está reduzindo a qualidade de vida nos bairros? Devemos alimentar essas plataformas? Regulá-las? Taxá-las? Ou acabar com elas?

Por mais de três anos, gerenciei uma equipe jurídica global que enfrentava essas questões diariamente e trabalhava com questões jurídicas que afetavam nosso modelo de negócios em mais de 190 países e mais de 100 mil cidades. Às vezes, era enlouquecedor. Em um minuto, estávamos preocupados com conflitos regionais no exterior; no outro, com uma medida de alguma cidade pequena relativa a aluguel de curto prazo. Tivemos que descobrir como lidar com supremacistas brancos nos Estados Unidos, que haviam aconselhado seus apoiadores a permanecer em Airbnbs enquanto viajavam para eventos políticos. E havia os deveres típicos de qualquer equipe jurídica, como preparar contratos e gerenciar disputas.

No mundo ideal, plataformas como a nossa fariam parcerias com líderes governamentais de todos os níveis e se concentrariam em resolver pelo menos alguns desses desafios com soluções políticas bem fundamentadas. No entanto, isso se tornou muito difícil de ser feito. A política se fragmentou, e os problemas de nosso mundo se tornaram muito complexos. E embora tenhamos evitado com sucesso os tipos de escândalos que atormentaram tantas outras empresas, ainda assim entendo por que os políticos — e, mais importante ainda, o público — às vezes desconfiam das intenções corporativas. Abuso sobre a privacidade de dados, má conduta sexual, ganância no autogerenciamento e vários outros casos de comportamento arrogante contribuíram para a erosão da confiança do público nas instituições em geral.

Isso pode parecer pessimista, mas sou otimista por natureza e estou mais convencido do que nunca de que, hoje, todas as empresas têm uma grande oportunidade de entrar no vácuo da liderança e traçar um caminho ético e proativo benéfico para todos os interessados. As partes relevantes de uma empresa geralmente são os clientes, os funcionários, os parceiros, os fornecedores, as comunidades nas quais operam e, sim, os acionistas e investidores. Mas, para mim, especialmente vindo de uma empresa de plataforma global, "partes relevantes" significa todo o mundo. Literalmente. Acredito que as empresas de tecnologia podem deixar o mundo melhor, e não apenas mais digital. E se empresas de todos os tamanhos, em todos os setores, se comprometerem com princípios como a promoção de cadeias éticas de suprimentos, redução da emissão de carbono e um compromisso pelo combate à discriminação de todos os tipos, essas organizações estão prontas para desempenhar um papel de ponta e assumir uma liderança significativa e positiva.

Mas aqui está o pulo do gato: para ser levado a sério, para ter o impacto de que estou convencido que eles podem ter, os líderes empresariais devem adotar o que chamo de Integridade Intencional.

◆

Integridade Intencional não é só uma promessa de agir virtuosamente. Significa fazer um esforço sério e rigoroso para, primeiro, identificar o objetivo de uma organização e os valores que ela representa; depois, desenvolver regras específicas que reflitam esses valores; e, por fim, defender a importância de seguir as regras em todos os lugares — e níveis — de uma empresa. Geralmente, não é uma jornada em linha reta, e você precisa estar preparado para contratempos. Mas, na minha experiência, o esforço pode oferecer tanto sucesso nos negócios quanto valor social positivo. De fato, há evidências crescentes de que não estabelecer confiança e ignorar questões importantes para toda a lista de partes interessadas de uma organização prejudicará o desempenho da empresa.

4 Integridade Intencional

Indo aos detalhes

Quando eu estava terminando este livro, no outono de 2019, migrei de minha função de consultor geral do Airbnb para a administração do setor de ética da empresa. Fiz a mudança porque o programa Integrity Belongs Here [A Integridade é Natural Daqui, em tradução livre] que começamos no Airbnb teve um impacto tão grande em nossa organização e nos indivíduos, que eu queria ter a chance de me concentrar ainda mais em ética e levar nossas ideias para a comunidade empresarial. (Eu nunca poderia imaginar a turbulência que surgiria apenas alguns meses depois, à medida que a Covid-19 se espalhava pelo mundo. No posfácio, abordo o tópico da integridade durante uma crise, material adicionado após este livro estar finalizado e pronto para a publicação.)

Ao ler, você perceberá que sempre tive um fascínio pela ética e por motivar comportamentos positivos. Esse foi um aspecto importante em todos os empregos que já tive, começando pelos meus anos como promotor federal. Mas no cenário corporativo, para alcançar a mudança que quero ver, comecei a pensar na integridade de uma maneira mais específica.

✦

O que pôs essas ideias em movimento foi que, logo após minha chegada ao Airbnb, houve uma explosão de notícias envolvendo escândalos em empresas de tecnologia. Alguns dos piores casos aconteceram literalmente na mesma rua de nosso escritório, em São Francisco. As acusações variaram de assédio sexual, venda ilegal de dados de clientes a estrangeiros e até fraude total (no caso da Theranos). Os gigantes da tecnologia — Facebook, Uber, Google — estavam sendo convocados a torto e a direito para testemunhar perante o Congresso, e a mídia os tratava como os garotos-propaganda da arrogância e da liderança antiética.

A má conduta não se limita à tecnologia, é claro. Em muitos setores, o comportamento antiético acarretou, nos últimos anos, uma mancha em marcas antes orgulhosas e respeitadas, como a Volkswagen e, mais recentemente, a Boeing. Há, ainda, o movimento #MeToo, motivado por uma longa lista de executivos e figuras da mídia que se envolveram em anos de comportamento inapropriado com funcionários mais jovens, resultando em escândalos, demissões e, em alguns casos, ações judiciais e até acusações criminais. Várias universidades de renome estão em destaque por permitir que os alunos ingressassem usando credenciais atléticas fraudulentas. Até organizações como os escoteiros e a Igreja Católica foram expostas por encobrir milhares de agressões sexuais. A lista é deprimente.

Em mim, causou preocupação esse grande número de escândalos. Pensei: "Essas situações são erradas e ultrajantes. E o fracasso das lideranças dessas organizações está causando danos terríveis a indivíduos e destruindo a confiança nessas marcas. Como conselheiro geral do Airbnb, não posso simplesmente ficar sentado aqui com os braços cruzados. Preciso fazer algo proativo para garantir que todos os funcionários do Airbnb" — e àquela altura tínhamos milhares — "percebam que esse comportamento não é bom. Preciso tentar impedir que nossa empresa vire uma constante nesse tipo de manchete."

Fui para o Airbnb, em primeiro lugar, porque fiquei impressionado com a liderança do CEO Brian Chesky e sua equipe. Eu tanto ouvi outros falarem quanto observei em primeira mão que eles tinham um estilo maduro e atencioso, raro de se encontrar entre os jovens empreendedores da tecnologia. Eles exalam um sincero senso de missão — criam uma sensação de fazer parte do mundo. Brian fala muito sobre isso, e você escuta funcionários de todo o mundo se referindo constantemente a essa missão.

No entanto, a realidade brutal é a de que você pode ter grandes líderes e as intenções corretas, mas isso não é suficiente. Um número muito pequeno de funcionários mal-intencionados pode ter um impacto negativo muito grande em sua reputação. Você precisa, portanto, de um compromisso deliberado e intencional para promover e impor regras específicas ajustadas aos negócios e à cultura exclusiva de sua empresa. É preciso haver um ambiente em que essas regras sejam amplamente compartilhadas na empresa e discutidas abertamente de maneira positiva, para que essas pessoas se sintam inseridas na cultura. É preciso haver consequências justas e adequadas para quem quebrar essas regras.

É um desafio contra o qual muitos bons líderes admitem lutar. Fui aluno na Universidade da Virgínia, que enfatiza há muito tempo seu código de honra, mas até eu e o reitor James E. Ryan conversamos que criar uma cultura ética é algo que nunca acaba. Ainda que Ryan reforce constantemente mensagens de integridade e honra, ele admite que, no fim das contas, "a reputação da instituição ainda corre risco se apenas uma pessoa deixar de acatar a essa mensagem".

◆

No Airbnb, tomei duas decisões. Primeiro, precisávamos escrever um código de ética específico para a missão e o modelo de negócios exclusivos do Airbnb. Segundo, não terceirizaríamos a comunicação desse código ao apenas fazer com que os funcionários assistissem a um vídeo chato criado por terceiros. Os riscos eram muito altos, e as ameaças, grandes demais.

Elaboramos, então, um código por escrito (sobre o qual falarei mais adiante), e comecei a viajar e a abordar pessoalmente funcionários de todo o mundo sobre o tema Integrity Belongs Here [A Integridade é Natural Daqui]. E, serei sincero: quase todo mundo admite que teme falar sobre ética corporativa. Mas a boa notícia é que a maioria acaba gostando e até quer aprender mais.

✦

Como indiquei antes, sempre começo essas sessões perguntando: "Quem aqui tem integridade?" Então, durante essas sessões ou em conversas posteriores, os funcionários me fazem mais perguntas sobre essa pergunta:

"Você está perguntando se sou honesto?"
"Isso significa respeitar a letra da lei?"
"Isso tem algo a ver com a lei?"
"Integridade é o mesmo que lealdade?"
"Você quer dizer algo muito específico ou a integridade é uma coisa subjetiva?"

Minha impressão é a de que a maioria das pessoas pensa o seguinte: "Eu sou uma boa pessoa, então é claro que tenho integridade." Mas essas perguntas me mostram como é vital que os funcionários entendam exatamente o que a organização espera deles. Caso contrário, eles ficam vulneráveis ao que chamo de *armadilha da integridade*. A armadilha da integridade é um raciocínio circular que funciona da seguinte maneira: como acredito que tenho integridade, ela me indicará a coisa certa a fazer quando eu encontrar um dilema. Escolherei a solução íntegra. Mesmo que eu quebre uma regra, tudo bem, porque eu obviamente tenho um bom motivo.

Na verdade, não está tudo bem.

Precisamos de mais cerejeiras

A palavra "integridade", é claro, sugere um senso fundamental de honestidade, de se comportar com civilidade e justiça. Houve um tempo em que cada aluno dos Estados Unidos aprendia a história de como a integridade de George Washington se fez notar desde quando ele era muito jovem. Ele supostamente cortou uma cerejeira quando menino (embora provavelmente não tenha feito isso, mas é assim que a história foi contada) e, quando questionado, admitiu sua culpa, acrescentando: "Não posso mentir." A história pode ser inspiradora, mas nossa sociedade parece ter evoluído a um ponto em que ensinar a criança a importância de dizer a verdade e assumir a responsabilidade por seus erros não é uma prioridade para alguns pais. Os escândalos recentes de fraude e suborno em algumas das principais universidades norte-americanas reforçam isso.

Então, sim, a integridade no local de trabalho é "fazer a coisa certa". Também gosto do comentário amplamente atribuído a C. S. Lewis (mas ele não disse isso, infelizmente) de que integridade é fazer a coisa certa "mesmo quando ninguém mais está vendo". Mas admito que hoje os locais de trabalho são muito diferentes, pois nem sempre fica claro qual é a coisa certa a se fazer. Nosso ambiente de trabalho no Airbnb, como a maioria, está se tornando cada vez mais diversificado e global, o que significa que não há um conjunto comum de valores, nenhuma religião, nenhum conjunto de ética ou moral acordado que trazemos para esse novo ambiente de trabalho altamente conectado. Cada um de nós tem seu próprio histórico, seu próprio senso de certo e errado e suas próprias crenças sobre o que é apropriado. Estamos lutando para promover o companheirismo e a confiança; ao mesmo tempo, percebemos que o que uma pessoa considera um abraço amigável pode ser desconfortável para a pessoa a quem isso é oferecido. O mundo está mudando rapidamente, forçando-nos a considerar novos temas — como quem é o dono dos nossos dados no mundo virtual — para os quais nem sempre existem normas estabelecidas.

Embora os códigos de ética tenham muitos temas em comum, na verdade, não existe uma lista de regras que funcione para todas as empresas. Em vez disso, a finalidade é a de que as empresas determinem e declarem intencionalmente quais são seus valores, e todos os funcionários, de todos os níveis, inclusive a alta administração, devem concordar em se comportar de *maneira consistente com os valores aos quais se comprometeram a aderir* — mesmo quando é difícil, mesmo quando outro caminho também tem valor para o indivíduo ou para os outros. Não é apenas um exercício a ser feito do alto escalão ao mais baixo. No nível mais alto da empresa, isso significa que os líderes concordam em aderir às mesmas regras que se aplicam a todos os outros e em administrar a partir dessas regras. Por exemplo, um gerente que desconsidere as regras só até alguém de quem não gosta as violar deve ser responsabilizado por transgredir o espírito das regras.

Ao longo dos anos, liderei equipes jurídicas e atuei como consultor em mais de uma dúzia de empresas e organizações sem fins lucrativos. Ouvi muitas versões da armadilha da integridade entre funcionários de todos os níveis: "Peraí, não somos pagos direito, e você vai pegar no meu pé por causa de um relatório de despesas?" Ou: "Não mencionei que meu irmão é o dono da gráfica que eu contratei porque sabia que poderia negociar com ele um acordo melhor do que conseguiríamos com qualquer outra pessoa. Confie em mim!" Uma vez tive que demitir um líder que agrediu outro funcionário em uma festa de Natal. "Eu nunca faria algo assim, mas eu estava bebaço", argumentou. Nós o demitimos, e também o seu *alter ego*.

Manter líderes, funcionários e empresas fora das armadilhas da integridade é uma das razões pelas quais estou escrevendo este livro. A ambiguidade é a inimiga da integridade.

O silêncio e os incentivos mal planejados criam armadilhas de integridade. A Integridade Intencional requer um processo deliberado, não só um anúncio da implementação da política.

A boa notícia é que criar um local de trabalho com um forte senso de integridade é algo mais bem-vindo do que muitos imaginam.

A verdade é fundamental

No início de 2019, a empresa de relações públicas global Edelman lançou seu 19º Edelman Trust Barometer[1] [Barômetro Edelman de Confiabilidade, em tradução livre], que rastreia tendências na opinião pública envolvendo confiança em instituições como a mídia e o governo, bem como no local de trabalho. De acordo com o CEO da empresa, Richard Edelman, "as pessoas têm pouca confiança de que as instituições da sociedade as ajudarão a navegar por um mundo turbulento, portanto, elas estão se voltando para um relacionamento crítico: com seu empregador".

Eu já estava trabalhando neste livro quando esses dados aterrizaram na minha mesa. Essas descobertas me inspiram, dado que refletem o que vejo todos os dias quando falo com nossos funcionários e leio as manchetes sobre empresas que enfrentam o escrutínio público e respostas barulhentas e litigiosas de sua força de trabalho. Apesar da frustração e dos erros de muitas empresas, os funcionários querem se orgulhar de onde trabalham; eles desejam ser o que Edelman chama de "parceiros na mudança" com seus empregadores. Edelman diz: "Essa mudança significativa nas expectativas dos funcionários abre uma enorme oportunidade para os empregadores ajudarem a reconstruir a confiança da sociedade, pois a população, em geral, entende que as empresas são capazes de ganhar dinheiro e melhorar a sociedade (73%)."[2]

O estudo de confiabilidade da Edelman reforçou que os funcionários procuram líderes que falem e esclareçam os limites e estabeleçam expectativas claras de como os funcionários devem se tratar, interagir com parceiros e representar os valores da empresa para os clientes. E, o mais importante, que sejam eles próprios um modelo de comportamento correto.

Isso faz total sentido. O caminho para a integridade requer comprometimento, foco e atenção *de todos*. O que torna a Integridade Intencional um conceito tão poderoso é que ela significa perguntar "qual é a coisa certa a fazer?" com tanta frequência, que acabará se tornando um reflexo, não uma distração. O retorno do investimento para reforçar a importância de fazer a coisa certa é medido não apenas pelos problemas que você evita, mas pela confiança criada dentro de uma organização e entre as partes relevantes.

✦

Por exemplo, no Airbnb, minha equipe de consultores de ética e eu estamos debatendo uma pergunta que não é de forma alguma um escândalo emergencial. Uma de nossas recrutadoras internas conseguiu a contratação bem-sucedida de um funcionário altamente qualificado. Depois de aceitar nossa oferta, o novo funcionário enviou à recrutadora uma carta de agradecimento e um cartão presente de US$200 como prova de sua gratidão. Um brinde bastante generoso, certo? A recrutadora, observando que um simples bilhete seria suficiente, imediatamente procurou nossa equipe de ética, sem saber se isso representava uma forma proibida de presentear.

O Airbnb tem um conjunto específico de regras que regem os presentes, incluindo uma que proíbe os funcionários de aceitar presentes avaliados em mais de US$200 dados por fornecedores. Também somos firmes na decisão de que os funcionários de atendimento ao cliente que interagem com nossos convidados e anfitriões não podem aceitar estadias gratuitas ou qualquer outro tipo de presente. No entanto, não temos uma política sobre funcionários que dão presentes uns aos outros. Isso nunca foi um problema para nós antes.

Nossos trinta consultores de ética são copiados em todos os e-mails enviados à nossa caixa de entrada de ética. A mensagem sobre o vale-presente provocou reações animadas em muitos deles. Alguns disseram que não parecia um problema — já que o novo funcionário agora estava efetivamente desligado da recrutadora. Não havendo relacionamento, onde estaria o conflito de interesses? Outros acharam inapropriado e sugeriram que a recrutadora devolvesse o cartão, preocupados com a possibilidade de o empregado enviar amigos desempregados para ela. Foi fascinante para mim ver o grupo dedicar tanta energia a resolver um evento relativamente pequeno e isolado.

Pessoalmente, estou inclinado a pensar que esse presente é incomum, mas não antiético. Os recrutadores não contratam; eles apresentam listas de candidatos, que serão contratados ou não por um gerente, com base em seus méritos. Mas a razão pela qual eu trouxe esse assunto à tona é porque acredito que isso mostra que nosso pessoal confia na maneira com que abordamos a ética. O fato de o primeiro instinto da recrutadora ter sido verificar se isso estava correto indica que os funcionários estão ouvindo as mensagens que estamos enviando: a integridade é importante. Pense antes de agir. Pergunte se você não tiver certeza de que está prestes a fazer a coisa certa. As pessoas só fazem perguntas como essa quando confiam em você e sentem que você as tratará com respeito. É por isso que espero que as empresas superem o que me explicou Dan Ariely, pesquisador da Universidade Duke: é uma tendência básica da maioria das pessoas agir de maneira interessada e racionalizar situações em que elas ganham algo se acreditam que não serão descobertas ou punidas. Nossa recrutadora não precisava nos contar sobre o vale-presente, mas ela se convenceu de que perguntar era a coisa certa a se fazer.

✦

Acredito que um diálogo aberto e respeitoso gera confiança em qualquer organização. Em 2018, um relatório da consultoria mundial Accenture sugeriu que as empresas colocariam em risco uma receita considerável se não investissem em medir, gerenciar e exibir confiança como um valor organizacional. O relatório da Accenture, *The Bottom Line on Trust* [O Resultado da Confiabilidade, em tradução livre], observou: "Em um passado não muito distante, a confiança era considerada um problema corporativo leve." Em outras palavras, era algo que os líderes de uma empresa focavam após o trabalho duro de gerar lucros. Não mais. Hoje, "as empresas precisam executar uma estratégia equilibrada que priorize a confiança tanto quanto o crescimento e a lucratividade. Aqueles que o fazem se beneficiam de maior resiliência a incidentes de confiança, tornando-se mais competitivos. Aqueles que não o fazem colocam em risco bilhões em receita futura."[3]

Segundo a Accenture, a confiança é vital para as empresas sobreviverem às dinâmicas mutáveis da globalização e ao aumento da transparência. A empresa desenvolveu o que chamou de Competitive Agility Index [Índice de Agilidade Competitiva, em tradução livre], que prevê o impacto financeiro de "incidentes de confiança" negativos, como escândalos ou revelações de hipocrisia comportamental. Eles concluíram que hoje os clientes punem as empresas por mau comportamento ao reterem seus negócios. De acordo com o cálculo da Accenture, por exemplo, "uma empresa de varejo de US$30 bilhões experimentando uma queda substancial na confiança deve perder US$4 bilhões em receita futura".

Vamos conversar. De verdade

Como começar essa jornada para recuperar e nutrir a confiança? Tendo algumas conversas sinceras e diretas. O problema é que a maioria das empresas não fala muito sobre integridade. Muitas parecem temer que isso atraia atenção indesejada, escrutínio ou acusações de hipocrisia. Outras temem que tentativas de reforçar ativamente a integridade ou outros conceitos de interação no local de trabalho, como "empatia assertiva" ou "civilidade", sejam vistas como ferramentas para avançar ainda mais os propósitos dos poderosos. Oficiais jurídicos que lidam em primeira mão com as consequências de atos problemáticos de empresas e funcionários podem se sentir profissionalmente restringidos de abordar grandes questões e falar sobre fatos, motivos e dilemas não relatados. Enquanto isso, alguns líderes dizem que simplesmente não querem parecer "mais íntegros" ou que estão "sinalizando virtude" apenas para fins de relações públicas.

Como resultado, muitas empresas fazem com que seu departamento de recursos humanos baixe um modelo de código de ética, coloque seu logotipo e o envie por e-mail para que seus funcionários leiam e concordem. Eles penduram no refeitório um pôster laminado criado por uma empresa de *compliance*, com informações legalmente exigidas sobre como registrar reclamações em várias agências estaduais. Pedem que seus funcionários assistam a um vídeo sobre assédio sexual. E então nunca mais falam sobre ética, e os advogados só podem torcer para que, se algo der errado, o escasso documento no refeitório seja seu escudo jurídico.

Não há proteção contra os danos que a falta de integridade pode causar. E o problema é que o silêncio quanto à integridade cria ambiguidades sobre o certo e o errado que deixam todos na organização um pouco confusos e nervosos. Lamentavelmente, uma minoria de pessoas explorará esse silêncio desconfortável para racionalizar o comportamento egoísta, portanto, a falta de especificidade sobre os valores que uma organização espera que seus funcionários e gerentes sigam é uma das razões pelas quais temos tantas crises éticas em erupção.

Está claro para mim que a pressão para que as empresas ajam de forma ética está surgindo entre suas próprias hierarquias. Muitos funcionários não estão mais satisfeitos em apenas receber seus salários — eles querem entender as linhas que seus empregadores cruzarão ou não. Alguns funcionários, e particularmente os millennials, veem seus empregadores como algo inseparável de sua própria identidade. Quando uma empresa comete um erro ou toma uma decisão controversa, isso se torna público, sendo compartilhado nas redes sociais, visível para os amigos de seus funcionários questionarem. Se surgirem evidências de que a empresa está lançando grandes quantidades de carbono no ar ou explorando o trabalho infantil no exterior, os funcionários exigirão respostas e poderão fazer uma paralisação ou até pedir as contas, caso não gostem do que ouviram. E suas ações podem inspirar ou ampliar boicotes de consumidores ou levar os clientes a consumirem em outro lugar.

Em 2018, mais de 600 funcionários da Salesforce assinaram uma petição exigindo que a empresa rescindisse seu contrato com a Alfândega e o serviço de Proteção de Fronteiras dos EUA, em protesto contra o governo Trump e sua política de separar crianças imigrantes de seus pais na fronteira.[4] Em junho de 2019, funcionários da Wayfair fizeram uma paralisação para protestar contra a venda de camas e utensílios domésticos a um cliente da empresa — ele enviava os produtos para uma instalação no Texas, projetada para abrigar crianças imigrantes detidas.[5] Funcionários do Google fizeram manifestações para protestar contra executivos que recebem indenizações generosas após serem acusados de assédio sexual. Eles também se manifestaram contra o uso obrigatório e confidencial de mediação judicial no Google.[6] A imprensa descobriu um grupo "privado" do Facebook, onde 18 mil funcionários da Amazon, descontentes com o pagamento e a carga de trabalho, rotineiramente publicavam suas reclamações.[7]

Ampliando o apoio

Líderes inteligentes em muitos campos, incluindo o da tecnologia, estão vendo esses protestos públicos por parte dos funcionários e percebendo que é importante que os administradores das empresas pensem mais profundamente sobre ética e integridade e o que suas empresas representam. Por exemplo, o cofundador do LinkedIn, e agora capitalista de risco, Reid Hoffman, e eu nos conhecemos quando eu trabalhava no eBay e ele era COO no PayPal. Você não encontrará um defensor de tecnologia mais sonoro do que Reid, mas ele e eu conversamos recentemente sobre CEOs narcisistas que alimentam a onda *tech* com a atitude "me preocuparei com a ética mais tarde". Em vez disso, ele diz: "A integridade é um mantra que as empresas precisam adotar. As pessoas anseiam por empresas que tenham um propósito mais amplo do que apenas lucro em curto prazo."

Em abril de 2019, o *Wall Street Journal* escreveu uma reportagem sobre como a Patagonia, uma empresa de produtos outdoor, havia proibido a personalização de seus coletes com os logotipos de clientes corporativos que não fossem "empresas que priorizam o planeta".[8] Seus populares coletes de lã tinham se tornado um item básico da moda de Wall Street nos últimos anos. O tom da reportagem era irônico, mas a ideia de uma empresa literalmente "desqualificar" clientes ansiosos em comprar seus produtos ou serviços por causa de uma questão fundamental de valores e integridade antes teria sido radical, mas estamos vendo cada vez mais empresas fazerem exatamente a mesma coisa. Isso está fundamentado no desejo de projetar para clientes e funcionários uma marca alinhada com seus valores mais aspiracionais, mesmo à custa de receitas e lucros. Como você deve saber, também tomamos algumas decisões como essa no Airbnb.

Recentemente, 181 membros da Business Roundtable, todos CEOs das maiores empresas dos EUA, deram um passo corajoso ao afirmar que as empresas devem adotar uma postura de governança corporativa mais orientada aos stakeholders, em vez de simplesmente fazer com que o retorno aos acionistas seja seu único foco. A BRT atraiu a ira de alguns grupos de investidores, mas uma grande variedade de outras organizações, incluindo a Câmara de Comércio dos EUA, endossou sua posição. O fato de 181 dos principais CEOs dos EUA concordarem com um abandono tão dramático do objetivo histórico das empresas é um sinal de como o mundo está pronto para as empresas enfrentarem o desafio.[9]

No entanto, quero deixar claro um ponto. Não estou sugerindo que a maioria das pessoas ou empresas costumava ter integridade e agora não tem. Heróis e hipócritas sempre estiveram entre nós. Também não estou sugerindo que a maioria das empresas não se preocupou com a integridade no passado ou não se preocupa com isso hoje. Em vez disso, eu argumentaria que estamos em um momento em que precisamos claramente que as empresas liderem o caminho da integridade, porque é a coisa certa a se fazer e faz sentido do ponto de vista comercial. Dito isso, percebo um verdadeiro nervosismo entre empresas e outras instituições ao falar sobre a importância da integridade e lidar com o que isso significa. É o que quero mudar.

Integridade é um superpoder

No Airbnb, os fundadores da empresa perceberam desde o início que a integridade tinha de ser o alicerce de um negócio baseado em hospedar estranhos em sua casa. Por um lado, temos dados sobre algumas das atividades mais pessoais de nossos clientes — onde e como eles vivem e para onde viajam. Além disso, nossos anfitriões do Airbnb recebem estranhos em suas casas; nosso modelo de negócios reside na confiança básica de nossos clientes de que será uma experiência segura, agradável e, conforme anunciada, da qual as duas partes se beneficiam. O dano à nossa reputação pode ser rápido e severo caso algum de nós — os anfitriões, os convidados ou o Airbnb como intermediário — não aja com integridade. Como você deve saber, em alguns casos, aprendemos essa lição da maneira mais difícil.

Agora defendemos que empresas que adotam uma atitude de Integridade Intencional devem liderar uma adoção mais ampla dela em toda a sociedade, mesmo em todo o mundo. Sempre precisaremos de que os governos gerenciem defesa, infraestrutura, serviços sociais, policiais e outras funções básicas de uma sociedade, mas o setor privado tem a oportunidade de assumir um papel muito mais ativo como motor do bem social. Pense nisso. As empresas devem usar a sensibilidade e a flexibilidade, e não repreensões e ameaças militares, para ter sucesso nas inúmeras culturas e na complexidade política dos mercados globais. Sem os limites nacionais, a polarização partidária e os ramos legislativos em conflito, os funcionários das empresas podem se unir por uma crença comum de que o trabalho de sua empresa tem um objetivo e podem reagir de maneira mais rápida e criativa às necessidades e preocupações dos clientes. E se algo não funcionar, as empresas poderão mudar e tentar outra coisa.

Mais e mais empresas aceitam que um compromisso com a diversidade e a inclusão, uma preferência por menos impacto ambiental e a promessa de evitar fornecedores com práticas trabalhistas danosas e até clientes que exibam comportamento inconsistente com seus valores são posições que devem adotar publicamente. Essas empresas estão bem posicionadas para liderar um progresso mais amplo em cada uma dessas áreas — se agirem com integridade.

A propósito, também é verdade que estabelecer um melhor relacionamento com os stakeholders fornecerá a eles ideias que apoiam todas as facetas de seus negócios. Por exemplo, você encontrará mais adiante um funcionário da Airbnb chamado Srin Madalli, que nos ajudou a abrir os olhos para um conjunto muito importante de stakeholders em nossa comunidade de hóspedes: pessoas com deficiências físicas. Simplificando, esses hóspedes precisam de mais informações sobre comodidades do que costumávamos fornecer. Srin tem uma condição médica que exige que ele use uma cadeira de rodas elétrica, o que ele fez por toda a vida. Ele também gosta de viajar, mas a viagem se torna desafiadora quando as acomodações não são as descritas ou quando as listas de comodidades não têm os detalhes de que ele precisa para determinar se serão adequadas para ele.

Depois que Srin veio trabalhar no Airbnb, ele não apenas ajudou a melhorar a maneira como ajudamos os anfitriões a serem específicos sobre problemas de acessibilidade — na verdade, adicionamos 27 medidas diferentes aos formulários de perfil de anfitrião —, mas também nos ajudou a garantir que nossas próprias atividades e instalações não excluam inadvertidamente funcionários com deficiências físicas. Ver o mundo através dos olhos de um único stakeholder agindo a respeito de preocupações e problemas autênticos pode ajudar uma empresa a criar uma cultura corporativa mais inclusiva, e, nesse caso, literalmente tornou o mundo mais fácil de navegar para milhões de outras pessoas com deficiências físicas. Para mim, isso é um endosso grandioso da Integridade Intencional.

Mitos do milenialismo

Ocasionalmente, quando falo com amigos ou pessoas de fora do trabalho sobre nosso compromisso com a integridade, ouço o seguinte: "Isso não leva muito tempo? Os funcionários realmente se importam?" Existe um mito persistente de que as empresas mais famosas são impulsionadas pela energia autoindulgente e festiva dos jovens funcionários hipsters.

Bem, algumas empresas tentaram essa coisa da cultura jovem. E vimos aonde isso leva. E, mais importante, mitos como esses afastam jovens trabalhadores talentosos e com princípios.

A Integridade Intencional é compatível com um local de trabalho intenso e de alta pressão, e especificar o que uma empresa representa não é um exercício presunçoso. Trata-se de fornecer orientações para incentivar comportamentos legais e respeitosos e para prevenir e corrigir erros, e não encobri-los. É uma abordagem tão relevante para uma startup *vegan* quanto para uma empresa de carne processada de 75 anos. É tão relevante para uma empresa de tecnologia quanto para um banco ou uma rede de supermercados. É algo neutro em relação a crenças religiosas e políticas conservadoras ou liberais.

Integridade Intencional significa afirmar claramente e com especificidade: aqui estão *nossos* valores. Embora nem todo funcionário possa concordar filosoficamente com todas as regras, elas são um reflexo da missão e da cultura da empresa, e todo funcionário concorda em cumprir todas as regras do local de trabalho durante o emprego.

A Integridade Intencional não precisa ser uma matança cultural. No Airbnb, nossos funcionários podem levar seus cães para o trabalho e desfrutar de uma cerveja na sala de descanso da empresa. Até o departamento jurídico faz happy hours. Não declaramos guerra à diversão. O que fizemos é deixar claro que o local de trabalho, como todos os outros aspectos da vida, deve ter limites. Contanto que esses limites sejam estabelecidos conscientemente, com base nas circunstâncias da própria empresa, e não arbitrariamente, e desde que sejam seguidos por todos, desde o CEO até o estagiário, eles criam um local de trabalho em que as pessoas podem se sentir respeitadas, realizar um trabalho gratificante, e, sim, se divertir no processo. E o feedback que recebo de funcionários de todas as idades é o de que eles apreciam e até gostam de conversar com os colegas de trabalho sobre integridade, sobre onde e como definir esses limites. Eles têm orgulho de ter sua marca pessoal associada a uma empresa que faz um esforço consciente para fazer a coisa certa, portanto, a Integridade Intencional, feita corretamente, pode desempenhar um papel importante na atração e retenção de talentos.

Quem está vendo?

Em um panorama global, a transparência é um poderoso modificador de comportamento que apoia a Integridade Intencional. Para ser claro, a integridade diz respeito às escolhas pessoais, não ao fato de alguém estar vendo ou saber o que você fez. Mas todos temos de aceitar que algo mudou: no século XXI, *alguém sempre está vendo*.

Mesmo em espaços corporativos teoricamente privados, não importa se você é o CEO ou se trabalha na manutenção, seu sistema de crachás e a câmera de segurança do estacionamento de sua empresa podem gravar exatamente quando você entra e sai. E seu chefe de TI pode monitorar exatamente quais sites você visita. Uma amiga que trabalha para uma empresa global de consultoria em TI me diz que se tornou uma piada para os membros de sua equipe dizerem em voz alta "Lá vai ele de novo", referindo-se a um executivo da empresa cliente que faz várias visitas a um site pornô todos os dias — facilmente visível para os membros da equipe que monitoram a rede como parte de seu trabalho.

Esse nível de monitoramento deixa todos desconfortáveis, inclusive eu. Parece uma intrusão, e não estou defendendo que tenhamos mais disso. Mas é o novo normal. Hoje, qualquer lapso de julgamento pode se tornar público na velocidade do Wi-Fi. Um executivo que beba demais na festa de Natal pode descobrir que sua versão de karaokê de *Hiccup Santa Claus* se tornou viral à meia-noite. Se você estiver no setor de varejo ou hospitalidade, boa sorte se insultar um cliente ou não retornar uma ligação: o Yelp e o Facebook oferecem megafones em tempo real para a raiva e frustração de seus clientes. No século XXI, George Washington talvez não tivesse tido a chance de confessar ter derrubado a famosa cerejeira... ele teria sido pego, com um machado na mão, por uma câmera de segurança e lançado no YouTube antes que pudesse verbalizar sua famosa frase.

O que costumava ser privado agora é público. A pessoa com quem você está competindo por uma promoção pode ter uma cópia do texto que você enviou ridicularizando um membro do conselho — ou o gerente de RH. O grande número de olhos atentos aumenta a necessidade de nossos atos corresponderem às nossas palavras e compromissos. Se não, em breve seremos descobertos.

Não há como voltar atrás. O advogado da NBA Adam Silver me disse que constantemente defende a importância da transparência quando surgem dilemas éticos e acredita que os líderes devem exibir os mais altos padrões éticos possíveis. "Em partes, a internet está impulsionando isso. Sempre há uma câmera ou um microfone responsabilizando você. No passado, o treinamento (sobre conduta ética) se concentrava na responsabilidade e na lei, mas, no futuro, é preciso fazer o que é certo, e, como líderes, precisamos ser específicos sobre os valores essenciais, falar abertamente sobre eles e se engajar nesses assuntos."

✦

Sem dúvida, o Airbnb teve seus próprios problemas éticos: nosso modelo de negócios está mudando a cara das viagens, e, é claro, isso significa que existem vencedores e perdedores econômicos. Os vizinhos estão preocupados com os impactos nos preços das casas e dos bairros. Tensões surgem entre nossos hóspedes e anfitriões. As mesmas pessoas que gostam de ficar em nossa variedade de acomodações, que variam de iurtas remotas a apartamentos urbanos, não gostam de lidar com festas barulhentas em um Airbnb ao lado de sua casa.

Nossos funcionários esperam que resolvamos esses problemas de frente, de maneira criativa, e assim o fazemos. Por exemplo, lançamos uma iniciativa de US$25 milhões em diferentes regiões dos EUA, onde a habitação a preços acessíveis é escassa. Temos uma divisão que procura criar pequenas barracas que possam ser montadas nos quintais de casas de bairros suburbanos, que consigam apoiar o modelo do Airbnb de aproveitar as propriedades existentes para alugar aos hóspedes sem tirar do mercado aquelas que podem ser alugadas por um longo tempo. E estamos explorando maneiras pelas quais podemos ajudar a reduzir os pontos de atrito entre anfitriões, hóspedes e comunidades.

✦

Uma ironia é que, nas empresas de tecnologia que estão provocando tanto falatório, os funcionários realmente podem arriscar tornar públicas suas preocupações sobre questões éticas. Isso ocorre porque, em parte, o talento técnico muito cobiçado não pode ser facilmente substituído. Se os líderes da empresa não ouvirem e responderem às preocupações de maneira respeitosa, correm o risco de afastar os funcionários, que levarão seu talento para outro lugar. Eles podem até levar clientes, que também desejam trabalhar com parceiros alinhados a seus valores. Suspeito que funcionários valorizados e influentes em qualquer setor perceberão isso e se sentirão encorajados a falar mais sobre suas preocupações.

Depois de analisar os resultados da pesquisa de confiança de sua empresa, Richard Edelman concluiu que os empregadores têm uma oportunidade única de atrair e manter funcionários, e aproveitar isso exige quatro coisas: estabelecer uma meta audaciosa e consistente com os negócios da empresa (por exemplo, aumentar as receitas e reduzir a emissão de carbono); alimentar as mídias tradicionais e sociais com apresentações sobre os eventos atuais disponíveis nos canais da empresa; apoiar as comunidades locais e incentivar os funcionários a retribuir por meio do voluntariado; e exigir que o CEO assuma um papel proeminente ao defender valores como diversidade, inclusão e questões sociais como imigração ou moradores de rua.

De fato, boas ideias. Mas eu acrescentaria que todas essas etapas estarão condenadas, a menos que ocorram como parte de um compromisso maior com a integridade. Se o CEO for visto como cínico ou oportunista a respeito de iniciativas com um componente de bem-estar social, será pior do que não fazer nada.

✦

Mesmo quando consideram o "porquê" da Integridade Intencional algo bastante evidente — atrair e reter os melhores talentos; forjar confiança com os clientes; e, é claro, evitar escândalos —, muitos líderes hoje acham isso um assunto assustador para enfrentar. Meu objetivo é convencer qualquer líder de negócios, usando as histórias e experiências que moldaram meus pontos de vista, de que vale a pena ser prático e tático. Não é difícil fazer da ética parte do DNA cultural de uma empresa, e discutirei os riscos mais importantes que as empresas devem enfrentar em um código de ética. Mas também, de forma crítica, abordarei como os líderes podem envolver e capacitar os funcionários a reconhecer e enfrentar dilemas de integridade como enfrentariam outros desafios de negócios: considerando as consequências de curto e de longo prazo. Arrisco dizer que você achará mais interessante e divertido do que poderia imaginar.

1

Espiões, jarts e racismo:
As raízes dos embates na cultura corporativa

Não há nada de novo no mau comportamento, mas a tecnologia criou novos dilemas sobre integridade. Como um advogado que trabalhou tanto no poder público quanto em empresas, as evidências são claras para mim: lidar proativamente com dilemas de integridade é muito melhor do que resolver os danos que eles podem causar.

Qualquer pessoa que esteja buscando conselhos sobre integridade deve fazer uma pergunta óbvia: quem é você para me dizer como devo me comportar? Talvez Rob Chesnut saiba o que é legítimo, já que é advogado, mas como ele sabe "o que é certo"?

Pessoas são naturalmente cautelosas com quem tenta influenciar como elas pensam ou se comportam. Então, aqui vai minha história. Sou um cara branco de meia-idade do sul dos Estados Unidos. Sou o filho único de um fuzileiro naval que foi embora quando eu tinha 13 anos. Graças ao trabalho pesado de minha mãe e à generosidade de meu tio, me formei na Universidade de Virgínia e na Escola de Direito de Harvard. Depois, trabalhei como promotor federal antes de ingressar no eBay em 1999, e desde então trabalho na alta tecnologia como advogado e consultor jurídico.

Como a maioria das pessoas, enfrentei dilemas de integridade em que, em retrospectiva, desejava que eu ou a organização em que trabalhava tivesse feito escolhas diferentes. Não finjo ser o juiz supremo de decisões pessoais ou sobre o que é certo ou errado em abstrato, tampouco tenho um sistema infalível para proteger seu local de trabalho contra agentes imorais ou criminosos. Mas tenho, de fato, uma experiência singular em resolver dilemas éticos em negócios disruptivos.

Lembro-me claramente de minha primeira experiência em comércio eletrônico. Era 1998, e eu tinha um passatempo incomum: produzia impressões ao manipular a película de fotografias tiradas em câmeras "instantâneas". Para fazer funcionar, eu precisava de uma câmera específica — a Polaroid SX-70. O problema era que a Polaroid não fabricava mais essa câmera, então procurei usadas nos brechós e em vendas de garagem. Alguém me contou que um novo leilão "ponto com" chamado eBay incluía câmeras *vintage* em seus produtos. Fui à homepage do eBay e digitei "SX-70" na caixa de pesquisa, esperando encontrar uma ou duas.

O sistema mostrou dezenas. Fiquei espantado — pasmo, na verdade. Na época, eu não tinha ideia de que aquele momento mudaria o curso de minha carreira.

No geral, as pessoas são boas

Após a faculdade de Direito, um estágio com um juiz federal e um curto período como advogado de direito constitucional no Departamento de Justiça dos EUA, juntei-me ao gabinete do procurador dos Estados Unidos em Alexandria, Virgínia [análogo à Advocacia Geral da União, no Brasil]. Coincidentemente, um problema de integridade envolvendo um colega levou à minha primeira promoção significativa. Um juiz federal constatou que um promotor de meu escritório ocultou, com conhecimento de causa, provas que poderiam exonerar um réu acusado de sequestro. Depois que o promotor foi retirado de sua função de liderança na seção criminal do escritório, assumi sua posição como chefe da unidade de crimes graves, e, em poucas semanas, o FBI veio ao meu escritório e me entregou o caso de Aldrich Ames, um ex-agente da CIA que passou anos espionando para a então União Soviética.

As consequências da espionagem de Ames foram terríveis — literalmente mortais. Por causa das informações que Ames compartilhou com os soviéticos, vários agentes dos EUA foram presos e alguns foram executados.[1] Pelo menos cem operações foram prejudicadas, e a segurança nacional dos EUA ficou diretamente comprometida por quase uma década. Ames ainda cumpre uma sentença de prisão perpétua.

Os casos de espionagem são fascinantes, mas nunca me enxerguei como um promotor que fosse fazer carreira. No fim da década de 1990, eu buscava novos desafios, exatamente no momento em que minha busca pelas antigas SX-70 me levou ao eBay. Enviei meu currículo para o endereço "jobs@ebay.com". Alguém me ligou no dia seguinte, e dentro de duas semanas, eu estava em um avião a caminho da Califórnia para me encontrar com a CEO Meg Whitman. Em março de 1999, me tornei o terceiro advogado do eBay.

O fundador do eBay, Pierre Omidyar, tinha um lema sobre a comunidade do site: no geral, as pessoas são boas. Naqueles dias, o eBay não usava PayPal ou pagamento via cartão de crédito. O comprador fazia um cheque ou uma ordem de pagamento, colocava um selo em um envelope, e aquilo demorava vários dias para chegar à caixa de correio do vendedor. O vendedor aguardava a compensação do cheque antes de embalar o item para a remessa. Quando enviei uma ordem de pagamento de US$50 pela Polaroid SX-70, lembro-me de pensar: "Bem, terei sorte se chegar a pôr meus olhos na câmera." Mas nessa troca, e em todas as minhas mais de 1.000 transações desde então, todos fizeram exatamente o que deveriam fazer.

A magia do eBay foi a criação de um modo de conectar pessoas com paixões compartilhadas. Muitas transações não passavam de negócios, mas outras eram um casamento entre um desejo e um objeto, tornando as duas partes felizes e, às vezes, levando-as a ansiar por ainda mais interação.

Na maioria das vezes, os usuários do eBay experimentavam uma interação positiva com um estranho, reforçando a noção de que a maioria das pessoas, de fato, valoriza e demonstra integridade. Eu vejo a mesma energia em nossa comunidade Airbnb hoje. Anfitriões e hóspedes tendem a aprovar suas experiências compartilhadas; eles gostam de aprender sobre o mundo um do outro. Seja seguindo regras sobre barulho ou se esforçando para devolver um item esquecido, eles geralmente tentam fazer a coisa certa. Alguns até se tornam amigos.

Infelizmente, como em qualquer comunidade, também existe um pequeno número de pessoas que exploram outras, que driblam e quebram as regras. Aprendi rapidamente que, caso você não crie políticas que protejam as pessoas boas das pessoas com más intenções, sua plataforma como um todo poderá se dissolver. Se você não ouvir e responder às frustrações que surgem de outros membros de sua comunidade sobre suas políticas e seus comportamentos, não terá sucesso.

Eu era o funcionário número 170 no eBay, e posso garantir que um eventual sucesso do site estava longe de ser garantido quando eu entrei. Crescemos tão rápido, que nossos servidores não aguentavam o tráfego explosivo de transações, e tínhamos quedas frequentes do sistema. Também tivemos muita concorrência: a certa altura, havia algumas centenas de plataformas de leilão online, incluindo tentativas de curta duração do Yahoo! e da Amazon. Nos bastidores, estávamos enfrentando dilemas jurídicos e comerciais significativos, para os quais havia poucos precedentes e nenhum guia de boas práticas. Essa é uma das razões pelas quais Meg Whitman apostou em um promotor federal sem experiência em direito empresarial.

Um cérebro praticamente sem uso

No começo do eBay, a mídia adorava publicar reportagens sobre itens hilários e bizarros anunciados na nossa plataforma: uma jarra que supostamente continha um fantasma; terra do "tempo da Guerra Civil"; um cérebro praticamente "sem uso"; um sanduíche de queijo quente com uma imagem tostada da Virgem Maria em um dos lados. Mas alguns itens não eram tão engraçados — eram ilegais, perigosos ou incorriam em algum tipo de fraude. Em alguns casos, eles ofendiam profundamente segmentos de nossa comunidade — como casos de pessoas leiloando mechas de cabelo ou outros itens ligados a assassinos em série. Separar a complexidade de desejos, imaginação e ímpetos sombrios das pessoas se tornou parte de um dia de trabalho típico da equipe de Trust & Safety [Confiança & Segurança, em tradução livre] do eBay.

Às vezes, o item era bom, mas o vendedor não era confiável — demorava a enviar, não respondia às perguntas e era descuidado com a proteção de mercadorias frágeis. E então o comércio online começou a levantar questões jurídicas peculiares; por exemplo, o eBay era uma plataforma neutra ou era responsável por permitir o anúncio de mercadorias roubadas ou inseguras? Isso atraiu a atenção das autoridades policiais, legisladores e regulamentadores governamentais. Nossos concorrentes ficaram felizes ao tentar usar a lei para nos afastar dos negócios.

Minha equipe foi encarregada de resolver muitos desses casos, e logo percebi que os itens do eBay ofereciam uma janela para uma variedade surpreendente de paixões humanas. Alguns eram divertidos e inofensivos: enquanto Pierre estava desenvolvendo o eBay, sua namorada Pam colecionava potinhos de bala que se tornaram parte do folclore do eBay.

No entanto, a plataforma também revelou outros desejos humanos complicados. Notamos a demanda por roupas íntimas usadas e não lavadas de modelos. Havia anúncios de fluidos corporais que variavam do excesso de leite materno (desejado tanto pelas mães que não podiam produzir o suficiente quanto por alguns fetichistas) até a urina (desejada pelas pessoas que precisavam de amostras "limpas" à mão para testes antidrogas).

Armas de vários tipos, de espingardas automáticas a lanças antigas, foram anunciadas. Os vendedores ofereciam camisetas e outros itens com imagens racistas, profanas e violentas. Descobrimos que as pessoas também estavam anunciando narcóticos, as instruções para a fabricação de uma bomba junto com as partes dela e animais vivos, como papagaios e cobras.

No início, a atitude de Pierre sobre o que poderia ser listado no eBay era simples: se a venda é permitida "em terra", é permitida "nas águas" do eBay [brincando com o significado de *"bay"*, "baía" em português]. Se fosse algo ilegal em terra e o eBay soubesse, retirávamos o anúncio.

Mas Pierre temia que proibir itens permitidos por lei, mas ofensivos, exigiria um trabalho sem fim de juízos de valor, uma preocupação que empresas como o Facebook e o Twitter enfrentam até hoje. Quem iria... deveria... poderia fazer isso?

Além disso, a legislação dos EUA (Lei de Decência das Comunicações de 1996) fornece imunidade limitada às empresas de internet qualificadas como "provedoras de serviços online". Elas são tratadas como "operadoras comuns", desde que não atuem como editores do conteúdo que os usuários publicam em seus sites. Uma transportadora comum é uma companhia que fornece indiscriminadamente um serviço legal e não é responsabilizada por seu conteúdo ou por quaisquer consequências que dele possam resultar. Por exemplo, se alguém postar uma avaliação difamatória sobre um vendedor no eBay, o judiciário não responsabilizará o eBay legalmente pelo ato. Mas se o eBay começar a monitorar e editar críticas, ele poderá ser processado por declarações falsas em seu site, assim como um jornal.

No eBay, estávamos preocupados que a intervenção proativa em QUALQUER anúncio pudesse alterar o escopo de nossa responsabilidade no que se referia a TODOS os anúncios, sem mencionar o custo astronômico de empregar pessoas o suficiente para a função. Ao mesmo tempo, nos preocupávamos com nossa comunidade; não queríamos adotar uma abordagem que incentivasse crimes ou fizesse nosso mercado parecer inseguro ou não confiável.

O seu marketplace é limpo?

Meg Whitman e o conselho avaliaram muitas oportunidades para a criação de uma imagem da marca. Não faltavam produtos "adultos" anunciados no site, armas de fogo ou itens de fetiche. Ganhamos dinheiro com todas essas transações. Mas nossos líderes chegaram à conclusão de que precisávamos moldar intencionalmente nossa marca; precisávamos rejeitar o espírito de "lojão de usados" e nos tornar um mercado acolhedor, seguro, "limpo e bem iluminado", como Meg começou a descrevê-lo. Não queríamos que uma família, enquanto fizesse o lance por um ursinho de pelúcia, digitasse algo errado e recebesse uma lista de parafernálias sadomasoquistas. Meg decidiu enfatizar nosso compromisso com transações éticas e um espaço seguro para as famílias, e me instruiu a criar e administrar o grupo Confiança & Segurança para estabelecer regras que governassem nosso marketplace.

Problema por problema, categoria por categoria, minha equipe, que originalmente era de duas pessoas e no fim chegou a 2 mil, debruçou-se sobre dilemas específicos e enviou recomendações de regras à equipe executiva. Tivemos de pensar não apenas em situações legalmente defensáveis, mas também em políticas práticas que eram "corretas" para nossa comunidade e nossa marca. O "mercado limpo e bem iluminado" de Meg era uma metáfora importante para guiar intencionalmente nossa linha de raciocínio. No entanto, devo admitir que, em vez de estrategistas éticos, muitas vezes nos sentíamos mais como agentes de trânsito em uma cidade nova e extensa, sem sinais de trânsito e cuja população dobrava a cada semana. Estávamos inundados de problemas — fraudes, contas roubadas e itens controversos, como leite materno e hóstias consagradas —, e tivemos de fazer a triagem dos mais importantes, fazer recomendações e seguir em frente. Existíamos para proteger nossa plataforma contra fraudes e mau comportamento, tudo em apoio à comunidade e à marca do eBay.

Esses desafios criaram alguns momentos inesquecíveis para mim, e um deles me mostrou quão profunda é a conexão emocional que as pessoas podem criar com uma empresa de que gostam e respeitam. Meg uma vez me enviou a Chicago para participar do Oprah Winfrey Show com uma mulher que, vencendo o leilão de um vestido de noiva no eBay, enviou um cheque de US$3.500, mas nunca recebeu a compra. Os produtores de Oprah nos convidaram a participar de um programa sobre essa experiência.

Pense em uma situação estressante! A equipe de Oprah não nos deu detalhes sobre quem estaria no programa além da noiva e de mim. Também haveria protetores dos direitos do consumidor? Haveria um político prestes a propor leis de repressão ao comércio eletrônico? Ou haveria duzentas pessoas irritadas na plateia que também sofreram fraudes ou tiveram experiências ruins no eBay? No que eu estava me metendo?

Meg me puxou para o lado e disse: "Você tem meio milhão de dólares no bolso, se precisar. Converse com as pessoas e, se elas tiveram uma experiência ruim, conserte-a imediatamente." Ela me incentivou a oferecer para aquela vítima de fraude um novo vestido de noiva. Ela reforçou nossa mensagem: o eBay se preocupa com a comunidade e faz a coisa certa.

Sim, sim, sem pressão!

Para minha surpresa, o programa não poderia ter sido uma experiência melhor para mim ou para a reputação do eBay. Antes das gravações, quando a estilista do vestido em questão soube pela equipe de Oprah sobre a fraude, ela tomou a iniciativa e deu à noiva um vestido novinho em folha. Não havia vítimas raivosas na plateia; de fato, fui aplaudido quando garanti que o eBay estava tão bravo e frustrado com a experiência da noiva quanto ela. Eu disse que levávamos as fraudes muito a sério e que estávamos investindo muitos recursos para encontrar, processar e acabar com a farra dos criminosos. Oprah foi compreensiva e cordial. Quando o programa terminou, ela veio até mim na primeira fila e levantou minha mão, como se eu tivesse ganhado uma luta, e a multidão ficou louca, aplaudindo enquanto saíamos juntos do palco.

Esse incidente ofereceu lições importantes. Primeiro, "deixar que o comprador cuide de si próprio" não poderia ser uma filosofia orientadora para nosso negócio; cabia a nós, proativamente, torná-lo o mais seguro possível — ou sofrer as consequências. Segundo, e igualmente importante, os clientes adoram empresas que demonstram se esforçar para fazer a coisa certa. E eu nem precisei gastar aquele dinheiro para aprender a lição.

As regras da casa

Logo o eBay percebeu que não queria se esconder atrás do escudo da "plataforma" ou usar a letra fria da lei como seu padrão mínimo. Há uma lição aqui que considero essencial para todas as empresas hoje: para ter alguma credibilidade com funcionários, clientes, investidores ou outros stakeholders, uma empresa deve se comprometer a obedecer às leis e aos regulamentos, tanto em seus detalhes quanto no "espírito" que a levou a ser criada. Isso parece muito óbvio, e, no entanto, ao longo dos anos e em tantas empresas, às vezes fiquei surpreso ao ver executivos prestarem mais atenção ao que podiam fazer do que em como poderiam atingir suas metas e objetivos de maneira honesta e legítima. É apropriado e ético trabalhar para alterar as leis ou regulamentos que uma empresa considera injustos ou irracionais. É assim que funciona a democracia. Mas como você pode pedir aos funcionários que obedeçam às suas regras se não respeitar as leis que se aplicam à empresa?

A primeira prioridade do grupo Confiança & Segurança do eBay, portanto, era proibir anúncios de produtos que o cidadão comum não podia vender, entre eles: pornografia infantil, narcóticos, órgãos humanos (uma pessoa tentou leiloar seus rins), tecidos ou fluidos humanos (sangue, leite materno, sêmen, óvulos), mercadoria roubada e dispositivos e componentes explosivos, como dinamite ou C-4.

Parece uma lista simples, mas esses produtos ilegais foram só minha introdução a um universo de leis que eu nunca havia encontrado na faculdade de Direito ou como promotor federal. Por exemplo, produtos falsificados eram uma dor de cabeça. As pessoas têm todo o direito de anunciar no eBay uma bolsa Chanel que não desejam mais. No entanto, é ilegal vender uma bolsa Chanel falsificada, mesmo que a descrição do anúncio deixe claro ser uma falsificação. E sem esse aviso, como um comprador ou o eBay saberiam a diferença? Os fabricantes de artigos de luxo constantemente nos acusavam de não fazer o suficiente para interromper o comércio de produtos falsos, apesar de termos todo o interesse em detê-lo: em nossa visão, produtos falsificados depreciavam nosso mercado, minando nosso ativo mais precioso — a confiança.

Então, tivemos de tratar de itens que não eram necessariamente ilegais, mas que violavam contratos entre outras partes. Por exemplo, nenhum de nós percebeu inicialmente que, por contrato, as escolas não deveriam vender ou doar edições do professor de livros didáticos. E claro: elas faziam isso. *Homeschoolers*, pessoas que educam seus filhos em casa, adoram pôr as mãos nesses livros. Esse tipo de venda acontecia na surdina, até que o eBay a tornou pública. Foi quando recebemos cartas irritadas de editoras ameaçando nos enfiar em sabe-se lá quantas ações judiciais, então tivemos de proibir anúncios desse tipo de publicação. Foi a vez dos *homeschoolers* ficarem furiosos conosco.

Havia também itens controversos — legais, mas repletos de implicações sociais ou de segurança. Inicialmente, o eBay permitia anúncios de bebidas alcoólicas, tabaco e armas de fogo. Se você pensar sobre como todos esses itens são altamente regulamentados, você pode imaginar por que eles se tornaram problemáticos no eBay. Nos EUA, as leis e os impostos sobre bebidas, tabaco e armas variam de um estado para o outro (e algumas vezes por regiões ou até municípios). Para as armas, alguns estados norte-americanos exigem verificação de antecedentes criminais e outras precauções de segurança. Todos os três foram banidos pouco antes de eu chegar.

Quando proibimos anúncios de armas, fomos acusados de tentar ser uma espécie de polícia moral, e disseram que éramos contra a Segunda Emenda da

Constituição norte-americana, que protege o direito às armas para legítima defesa. Eu recebi uma ligação furiosa de um agente do Departamento de Álcool, Tabaco e Armas de Fogo dos EUA; ele negociava armas de fogo no eBay e se opunha veementemente à nossa decisão. Discutimos e concordamos em discordar.

O massacre de Columbine ocorreu apenas dois meses depois de o eBay proibir vendas de armas de fogo. Um dos primeiros rumores era o de que os assassinos, menores de idade, haviam comprado algumas de suas armas no eBay. O boato acabou se provando falso, mas reforçou o motivo pelo qual não queríamos facilitar as transações de armas, dado que elas poderiam tão facilmente acabar em mãos erradas.

A experiência com armas também deixou evidente uma faca de dois gumes: o motivo de as empresas evitarem estabelecer políticas desse tipo e a absoluta necessidade de implementá-las. Às vezes, integridade significa ter a coragem de priorizar riscos e fazer escolhas difíceis, como entre liberdade e segurança. Significa agir de forma consistente com um conjunto de valores com os quais a organização se comprometeu, mesmo quando você sabe que alguns clientes ou membros da comunidade não gostarão disso. E quando algo terrível acontece, é importante mostrar que sua organização não entra em negação ou enfia a cabeça na areia: ela tenta antecipar problemas e evitá-los.

O que acontece quando usuários violam as regras?

Um elemento diferente — mas também crítico — de meu trabalho no grupo Confiança & Segurança do eBay foi determinar as consequências para as pessoas que quebrassem *nossas* regras. Foi muito fácil fazer uma lista de itens proibidos e depois programar um software para sinalizar anúncios que mencionavam palavras-chave como "autópsia" ou "urina". Se alguém reclamasse que um anúncio violava nossa política ou se nós mesmos o encontrássemos, enviávamos um e-mail e o removíamos. Se a pessoa continuasse postando itens proibidos, tínhamos a opção de cancelar sua conta. Se identificássemos criminosos reais, do tipo que pega o dinheiro dos compradores e some sem enviar os itens comprados, entregávamos o caso à polícia.

No entanto, também tentamos ser consistentes com a crença fundamental de Pierre de que as pessoas são, no geral, boas. Nem todos os casos de itens proibidos ou anúncios fraudulentos eram iguais, e alguns não eram intencionais. Alguns vendedores haviam sido enganados quando adquiriram o item que estavam colocando à venda. No começo, se houvesse uma acusação de fraude, nossa equipe, ou mesmo eu, às vezes ligava para um vendedor e tentava descobrir o que estava acontecendo.

Por exemplo, houve uma vez um anúncio de uma bola de beisebol com um ostensivo autógrafo de Thurman Munson, que jogou como recebedor no New York Yankees. Um comprador do eBay denunciou o item como falso. Liguei para o vendedor da bola, que raivosa e firmemente defendeu a autenticidade do autógrafo, até que o informei de que Munson morrera em um acidente de avião em 1979; a bola tinha o símbolo oficial do presidente da Liga Americana, Bobby Brown, que só se tornou presidente em 1984. Eu estava decidido a remover o item e classificar o caso como um mal-entendido, mas isso foi antes de verificarmos sua conta. Ele estava dando lances no próprio leilão para aumentar o preço da bola, o que também violava nossas regras; então o expulsamos da plataforma.

Quase mais difícil de lidar foram os vendedores que acabavam ultrapassando os limites da legalidade ou eram preguiçosos e desleixados. Alguns repetidamente descreviam os itens como estando em melhores condições do que realmente estavam ou demoravam a enviar os itens após o pagamento. Lidar com esses vendedores malandrões me deu um insight sobre a vida corporativa — penso que qualquer executivo que deseje promover a integridade em seu local de trabalho deve considerar o seguinte: você deve ponderar bastante sobre as metas a que se propõe, porque elas podem ter consequências não intencionais e prejudiciais.

Obviamente, pode haver tensão entre os lucros e os ideais maiores de sua marca. Se você recompensar suas equipes de vendas ou marketing com base em determinados números brutos — usando o eBay como exemplo, pelo número de anúncios postados ou pelo volume de transações em uma categoria —, pode estar inconscientemente incentivando os funcionários a ignorar comportamentos antiéticos. No eBay, às vezes fiquei frustrado com nossos gerentes de marketing de algumas categorias, pois eles defendiam vendedores classificados internamente com um C- ou D — aqueles que, eu achava, deveríamos expulsar da plataforma. O problema era que eles continuavam gerando bons negócios. De fato, um funcionário do eBay avaliado com base no aumento do número de anúncios ou dos dólares ganhos pelo site não teria incentivo para reprimir os vendedores C-. O gerente alcançaria o mesmo bônus de transação, fosse com um vendedor C- ou um A+++.

O *trade off* que eu colocaria é: quanto estamos perdendo quando um comprador tem uma experiência ruim, vai embora e não volta mais? Mesmo assim, irritei alguns colegas cuja compensação se baseava, em parte, no tráfego de transações. Como esses gerentes nunca sofreram reduções de desempenho com base na qualidade das transações, tornaram-se um obstáculo interno à proteção da reputação da marca. Eventualmente, nossa equipe coletou dados concretos de que compradores que tiveram uma experiência ruim restringiram compras futuras. Com o tempo, adicionamos mais fatores a nossos incentivos de desempenho, alguns dos quais abordavam a qualidade dos vendedores, julgados por reclamações e outros comentários sobre a tranquilidade de suas transações, e não apenas o número total de itens listados em uma categoria.

Existem alguns paralelos com certos problemas que surgem com nossos anfitriões e hóspedes do Airbnb hoje. A grande maioria dessas pessoas é parceira responsável e ética, mas algumas têm definições ambíguas do que significa "limpo" ou "silencioso", ou podem descrever a localização de uma casa como "a uma pequena caminhada" do local de um evento, quando seria melhor descrita como "a uma pequena maratona". Por outro lado, também é verdade que alguns hóspedes do Airbnb causaram danos significativos à propriedade de um anfitrião ou deram festas barulhentas ou proibidas, desafiando os termos claramente indicados no anúncio.

Todos esses pontos de atrito requerem nossa atenção e podem ser complicados de se resolver. Criamos apólices de seguro para nossos anfitriões cobrirem danos causados pelos hóspedes e damos feedback aos anfitriões quando recebemos reclamações sobre descrições de propriedades que não correspondem às expectativas. Esclarecemos que essas descrições fazem parte de um contrato. Se eles maquiarem suas propriedades, não podemos permiti-los em nossa plataforma. No fim de 2019, as festas foram completamente banidas do Airbnb.

Olhando para trás, para aquele início do eBay, eu gostaria de ter sido mais agressivo na defesa de ainda mais ações contra vendedores antiéticos e problemáticos. Nosso fracasso em lidar de modo incisivo com vendedores ruins e de nos concentrar em fornecer uma excelente experiência para o comprador foi, acredito, o cerne da queda gradual do eBay de sua posição como líder de comércio eletrônico. Meg Whitman nunca foi mesquinha ao me direcionar recursos, mas tínhamos muitos problemas com que nos preocuparmos, e era um momento diferente; muitos elementos do comércio eletrônico que hoje são normais ainda estavam evoluindo.

Por exemplo, no fim da década de 1990, nosso sistema de feedback era considerado revolucionário — o eBay permitia aos compradores e vendedores a oportunidade de pesquisar e avaliar um ao outro, o que você não poderia fazer com anúncios em jornais ou pessoalmente, em um encontro de trocas. Mas com o tempo, ficou claro que nosso sistema de feedback apresentava falhas que comprometiam sua integridade. Golpes como *phishing* e roubo de dados poderiam permitir que os golpistas operassem várias transações a partir do perfil de um usuário legítimo do eBay antes que a fraude fosse descoberta. Além disso, compradores e vendedores publicavam seus comentários de forma independente, e, portanto, cada um temia a retaliação do outro por ser o primeiro a publicar um comentário negativo. Um comprador e um vendedor poderiam trocar e-mails pesados e cheios de acusações, mas não havia incentivo para fazer nada além de uma avaliação pública positiva por medo de que sua classificação fosse prejudicada. Assim, com o tempo, o sistema de avaliação perdeu um pouco de sua integridade.

O Airbnb descobriu uma boa solução para esse problema anos antes de eu chegar. Anfitriões e convidados têm duas semanas para enviar uma avaliação após uma estadia. O Airbnb não publicará a avaliação de nenhum dos lados até que ambos escrevam ou que se passem duas semanas. Se o hóspede escrever uma avaliação, mas o anfitrião não, ou vice-versa, a crítica será publicada após duas semanas e a outra parte não poderá mais responder (ou retaliar). Isso ajuda a aumentar as chances de uma avaliação mais honesta de ambas as partes. Outras empresas, como a Amazon e a Yelp, estão evoluindo ainda mais na reputação online, usando algoritmos e IA para identificar e reduzir o impacto de avaliações não confiáveis.

É mais do que a letra da lei

Eu poderia listar mais de duzentos exemplos de decisões complicadas que tivemos de tomar no eBay enquanto tentávamos construir um negócio altamente íntegro. Naqueles dias, o foco de nosso trabalho não eram tanto as regras para nossos funcionários, mas as regras de mercado. Ainda assim, foi o que me introduziu a muitos pontos de atrito que continuo vendo em empresas da internet, que envolvem conflitos em torno de fraudes, liberdade de expressão, privacidade de dados e a responsabilização das plataformas pelo conteúdo. Também me deu uma ideia de quão amplo o termo "stakeholder" poderia ser. Em um minuto, eu me pegava conversando com uma mãe *homeschooler* que estava apenas tentando obter recursos para educar seu filho; em seguida, eu estava ao telefone com um agente da lei que queria ajuda em uma investigação criminal; logo depois, estaria em contato com um filatelista raivoso sobre o que é exatamente "mint" [a saber, termo que designa um selo virgem, sem marcas, carimbos ou cola]. Mas quero terminar este capítulo com duas histórias que, acredito, falam dos benefícios externos de estabelecer uma reputação de comportamento ético e honesto.

"Vocês vão para a cadeia"

Um de meus dias mais memoráveis no eBay aconteceu logo no início, quando recebi um e-mail de um usuário que dizia: "Vocês todos vão para a cadeia por venderem *jarts*."

Como eu, talvez você esteja se perguntando: "O que são *jarts*?" Um "jart" é uma combinação de lança e dardo. Ele tem uma ponta longa e afiada e foi projetado para ser lançado em direção a um alvo em um gramado. Não sei quantos convidados de festas de aniversário foram mutilados por essas coisas antes que, em 1988, a Comissão de Segurança de Produtos de Consumo dos EUA (CPSC — U.S. Consumer Products Safety Commission) sabiamente proibisse sua venda em todos os cinquenta estados norte-americanos.

Os consumidores não precisam devolver ou parar de usar um produto revogado ou banido, portanto, não surpreende que muitos tenham acabado em sótãos ou em vendas de segunda mão. E uma vez que o eBay foi ao ar, alguns acabaram anunciados nele.[2] No entanto, é ilegal vender um produto proibido.

Como advogado, isso apresentou um dilema real para mim. Poderíamos ter tentado o argumento da transportadora comum, mas era verdade que estávamos *lucrando* com a venda de um produto perigoso e proibido que poderia ameaçar fisicamente nossos clientes. Em termos mais gerais, os *jarts* nos fizeram perceber que provavelmente havia muitos outros produtos revogados ou ilegais sendo vendidos no eBay, de maquiagem a pneus e fogos de artifício. O que deveríamos fazer a esse respeito?

Fiz algo que chocou muitos de meus colegas da área jurídica: liguei para o CPSC e pedi uma audiência com seu consultor jurídico, e voei para Washington sozinho para essa reunião.

Não houve queixa oficial, e o escritório da CPSC não tinha conhecimento da questão dos *jarts* no eBay. Mas me sentei e deixei claro: "A internet está chegando para todo mundo, e precisamos que o governo faça parceria com empresas para proteger os consumidores. Vamos deixar de lado a questão de 'quem é o responsável' e começar com a premissa básica de que, como uma empresa responsável, não queremos vender mercadorias defeituosas ou perigosas. Ainda não temos todas as respostas, mas queremos trabalhar juntos para descobri-las."

Essa reunião deu o tom, e em poucos meses anunciamos uma parceria para trabalhar em conjunto para proteger os consumidores de mercadorias perigosas vendidas no eBay. Proibimos anúncios de produtos banidos, colocamos avisos em categorias como brinquedos infantis e ferramentas elétricas nas quais itens revogados eram comuns, fornecemos ao CPSC uma página gratuita em nosso site para educar os consumidores e fornecer links para seu banco de dados de itens banidos e até contratamos uma equipe para aprender sobre esses itens e pesquisar o site para remover os mais comuns.

Talvez fosse porque eu havia trabalhado no governo, mas tinha uma grande confiança de que, se demonstrássemos integridade, se fôssemos transparentes e razoáveis, os regulamentadores também seriam. Meg Whitman me apoiou. Era um risco, mas valeu a pena. De modo duradouro, trabalhamos em conjunto com o governo para identificar produtos perigosos e proibidos, compartilhando informações e recursos. Que eu saiba, o eBay nunca teve nenhum tipo de ação legal movida pelo governo por causa dessa questão.[3]

Não há espaço para racismo

Da mesma maneira que os *jarts* foram um alerta, a mídia começou a publicar reportagens, algumas semanas após minha chegada ao Airbnb em 2016, sobre as reclamações de hóspedes afro-americanos que relataram ter sido discriminados por alguns anfitriões do Airbnb, que se recusaram a efetuar reservas após visualizarem as fotos do perfil. Em alguns casos, descobrimos que os hóspedes haviam sido mandados embora ao chegarem na porta das propriedades, quando os anfitriões viram seus rostos. Alguns hóspedes entraram com ações judiciais, além de reclamações, e o Departamento de Emprego e Habitação da Califórnia (DFEH — California Department of Fair Employment and Housing) entrou com uma ação coletiva, alegando que o Airbnb era legalmente responsável pela discriminação.

Poderíamos ter combatido os casos um a um, argumentando que o Airbnb não havia cometido ou favorecido o ato discriminatório (de fato, essa discriminação viola nossas políticas de uso), mas, liderados por nosso CEO, Brian Chesky, seguimos um caminho diferente. Não é uma questão legal, disse Brian publicamente, é maior que isso. "Discriminação é o oposto de pertencer, e sua existência em nossa plataforma põe em risco essa missão principal", ele escreveu em uma carta à comunidade Airbnb. "Toda vez que você faz com que alguém se sinta pertencente, essa pessoa se sente aceita e segura para ser ela mesma. Embora isso possa parecer um pequeno ato de bondade, somos uma comunidade forte, de milhões de pessoas. Imagine o que podemos fazer juntos."[4]

Desde que esse problema se tornou público, o Airbnb tomou medidas concretas para reduzir a discriminação na plataforma. Por exemplo, exigimos que todos os clientes, em todo o mundo, ao se cadastrar no Airbnb, comprometam-se a aceitar todos os hóspedes a despeito de raça, religião, nacionalidade, orientação sexual ou outro fator. Fizemos mudanças para que as fotos dos convidados só apareçam depois da confirmação da reserva. E, o mais importante, criamos uma equipe especial para investigar as alegações de discriminação.

✦

Um modelo de negócios interessante e uma proposta de valor sólida são enormes vantagens para uma startup. Ao mesmo tempo, novas tecnologias criam novos desafios. Em cada caso, tenho orgulho de as empresas nas quais trabalhei terem feito mudanças reais em seus processos de negócios para chegar à raiz de um problema sério e, com o passar do tempo, monitorar o impacto e ajustar os processos.

É fundamental ter uma liderança comprometida com um conjunto de valores, mesmo quando isso não é fácil.

2

Os Seis Cs:
Etapas fundamentais para encorajar a integridade no trabalho

> *Escolher a Integridade Intencional é uma oportunidade. Não se trata apenas de proibir certos atos. Trata-se de moldar uma atitude assertiva em direção a um comportamento ético e fundado em valores. A Integridade Intencional também promove uma cultura empoderada e energética. É uma maneira de fazer escolhas éticas sobre dilemas e desafios comuns a todos os níveis da empresa.*

Empreendedores costumam brincar que administrar uma startup é como construir um avião em pleno voo. As equipes trabalham noite e dia para deixar um produto pronto para o lançamento e capturar o mercado e a mente do consumidor. É algo intenso e emocionante. Concentrar-se é fundamental. Mas processos e estruturas que você preteriu em favor do lançamento inevitavelmente começam a criar problemas. Você pode ser inovador, mas também precisa fazer algumas coisas tradicionais que as empresas fazem: contratar e treinar pessoas, comprar equipamentos, alugar instalações, entender a legislação aplicável. A ausência de políticas e estruturas claras em uma empresa em rápido crescimento pode gerar uma crise que a fará afundar mais rápido do que uma turbina em chamas.

Quando cheguei ao Airbnb em 2016, vi uma plataforma inovadora e de rápido crescimento com líderes altamente íntegros, mas nenhum código de ética por escrito ou diretrizes específicas para as interações de nossos funcionários com a comunidade ou uns com os outros. Antes de sequer conversar com os funcionários sobre integridade e comportamento ético, percebi que tínhamos de ter nosso próprio código de ética para garantir que todos estivéssemos na mesma página.

O código que ajudei a instituir no Airbnb se baseia nos princípios básicos que valorizei e adotei enquanto trabalhava em várias empresas ao longo de minha carreira. Esses princípios não são exóticos: compromisso de seguir a lei... de não discriminar... rejeitar conflitos de interesse e práticas antiéticas e ilegais, como suborno... proteger a privacidade do cliente... proteger a propriedade intelectual da empresa... e proibir assédio sexual ou qualquer outro comportamento que deixe os funcionários inseguros. Também existem alguns elementos do código único à missão do Airbnb, como promover a sensação de pertencimento mesmo entre desconhecidos.

E, então, criamos um documento padrão da comunidade sobre o comportamento em nossa plataforma. Isso refletiu em parte meus anos no eBay, observando a interação entre compradores e vendedores; dessa vez, tive de recalibrar minha perspectiva para o contexto parecido, mas único, da interação entre anfitriões e convidados. A regra de ouro é um bom guia básico: se você tratar os outros da maneira que gostaria de ser tratado, geralmente poderá resolver a maioria dos problemas. Mas, assim como a lista de regras do eBay que rege itens proibidos e banidos acabou crescendo muito, as orientações que tivemos para fornecer aos usuários de nossa plataforma se tornaram cada vez mais explícitas, pois um universo de leis e questões locais afetam os anfitriões do Airbnb, para não mencionar a natureza muito pessoal de ficar na casa de outra pessoa.

Tive total apoio do CEO Brian Chesky, do conselho administrativo e da equipe de gerenciamento executivo, e criamos um código do qual todos nos orgulhamos. Em seguida, desenvolvemos processos e técnicas para reforçar o código e garantir que suas mensagens permaneçam presentes na empresa. E, com o tempo, também criamos processos que visam relatar violações, investigar denúncias e atribuir consequências. Ao refletir sobre o que eu queria enfatizar neste livro, avaliei os processos que usamos para criar o código e que ainda usamos para direcionar seu espírito para a empresa. Agora chamo esse esforço, por uma questão de simplicidade, de "Os Seis Cs".

> **O primeiro C é de Chefe.** Não se engane: se seu CEO não abraçar a importância da integridade e se comprometer a seguir e aplicar o código de ética da empresa, esqueça os outros cinco Cs. Isso será o fim. Você não construirá uma cultura de alta integridade. Hipocrisia e ambiguidade são os inimigos da integridade, e se o CEO (e isso também se aplica a toda a equipe executiva e membros do conselho) adulterar ou violar as regras

ou apenas aplicá-las seletivamente, os funcionários nunca levarão seu programa a sério.

O segundo C é de Customização do Código de Ética. Você precisa ter e tornar público um código de ética que seja específico, que reflita os principais valores de sua empresa, bem como as normas de seu setor, localização geográfica e cultura. Isso é tão importante, que falarei sobre isso nos próximos dois capítulos. Primeiro, discutiremos sua marca, o que você representa e as atividades e nuances práticas de sua empresa. Ao abordar questões e regras específicas, você o fará dentro desse contexto maior de gestão de marca.

No Capítulo 5, discorrerei sobre as 10 violações de integridade mais comuns com as quais toda empresa precisa lidar e às quais estar atenta. Isso incluirá as histórias por trás das regras, onde o código de ética encontra a vida real. A razão pela qual enfatizo algumas partes de um código ou defendo certos tipos de processos ficará mais clara. Explicarei a lógica de algumas políticas específicas que qualquer empresa que opera nesse mundo atual, digital, conectado e mais transparente, bem como empresas lidando com mudanças sociais, deve considerar. Alguns dos exemplos que discuto ajudarão a explicar um dos princípios fundamentais do nosso código: "Você está sempre trabalhando quando está com alguém do trabalho."

O terceiro C é de Comunicação do Código. Como conselheiro e líder de equipes de ética, faço pessoalmente apresentações sobre integridade para pequenos grupos de novos funcionários em nossos escritórios ao redor do mundo. Usar líderes seniores para se comunicar e reforçar o código é crucial. Se tudo o que você faz é subir um código de ética em uma página da Web ou imprimi-lo e juntá-lo aos documentos sobre o plano de saúde e as regras do estacionamento, você enviará à empresa uma mensagem errada sobre a importância dele. Se você tentar ensinar o código por meio de vídeo ou treinamento online, terá muito pouco impacto. Pense em suas próprias experiências a esse respeito. Se você delegar o treinamento a um gerente de RH de nível intermediário, sugerirá que isso não é muito importante.

Lilian Tham, chefe de recrutamento executivo do Airbnb, trabalhou para várias empresas de nível global. Depois que dei uma palestra sobre integridade durante sua semana de orientação, ela me procurou para dizer o quanto aquilo lhe agradou. Mais tarde, ela compartilhou mais algumas ideias sobre a conversa do "check-in" comigo: "Eu acho que as normas culturais compartilhadas com os novos funcionários durante o check-in preparam o cenário para o modo como eles se envolverão com a empresa e seus colegas dali em diante. Enquanto trabalhava para empresas como Disney, American Express e Google, nunca vi orientações sobre ética ou assédio serem repassadas pelo presidente do conselho ou por um executivo sênior no nível do Rob. Muitas vezes, a tarefa é conduzida por um funcionário júnior de RH, que dá o play em um vídeo desatualizado e sem carisma. O fato de Rob liderar essas discussões com os novos funcionários, integrando exemplos da vida real e compartilhando suas vulnerabilidades e suas próprias interações imperfeitas, destacou a importância da integridade e ética para nossa missão e nossa cultura. Ele estabelece as bases de como devemos pensar em interagir com nossos colegas e como devemos nos comportar bem após o check-in."

O quarto C é de Comunicação Transparente. Facilite para os funcionários comunicar lapsos éticos, corrupção e fraude. Isso é muito melhor do que ficar sabendo sobre os problemas pela mídia, ações judiciais, agentes governamentais ou mídias sociais. O ex-CEO e presidente da Applied Materials, James Morgan, um executivo de tecnologia altamente respeitado que administrou a Applied por quase três décadas, tinha um excelente lema, conhecido por seus gerentes: "Más notícias são boas notícias — se você fizer algo a respeito." Em outras palavras, ele queria ouvir sobre os problemas o mais cedo possível, porque a empresa poderia corrigi-los antes que se tornassem crises. Pode ser contrário à natureza humana ser um "cagueta" ou um negacionista, mas na Applied, os funcionários que encontravam problemas cedo eram celebrados. Esse é um ótimo hábito para reforçar.

As empresas que desejam uma cultura de integridade devem tornar o processo de comunicar todos os problemas — principalmente as violações do código — fácil, direto e claro. Você não pode simplesmente dizer "Funcionário, é seu trabalho nos dizer o que está acontecendo" e depois ignorar as barreiras que o impedem de fazer o que pediu.

Falaremos sobre denúncias anônimas, investigação de violações e o devido processo que todas os acusados devem receber. Idealmente, deve haver várias vias de comunicação. Existem organizações que estão realmente desenvolvendo plataformas de comunicação online interessantes para as empresas tentarem resolver um pouco dos problemas de medo e retaliação que podem envolver as denúncias.

O quinto C é de Consequências. O código de ética deve ser imposto. Violações em todo e qualquer nível trazem consequências, que podem ser um aviso em uma primeira transgressão, mas que podem levar à demissão. Uma cultura de alta integridade depende de respostas justas e razoáveis às violações. Um código sem consequências incita duas coisas: primeiro, se os funcionários nunca virem o código ser mencionado ou aplicado, eles o esquecerão. Sua cultura se desenvolverá a despeito do código, em vez de ser moldada por ele. Segundo, um código que existe, mas não é aplicado de maneira consistente, pode se tornar uma arma. Um CEO do Vale do Silício me disse uma vez: "Ninguém nunca lê o manual corporativo, a menos que esteja tentando aplicá-lo a alguém." Sabe-se que executivos e funcionários que tentam sabotar um colega vasculham e-mails antigos ou relatórios de despesas atrás de "sujeira" ética ou até tentam criar uma armadilha para que alguém viole uma regra. Isso acontece com mais frequência do que muitas pessoas imaginam. Por exemplo, o movimento #MeToo desenterrou situações em que os executivos seniores receberam reclamações sobre o comportamento inadequado de um CEO e, em resposta, disseram aos gerentes dos reclamantes que vasculhassem seus registros atrás de razões para a demissão do funcionário que reclamou. Esse é um comportamento tóxico que destrói uma cultura de confiança.

Os seres humanos (e funcionários de valor) cometem erros por muitas razões, e todos merecem um processo justo e consequências que reflitam as especificidades e a magnitude de uma ofensa. Dito isso, falaremos sobre a complexidade das consequências.

O sexto C é de Constância. Palestras sobre integridade, vídeos e murais internos, impressos ou online, são projetados para criar repetições, ou o que eu chamo de "batida constante". Queremos que os funcionários pensem constantemente nos valores da empresa quando tomam decisões ou iniciativas que têm um componente de integridade. Pesquisadores estudaram o que motiva as pessoas a se comportarem de maneiras mais ou menos honestas, e o reforço constante da expectativa e da direção de ser honesto e ético faz a diferença. Também queremos que os funcionários se lembrem dos valores de seu empregador enquanto estiverem comentando nas mídias sociais ou em sites de discussão anônimos.

Outro elemento da constância é que você precisa querer monitorar problemas de integridade, violações e ações. No departamento jurídico, você precisa de um painel que indique o número e a natureza das consultas de violação de código, relatórios e ações disciplinares, e quais são suas tendências. Esteja atento a setores específicos que podem precisar de mais treinamento ou suporte. Identifique regiões geográficas onde determinadas mensagens não estão chegando ou onde circunstâncias especiais estão criando problemas.

Por fim, você vai querer revisitar, modernizar e atualizar constantemente seus processos de Integridade Intencional para refletir novas realidades jurídicas, comerciais ou tecnológicas. À medida que a empresa cresce e adiciona linhas ou atividades de negócios, deve incorporar no código as novas implicações culturais desse crescimento e outras questões exclusivas. A comunicação sobre integridade não deve se tornar um ruído de fundo — precisa ser criativa e memorável. Você precisa procurar oportunidades para proporcionar momentos de ensino quando surgir uma controvérsia em outra empresa, evitando que o mesmo cenário aconteça em sua empresa. Em minhas palestras sobre integridade, tenho um slide com as manchetes dos erros e escândalos de outras empresas. É decepcionante. Eu vejo caretas de horror na plateia. Mas mesmo quando não é sua própria crise, pode ser uma oportunidade para focar a atenção de todos em comportamentos específicos, bons ou ruins. Você precisa atualizar e reforçar constantemente seus valores.

Momentos codificados

Eu posso ser um advogado, mas a linguagem seca dos manuais de Direito faz com que meus olhos lacrimejem. Acho que assuntos complicados e sutis são mais bem explicados por meio de *storytelling*, relacionando as regras à alma e à intenção do que você está tentando alcançar. Na maioria das vezes, usarei exemplos da vida real para cada um dos "Cs" que explicarei nos capítulos seguintes. Considero que praticamente todos os dias trazem novos exemplos de empresas que enfrentam dilemas de integridade, falhando às vezes.

No entanto, quero lidar de modo direto com um problema delicado. Não posso revelar os detalhes das discussões que tive com a administração do Airbnb sobre casos ou situações específicas em que forneci consultoria jurídica. Essas conversas se enquadram na categoria de sigilo entre um advogado e seu cliente. Não posso ir além do que a empresa declarou publicamente. Descobrir como eu poderia dar vida a dilemas reais provou ser problemático. Como eu poderia seguir minhas obrigações éticas e ainda fornecer conselhos significativos?

O que decidi foi apresentar o que chamo de "momentos codificados". São cenários compostos para refletir detalhes de situações reais, mas não identificadas; dilemas de integridade e questões de ética que investiguei, fiz recomendações, discuti com colegas do judiciário ou vi de outra forma em minha carreira. Vários também refletem o envolvimento de minha colaboradora de redação deste livro com reportagens específicas quando ela trabalhou como repórter de uma revista de negócios dos EUA.

Quero deixar claro: esses momentos codificados são baseados em situações da vida real, mas são a união de vários casos. Detalhes de identificação não essenciais foram alterados. Não há estudos baseados inteiramente nos fatos de somente um caso. Escolhi esse formato para que eu possa ser completamente sincero ao compartilhar minha análise das preocupações e questões legais que essas situações levantam sem violar nenhum de meus próprios deveres profissionais e éticos como advogado.

Mas também quero enfatizar que NÃO são casos hipotéticos — são desafios comuns. Costumo dizer aos funcionários do Airbnb: "Não tenho dúvidas de que, no próximo ano, cada um de vocês terá pelo menos um momento codificado importante." Mas acredito que eles têm dilemas de nível inferior com mais frequência; com muito mais frequência, de fato, do que os executivos percebem ou gostariam de admitir.

Cada momento codificado incluirá, primeiro, um resumo dos fatos. Eu escolhi os tópicos das categorias mais comuns que exploraremos em mais detalhes no Capítulo 4. Eles incluem:

Envolvimentos românticos.
Problemas com álcool e drogas.
Uso indevido de recursos ou propriedades da empresa ou questões de despesas.
Conflitos de interesse.
Abuso de acesso aos dados do cliente.
Assédio ou agressão sexual.
Subornos e presentes impróprios.
Segredo comercial e divulgação de informações confidenciais.
Fraude.
Problemas nas mídias sociais.

Em seguida, no Apêndice, apresentarei opções de ações, maneiras de pensar sobre esses dilemas e minha opinião sobre problemas maiores. Você notará nesses momentos codificados que eles frequentemente contêm várias violações de código, muitas vezes por várias pessoas, em torno do mesmo incidente desencadeador. Isso reflete a vida real: muitas pessoas que tomam uma decisão ruim têm vergonha de seu comportamento. Às vezes, elas negam e recorrem a mentiras e dissimulações que podem fazer com que as violações do código se espalhem mais rápido do que bolor em um sanduíche esquecido na geladeira do refeitório.

Minha esperança é a de que você leia os exemplos e, primeiro, pondere as possíveis respostas que um líder pode ter. Em seguida, volte para o fim do livro, onde discutirei o cenário e as opções com mais detalhes. Eles lembram conflitos ou dilemas bem resolvidos… ou nem tanto?

Sempre acreditei que cada um de nós passa a vida olhando através das lentes de nossas experiências e histórias pessoais. Algumas experiências nos deram sabedoria, outras distorceram nossas percepções sobre as ações e motivações de outros. Elas podem ser distorcidas pelo desejo ou arruinadas por decepções.

Quando encontramos pessoas cujas lentes são diferentes das nossas, às vezes chegamos a impasses. De tempos em tempos, é útil remover nossas lentes pessoais e imaginar as situações do ponto de vista de outra pessoa. Como pai, sempre digo aos meus filhos que façam isso quando se sentirem zangados com figuras de autoridade ou em conflito com amigos.

A empatia com os outros também pode ser útil no trabalho. Nem sempre temos tempo para considerar outros pontos de vista ou questões além daquelas que afetam nossas carreiras, nossos resultados e nossas ambições, afinal, todos os dias temos de atingir metas e fazer um monte de coisas. O tempo é precioso, a concorrência é feroz, os recursos são escassos. Como muitas organizações demonstraram, pode ser tentador tomar atalhos, exagerar a verdade e ignorar o mau comportamento dos funcionários de melhor desempenho. Mas acho que também sabemos que uma abordagem míope assim geralmente termina mal.

Resolver dilemas de integridade pode significar remover as lentes de nossos próprios preconceitos e preocupações e colocar um conjunto de "óculos éticos". Esses óculos concentram nossa atenção em valores e princípios compartilhados e podem nos ajudar a enxergar e escolher o caminho certo.

Meu objetivo é ajudar você a polir seus óculos éticos, para tê-los à mão instintivamente, ampliando seu contexto de tomada de decisão. Usar um processo sólido e testado para criar a cultura é fundamental — mas você deve estar preparado para dilemas que desafiarão as regras e os processos de um modo ou de outro.

Se você é um líder, espero que os momentos codificados reforcem a necessidade de você apresentar em detalhes bastante específicos o que espera de seus funcionários. Mas seja você um líder ou um colaborador individual, espero que eles demonstrem a natureza escorregadia do comportamento racionalizador. Esses exemplos podem levantar questões as quais você desejará explorar com amigos ou colegas. São essas as conversas que quero começar.

3

C de Chefe:
A integridade vem de cima

O exemplo do topo da sua organização é fundamental para construir uma cultura altamente íntegra.

Não durmo ou como direito há dias e estou exausto. Minhas forças se esgotaram, e enquanto me livro dos destroços, limpo a bagunça e tento reconstruir minha vida, percebo que a única coisa atrativa no momento é passar os próximos meses numa praia, em algum lugar calmo e ensolarado, em um lugar como o México ou Bali.

Mas ideias como essa, de viagens aventureiras e animadoras, que já tive tantas vezes, agora são atormentadas por uma pergunta com a qual nunca tive de me preocupar muito: como encontro um lugar para ficar?[1]

Em junho de 2011, uma anfitriã do Airbnb identificada apenas como "EJ" postou em um blog uma longa história de terror sobre voltar de uma viagem de negócios e descobrir que um hóspede havia destruído seu apartamento. Compreensivelmente, ela se sentiu violada e aterrorizada com a intensidade do vandalismo. Do ponto de vista do Airbnb, entretanto, sua postagem foi um ataque assustador à nossa marca e aos nossos valores, à nossa crença de que as pessoas são geralmente boas e podem compartilhar ótimas experiências e aventuras de viagem em uma comunidade baseada na confiança. Também serviu de base para o que o CEO do Airbnb, Brian Chesky, hoje lembra como o mais intenso "momento de integridade" que ele enfrentou na empresa, então com três anos de existência.

EJ, uma promotora de eventos corporativos na casa dos 30 anos, explicou que alugou seu apartamento em São Francisco para um hóspede que era conhecido como "DJ Patterson".

As experiências anteriores de EJ alugando seu apartamento em Nova York pelo Airbnb foram boas, e ela percebeu que, durante as viagens de negócios, ela também poderia ganhar algum dinheiro com sua casa fechada. Ela não conseguiu se encontrar com o DJ antes de viajar por alguns dias, mas ficou mais tranquila com as várias mensagens que recebeu do convidado, elogiando-a por seu lindo apartamento e agradecendo-a por ser uma anfitriã tão legal.

Depois de uma semana fora, EJ voltou para encontrar uma destruição quase psicopática: alguém (testemunhas disseram que mais de uma pessoa estava entrando e saindo de sua casa) tirou suas roupas dos cabides e das gavetas e as deixou em uma pilha sob toalhas de banho molhadas; espalhou sabão em pó por toda a cozinha; deixou um grude misterioso por todo o banheiro; perfurou uma parede até alcançar seu cofre e roubou as joias de sua avó, bem como um notebook, uma câmera e HDs. Era verão, mas o hóspede queimou toda a lenha — e um conjunto de lençóis — na lareira com a chaminé fechada, então havia um manto de cinzas por todo o apartamento. Ela descobriu que o DJ também usou cupons de desconto encontrados em seu apartamento e os usava para fazer pedidos de mercadorias com o cartão de crédito de EJ. Um horror.

Na época, era uma política explícita do Airbnb a empresa não ser responsável por qualquer dano causado por hóspedes. O Airbnb ajudaria o anfitrião a chegar a uma solução, mas era ele quem tinha de buscar a restituição do hóspede. Embora ela tenha mencionado em sua postagem no blog que a empresa era simpática e prestativa, EJ também levantou o ponto de que o Airbnb anunciava que seu serviço era transparente, mas o sistema do Airbnb não fornecia nenhum meio para anfitriões ou hóspedes pesquisarem um ao outro de uma forma significativa antes de uma reserva. Ela argumentou em seu blog que isso criou a impressão de que o Airbnb já havia examinado a outra parte.

O texto viralizou assim que foi postado no blog. Ele levou alguns outros anfitriões a dizer que também tiveram experiências com hóspedes péssimos. Brian Chesky testemunhou a cobertura da mídia ir de mal a pior. Ele lembra: "Inicialmente, não lidamos bem com isso. Bagunçamos o trabalho do atendimento ao cliente. Tentamos, com sinceridade, melhorar nossa imagem pública com ações de RP, mas, quanto mais tentávamos, pior ficava. Continuamos tentando, e nada funcionou." Houve desacordo entre os líderes da empresa sobre como conter as críticas. Alguns achavam melhor ficar quieto e esperar. Outros achavam que a empresa deveria assumir mais responsabilidades. Alguém do Airbnb chegou a pedir a EJ que removesse sua postagem, ofendendo-a e motivando-a a postar um novo texto. A situação se arrastou por várias semanas enquanto os repórteres procuravam outras histórias de avarias ou problemas com hóspedes do Airbnb.

Brian lembra que, enfim, chegou ao limite. "Pensei, a certa altura, e em desespero: 'Quer saber? Dane-se o resultado. Vou pensar em como quero ser lembrado.' Decidi tomar a decisão comercial de fazer a coisa certa, uma decisão baseada em princípios." Ele percebeu que muitas situações são complexas demais para manejar um resultado desejado. "Se você não sabe como uma situação complicada vai se desenrolar, descubra como deseja ser lembrado. Isso é diferente de tomar uma decisão, porque você acredita que vai acontecer de determinada forma."

O primeiro passo, ele decidiu, era emitir um pedido de desculpas franco e claro. O segundo passo seria a empresa oferecer algum tipo de proteção aos anfitriões contra esses eventos raros, mas devastadores. Ele ligou para um membro do conselho para discutir seu plano de oferecer US$5 mil de seguro aos anfitriões, incorrendo em uma cobrança que reduziria o lucro do Airbnb. Ele imaginou que o diretor ficaria preocupado com o custo, mas Brian achou que era a coisa certa a se fazer. Em vez disso, o membro do conselho disse: "Sim, e adicione um zero ao valor." Logo depois, Brian emitiu um comunicado que dizia, dentre outras coisas: "Ficamos paralisados e, nas últimas quatro semanas, realmente estragamos tudo." Ele anunciou, a partir daquele momento, uma garantia de US$50 mil para ressarcir os anfitriões em caso de danos.

O Airbnb trabalhou com os agentes da lei para tentar identificar "DJ Pattrson", e um suspeito foi posteriormente preso e acusado de posse de itens roubados.[2] A empresa superou a controvérsia, e a decisão de Brian de seguir um caminho baseado em princípios se tornou uma fonte de orgulho para os funcionários.

Eu não estava no Airbnb quando essa situação aconteceu, mas posso dizer que as pessoas ainda falam sobre o pedido de desculpas de Brian e como ele arrumou a situação. Isso se tornou parte da cultura do Airbnb, uma demonstração de integridade que, posteriormente, ouvi vários funcionários, executivos e investidores mencionarem com orgulho. "Foi quando eu realmente vi do que Brian era feito", disse Joe Zadeh, então chefe de gerenciamento de produto, à revista *Fortune* tempos depois.[3]

Quando um CEO age com integridade, ele envia a toda a organização uma mensagem que não é esquecida com facilidade. Os funcionários não esperam que seus líderes sejam perfeitos, mas muitos líderes presumem que admitir um erro é um sinal de fraqueza. Na verdade, é o oposto. Se um CEO não consegue admitir um erro, como você pode esperar que alguém em uma organização instintivamente assuma a responsabilidade e resolva um problema, em vez de tentar evitar a culpa ou até mesmo encobri-la? Se, em vez disso, um CEO age com integridade e espera o mesmo dos demais, é mais provável que essa seja a opção padrão em toda a organização.

◆

Acredito que isso seja verdade em qualquer empresa de qualquer setor. Recentemente, eu estava no saguão de um hotel assistindo a um jogo de basquete e puxei conversa com um senhor que estava sozinho na mesa ao lado. Ele era discreto e falava muito pouco sobre sua vida, e demorei mais de uma hora para perceber que estava conversando com o cofundador da gigante varejista Costco, Jim Sinegal. Por cerca de duas horas, falamos sobre o estado do país, integridade como conceito, ética no fornecimento de produtos, tratamento respeitoso de funcionários e a ideia de administrar empresas em um horizonte de longo prazo, em vez de trimestre a trimestre.

Um pouco depois, pesquisei e descobri que a Costco tem uma das menores taxas de rotatividade no varejo e que cerca de 90% de seus funcionários têm acesso a seguro-saúde, contra uma média 6% no setor.[4] Tenho certeza de que a empresa é uma competidora feroz, mas não encontrei nenhuma história sobre escândalos ou ética questionável envolvendo a Costco. Durante nossa conversa, contei a ele sobre minha crença no conceito de Integridade Intencional, e ele disse baixinho: "Só uma coisa importa. Tudo começa no topo."

Kara Swisher, colunista de tecnologia do *New York Times*, escreveu no fim de 2018 uma coluna sobre executivos de empresas de tecnologia na qual listou diversos comportamentos problemáticos. Swisher observou que "devagar no começo, depois todos de uma vez, parece que muitos líderes digitais perderam a razão".[5]

O ponto principal da coluna de Swisher era uma pergunta: uma vez que os CEOs do Vale do Silício têm falhado em demonstrar integridade por atos e palavras, é hora de criar uma posição de "vice-presidência de ética"? "À medida que um dilema ético após o outro atinge executivos profundamente mal preparados, suas reputações, antes imaculadas, caíram como árvores durante um furacão", ela observou.

◆

A função de vice-presidente de ética pode se tornar importante para empresas de internet que precisam lidar com questões globais complexas, mas pode ser uma surpresa para você que eu afirme isso com algumas ressalvas. Por um lado, estabelecer um cargo como esse é uma forte declaração de que uma empresa prioriza a ética e faz as coisas certas. E para empresas que passaram por escândalos ou que precisam repaginar sua marca e cultura, contratar ou nomear um vice-presidente de ética pode oferecer sabedoria e uma perspectiva externa valiosa.

Mas não quero dar a impressão de que apenas uma empresa de grande porte pode resolver adequadamente os problemas de integridade. O líder de qualquer empresa, ou até mesmo de empresas de apenas um proprietário, deve assumir a responsabilidade de refletir sobre seu propósito, seus valores e as regras básicas de interações com seus *stakeholders* e, então, comprometer-se a agir de acordo com esses valores. Um CEO ou empresário não pode "terceirizar" a responsabilidade pela integridade de uma organização para um vice-presidente de ética ou qualquer outra pessoa. Um vice-presidente (ou diretor) de ética pode ser um parceiro valioso para um CEO, focando em detalhes de dilemas difíceis e complexos e maneiras de moldar as políticas e o treinamento da empresa. Mas como Jim Sinegal e outros líderes experientes sabem tão bem, a Integridade Intencional deve começar no topo — no mais alto deles. Quando um líder se esquece disso, é uma receita para o desastre.

A agonia da derrota

Quando eu era criança, o Fusca era vendido por menos de US$2 mil. Era fofo, divertido e, junto com a icônica Kombi, ele e sua marca representavam os valores "hippies" de paz, amor e vida simples. Com o passar dos anos, a empresa também produziu carros mais voltados ao desempenho. Sempre gostei de Volkswagen; o primeiro carro de família que comprei quando minha filha Bianca nasceu foi um Passat.

Uma década atrás, o CEO da Volkswagen incumbiu a empresa de aumentar as vendas de motores a diesel nos Estados Unidos. Os líderes da empresa fizeram intensa pressão sobre seus engenheiros para fornecer a potência desejada pelos consumidores, apesar de também terem de passar pelos rígidos padrões de emissão de combustível dos EUA, que reduziam o desempenho do motor. Eles pareciam ter feito o quase impossível, e as vendas dispararam.

Mas, em 2015, engenheiros de fora da empresa, curiosos para saber por que os carros da VW nos EUA pareciam ter emissões mais baixas do que seus modelos europeus, descobriram que isso não era verdade. Os carros da Volkswagen nos Estados Unidos estavam sendo vendidos com um software "trapaceiro" que dava leituras falsas durante os testes de emissões. Simplificando: respondendo às ordens corporativas para se tornar a maior montadora do mundo, vários funcionários da VW criaram um plano envolvendo fraude deliberada.[6] A empresa acabou pagando

US$25 bilhões em multas, restituições e *retrofits* para mais de meio milhão de carros vendidos. Um funcionário norte-americano foi condenado a sete anos de prisão. O CEO renunciou e foi posteriormente acusado criminalmente por promotores alemães,[7] e a empresa ainda está tentando reconstruir sua reputação.

Ler sobre a queda da VW foi outro motivo para eu escrever este livro. O que a empresa fez me enfureceu como cliente. Eu tinha um daqueles chamados Volkswagens de baixa emissão. A empresa nunca recuperará minha confiança.

Como isso pôde ter acontecido? Como uma empresa pensou que poderia se safar de uma fraude dessas proporções? Vários especialistas em gestão pesquisaram a questão e escreveram sobre como, embora a VW tivesse um código de ética que proibia explicitamente a fraude, os líderes minimizaram sua importância, racionalizaram que o objetivo do sucesso justificava um comportamento antiético temporário e acreditaram que as consequências, mesmo se eles fossem expostos, seriam mínimas. No que deu: os líderes da empresa priorizaram tanto as metas de desempenho, que criaram consequências catastróficas para a marca.[8]

Esse é um exemplo exuberante do que acontece quando um CEO deixa de liderar com Integridade Intencional. A busca por objetivos de curto prazo e a glória no mercado destruíram a reputação de uma marca antes lendária.

Aja de acordo

Para qualquer CEO, a primeira tarefa é perceber que desenvolver o código que você deseja está dentro de seu escopo de atuação, mas ignorá-lo é uma renúncia ao seu dever. Se os principais líderes de uma empresa não estão dispostos a abraçar cada uma das cláusulas do código, então as cláusulas rejeitadas não deveriam estar no código. Tem de ser tudo ou nada, porque é isso que garante a adesão de todos os outros.

Quando converso com nossos funcionários, enfatizo que ninguém no Airbnb opera acima de nosso código. E é verdade — todos, do CEO ao nosso conselho e alta gerência, explicitamente aderem e apoiam o programa de Integridade Intencional. Pelas reações dos funcionários e por conversas individuais, posso garantir que o fato de que o que se aplica a eles também se aplica ao CEO é *muito* importante.

Obviamente, é o cúmulo da hipocrisia um CEO insistir em um código de conduta que ele ou ela não se sente obrigado a seguir. Com razão, as pessoas se ressentem da existência de dois conjuntos de regras. James Morgan, ex-CEO da Applied Materials, também enfatizou essa ideia: "Como líder, o caráter de sua organização nunca excederá o seu. Certifique-se de exibir cada característica e qualidade que deseja que seu pessoal tenha."[9]

Claro, isso pode ser complicado. No dia a dia no escritório, os CEOs podem criar armadilhas de integridade para si próprios. Eles podem não necessariamente tomar uma decisão explícita de infringir a lei ou ignorar as próprias regras da empresa, mas podem racionalizar falsos dilemas. Por exemplo, um líder de fabricação de produtos químicos pode pensar: "Existem regulamentações ambientais que exigem que gastemos dinheiro no tratamento de resíduos, mas se eu ignorá-las agora e, em vez disso, investir o dinheiro em P&D, podemos evitar completamente o problema de resíduos dentro de alguns anos. Violar a lei nesta situação restrita é uma decisão que apoia o bem maior, certo?!"

Outro exemplo é o proprietário de uma empresa considerar que as proibições sobre presentes sejam relevantes apenas para funcionários de nível inferior. Afinal, sua falta de sofisticação e julgamento podem deixá-los vulneráveis a pequenos subornos, enquanto o proprietário, é claro, sempre colocará as necessidades da empresa em primeiro lugar — então será que não é razoável assumir que não há necessidade de ser grosseiro ao rejeitar os presentes de um fornecedor ou parceiro? Receber presentes não é apenas uma regalia aceita no trabalho?

Esse tipo de racionalização influencia os demais, e é por isso que é tão importante para o CEO não apenas seguir as regras, mas também defender ativamente um comportamento íntegro entre os subordinados.

Um colega que trabalhou anteriormente na Amazon me contou sobre uma prática que o fundador e CEO Jeff Bezos repete a cada trimestre para moldar a integridade nos relatórios financeiros da Amazon. Bem, não há dúvidas de que Bezos é um líder controverso. Muitos críticos condenaram seu intenso foco no crescimento e uma certa insensibilidade com seus *stakeholders*, incluindo seus próprios funcionários e comerciantes em sua plataforma.

Mas meu colega diz que, quando se trata de relatórios financeiros, Bezos é implacável na exigência de que os números relatados pela Amazon tenham integridade. Ele e seu presidente do conselho se reúnem a cada trimestre e examinam os números que os diretores financeiros de cada grupo relatam. Bezos olha cada CFO nos olhos e pergunta: "Existe alguma entrada aqui que o deixa desconfortável?" É uma interação poderosa, específica e direta de um CEO que valida a integridade como um valor. Ela comunica que Bezos quer ouvir más notícias antes que elas voltem para assombrar a empresa. Ele não quer ter de defender previsões excessivamente otimistas. Essa é uma prática que outros CEOs deveriam imitar.

O empreendedor e investidor de risco Ben Horowitz me disse que costumava fazer algo semelhante quando era o CEO da Opsware. A cada trimestre, ele se reunia com sua equipe de contabilidade e detalhava quaisquer números suspeitosamente positivos. De forma clara e consistente, ele dizia, nessas ocasiões, para não manipular os números ou violar quaisquer obrigações de contabilidade ou divulgação. Ele se lembra de ter dito uma vez: "Veja, se vamos ter prejuízos, podemos ir à falência. Mas não vamos para a cadeia. Não é apenas 'fazer a coisa certa' — você tem de ser muito explícito."

Pensei na natureza crítica da liderança quando li *Bad Blood: Fraude Bilionária no Vale do Silício*, o livro de John Carreyrou sobre a ascensão e queda da empresa de testes de sangue Theranos. A preocupação do CEO e a ênfase em relatórios precisos pareciam ser o oposto do que vimos em Bezos e Horowitz. O livro fala de Elizabeth Holmes como uma CEO que repetidamente prometia demais, entregava de menos e mentia para encobrir problemas. Holmes lotou seu conselho de administração com pessoas famosas que não eram especialistas na área da empresa — o segundo no comando era também seu namorado —, e ela dizia para os investidores e sócios tudo o que achava que manteria a avaliação da empresa em alta no curto prazo. Resultado: a empresa faliu, e o nome Theranos agora é sinônimo de fraude e promoção vã. Holmes está enfrentando acusações criminais e responsabilidade civil por seu papel nessa falência.

Paul Sallaberry é um capitalista de risco que já ocupou cargos executivos sênior na Oracle e na Veritas. Paul me disse que acredita que a integridade deve ser tecida desde o início no DNA de uma empresa, um bordão que ele repete aos CEOs que treina: "Existe um mito de que há dois tipos de empresas: as antigas tartarugas de sangue nobre, que se preocupam com integridade e ética; e as empresas rápidas, ágeis e modernas. Isso está errado — você pode fazer as duas coisas. A única maneira de construir uma boa cultura é ter um sistema de valores do qual as pessoas queiram fazer parte. Quando você pede às pessoas para fazerem a coisa certa, você ganha confiança. Elas percebem que você fará a coisa certa. Caso contrário, você terá um monte de mercenários que zarpam na hora que os tempos ficam difíceis."

Isso traz à tona outro elemento importante de integridade que a liderança de uma empresa deve incorporar: não jogar funcionários juniores na fogueira quando há um revés. Nesse sentido, eu respeito como a Starbucks agiu após um incidente de 2018, no qual o gerente de uma filial da Filadélfia disse a dois afro-americanos que eles não podiam usar o banheiro porque não haviam comprado nada. O gerente acabou chamando a polícia quando os homens se recusaram a sair. Eles reclamaram com as autoridades, e a Starbucks recebeu fortes críticas na comunidade local e na mídia nacional.[10]

Em resposta, a Starbucks não entrou automaticamente em negação. Seu fundador e presidente executivo, Howard Schultz, falou longamente sobre o incidente e não o descartou como um erro do gerente da loja. Ele repetidamente disse que a empresa havia criado o problema, porque sua política sobre permitir que as pessoas ficassem na loja sem consumir era vaga. A empresa dedicou tempo para ser mais cuidadosa, criando uma política que permite que indivíduos fiquem dentro de uma Starbucks ou usem o banheiro independentemente de serem ou não clientes pagantes, desde que não sejam inconvenientes ou descorteses. A Starbucks também fechou suas portas por meio dia para fornecer aos funcionários "orientação sobre preconceito racial", e o CEO Kevin Johnson falou publicamente sobre a importância de ouvir os clientes, as comunidades e os parceiros na formulação dessa nova política.

Nessa situação, a Starbucks reconheceu diretamente que a ambiguidade é inimiga da integridade. Diretrizes vagas e respostas caso a caso aos desafios resultam em decisões tendenciosas ou convenientes que podem moer o caráter de uma empresa. Elas podem afastar clientes e prejudicar a moral. A tomada de decisão impulsiva e inconsistente é algo que os funcionários também notam. Eles param de confiar na administração. Eles param de acreditar que seus problemas serão tratados com justiça e de acordo com seus méritos.

Sem exceções

No Airbnb, é claro, tivemos de lidar com imprevistos. Mas acredito que nosso CEO e nossa equipe executiva não mediram esforços para identificar dilemas antes que eles ocorressem, bem como o melhor caminho a seguir — uma ideia muito melhor do que resolver a bagunça depois de feita.

Por exemplo, desde 2018, temos uma regra que diz que ninguém na equipe executiva tem permissão para manter um relacionamento romântico com um funcionário do Airbnb. E ponto final. Sem exceções. Cada um de nós, solteiro ou não, incluindo Brian, específica e pessoalmente, concordou em cumprir essa regra. Admito que, quando a abordei pela primeira vez com a equipe executiva, alguém riu e disse: "Estamos todos em um relacionamento sério ou casados. Não será um problema." Eu ressaltei que muitos dos casos #MeToo envolviam executivos casados. Ninguém riu disso, e, após um breve silêncio, todos nós concordamos.

Alguns executivos e amigos com quem conversei sobre essa política ficaram chocados. Não é radical — até mesmo cruel — proibir um relacionamento consentido entre adultos? Veja, nós vimos muitos executivos e empresas se enroscarem nisso. Nós, do Airbnb, decidimos que o potencial para problemas complicados no trabalho decorrentes de relacionamentos românticos é muito grande para arriscarmos, então insistimos nessa regra.

A proibição a relacionamentos se limita à equipe executiva, pois a dinâmica de poder é tal, que um líder sênior pode fazer um funcionário júnior se sentir pressionado em determinadas situações. No Airbnb, outros relacionamentos românticos envolvendo funcionários estão liberados, desde que uma pessoa não esteja sob o comando da outra. Se você trabalha com vendas e desenvolve um relacionamento com alguém da logística, não há relacionamento de subordinação e nenhum problema. Se você é um gerente de atendimento ao cliente e se sente atraído por alguém que se reporta a você, não deve manter esse relacionamento. Se um relacionamento florescer apesar dessa regra, o funcionário sênior é responsabilizado por violar o código de ética.

Nossa regra se estende a qualquer pessoa que tenha uma relação de controle sobre outro funcionário. Por exemplo, suponha que um determinado profissional de recursos humanos seja responsável pelo suporte a uma equipe de vendas. Embora não haja um relacionamento formal de subordinação, esse profissional de RH tem uma relação de controle com a equipe que apoia — ele ou ela está ciente de quaisquer investigações e problemas de desempenho na equipe. O funcionário de RH tem acesso a informações confidenciais sobre salários e bônus de cada membro da equipe. Esse profissional de RH não poderia ter um relacionamento amoroso com alguém da equipe subordinada sem prejudicar sua imparcialidade e capacidade de desempenhar suas funções.

O presidente do conselho pode ser chamado para investigar uma reclamação sobre literalmente qualquer funcionário, portanto, eu não estaria autorizado a manter qualquer relacionamento romântico no trabalho enquanto estivesse nessa função — ou na minha função atual de dirigir nosso escritório de ética. Claro, um presidente de conselho poderia se recusar a fazer uma investigação, mas haveria especulação e fofoca que distrairia todos os envolvidos e levantaria questões sobre o que estava acontecendo nos bastidores. O bom senso diz que a solução é que os líderes seniores não devem se envolver romanticamente com nenhum funcionário.

Existem líderes que lidam com essa questão de forma diferente, e eu os considero éticos. Alguns contam com divulgações oportunas e um compromisso de transferir os funcionários para evitar um relacionamento em uma cadeia de comando. Não acho isso ideal. No momento em que a divulgação acontece, já existe um relacionamento e já houve alguma fofoca ou atividade. As pessoas não se veem em uma sala lotada e sentem pressa de relatar sua atração.

Mesmo que um relacionamento seja aberto e divulgado, isso não resolve o problema. Haverá situações em que o funcionário júnior terá uma ampla consciência das coisas que estão acontecendo na empresa devido ao seu relacionamento com o alto escalão ou outro executivo sênior. Haverá uma percepção, certa ou não, de que o funcionário júnior tem um controle interno sobre as melhores oportunidades de trabalho e promoção. E como um gerente pode disciplinar com eficácia um funcionário júnior se essa pessoa tem um ombro solidário no topo da empresa?

Em vez disso, nós, como equipe executiva, chegamos a um acordo: não buscar uma exceção ou transferir uma decisão sobre isso para outra pessoa. Se eu sentir necessidade de manter um relacionamento amoroso com um funcionário, procurarei outro cargo em outra empresa.

Privacidade do cliente

A privacidade dos dados do cliente é outra área em que as empresas devem ter regras específicas para desencorajar excessos por parte dos funcionários. O Airbnb tem regras firmes sobre impedir os funcionários de acessar dados do cliente por qualquer motivo que não seja para realizar funções oficiais.

A Uber aprendeu em 2016 a importância de seguir esse tipo de regra, depois que surgiram reportagens sobre uma funcionalidade chamada "God View", ou "Visão de Deus", em tradução literal. Em essência, funcionários da Uber criaram uma ferramenta que permitia rastrear em tempo real qualquer usuário. Eles se tornaram tão cheios de si por causa disso, que um executivo da Uber de Nova York certa vez recepcionou uma jornalista ainda no meio-fio, quando ela saía de um Uber. Eles tinham uma entrevista marcada, e ele a cumprimentou dizendo: "Eu estava rastreando você." Um ex-chefe de segurança pediu demissão e processou a empresa, alegando que os funcionários costumavam acessar dados de políticos e celebridades.[11]

Segundo relatórios tornados públicos, funcionários também usaram a ferramenta para espionar viagens de ex-companheiros, amigos, familiares e paqueras, dentre outros. Quando o abuso foi denunciado, os usuários ficaram indignados, e a empresa posteriormente pagou multas, concordando em permitir, durante os próximos vinte anos, auditorias de privacidade pela Federal Trade Commission [órgão governamental norte-americano responsável por, dentre outras coisas, proteger o consumidor]. A mensagem para as empresas era clara: o sigilo dos dados do cliente deve ser respeitado pelos funcionários, evitando o abuso generalizado.

Lentes diferentes, filtros diferentes

Esses são, então, dois elementos específicos do código do Airbnb, e eu expliquei como o código, de certa forma, exige mais dos executivos seniores do que da base. Agora, não há dúvida de que alguns CEOs de outras empresas ficam desanimados com a ideia de regras específicas como essa. Há uma tradição de negócios que celebra os rebeldes e até os torna os mais famosos. Estou pensando em empreendedores como Steve Jobs, por exemplo, ou Richard Branson ou Ted Turner. Quando Jobs estava começando como engenheiro na Atari, ele era famoso por ir a todos os lugares descalço, e mais tarde, transformou o ato de rejeitar o *establishment* e as regras no grito de guerra da Apple.

Cultivar uma cultura empresarial em que os funcionários se assemelham a um alegre bando de piratas que cospem no olho da concorrência pode criar uma marca singular. Às vezes, também pode ser uma vantagem de recrutamento. E é claro que isso pode ser feito de forma ética. Mas há um momento em que "peça perdão, não permissão" pode sair pela culatra. Se não houver diretrizes sobre qual é o limite e o que significa cruzá-lo, pessoas de alto astral podem perder o controle e atiçar umas às outras em detrimento das demais e, eventualmente, da empresa.

Vamos voltar à questão de relacionamentos na empresa. Alguns CEOs acreditam claramente que conquistaram o direito de julgar quando e se um relacionamento consensual com outro funcionário ou parceiro adulto é um problema. Eles veem seu papel como um propulsor do preço das ações, ponto final. Se seu desempenho for alto, eles sentem não merecer restrições por nenhuma regra.

Pode ter havido uma época em que esse argumento refletia as normas populares. Mas os tempos mudaram. Posso citar alguns CEOs que provavelmente concordavam com a ideia de que são responsáveis apenas pelos resultados financeiros — Harvey Weinstein, Les Moonves e Steve Wynn vêm à mente. Todos eram CEOs poderosos e autoconfiantes que perderam seus postos depois que surgiram muitas acusações de relacionamentos inadequados que duraram muitos anos. Todos eles defenderam suas ações no contexto de relacionamentos "consensuais", mesmo quando suas acusadoras alegavam que intimidação — ou coisa pior — estava envolvida. Também é importante notar que, em todos os casos, repórteres — e, no caso de Wynn, agentes governamentais — descobriram evidências de que outros funcionários e executivos sabiam de seus comportamentos e até mesmo organizaram atribuições ou ajudaram a encobrir o que o CEO estava fazendo. *As consequências de relacionamentos românticos inadequados no trabalho quase nunca permanecem confinadas ao "consentimento entre adultos".*

Definir o tom certo no alto escalão também envolve o difícil dilema de como os CEOs tratam funcionários altamente valorizados ou "favoritos" quando esses indivíduos abusam de seu poder ou violam regras. A maioria de nós já viu em um momento ou outro o fenômeno do "menino ou menina de ouro", muitas vezes um carismático executivo de vendas, negociador ou programador que pode ser visto por toda a empresa como alguém que, aos olhos do CEO, "é incapaz de errar".

Já é ruim o suficiente quando os mascotes do CEO irritam os colegas em uma miríade de atitudes corriqueiras — quando agem feito um imperador frente à equipe de apoio, estacionam nas vagas alheias ou estão sempre muito ocupados para comparecer às reuniões "obrigatórias". Mas o que fazer quando eles apresentam números recordes de vendas no mesmo mês em que são acusados de assédio sexual ou abuso de dados de clientes? Vimos muitos exemplos em que a resposta oficial foi um acobertamento e um acordo silencioso. Acho que esses dias estão chegando ao fim, graças ao #MeToo e aos funcionários ativistas, que estão exigindo mais responsabilidade. Uma cultura que usa acobertamentos para responder a violações da ética tem um problema sério que vai além de qualquer incidente individual, espraiando-se por toda a empresa.

Imagine que seu funcionário mais valioso — o de melhor desempenho — acaba de assediar alguém no escritório. Qual consequência você está disposto a fazê-lo sofrer? Tratar o infrator com menos severidade do que outra pessoa que fez a mesma coisa depois de você ter criado uma regra supostamente rígida não é o caminho da integridade. Você corre o risco de incitar uma revolta silenciosa — ou nem tão silenciosa.

A maioria dos CEOs gosta de ter a palavra final. Eles gostam de sua liberdade. CEOs narcisistas levam isso ao extremo. Mas pessoas maduras entendem que, em última análise, muitos empregos implicam em sacrifícios à vida pessoal, às amizades e à liberdade, seja trabalhando muitas horas ou não podendo negociar ações quando você é um *insider*. Todos devem cumprir a lei, mas ninguém é obrigado a trabalhar para uma empresa com uma política de ética tão detalhada. Com o tempo, em uma empresa ética, a política evoluirá para acompanhar as normas sociais, questões de recrutamento e outras variáveis.

Seis mil vice-presidentes de ética

Em certo sentido, gostaria que cada pessoa em nossa empresa se considerasse um agente de ética, um guardião de nossa marca. Não somos perfeitos, todos sabemos que não somos, e tratamos a integridade como uma jornada na qual podemos tropeçar, não como um item para riscar da nossa lista de afazeres. Nós encorajamos ativamente questionamentos e denúncias relacionadas à ética, e qualquer esforço para intimidar alguém para não relatar uma violação que tenha experimentado ou observado também é proibido. Além disso, a lealdade pessoal não é uma defesa ou um valor de trabalho que se eleva acima dos outros.

Quero enfatizar três funções e entidades específicas que também representam a ideia de liderança ética por um "chefe".

Liderança do conselho

Se a cobertura da mídia de vários escândalos e revelações nos últimos anos trouxe um tema subjacente, é este: onde estava o conselho? Em última análise, os conselheiros têm o dever fiduciário para com os acionistas de proteger seus ativos. Embora o CEO tenha autoridade operacional, o conselho pode demiti-lo. Uma desculpa que os conselhos costumam dar quando uma empresa fica fora de controle ou um executivo age de forma inadequada é que o CEO escondeu deles o que realmente estava acontecendo.

Os conselhos estão recebendo cada vez menos simpatia por essa postura. Um artigo da *Corporate Counsel* destacou um ponto importante e oportuno: "O movimento #MeToo tem sido um catalisador de mudanças em todos os negócios e na sociedade. Isso forçou um destaque da cultura como um ativo corporativo crítico. Conselhos com visão de futuro devem aproveitar o momento para aprimorar as práticas de governança corporativa e reimaginar um local de trabalho que tenha uma cultura segura, inclusiva, justa e saudável, voltada para a criação de valor a longo prazo."[12]

Em alguns casos, investidores entusiastas dominam o conselho a tal ponto, que se tornam parte do problema. No outono de 2019, a empresa de escritórios compartilhados WeWork, sediada em Nova York, de repente ocupou os holofotes do escândalo ao atrasar e retirar sua tão aguardada abertura de capital. No primeiro semestre do ano, a empresa já havia perdido US$1,3 bilhão de seus US$1,5 bilhão de receita, mas o importante era a governança corporativa. A WeWork foi exposta como um desastre ético. Seu cofundador, Adam Neumann, rapidamente deixou a empresa em meio a acusações de informação privilegiada, contratação de familiares para cargos importantes, viagens no luxuoso jato corporativo de US$60 milhões e incentivo ao consumo excessivo de álcool e a festas selvagens da empresa.

Onde estava o conselho? Bem, um assento do conselho pertence ao SoftBank, em que Vision Fund investiu mais de US$10 bilhões. Em 2018, o presidente do SoftBank, Masayoshi Son, zombou de quão conservadores ele achava que muitos investidores de tecnologia estavam sendo, de acordo com o *Los Angeles Times*. "Por que não crescemos como o *big bang*?", ele declarou à Bloomberg. "Outros acionistas tentam criar pequenas empresas certinhas e refinadas. E eu digo: 'Vamos para cima. Não precisamos ser refinados. Não precisamos de eficiência agora. Vamos lutar pesado.'"[13] Enquanto isso, em 2017, Neumann contou à *Forbes* sobre uma conversa que teve com Son: "Masa se vira para mim e pergunta: 'Em uma luta, quem ganha — o cara inteligente ou o louco?' Eu respondo: 'O cara louco.' E ele olha para mim e diz: 'Você está certo, mas você e [o cofundador de Neumann] não são loucos o suficiente.'"[14]

Deveríamos nos surpreender se um empreendedor ousado como Neumann, regado com bilhões em dinheiro e exortado por um investidor icônico a "explodir", virasse um... bem, *big bang*?

Os princípios que defendo no restante deste livro não significarão nada, a menos que os CEOs os adotem e os conselhos monitorem a implementação deles pelo CEO — e exijam as informações de que precisam para fazer isso.

Diretor jurídico

A segunda função de liderança ética específica e relevante em uma empresa razoavelmente grande seria o diretor jurídico. Eles têm um amplo escopo de responsabilidade. Devem monitorar questões operacionais de conformidade com os regulamentos, tanto das leis dos Estados Unidos quanto das estrangeiras, e as ações judiciais em andamento. Devem intervir em contratos, acordos, litígios e desafios relacionados aos funcionários. E, em um nível mais alto, devem fazer parceria com a equipe de liderança para descobrir como dizer sim à inovação e às ideias criativas que podem acarretar certos riscos ou elementos difíceis de prever.

O papel do diretor jurídico é inquestionavelmente secundário ao do CEO em termos de definir o tom e reforçar a ética como uma prioridade, mas quando esse papel existe, é fundamental para a implementação da Integridade Intencional. Essa posição é uma das poucas que verificam operacionalmente os líderes seniores, incluindo o CEO, quando eles saem do caminho, e a equipe jurídica é vital para garantir que as leis e regulamentos relevantes sejam interpretados correta e consistentemente pelos gerentes da empresa. Esse descuido às vezes pode ser criticado por gerentes que preferem interpretações mais relaxadas, e isso é esperado. Mas a equipe jurídica tem o dever profissional de respeitar a lei e dar bons conselhos. Um diretor jurídico que exiba um comportamento ético questionável é, em minha opinião, um risco grave.

Fiquei consternado, como sei que outros diretores também ficaram, quando li sobre a controvérsia envolvendo o diretor jurídico da Alphabet, David Drummond. Conforme relatado pela primeira vez no *New York Times* em 2018 e mais recentemente em um artigo de 27 de agosto de 2019 para o *Medium*, uma advogada de contratos do Google chamada Jennifer Blakely disse que ela e Drummond começaram um caso em 2004.[15] Drummond era, então, conselheiro jurídico do Google, e Blakely era um membro de sua equipe. Em 2007, ele teve um filho com ela. "Depois que nosso filho nasceu, recebi uma ligação do RH notificando-me de que um de nós teria que deixar o departamento jurídico onde David era agora diretor, então fui transferida para o departamento de vendas, apesar de não ter nenhuma experiência na área", escreveu ela no *Medium*.[16]

Insatisfeita com sua nova função, Blakely deixou o Google um ano depois. Ela afirmou que, antes do nascimento da criança, Drummond nunca contara a ninguém no Google sobre o relacionamento deles, apesar de saber que o Google tinha uma política que proíbe relacionamentos entre subordinados diretos. Drummond posteriormente divulgou um comunicado admitindo que eles tinham um filho, mas ele alegou que havia "dois lados" na história e contestou alguns de seus fatos. Drummond também disse que "discutiu os detalhes de nosso relacionamento com nosso empregador na época", mas não discutiria mais a situação.[17]

A situação ficou ainda mais complicada, mas vamos primeiro nos concentrar nos eventos até este ponto. Compreendo que os relacionamentos humanos são complexos e que os indivíduos podem ter visões muito diferentes sobre uma separação, mas houve dois erros éticos fundamentais aqui. O primeiro foi quando um dos principais líderes do Google se envolveu em um relacionamento romântico com um membro de sua própria equipe, aparentemente em contradição direta à política da empresa. E esse erro fundamental foi agravado pelo segundo erro — a empresa deixou de responsabilizar esse líder pelo primeiro erro e, em vez disso, implementou uma "solução" que transferiu o peso das consequências para o funcionário júnior. Ser transferido de uma função — uma função para a qual Jennifer Blakely era treinada e experiente — para outra menos agradável ou satisfatória é uma história muito familiar nas corporações norte-americanas. A pessoa sem poder arca com as consequências. Um artigo postado no Law.com, citando o especialista em recursos humanos Jaime Klein, observou a frequência com que empresas protegem pessoas consideradas importantes demais para serem perdidas: "São esses grandes talentos, esses especialistas no assunto, que não podemos perder. Constantemente vejo empresas abrindo exceções para eles. Até que paremos de fazer exceções e criemos regras que se apliquem a todos, essas coisas continuarão a acontecer."[18]

Obviamente, muitos funcionários do Google desejam uma liderança melhor nessa questão. Em 1º de novembro de 2018, mais de 20 mil funcionários do Google em todo o mundo deixaram seus empregos depois que dois outros "grandes talentos" (como Klein os chamou) deixaram a empresa com polpudas indenizações apesar de terem sido acusados de má conduta sexual. O *Business Insider* relatou que uma conta de mídia social dos organizadores da paralisação no Google tuitou que a postagem do blog de Blakely em 2019 refletia "a cultura sistêmica de tratar as pessoas como objetos nos níveis mais altos do Google. Isso prejudica a todos nós — de todos os gêneros e em todos os níveis da empresa."[19] Temos de concordar que o fracasso do Google em manter Drummond em seu suposto padrão torna difícil imaginar como seu conselheiro jurídico e sua equipe de RH poderiam conduzir uma discussão sobre ética e serem levados a sério.

As notícias subsequentes não mudaram meu pensamento sobre isso: vários meios de comunicação relataram que, pouco depois de ele emitir a declaração dos "dois lados" sobre Blakely em 2019, Drummond se casou com uma funcionária do departamento jurídico do Google.[20] Em 2019, um grupo de acionistas entrou com um processo contra a Alphabet, alegando que a empresa encobria alegações de má conduta sexual, e a Alphabet anunciou que havia iniciado uma investigação interna (até o momento da redação deste livro, nenhuma descoberta havia sido divulgada). Na primeira semana de janeiro de 2020, em um e-mail otimista, Drummond anunciou que estava se aposentando. Acontece que ele havia passado os meses anteriores vendendo mais de US$200 milhões em ações. A Alphabet confirmou que Drummond não receberia nenhuma indenização.[21] E nós nos perguntamos por que existem *techlashs*?

Diretor de RH

O último cargo específico e crítico que representa a ideia de liderança ética por um "chefe" é a direção de recursos humanos. Tive a sorte de trabalhar com uma das melhores, Beth Axelrod, no eBay e no Airbnb. Mais uma vez, às vezes as funções de RH em uma pequena empresa são compartilhadas por fundadores que desempenham muitas funções. Mas em uma organização maior, o líder de recursos humanos geralmente tem a tarefa de construir e manter o capital humano da empresa. Isso significa recrutar e treinar funcionários, supervisionar benefícios, implementar políticas específicas de ambiente de trabalho e manter instalações seguras. Situações com componentes éticos podem surgir em todas essas funções.

Redigir e manter contratos de trabalho também é uma função do RH. É importante notar que os contratos corporativos estão sob escrutínio mais intenso porque algumas empresas têm feito pagamentos a indivíduos acusados de assédio sexual e outros comportamentos. Eles alegam que os detalhes do contrato não lhes deram escolha, a não ser pagar somas significativas. Daqui para a frente, os chefes de RH precisam pensar profundamente sobre como os contratos devem abordar as violações do código de ética da empresa antes de concordar com as disposições sem consequências por mau comportamento.

Defendendo a intencionalidade

Qualquer que seja sua função em uma empresa — CEO, proprietário, membro da equipe executiva, gerente de nível médio ou mesmo colaborador individual —, cabe a você pensar sobre o ambiente em que deseja viver e trabalhar para fazê-lo acontecer. Na verdade, pense em si mesmo como o CEO de sua própria reputação e de uma equipe que você administra e, a seguir, certifique-se de que suas próprias ações correspondam a esse desafio.

Conheça a atual política de ética, se sua empresa tiver uma, e pense se ela é o suficiente com base no que você vê acontecendo ao seu redor. Não ignore as violações éticas porque elas não parecem envolver você. Como funcionário, a marca e a reputação de sua empresa se estendem a você. Você pode acabar respondendo por um problema que poderia ter ajudado a prevenir.

Ao ler os exemplos e estudos de momentos codificados que oferecerei, pense em como podem ser os paralelos em seu local de trabalho. Você saberia como resolver esses dilemas de integridade? Existem regras ou políticas que melhorariam a integridade de seu local de trabalho?

Se você não tem um código de ética empresarial, talvez possa fazer pressão sobre o RH para desenvolver um. Muito intimidante? Envie uma nota ao CEO ou ao conselheiro jurídico sobre quaisquer dilemas éticos ou de integridade que você encontrar e com os quais acha que a empresa se beneficiaria se tivesse uma orientação mais específica.

Não morro de amores por memorandos anônimos, mas percebo que outros funcionários às vezes tratam aqueles que levantam essas questões como a criança que pergunta ao professor, cinco minutos antes de o sinal tocar, se não vai ter lição de casa. E, no entanto, esses mesmos cínicos vão para sites como Glassdoor ou Blind e postam anonimamente coisas negativas sobre seu chefe ou empresa. Eles são rápidos em reclamar; muitas vezes parecem alimentados por ressentimentos pessoais e ciúmes; mas eles querem *resolver* esses problemas?

É raro o diretor jurídico não levar a sério um memorando de um funcionário anônimo preocupado com a reputação de sua empresa, sua capacidade de recrutar boas pessoas, nutrir relacionamentos com parceiros ou clientes ou manter uma maior responsabilidade por causa de uma determinada situação. Se você estiver preocupado e quiser alertar o jurídico de sua empresa, se puder, forneça evidências e fatos para apoiar suas afirmações.

Como alternativa, você pode não querer investir essa energia na empresa para a qual trabalha atualmente, se suspeitar que suas preocupações com a integridade não serão levadas a sério. Mas quando você decide mudar de carreira, sondar um novo empregador em potencial sobre como a liderança da empresa prioriza e nutre a integridade pode ajudá-lo a encontrar um emprego em uma empresa mais alinhada aos seus valores. Paul Sallaberry acrescenta: "Vejo que os funcionários realmente se unem às suas empresas hoje. Quando eles estão decidindo onde querem trabalhar, eles perguntam 'Quem sou eu?' Como empresa, quando você mostra honestidade e integridade, atrai pessoas que querem isso. Quando transforma os hábitos ruins no padrão operacional, está criando aquilo que vai matá-lo."

MOMENTO CODIFICADO 1: REGINA E O TEXTO REVELADOR

Regina trabalhou por onze anos como assistente executiva de Mike, que foi nomeado CEO há dois anos. Ela foi à casa de Mike nas festas de fim de ano dos funcionários e é amiga da esposa dele, Sally.

Um dia, Sally liga e diz a Regina: "Mike deixou seu iPad em casa; acabei de ler uma mensagem de flerte com um número em Illinois. Regina, Mike está tendo um caso?"

O coração de Regina dispara. Mike tem estado distante ultimamente e pediu a Regina várias vezes para coordenar sua agenda com a de uma executiva de um fornecedor que mora em Chicago.

"Sally, não sei nada sobre isso", Regina diz a ela. "Não pode ser de um número errado?" Sally simplesmente desliga.

Minutos depois, Mike liga para Regina e grita: "O que diabos você tem na cabeça? Por que você não acobertou?"

"Mike, eu não sabia o que dizer."

"PODE ser um número errado," ele grita novamente. "Foi tudo o que ela ouviu. Por que você não disse a ela que tinha CERTEZA de que era um erro? Regina, você deveria me proteger. Preciso de um assistente em quem possa confiar." Ele desliga.

A bola está com Regina. O que ela deveria fazer a seguir?

Para uma discussão sobre isso, veja o Apêndice, na página 240.

MOMENTO CODIFICADO 2: QUEM É SEU CLIENTE, CHARLIE?

Charlie é o CEO da ISP-Co, uma provedora de telecomunicações do Meio-Oeste norte-americano que passou por uma série de contratempos jurídicos. Seu chefe de assuntos governamentais, Larry, liga para dizer a Charlie que um dos membros da comissão de telecomunicações disse a Larry que ela está tendo problemas com sua conta de e-mail, hospedada pela ISP-Co. A senha dela não está mais funcionando. Mas o problema é o seguinte: seu ex-marido é o titular da conta, e o atendimento ao cliente disse a ela que só pode conversar ou investigar os problemas dos donos da conta. Ela está preocupada que ele esteja lendo seus e-mails. Larry disse a ela que talvez pudesse ajudar.

Larry diz a Charlie que esta é uma chance de ajudar a ela e a empresa, melhorando seu relacionamento. Ele quer que Charlie afrouxe as regras.

Embora não tenha partido dele, esse é um momento codificado para Charlie. Qual é a coisa certa a fazer?

Para uma discussão sobre isso, veja o Apêndice, na página 243.

4

Quem somos?
Definindo o significado de integridade para sua empresa

Não dá para fazer o download de um formato padrão de integridade e só aplicar seu nome e logotipo. Você precisa descobrir seus valores e chegar a regras que reflitam especificidades do seu modelo de negócio, padrões do setor, preocupações de stakeholders e desafios externos.

Existem empresas cujo nome há muito representa ideais atraentes e aspiracionais. Pense na Levi's — "Quality never goes out of style" ["Qualidade nunca sai de moda", em tradução livre] ou na Nike — "Just do it" ["Vai e faz", em tradução livre]. Visite o "Magic Kingdom" ["Reino Mágico", em tradução livre] da Disney. Um "momento Kodak" ainda é um eufemismo para algo efêmero e precioso que uma foto pode ajudar a eternizar (mesmo nestes tempos de câmeras de celular).

Mas existe uma empresa cujo nome é o símbolo do completo colapso ético, mesmo depois de quase vinte anos de sua falência. Essa empresa é a Enron.

A Enron se tornou a queridinha da imprensa de negócios e de Wall Street na década de 1990, vendendo contratos de energia depois de os mercados de gás natural terem sido desregulamentados. Em 2000, após uma década de aumento vertiginoso das ações, a *Fortune* qualificou a Enron como a empresa de grande porte mais inovadora dos EUA. Seu valor de mercado era de US$60 bilhões. A revista *Chief Executive* listou seu conselho de administração como um dos cinco principais do país.[1] E a arrogância de seus executivos era lendária: em uma teleconferência com dezenas de investidores e analistas, o CEO Jeffrey Skilling disse certa vez a um gestor de fundos que questionou balanços confusos da Enron: "Obrigado pela pergunta… idiota."[2]

Opa!

Em novembro de 2001, o preço das ações da Enron despencou de US$90 para menos de US$1. Um mês depois, a Enron abriu um processo de falência, o maior da história dos Estados Unidos. Acabou que aquele atrevido gestor de fundos riu por último: o confuso emaranhado de truques contábeis e relatórios financeiros antiéticos da Enron foi sua perdição, causando também o declínio de seu auditor, Arthur Andersen. Vários executivos da Enron foram indiciados e acabaram em uma prisão federal — Skilling foi solto em fevereiro de 2019, depois de cumprir 12 anos de cadeia. O conselho foi fortemente criticado por permitir "isenções" ao código de ética da própria empresa que enriqueceram especificamente os executivos envolvidos em algumas transações.

O fim da Enron foi, em grande parte, o que motivou o Congresso norte-americano a aprovar a Lei Sarbanes-Oxley em 2002. Essa lei, em vigor até hoje, exige que todas as empresas norte-americanas de capital aberto formalizem um código de ética próprio. Dentre outras regras, exorta a liderança das empresas de capital aberto a divulgar os "valores empresariais fundamentais por meio dos quais opera a alta direção"; a U. S. Securities and Exchange Commission [Comissão de Títulos e Câmbio dos Estados Unidos, conhecida pela sigla SEC] foi além, exigindo, mais tarde, que as empresas de capital aberto criassem um código de ética completo para reger seus diretores, executivos e funcionários e que divulgassem quaisquer isenções concedidas ao código.

Essas regras se aplicam apenas às empresas com ações na bolsa, mas outras empresas adotam códigos de ética e de práticas comerciais consistentes com esses padrões. Essas diretrizes atendem a vários propósitos importantes — não apenas regulamentar qual conduta é ou não permitida, mas também definir a cultura da empresa e estruturar a marca para que os clientes, funcionários em potencial e parceiros possam escolher comprar, trabalhar e fazer negócios com marcas que têm valores semelhantes aos próprios.

A falência da Enron prejudicou muita gente. Os funcionários perderam seus empregos, pequenos investidores sofreram perdas pesadas e alguns viram seus fundos de aposentadoria ruírem. A fraude e a trapaça perpetradas pela Enron foram uma violação estrondosa da confiança do público. No entanto, há um lado bom nessa história. Leis como a Sarbanes-Oxley, que obrigam as empresas de capital aberto a criar um código de ética e de práticas comerciais, dão suporte à noção de plantar e nutrir cerejeiras intencionalmente — uma atividade muito mais satisfatória e com um retorno mais alto do que ter de admitir que você derrubou uma.

O que precisa estar no código?

Ao longo dos anos, os códigos de ética e de práticas comerciais das empresas assumiram uma estrutura padrão, que normalmente pode ser dividida em cinco partes básicas:[3]

1. Uma **introdução** assinada pelo CEO, estabelecendo a missão ou propósito básico de uma empresa. Ela deixa claro que o código se aplica a todos na empresa.
2. Uma **declaração específica de valores e princípios basilares**. Não um "*don't be evil*" ["não seja mau", em tradução livre] genérico e abrangente (desculpe, Google), mas, sim, um compromisso deliberado e afirmativo com valores como honestidade, equidade e respeito pela lei, bem como valores relacionados à missão empresarial, que podem incluir excelente atendimento ao cliente, preços baixos, maximização do valor para o acionista, respeito e autonomia para os funcionários ou um compromisso com ingredientes ou matéria-prima de origem ética.
3. Um **conjunto específico de regras e práticas próprias para um local de trabalho específico**, acompanhado de **exemplos** pensados para dar vida aos valores e princípios em um contexto acessível. O uso de exemplos é crucial, mas, às vezes, é esquecido. A ideia é mostrar a seus funcionários como se comportar quando encontram um momento codificado, e não só usar diretrizes genéricas.
4. **Consequências** detalhadas — uma lista de ações especificando como o código será aplicado, bem como os **recursos disponíveis para funcionários** com dúvidas, que precisam denunciar uma infração etc.
5. Por último, mas não menos importante, uma orientação precisa de que os **funcionários que desejam trabalhar na empresa precisarão ler, entender e assinar um compromisso de seguir o código**. É uma violação do código desencorajar alguém a relatar uma violação ou retaliar por causa de uma denúncia. E, em algumas empresas, para posições como as do departamento financeiro, deixar de relatar uma violação do código é uma violação do código.

Um código com esses cinco elementos básicos funcionará para a maioria das empresas que vendem bens e serviços — e até mesmo para organizações sem fins lucrativos. O formato é direto e escalonável, tão relevante para um fabricante de botas de 150 funcionários quanto para uma empresa global de internet ou uma rede de restaurantes. Além disso, acredito que as empresas com significativa presença na internet também precisam considerar a formulação de um conjunto de normas sobre padrões comunitários e de integridade, o que será discutido no Capítulo 11.

Passo 1: O que apoiamos?

O CEO e o conselho devem apoiar totalmente a criação ou revisão do código de ética. Obviamente, o CEO não gerenciará a compilação tática do código, mas a equipe executiva deve iniciar esse esforço para garantir que todos estejam alinhados com os valores da empresa. Eles devem determinar:

- O que a empresa apoia?
- Quais são as bases morais ou aspirações humanas com as quais a empresa se compromete, como honestidade, respeito à lei e aos indivíduos, rejeição da discriminação com base em raça, religião, etnia, nacionalidade, gênero e orientação sexual?
- Quais são os principais valores operacionais e/ou comerciais em que a empresa acredita? Eles podem incluir qualidade, segurança no local de trabalho, excelência em serviços, relatórios financeiros transparentes, ingredientes ou matéria-prima de origem ética, funcionários empoderados ou profunda preocupação com a satisfação do cliente.
- Quais são os valores específicos da marca da empresa?
- A empresa tem uma cultura corporativa e uma posição ou ponto de vista frente à comunidade consoante sua marca?

Esse não é um exercício para determinar valores objetivamente certos ou errados. É para determinar quem você é e como pretende demonstrar isso. Em algum momento, você vai querer ser capaz de traçar uma conexão direta entre cada valor fundamental e cada regra de seu código de ética.

No início de 2018, Brian Chesky publicou uma carta aberta à comunidade do Airbnb em que falou em detalhes sobre seu sentimento de que as empresas, se quiserem sobreviver e prosperar, precisam mudar seus valores operacionais e até mesmo seu horizonte de tempo. Ele escreveu:

> Está claro que nossa responsabilidade não é apenas com nossos funcionários, acionistas ou até mesmo com nossa comunidade — é também

com a próxima geração. As empresas têm a responsabilidade de melhorar a sociedade, e os problemas em cujas soluções o Airbnb pode ter um papel são tão amplos, que precisamos operar em um horizonte de tempo mais longo.

A tecnologia mudou muito durante minha vida, mas não a forma como as empresas funcionam. As empresas enfrentam pressões com base em legados do século XX, e a convenção é focar os interesses financeiros cada vez mais de curto prazo, muitas vezes em detrimento da visão da empresa, valor de longo prazo e seu impacto na sociedade. Você poderia dizer que essas são empresas do século XX vivendo em um mundo do século XXI.

Brian rejeita a maneira antiquada de pensar sobre as corporações, que remonta à década de 1970, quando o economista Milton Friedman afirmou que os líderes corporativos deveriam "conduzir os negócios de acordo com os desejos [dos acionistas], que geralmente consistem em ganhar tanto dinheiro quanto possível, em conformidade com as regras básicas da sociedade".[4] Muitos especialistas atribuem a essa linha de pensamento o incentivo às empresas de capital aberto para uma fixação em resultados trimestrais, às vezes em detrimento da qualidade, do atendimento ao cliente, da segurança dos funcionários e outros investimentos que podem reduzir os lucros.

Falaremos mais sobre isso adiante, mas Brian não é o único líder empresarial que pede uma mudança de mentalidade. No início de 2019, o CEO da Blackrock, Inc., Larry Fink, escreveu uma carta aos chefes das empresas nas quais a Blackrock havia investido. Ele se referiu aos atuais desafios éticos e sociais que envolvem as empresas e se concentrou no poder de conhecer o propósito de uma empresa.

Propósito não é só a busca por lucros, mas a força que nos anima a alcançá-los. Os lucros não são inconsistentes com o propósito — na verdade, lucros e propósito estão inextricavelmente ligados. Os lucros são essenciais para que uma empresa atenda com eficácia a todos seus *stakeholders* — não apenas os acionistas, mas também os funcionários, os clientes e as comunidades. Da mesma forma, quando uma empresa realmente entende e expressa seu propósito, ela funciona com o foco e a disciplina estratégica que impulsionam a lucratividade de longo prazo. Propósito unifica gestão, funcionários e comunidades. Ele impulsiona o comportamento ético e cria um exame necessário das ações que vão contra os interesses dos *stakeholders*. O propósito orienta a cultura, fornece uma estrutura para a tomada de decisões consistente e, em última análise, ajuda a sustentar retornos financeiros de longo prazo para os acionistas de sua empresa.[5]

O que Larry Fink chama de "estrutura para tomada de decisão consistente" é a recompensa por discutir e declarar intencionalmente os valores essenciais de sua empresa. E é revigorante ouvir de um investidor de peso e mentor de empreendedorismos a defesa da ampliação do propósito de uma empresa para abraçar e servir a todas as partes interessadas, não apenas aos acionistas.

Então, como tudo isso se desenrola nas páginas de um código? Vejamos exemplos de valores essenciais expressos por três empresas e, em seguida, como esses valores exprimem políticas muito específicas.

No Walmart, gigante varejista, a declaração de ética global da empresa começa assim: "Nossa cultura singular impulsiona nosso propósito de permitir economia de dinheiro para que as pessoas possam viver melhor, e a base de nossa cultura é o compromisso de operar com integridade."[6]

Na Patagonia, empresa de produtos premium para uso ao ar livre, a declaração da missão é:

> Na Patagonia, consideramos que toda forma de vida na Terra está ameaçada de extinção. Nosso objetivo é usar os recursos que temos — nossos negócios, nossos investimentos, nossa voz e nossa imaginação — para fazer algo a respeito.
>
> A Patagonia nasceu de uma pequena empresa que fabricava ferramentas para alpinistas. O alpinismo continua no centro de um negócio mundial que ainda fabrica roupas para escalada — bem como para esqui, snowboard, surf, pesca, mountain bike e trilhas. Esses são esportes silenciosos. Nenhum requer um motor; raramente eles causam aplausos em uma multidão. Em cada um, a recompensa vem na forma de vitórias a duras penas e momentos de conexão com a natureza.[7]

No Airbnb, dizemos: "Nossa cultura é construída em torno de quatro valores fundamentais: Defenda a Missão, Seja um Anfitrião, Abrace a Aventura e Seja um Empreendedor 'Cereal'.[8] Nosso código de ética articula os princípios que devemos praticar para viver de acordo com nossos valores. Ele esclarece as expectativas em torno de nosso comportamento e reforça nossa responsabilidade compartilhada pela incrível comunidade do Airbnb."

Cada uma das declarações das três empresas é aspiracional, mas não são intercambiáveis. A Patagonia não fala sobre produtos de baixo custo, porque a Patagonia não é sobre produtos de baixo custo. Não há nada na declaração do Walmart sobre o meio ambiente, porque essa não é a principal preocupação do Walmart. O código do Airbnb é projetado para uma plataforma de internet que não produz ou vende produtos; o Airbnb está comprometido em seguir políticas e atividades que dizem respeito a estimular negócios organizados em torno de hospitalidade, aventura, conexões e pertencimento. E todas as três empresas demonstram Integridade Intencional, declarando propostas de valor exclusivas e criando políticas que refletem esses valores.

Refletindo valores fundamentais em regras específicas

Um dilema ético comum com o qual as empresas lutam é se devem ou não permitir que os funcionários aceitem presentes, um bom exemplo para mostrar como os valores essenciais determinam regras específicas de maneiras diferentes. Os presentes podem variar de "cortesias comerciais" benignas, como uma caneca de café com o logotipo de um novo produto que um parceiro está apresentando, ou um convite para um show de comédia para todos os participantes de uma reunião de parceiros, a presentes que são projetados para influenciar, quando não para comprar, um resultado comercial específico.

O código de ética do Walmart afirma que os funcionários não podem aceitar presentes de qualquer tipo ou tamanho. Nem um almoço, nem uma camiseta, nem um par de ingressos para shows, nem um ingresso para um camarote de luxo em um jogo organizado para entreter os clientes de um fornecedor. Na verdade, espera-se que os funcionários alertem os parceiros e fornecedores de que eles não podem aceitar presentes antes de qualquer situação em que um presente possa estar envolvido. Já ouvi histórias de alguns funcionários do Walmart tirando um dólar do bolso para pagar pela água ao visitar o escritório de um fornecedor.

O código do Walmart declara: "Nossa política sobre presentes e serviços de entretenimento deriva de nossos valores de total transparência e objetividade e de nosso princípio de manter custos baixos todos os dias. Uma vez que tais presentes e serviços de entretenimento aumentam o custo de fazer negócios, tentamos ajudar nossos fornecedores a reduzir os custos dos produtos, não esperando os presentes e serviços de entretenimento que eles possam ter que gastar com outros clientes." Para mim, essa explicação é clara e consistente e flui direto do valor central do Walmart — preços baixos. Não depende de um vago senso de moral ou ética. Os funcionários do Walmart podem não adorar recusar presentes, mas é um modelo de política objetivo e bem-articulado.

Como regra geral no Airbnb, conforme mencionei anteriormente, permitimos que os funcionários ocasionalmente aceitem presentes e experiências de entretenimento de nossos fornecedores e parceiros de negócios, desde que não excedam o valor de US$200. Então, você está se perguntando, se eu gosto tanto da política do Walmart, por que também não apoio o banimento de todos os presentes?

A questão não é se você "gosta" ou "não gosta" de uma política em abstrato. A questão é: a política reflete a missão e o propósito específicos da organização, bem como suas realidades de negócios? O Airbnb está no setor de hospitalidade, e nosso negócio é fornecer e facilitar experiências memoráveis e significativas. A essência da hospitalidade é ser cortês e fazer com que os outros se sintam bem-vindos e queridos. As práticas de marketing da indústria geralmente envolvem presentes e eventos. Além disso, nossa sede e muitos de nossos escritórios estão em áreas urbanas, onde competimos por *buzz* e *mindshare* entre os funcionários em potencial e também entre os clientes. Grupos de funcionários em potencial prestam atenção a "acessórios", como camisetas, bonés, sacolas com estampa e outros itens de marca. Se vamos doá-los, seria estranho para nós não aceitá-los. Ao contrário do Walmart, somos uma plataforma facilitadora e não definimos preços, portanto, a lógica que o Walmart aplica para proibir presentes não é, no geral, relevante para nós.

Mas por que US$200? Por que um limite? Porque a ambiguidade cria armadilhas de integridade. Claro, reconhecemos que nossos funcionários estão em posição de influenciar as decisões de negócios ao escolher entre parceiros ou fornecedores e não queremos criar condições que tentem nossos parceiros a oferecer (ou nossos funcionários a aceitar) presentes ou experiências valiosos ou coercitivos. E temos regras mais detalhadas sobre presentes do que apenas um limite em dólares. Por exemplo, podemos aprovar um presente acima do limite de US$200 para algo como um evento de entretenimento, mas apenas se o organizador comparecer (em outras palavras, um presente de "cortesia comercial" não é um *voucher* de jantar para um funcionário e seu cônjuge). Temos outras regras específicas sobre presentes, incluindo uma afirmando que não *oferecemos* presentes com valor acima de US$200 ou aqueles concebidos para influenciar decisões de negócios. Dar ou aceitar certos presentes de alto valor, como uma excursão guiada exclusiva a um local exótico que se abre para o turismo ou um evento exclusivo de construção de relacionamento, pode ser Ok, mesmo se estiverem acima do limite de US$200, mas isso exigiria a aprovação de um consultor de ética e de um gerente. Deve haver um propósito comercial específico ou experiência educacional.

Quando eu era promotor federal no Departamento de Justiça, na década de 1990, tínhamos uma regra que nos proibia de aceitar presentes ou refeições acima de US$25. Isso significava que alguém de outra agência ou o advogado de uma equipe com a qual você estava trabalhando poderia economizar seu tempo conversando com você durante uma refeição ou café, e você não precisava denunciá-lo. Um limite baixo como esse fazia sentido — não pode existir nem o mínimo indício de que um promotor está sendo influenciado por presentes. Cada uma dessas abordagens diferentes representa uma opção perfeitamente boa se for bem considerada, se é aplicada igualmente a todos e se combina com os valores e a natureza de seu negócio e de sua cultura.

Passo 2: Conduzindo o processo do código

Ok, então você é um CEO que decidiu desenvolver um código de Integridade Intencional ou convenceu seu próprio CEO a colocá-lo no comando. Como você começa?

Começarei com dois pontos essenciais: (1) ninguém quer outro comitê e (2) desculpe, você *precisa* de um comitê que represente o maior número possível de funções e partes da empresa se quiser criar um código que represente os valores da organização *e* fazer com que todos o aceitem.

Se você não receber a opinião de todas as partes da empresa, corre o risco de criar o que chamo de "síndrome de Moisés". Isso acontece quando parece que o diretor jurídico ou o líder do projeto do código de ética participou de um retiro espiritual e voltou com uma longa lista de regras éticas que todos os demais devem seguir. A síndrome de Moisés apresenta a mensagem oposta que você deseja transmitir aos funcionários. A Integridade Intencional deve ser inclusiva e refletir diversos pontos de vista e as experiências dos funcionários de toda a empresa. Isso significa que você precisa ouvir, desafiar os funcionários a pensar profundamente sobre algumas dessas questões e escrever políticas que reflitam não apenas a lei e as práticas de outras empresas, mas também as preocupações, as dúvidas e os pontos de confusão dos funcionários.

Não vou mentir: na minha experiência, as pessoas convidadas a elaborar esses códigos de ética ficam temerosas no começo. Parece tedioso, certo? Lembro-me claramente da resposta do funcionário do Airbnb a quem pedi para liderar o projeto: "Ah, nãããão", ele gemeu. E, sim, há um jeitão pouco glamoroso, como a produção de uma salsicha, nas discussões sobre como frasear as regras. Mas em pouco tempo os envolvidos frequentemente admitem que o processo é interessante, instigante e até divertido.

Se você pensar a respeito, o sucesso de programas ao estilo "Casos de família" é a disposição dos produtores para enfrentar dilemas éticos. Os exemplos podem envolver dilemas como: "Eu amo minha sogra, mas não suporto meu sogro — posso convidar somente ela para o churrasco?" ou "Estou preocupado que meu vizinho possa estar maltratando seu cachorro — devo falar com ele primeiro ou denunciá-lo direto?" A maneira como os seres humanos processam e resolvem conflitos e dilemas com um componente ético é inerentemente fascinante.

Há, por vezes, um certo humor nesse tipo de conteúdo, o que faz com que seus espectadores voltem sempre, e isso também é relevante para a criação de um código de ética.[9] As fraquezas humanas e os imprevistos muitas vezes estão em cima da mesa quando a conversa se volta para a ética; como resultado, os membros do comitê que está elaborando um código provavelmente se verão rindo muito mais do que esperavam. Por exemplo, quando estávamos discutindo se deveríamos permitir cães em nossos escritórios, um membro da equipe contou a história de sua experiência em uma empresa anterior, onde um cachorro costumava entrar furtivamente em salas de conferência e deixar sua "contribuição". Suspeitava-se de que fosse um agente da concorrência, já que invariavelmente fazia isso logo antes de reuniões importantes com investidores, que chegavam a sentir o cheiro das consequências. Essa história levou a outra sobre um executivo de uma empresa que aceita cães que estava se reunindo com um parceiro em potencial de outro país. O executivo chegou ao saguão e descobriu que seu convidado havia confundido um petisco canino com um biscoito e estava mastigando-o, e então lhe ofereceu um. Ele corajosamente colocou na boca para não envergonhar o convidado.

Não só é divertido encontrar soluções razoáveis para os dilemas do dia a dia, como também é satisfatório. Os participantes percebem que todo o esforço relacionado à ética implica reconhecer que você tem obrigações complexas e, às vezes, conflitantes dentro de sua empresa. Quando você as aborda de frente, há um sentimento genuíno de poder.

Em termos da composição do comitê, a chave novamente é a diversidade. Você precisa representar todos os departamentos cruciais da empresa (por exemplo, vendas, marketing, jurídico, RH e manutenção). Embora não seja possível esgotar as opções, o comitê ideal também recrutará pessoas de diferentes idades e origens raciais e étnicas. Se for uma organização sem fins lucrativos, convém que doadores ou parceiros jurídicos ou clientes a que seu grupo se dedica sejam representados. Se for uma startup, a única abordagem prática pode ser uma pessoa tentar criar o código e distribuí-lo para todos opinarem. Mas não faça disso a obra de uma pessoa só; o código precisa pertencer a todos para ter credibilidade.

Passo 3: Conhecer bem o chão que pisa

Então o CEO aceitou, a equipe executiva criou uma declaração de valores para orientar o processo e um comitê foi formado. Eu já discuti alguns dos assuntos que você abordará e por que diversas vozes e pensamentos são úteis, mas deixe-me voltar a isso. Qual é o verdadeiro processo para escrever um código abrangente?

Já vi ser feito de duas maneiras. No eBay, redigimos do zero todo um corpo de normas digitais para o grupo Trust and Safety, enquanto no Airbnb examinamos primeiro outros códigos de conduta de empresas respeitadas. A maneira mais rápida e eficiente de iniciar o processo é revisar os códigos de ética existentes para várias categorias de empresas de capital aberto, que, graças à Sarbanes-Oxley, são publicados em seus sites. Eu recomendo revisar o seguinte:

- Códigos de empresas que tendem a ser respeitadas em geral pelo seu compromisso com a ética e as boas práticas empresariais. Você pode pesquisar facilmente listas online que identificam empresas transparentes, responsáveis e éticas.
- Códigos de, pelo menos, duas empresas de capital aberto do seu setor de negócios. Podem ser concorrentes ou empresas que provavelmente participam da mesma dinâmica de negócios que a sua.
- Códigos de empresas locais que podem ter abordado especificamente leis municipais ou estaduais que você também deve considerar. Você pode ser um produtor de equipamentos esportivos personalizados, mas também pode ter algo a aprender com um fabricante de sistemas de iluminação que incorporou leis trabalhistas e ambientais do estado ou do município em seu código de ética.

Empresas cujo código de ética foi escrito ou revisado para tratar de questões que deram início a ações judiciais ou controvérsias. Por exemplo, se você dirige uma rede de lojas de sucos, pode pensar na experiência da Starbucks na Filadélfia ao propor políticas para orientar gerentes a lidar com pessoas que entram na loja, mas não compram nada. Qual é a imagem de marca que você deseja representar? Você é como a Starbucks, querendo criar um ambiente acolhedor ao qual as pessoas voltem para reuniões, para visitar amigos ou para saborear uma bebida, relaxar e ler? Ou você é como o Dunkin' (antigo Dunkin' Donuts), cujo foco são os pedidos online e fazer com que as pessoas entrem e saiam rapidamente?

Presume-se que, na primeira reunião, todos leram as amostras de outros códigos, então você pode começar abordando a declaração de missão da empresa. Você pode já ter uma, pode querer melhorar a que já tem ou pode precisar escrever do zero. Um dos princípios mais importantes no processo é que cada regra que você escreve deve, de alguma forma, refletir seu senso de missão e propósito.

Não use chavões generalistas. Pense bem na história de sua empresa, por que ela foi fundada e o que ela deseja ser. Considere essas declarações de propósito de três empresas bem-estabelecidas:

Na Coca-Cola, o código começa de uma forma calorosa e coloquial e é intitulado "Integridade — o ingrediente essencial": "O que torna a Coca-Cola uma das marcas mais admiradas do mundo? Não são apenas os nossos produtos. É também como fazemos nosso trabalho e a integridade de nossas ações. Enraizada em nossa cultura, a integridade inspira nosso trabalho e fortalece nossa reputação como uma empresa que faz coisas extraordinárias e sempre faz o que é certo. Integridade é o ingrediente essencial para nosso sucesso."[10]

Na Amazon, o código de ética e de práticas de negócios começa assim: "No desempenho de seus deveres de trabalho, os funcionários da Amazon.com devem sempre agir de forma legal, ética e de acordo com os interesses da Amazon.com."[11] Profissional, sem rodeios.

Assim declara a HP: "Na Hewlett Packard Enterprise (HPE), a forma como fazemos as coisas é tão importante quanto o que fazemos. Os Padrões de Conduta Empresarial (ou SBC, de Standards of Business Conduct) da HPE definem os padrões que orientam nossas práticas empresariais e governam nosso comportamento. Cada decisão que tomamos é importante em nosso esforço para entregar contribuições significativas para pessoas, organizações, comunidades e para o mundo. Somos responsáveis por nossas ações, responsáveis por suas consequências e orgulhosos de nossos esforços. Juntos, vamos construir confiança, enfatizando a ética em tudo o que fazemos."[12]

Para mim, esses códigos deixam impressões fortes sobre as empresas apenas a partir das declarações. Quando leio a da Coca-Cola, sinto que a empresa valoriza o que seus clientes pensam dela. Ela busca admiração e respeito. Quando leio a da Amazon, sinto menos cordialidade — sinto o coração pulsante de um concorrente agressivo, mas comprometido em agir dentro da lei. O código da HPE valoriza ter uma consciência global voltada para o exterior da empresa, lembrando aos funcionários que eles têm impacto além de seu ambiente imediato.

Esse é um exercício subjetivo e essas são minhas impressões. Para o seu código, pense sobre que impressão — mesmo que sutil — seu tom e a declaração de missão deixarão em um leitor. As empresas que enfrentam escândalos, acusações ou ações judiciais às vezes descobrem que a imprensa ou seus acusadores encontram essas declarações e julgam seu comportamento de acordo com elas. Faça alguns testes com suas declarações e veja a resposta das pessoas. No início da vida do Google, os slogans "*Don't be evil*" ["Não seja mau", em tradução livre] ou "*Be googly*" ["Seja *googly*" — termo intraduzível, que significa algo como "prático, prestativo e esperto como o Google"] provavelmente soavam como uma espécie de mensagem "usamos o bom senso". Para muitos funcionários do Google, esses princípios foram inspiradores. Mas nas ocasiões em que funcionários do Google são acusados de comportamento impróprio, às vezes os slogans são apontados como evidência de uma cultura de arrogância ou autoritarismo. À medida que você adentra os detalhes desses códigos, tenho certeza de que algumas regras ressoarão em você e outras o desanimarão.

Outro exercício que recomendo é desafiar todos os integrantes do comitê a escrever cinco questões relacionadas à ética ou práticas comerciais que consideram pontos de atrito em seu setor. Indústrias diferentes e funções diversas dentro de uma empresa podem encontrar desafios únicos que tornam irrelevantes alguns pontos das amostras de código, mas exigem muito mais detalhes em outros locais. Códigos de empresas que operam globalmente precisam abordar normas sobre suborno e leis estrangeiras, por exemplo, enquanto uma rede regional de reparos de automóveis não terá nenhuma dessas preocupações, mas pode precisar definir políticas específicas relacionadas à instalação de peças usadas, dando suporte para suas operações ou questões relativas à carga horária para fins de encargos trabalhistas.

Esse é um interessante ponto de debate dentro de muitas empresas: as políticas relacionadas à participação em conferências. Os funcionários que adoram viajar e fazer networking argumentam que as conferências são essenciais para seu trabalho, ajudando-os a aumentar o conhecimento da marca e a fazer conexões valiosas. Outros se preocupam com o fato de as conferências muitas vezes se tornarem gastos inúteis e até mesmo possíveis conflitos de interesse se as despesas da conferência forem cobertas por um cliente ou fornecedor em potencial.

O comitê, portanto, coleta opiniões. No caso de viagens, os vendedores argumentarão que precisam de flexibilidade para participar de qualquer conferência a que os líderes de seus clientes planejem comparecer. CEOs e CFOs desejam participar de conferências de "autoridades da área" com seus colegas. Outro gerente pode apontar o efeito negativo na produtividade de suas equipes quando os funcionários estão fora. A contabilidade pode indicar o custo de viagens para reuniões e anunciar que deve diminuir 30%. Um código que afirma que "os funcionários só devem ir a conferências que apoiem razoavelmente sua missão de trabalho" não parece oferecer orientação suficiente para dilemas reais.

Nessa situação clássica, os funcionários que trabalham em um código de ética percebem que tal exercício não se resume a apenas permitir ou proibir coisas, mas é uma reflexão sobre as prioridades da empresa e motivar o bom comportamento. Por exemplo, digamos que o CEO concorde com a contabilidade: precisamos reduzir nossos custos de conferência. O comitê do código de ética pode debater: como motivamos uma participação produtiva em conferências e, ao mesmo tempo, desencorajamos gastanças?

Uma opção seria permitir que os funcionários participem de conferências onde um parceiro ou fornecedor paga as despesas. Isso diminui custos. Mas outra opção é a escolha oposta: você pagaria por sua participação em qualquer conferência à qual valha a pena estar presente. Assim, você terá gerentes direcionando parte de seus orçamentos para enviar funcionários para conferências; é mais provável que exijam que esses funcionários apresentem *cases* sólidos para comparecer. O primeiro cenário pode beneficiar uma empresa com pouco caixa e em uma fase muito voltada para vendas; o segundo pode ser um belo caminho para eliminar o desperdício de tempo de funcionários em conferências improdutivas.

Não existe uma maneira direta e rápida de criar esse tipo de política. Na formulação de uma regra, seja o mais específico possível. Especificidade promove a integridade. Como líder de uma iniciativa de ética, você pode reservar um certo tempo para discussão e, em seguida, realizar uma votação, ou pode levar a discussão em consideração e escrever a regra você mesmo, de acordo com o que parece ser a abordagem razoável.

Na minha experiência, ter todos os departamentos representados em seu comitê trará à tona questões ocultas, como a dos cães à solta no escritório. No Airbnb, permitimos cães — tê-los por perto reforça a sensação de estar em casa e de pertencimento, nossos valores fundamentais. Mas os cães têm necessidades — água, ir "ao banheiro", exercícios. As pessoas podem ter alergias. Alguns cães são bem-comportados, outros nem tanto. Um membro do comitê de políticas de recursos humanos pode ter um ótimo argumento para permitir cães, mas um representante da manutenção deve ter voz. É prático? Que regras específicas devem atender à política para torná-la justa para todos? Devemos executar um programa de teste primeiro?

Trazer cães para o trabalho é bom para nós no Airbnb, mas não funcionaria em alguns outros negócios. Em uma padaria industrial, existem padrões de higiene e segurança alimentar. Pelo de cachorro não combina com os produtos, portanto, seria um impedimento. Em uma colisão de valores, seu código de ética e suas práticas de negócios devem proteger seus valores mais essenciais.

Isso parece somente bom senso, mas você ficaria surpreso sobre como o bom senso pode ser incomum. Em relatos sobre os últimos dias da Theranos, surgiram histórias sobre a decisão bizarra de Elizabeth Holmes de comprar um cachorro husky siberiano que ela parecia acreditar que divertiria e inspiraria funcionários oprimidos. Aparentemente, não apenas Balto, o cachorrinho, fazia suas necessidades nos escritórios e nas salas de conferências, mas os cientistas de Holmes temiam que o pelo de cachorro pudesse contaminar os laboratórios. De acordo com Nick Bilton, escrevendo para a *Vanity Fair,* Holmes ignorou os avisos deles.[13] Eu chamaria isso de colisão de valores.

Sem áreas cinzentas

Quero falar sobre um conceito geral que eu recomendaria incorporar na abordagem do código de ética de qualquer empresa. Esse conceito emerge dos limites do local de trabalho, atualmente mais fluidos. Os funcionários trabalham longas horas, muitas vezes comendo e exercitando-se no escritório, mas também trabalham em casa ou no trânsito. Eles socializam dentro e fora do escritório. O Airbnb tem uma sede urbana com diversos edifícios localizados em vários quarteirões da cidade. Nesse tipo de ambiente fluido, onde está o "trabalho"? E onde o código se aplica? Temos uma política no Airbnb que considero poderosa: basicamente, quando dois ou mais funcionários do Airbnb estão juntos, você está no trabalho, e isso significa que as regras de trabalho se aplicam.

Quando os funcionários ouvem isso pela primeira vez, alguns não gostam — e eu entendo. "Que direito você tem de controlar o que eu faço nas minhas folgas? Você está dizendo que tenho de trabalhar 24 horas por dia, 7 dias por semana?" Eu explico que as regras não dizem respeito a um edifício ou ao período das 9h às 17h, mas, sim, às interações e aos valores que se aplicam em qualquer lugar e a qualquer momento em que um mínimo de dois funcionários estejam juntos, mesmo que não tenham planejado isso. Não estamos dizendo que, quando vir um colega na praia ou em um jogo de futebol, você deva parar tudo e começar a trabalhar. Estamos dizendo que sempre esperamos que você demonstre os valores do Airbnb — valores de respeito e não discriminação —, não importa onde você esteja ou com quem esteja.

Exemplo: você entra em um bar em um sábado à noite e vê alguém do trabalho que por duas vezes se recusou a sair com você. Depois de alguns drinques, você faz comentários sexuais inapropriados e tenta tocar essa pessoa de forma inadequada. Esse comportamento não será esquecido na segunda-feira de manhã, e agora você criou uma situação complicada para aquela pessoa que acabou de chegar ao escritório e deve tentar trabalhar com você. O sustento da outra pessoa depende de trabalhar de forma eficaz com os outros, e você tornou isso difícil. É um comportamento inaceitável, e sua conduta fora do escritório pode levar a uma reclamação legal — e destruir sua carreira.

Agora, digamos que um gerente vá a um jogo de futebol, fique bêbado e solte uma ofensa sobre a orientação sexual de um jogador. Sem o conhecimento desse gerente, seu subordinado direto está sentado três fileiras acima. O subordinado direto que ouve esse discurso retórico agora tem motivos para acreditar que seu gerente, afinal, não respeita os valores da empresa de não ser discriminatório. Também teriam motivos um cliente, anfitrião, hóspede, fornecedor ou outro parceiro, caso ouvissem os comentários. O mesmo aconteceria com postagens nas redes sociais.

"Bela aliança.
Quer dizer que é casada... tem filhos?"

Uma benesse subestimada de um código de ética cuidadosamente elaborado é que ele fornece uma oportunidade de chamar a atenção para questões que muitos funcionários nunca teriam imaginado serem problemáticas. Um exemplo envolve leis nos níveis federal e estadual que tratam da discriminação nas contratações.

Nos Estados Unidos, a lei federal geralmente proíbe empresas com quinze ou mais funcionários de discriminar candidatos, tomando decisões de contratação, seja integralmente, seja em parte, com base em idade, sexo, raça, religião ou nacionalidade, entre outros fatores protegidos. A lei federal também proíbe as empresas de discriminar as mulheres por causa de gravidez, portanto, as empresas não devem perguntar em uma entrevista de emprego se uma mulher está grávida ou pretende engravidar (e as leis estaduais e locais podem estender a mesma proibição a empresas menores). Os estados têm ainda mais regras que os empregadores devem seguir.

Muitos funcionários podem se surpreender ao conhecer os tipos de perguntas ou comentários que podem expor sua empresa a um processo de discriminação. Muitos não são inerentemente nefastos. Podem ser singelas, amigáveis e surgem o tempo todo quando você conhece alguém. Por exemplo, você descobre que alguém é da sua cidade natal: "Ah, sério? Você frequentou o Colégio Central? Em que ano você se formou?" Você está apenas tentando descobrir se conhecem pessoas em comum. O problema com esses tipos de perguntas é que elas permitem que você descubra a idade das pessoas, e é ilegal basear uma decisão de contratação na idade. Lembre-se, portanto, de que quanto mais você investiga, mais suas perguntas podem ser interpretadas como um levantamento inadequado de informações para tomar sua decisão.

Na Califórnia, você não pode perguntar a um candidato a emprego qual é seu salário atual. Estudos mostraram que essa prática perpetua o tratamento desigual de remuneração, e os legisladores concordaram. É um problema para mulheres e minorias em particular. Em situações como essas, os empregadores podem oferecer um pacote um pouco acima do salário atual de um candidato, em vez de um salário compatível com o de funcionários em cargos equivalentes, perpetuando, assim, o pagamento desigual para trabalho igual.

Essa seção do código precisa ser criada, ou pelo menos examinada, por alguém do seu departamento jurídico. Algumas regras não são necessariamente intuitivas para pessoas éticas ou razoáveis, mas violá-las ainda pode criar responsabilidades. Cada empresa precisará incorporar leis exclusivas, processos obrigatórios de denúncias e padrões profissionais que se aplicam exatamente ao que estão fazendo e onde estão localizadas.

✦

Se você está conduzindo a criação de um código, vou avisá-lo sobre uma resposta que você pode ocasionalmente receber de membros de um grupo participante ou de executivos fora do processo. Talvez seja o medo de perder o controle ou alguém que ouviu Mark Zuckerberg falar sobre "mover-se rápido e quebrar as coisas",[14] mas ocasionalmente você terá resistência de pessoas que muitas vezes defendem que se lide com os dilemas caso a caso. Descobri que qualquer pessoa que mencione isso tende a se fixar em raras exceções ou exemplos exóticos. Por exemplo, "não podemos ter uma regra dizendo que não aceitamos presentes, porque algum dia poderemos fazer negócios no Japão, e nossos parceiros ou fornecedores se sentiriam insultados se eu me recusasse a aceitar um presente".

Isso é como dizer: "Não devemos ter um limite de velocidade, porque se você estiver levando uma pessoa ferida ao hospital, precisa dirigir o mais rápido que puder." Você pode ter uma regra e, em uma situação incomum, pode abrir uma exceção quando for ético e do interesse de longo prazo da empresa. Mas o bom senso diz que precisamos de normas e regras comuns para as atividades que ocorrem *todos os dias* em nossas estradas. Essa é a função do seu código de ética.

MOMENTO CODIFICADO 3: PAUL, SERENA E UM PATO MORTO

Serena, a gerente de marketing de uma empresa de iluminação, entra no cubículo do engenheiro Paul para discutir o lançamento de um produto. Enquanto Paul explica a programação, Serena vê a parte superior de um panfleto saindo de sua pasta. Ela lê: "Membro da NRA [National Rifle Association, organização norte-americana de defesa do direito de se armar], você está convidado para uma marcha pelo direito às armas." Ela também nota que Paul tem uma caneca de café em sua mesa que o mostra vestindo uma roupa camuflada e segurando um pato morto.

A sobrinha de Serena foi morta em um tiroteio escolar. Ela começa a chorar, se levanta e diz: "Não tenho como te ajudar." Ela volta para sua mesa e escreve um e-mail para o RH. "O lobby das armas é a atividade mais antiética e imoral dos Estados Unidos, e um de seus membros trabalha na nossa empresa. Não posso realizar meu trabalho se for forçada a trabalhar com um colaborador do assassinato de minha sobrinha. Se nosso código de ética proíbe armas, por que permitimos que as pessoas promovam a posse de armas no nosso ambiente de trabalho?"

O RH chama Paul e pergunta a ele sobre sua interação com Serena. Paul explica que o panfleto estava em sua bolsa porque ele pegou sua correspondência a caminho do trabalho, não porque estivesse defendendo a NRA. Ele diz que nunca disse — nem planejou dizer — sequer uma palavra sobre armas para Serena ou qualquer outro funcionário. Então ele fica com raiva. "Há uma Primeira Emenda neste país e tenho direito à minha opinião", diz ele, mencionando uma emenda à Constituição norte-americana que garante o livre acesso a armas. "Ela usa um crucifixo, então por que ela pode militar pelo cristianismo?"

Que momento codificado é esse?

Para uma discussão sobre isso, veja o Apêndice na página 245.

MOMENTO CODIFICADO 4: UM DILEMA ÉTICO NÃO MUITO SUAVE

A NaturalCo vende roupas feitas de algodão orgânico. Sua publicidade promove seus tecidos ecológicos cuidadosamente produzidos e certificados, contrastando-os com processos ambientalmente prejudiciais usados em outros tecidos. A NaturalCo nunca se preocupou em ter um código de ética porque obviamente a integridade da empresa é fundamental. Seu slogan corporativo é: "Gentil com seu corpo, gentil com o planeta."

Samantha compra matérias-primas para a NaturalCo e viaja para áreas remotas ao redor do mundo. No sudeste da Ásia, ela negocia um acordo para comprar algodão orgânico por 15% menos do que a empresa vinha pagando. O CEO envia um e-mail de parabéns. Um alto bônus premia seu esforço nesse contrato.

Um ano depois, uma revista de alcance nacional publica uma reportagem investigativa sobre as práticas de trabalho infantil na região onde Samantha fechou o negócio. A NaturalCo está listada como uma compradora de algodão colhido por crianças de apenas 7 anos de idade de um orfanato local. O dono da fazenda de algodão foi preso.

O CEO chama Samantha ao seu escritório. "Esse escândalo pode nos arruinar! É obviamente por isso que o preço estava tão baixo. Por que você não fez mais perguntas?"

Samantha responde: "Não me lembro de você ter se importado com o motivo de o preço ser baixo. Você me enviou para conseguir um bom negócio de produtos orgânicos certificados, e foi isso que eu fiz."

"Ok, então seu discernimento é um lixo e você está demitida. E vamos publicar um comunicado à imprensa dizendo que não tínhamos ideia de que nosso algodão estava sendo colhido por crianças."

"Isso simplesmente não é verdade — eu sabia e você não se importava", diz Samantha. "Você disse que era meu trabalho conseguir um bom negócio de algodão orgânico e não se importou com o porquê. Demita-me e eu te vejo no tribunal."

Soem os alarmes: temos um momento codificado. O que o CEO deve fazer a seguir?

Para uma discussão sobre isso, consulte o Apêndice na página 249.

5

Sabotando a missão:
Os dez problemas de integridade mais comuns

Que assuntos o código de ética deve cobrir? Quais são os dilemas éticos e as prioridades mais importantes que todos nós enfrentamos no trabalho? Que lapsos éticos podem manchar — ou mesmo aniquilar — sua marca?

O mito mais difundido sobre dilemas de integridade no trabalho é o de que eles são raros. Todos os dias, em todas as empresas, de capital aberto ou não, funcionários fazem escolhas que, direta ou indiretamente, têm componentes éticos.

- Devo solicitar reembolso por uma refeição com um amigo em que a conversa de "negócios" foi, no máximo "Como vai o trabalho?"
- Devo fingir que não conheço uma regulamentação governamental e alegar ignorância se formos pegos em uma violação?
- Devo tomar mais um drinque na festa da empresa antes de voltar para minha mesa e terminar de responder e-mails de clientes?
- Devo ignorar a descoberta de que, no fim do trimestre contábil, um colega inflacionou indevidamente uma entrada de receita anterior?

Por acaso, "não" é a resposta a cada uma dessas perguntas. No entanto, posso garantir que os funcionários de todos os tipos de empresas, grandes e pequenas, tradicionais e de alta tecnologia, respondem "sim" a essas perguntas com mais frequência do que deveriam. Por quê? Por alguma razão, cada um desses dilemas parece particular ao funcionário e fácil de racionalizar no momento: "Ninguém vai descobrir", ou "O chefe disse 'faça o que for preciso e não quero saber os detalhes'", ou "Eles me devem isso". Ou, pior de tudo, devido à embriaguez ou malícia, a pessoa simplesmente decide que as regras não importam — ou, como um funcionário anônimo do Facebook, de quem falarei mais tarde, escreveu recentemente em um fórum da internet sobre questões de trabalho: "Dane-se a ética."

Também é verdade que alguns indivíduos acreditam que outros "escapam" das consequências desses atos o tempo todo, então, por que eles deveriam seguir o caminho mais difícil? A ameaça das consequências ou descoberta parece remota. Mas mesmo pequenos atos de fraudes e desvios, trabalhar embriagado, falsificar números e violar regulamentos nacionais ou internacionais se agravam com o tempo. Cada concessão à opção fácil, tentadora e errada torna a próxima escolha ruim ainda mais fácil, acarretando uma cultura do que a Accenture chama de "incidente de confiança". Esse é um termo muito moderado para mim, pois ele pode carregar a imprevisibilidade e o impacto potencial de um desastre natural. Eu o chamo de código vermelho.

Códigos vermelhos são escândalos catastróficos que desvalorizam a marca e, como um terremoto ou furacão, muitas vezes acabam sendo lembrados como o ponto em que tudo mudou. O colapso da Enron, por exemplo, foi o código vermelho de uma empresa que também impactou a regulamentação de todas as empresas públicas. As pessoas ainda se referem aos dias "pré-Enron" ao falar sobre certas regras e práticas.

Um código vermelho potencialmente desastroso para uma marca pode acontecer até mesmo em empresas éticas, devido a um funcionário desonesto ou a eventos inesperados em um mundo em constante mudança. Um exemplo clássico foi o caso das mortes por Tylenol, em Chicago. No início dos anos 1980, sete pessoas, incluindo vários membros da mesma família, morreram após tomar comprimidos de Tylenol comprados na região de Chicago. A polícia descobriu que cianeto fora adicionado aos comprimidos, que, em seguida, foram colocados nas caixas e vendidos nas prateleiras das farmácias. A Johnson & Johnson, a empresa-mãe do Tylenol, não fez nada errado. No entanto, não havia como dizer quantas caixas estavam contaminadas. A Johnson & Johnson promoveu um recall do produto por todo o país e investiu muitos milhões de dólares para alertar os consumidores a não comprarem seu produto. Nenhum suspeito foi preso ou acusado pelas mortes. Mais tarde, a J&J mudou sua embalagem para torná-la à prova de violação, e até hoje a conduta geral da empresa é considerada um modelo para gerenciamento de crise.

Mas em muitas empresas que vivenciam uma catástrofe de marca no nível de código vermelho, é comum que as pressões internas venham se acumulando há algum tempo, mas a empresa ignora ou reprime o feedback que poderia colocá-la de volta no eixo. Pode também ser simplesmente um caso de tolerância ao mau comportamento por muito tempo. Por exemplo, os funcionários da Theranos que levantaram questões ou se opuseram às consequências éticas ou legais de certas decisões foram ignorados ou isolados. No Wynn Resorts e na Weinstein Company, os funcionários seniores encobriram o mau comportamento do CEO ou mentiram por "lealdade" ou, mais provavelmente, por preocupação com a possibilidade de cair em desgraça junto dos que estavam no topo.

Meu objetivo neste capítulo é ajudar os líderes a se concentrar e ajudar os funcionários a compreender as dez categorias mais comuns e problemáticas de dilemas éticos que representam as maiores ameaças à Integridade Intencional. Não direi que um código de ética perfeito evitará todos os problemas, mas argumentarei que cada uma dessas dez categorias deve ser representada em seu código de ética. Então, vamos falar sobre o que são e como podemos evitar de modo natural pequenas confusões ou pressões, em vez de criar as condições que desencadeiam um escândalo de alto grau na escala Richter da ética.

1. Relacionamentos inadequados

Basta perguntar a um salmão: a biologia é uma força poderosa. Ter uma política que proíba todos os relacionamentos românticos entre funcionários tornaria a vida profissional mais fácil, mas não funcionaria. As pessoas podem estar projetando e criando robôs, mas elas próprias não são robôs. Mesmo que concordem com essa política quando ingressarem na empresa, alguns funcionários não a seguirão. Isso levará ao sigilo tóxico. Todos nós sabemos que muitas pessoas conhecem seus parceiros no trabalho. De acordo com uma pesquisa da empresa de consultoria de carreiras Vault.com, 58% dos entrevistados admitiram ter tido um romance no escritório em algum momento de sua carreira, e 10% conheceram seus cônjuges no trabalho.[1] Sim, no início de minha carreira, eu também fiz isso (embora não com um subordinado). As pessoas são criaturas sociais que se conectam de maneiras imprevisíveis e, às vezes, irresistíveis. A atração é compreensível, mas agir a respeito pode ser problemático. E quando a atração é unilateral ou há um rompimento desagradável e as consequências afetam o ambiente de trabalho, você pode ter um escândalo completo.

Esta categoria apresenta um alto risco de danos catastróficos para as carreiras, bem como para as marcas, quando as indiscrições levam a outros comportamentos ilegais ou impróprios. Existem poucos problemas internos que vi causarem mais angústia e perturbação à equipe do que os relacionamentos inadequados.

Em cada degrau de uma cadeia hierárquica, os relacionamentos românticos causam pressões problemáticas. Por exemplo, se um chefe propõe algo romântico para um subordinado, mas este não está interessado ou decidido sobre tais avanços, ele se sente coagido. O chefe controla seu salário, sua classificação, suas atribuições de trabalho, sua carreira. Qual será o impacto na carreira do subordinado se ele disser não? Além disso, um relacionamento entre um gerente e um subordinado *em qualquer nível da empresa* indisporá ou até enfurecerá outros funcionários que acreditam estar sendo prejudicados por esse relacionamento.

Na minha opinião, NENHUMA organização pode se dar ao luxo de dizer: "Tudo bem, vão em frente e namorem, mas, por favor, sejam razoáveis."

O caminho da integridade é ter uma política específica de relacionamentos no trabalho. Para qualquer empresa, exceto uma pequena empresa familiar, a política básica deve estabelecer que os administradores não devem se envolver em qualquer forma de relacionamento amoroso com indivíduos que estejam sob seu controle. Se um relacionamento se desenvolver, espera-se que a pessoa sênior o relate e seja movida da relação de subordinação ou deixe a empresa. Com muita frequência, como vimos no caso Drummond no Google, as empresas tentam manter o executivo sênior altamente valorizado ao transferir o funcionário júnior para outro departamento, no qual ele pode não ser o mais apto para a função, colocando-o em uma posição em que fracassará.

Um romance entre gerente/subordinado direto é um clássico conflito de interesses. As pessoas tendem a buscar vantagens para seus parceiros românticos, de forma consciente ou não. O relacionamento pessoal de um gerente com um subordinado direto não pode ser artificialmente isolado de decisões sobre atribuições de trabalho, aprovação de despesas, promoções, avaliações de desempenho, salário ou qualquer outra coisa que deva ser baseada exclusivamente no desempenho do funcionário e em seu valor para a empresa.

Você pode argumentar, abstratamente, que uma empresa deve "tratar as pessoas como adultos" e que os adultos são capazes de gerenciar esses relacionamentos de forma adequada, mas garanto a você que muitos dos colegas desses casais não concordam com isso. Já vi cartas assinadas e anônimas, e-mails, postagens em blogs e mensagens de correio de voz; analisei reclamações formais apresentadas a consultores de recursos humanos ou de ética onde colegas relatam

Sabotando a missão 91

um relacionamento impróprio como tendo consequências negativas para uma equipe de trabalho. Em muitos casos, as duas pessoas envolvidas achavam que ninguém fazia ideia de seu relacionamento.

Os conflitos também se desenvolvem quando um relacionamento no trabalho se torna tenso ou chega ao fim; agora existe um potencial de destruição de carreira mutuamente garantida. Se um parceiro gerencia o outro, o gerente pode agora penalizar intencionalmente seu antigo par romântico. Além disso, o funcionário rejeitado pode ameaçar arruinar a carreira do gerente ao relatar o que estava acontecendo — ou mesmo sugerir que ele ou ela foi pressionado a entrar no relacionamento. O que começou como uma violação do código de "relacionamento pessoal" pode se transformar em assédio sexual, agressão, chantagem, fraude em contas de despesas, e assim por diante.

Sigilo e vergonha podem orbitar esses relacionamentos, amplificando o mau discernimento. Atos como falsificar relatórios de despesas para encobrir escapadelas românticas são comuns, e saber sobre eles pode levar à chantagem das partes envolvidas — ou de outros. Já vi situações em que um gerente envolvido com uma assistente concedeu a ela aprovação de contas de despesas praticamente ilimitadas no cartão de crédito corporativo dele. Imagine como os outros assistentes ficaram felizes quando descobriram! Eu até conheço a situação trágica de um CEO desolado que se envolveu com um subordinado e cometeu suicídio quando o relacionamento veio a público.

Nem todas as relações de trabalho problemáticas envolvem subordinados diretos. Por exemplo, em minha discussão sobre o momento codificado I, a respeito de Regina e Mike, falo sobre a cascata de violações do código de ética que frequentemente flui de relacionamentos entre terceiros, como fornecedores ou contratados. Aqui está uma surpresa: de acordo com o *Wall Street Journal*, o chefe de segurança global (nunca falta ironia no mundo dos escândalos de integridade) da Snap, controladora do Snapchat, foi demitido no fim de 2018, depois que a empresa descobriu que ele não havia revelado um relacionamento pessoal com a funcionária de uma empresa de consultoria para a qual ele havia autorizado um pagamento de seis dígitos. O *Wall Street* informou que a mulher foi demitida após o término de seu relacionamento. A Snap não demitiu apenas o executivo, mas também seu gerente. Um romance impróprio e não revelado, várias reputações destruídas, danos vergonhosos à marca.[2]

As organizações podem sofrer ondas sucessivas de consequências negativas em escândalos de relacionamento. O reitor da Faculdade de Administração de Stanford renunciou em 2015, após uma enxurrada de publicidade negativa decorrente de um processo movido pelo ex-marido de uma professora com a qual o reitor havia iniciado um relacionamento. O ex-marido — que também ocupava um cargo de professor — obteve e tornou públicas as mensagens de texto vergonhosas que o reitor havia trocado com a docente nas quais ridicularizava o ex-marido e o chamava de "imbecil" e "idiota", e até brincou sobre castrá-lo em praça pública. O processo foi arquivado posteriormente, mas o escândalo ficou na mídia por semanas, corroendo o moral e atraindo escrutínio sobre a liderança da escola de negócios e até da própria universidade. Algo extremamente constrangedor para uma instituição que alega ser uma líder no ensino de princípios de gestão.[3]

Costumo dizer que relacionamentos inadequados que acontecem no trabalho são tanto uma falha da administração quanto uma violação da ética. Como gerente, sempre que você desenvolve amizades íntimas com indivíduos que gerencia, você cria um "grupo interno" (pessoas que andam com o chefe) e "grupos externos" (aqueles que não o fazem). Amizades podem criar tantas situações difíceis quanto romances: pessoas que contratam seus amigos, um funcionário que é amigo de um colega e posteriormente é promovido para gerenciá-lo, pessoas que estudaram juntas cujos cônjuges e filhos são amigos etc.

Eu sempre aconselho: seja cuidadoso e o mais transparente possível. Como diretor jurídico do Airbnb, eu tinha sete subordinados diretos que são pessoas fantásticas e fascinantes — e eu não cultivei amizade com nenhuma delas. Eu não ia jantar na casa delas aos fins de semana e nem pegava carona com elas. Se eu almoçasse com uma delas, fazia questão de almoçar com as outras dentro de um mês. Acho que entenderam minha mensagem: não tenho favoritos. Claro, isso pode mudar quando as pessoas mudam de emprego, e desenvolvi ótimos relacionamentos com antigos subordinados diretos — depois que paramos de trabalhar juntos.

Sim, tenho certeza de que perdi alguns bons momentos, mas também estou evitando os problemas. O que você faz se tiver de disciplinar um amigo por má conduta ou mau desempenho? Como você escolherá entre um amigo e aquele colega de trabalho com quem você nunca se deu muito bem quando for a hora de distribuir bônus? Os dias despreocupados de happy hours com seus colegas de trabalho estarão carregados de preocupação sobre deixar algo confidencial escapar ou desenvolver relacionamentos que minarão sua credibilidade como um líder justo e imparcial.

Mais de uma vez em minha carreira vi reclamações formais e até ações judiciais movidas por pessoas que alegavam discriminações de muitos tipos diferentes — idade, sexo, raça —, que acredito terem sido desencadeadas por relações sociais desproporcionalmente próximas que um gerente teve com alguns subordinados e não com outros. No Airbnb, passo um bom tempo conversando com gerentes sobre isso, porque nutrir um sentimento de pertencimento e promover a diversidade são essenciais para nossa missão. Como você reúne um grupo diversificado de pessoas e cria coesão sem promover laços inadequadamente estreitos entre funcionários? Como você se certifica de que não está alienando ou silenciando involuntariamente as vozes dos outros? Os gerentes devem pensar sobre esses desafios, e acredito que evitar a socialização com os membros da equipe após o expediente torna isso mais fácil. Integridade Intencional não se trata apenas de regras: trata-se de alcançar um espírito mais amplo de inclusão e pertencimento.

2. Bebidas e uso de drogas legais ou ilegais

Em minha carreira, já tive de demitir pessoas por justa causa, e muitas vezes foi a influência do álcool que as levou a agir de modo a precipitar a demissão. Elas, às vezes, até culparam a bebida, como se fosse alguém à parte.

Quer uma pessoa seja alcoólatra ou beba raramente, uma única escolha errada feita enquanto bebe pode ser devastadora — para a pessoa, para as vítimas de seu comportamento e para a marca da empresa. Algumas empresas tentam resolver isso proibindo qualquer bebida durante o horário de trabalho ou em eventos da empresa, e não reembolsarão qualquer entretenimento de negócios que envolva álcool. Um funcionário que bebe indevidamente no trabalho não era, normalmente, um problema com o qual tive de lidar, embora esse comportamento possa ser desastroso em certos setores, como companhias aéreas ou outras empresas de transporte. Mas o maior problema que observei é que o consumo excessivo de álcool, independentemente de onde ocorra ou de quem pague por isso, diminui as inibições e obscurece o discernimento, levando algumas pessoas a assediar sexualmente, a intimidar, a tocar inadequadamente ou a agredir outras pessoas; leva também a insultar clientes ou colegas; a danificar propriedade ou equipamento da empresa ou a se comportar de maneiras extremas e constrangedoras (por exemplo, nadar pelado na fonte de um resort durante uma conferência, desmaiar de bêbado ou passar mal).

Infelizmente, a maioria de nós conhece pessoas que são seres humanos inteligentes, responsáveis e talentosos, mas que fazem coisas ridículas e até perigosas enquanto estão bêbadas. No auge do boom das ponto.com no Vale do Silício, um dos principais escritórios de advocacia de lá realizou um retiro em um resort de golfe em Monterey, e vários advogados jovens se embebedaram, roubaram um carrinho de golfe para passear e o fizeram despencar acidentalmente de um penhasco. Felizmente, ninguém ficou gravemente ferido, mas isso faz você pensar duas vezes antes de pagar pelo aconselhamento jurídico de indivíduos que se comportam de forma tão imprudente.

No Airbnb, permitimos que os funcionários bebam no local de trabalho e em eventos, e, de fato, temos acesso livre ao nosso bar, onde os funcionários podem tomar uma taça de vinho ou uma cerveja entre as 16h e as 20h. Isso pode parecer excepcionalmente liberal, mas, novamente, considere nossa missão e nossos valores. A política do Airbnb reconhece que estamos no negócio de hospitalidade, e uma forma amplamente aceita de hospitalidade é servir bebidas alcoólicas em um ambiente social amigável. Ressaltamos que isso coloca muita responsabilidade sobre os funcionários para manter o profissionalismo. Nossa política diz: "Nunca é aceitável fazer o trabalho do Airbnb sob a influência de drogas ou álcool. Você não deve vir trabalhar ou estar nas instalações da empresa se estiver sob a influência de uma substância que possa alterar sua capacidade de pensar, trabalhar ou se comportar de maneira adequada." Se nossos funcionários violarem nossa política sobre consumo responsável e se comportarem de maneira inadequada, podemos ter de demiti-los.

Dito isso, demitir um funcionário não isenta uma empresa que viole a lei. É ilegal em todos os estados norte-americanos fornecer álcool a alguém com menos de 21 anos. Em muitos estados, as leis estendem a responsabilidade àqueles que conscientemente fornecem álcool a indivíduos que já estão embriagados. Por coincidência, quando me formei na faculdade de Direito, trabalhei para um juiz federal e o ajudei a escrever um artigo sobre um dos primeiros casos que estabeleceram um precedente para o que é chamado de "responsabilidade do bar". Muitos estados posteriormente adotaram o raciocínio dele: embora os promotores ou querelantes devam provar que o indivíduo que forneceu o álcool percebeu que a pessoa que pediu a bebida já estava embriagada, um *barman*, o dono do bar ou mesmo o anfitrião de uma festa privada pode ser a última linha de defesa entre um motorista bêbado e vítimas inocentes. Há um valor social significativo em fazer com que uma pessoa leve a sério seu papel fundamental de último defensor antes de vender ou dar mais álcool a alguém.

Agora, sejamos realistas: na festa de Natal, quem dirá ao gerente de vendas ou ao CFO que ele ou ela já bebeu demais? O *barman* de seu fornecedor? Um funcionário subalterno que está operando a máquina de *frozen margarita*? Ter uma política é necessário, mas não suficiente — você precisa de mensagens de amplo alcance entre os funcionários para reforçar o comportamento responsável. Gostamos de exibir vídeos simples e breves por meio de canais internos. E, nas festas, desencorajamos o consumo excessivo de álcool ao limitar os horários em que ele é servido e garantindo que haja muitas alternativas de alimentos e bebidas não alcoólicas.

Também é verdade que alguns que não parecem embriagados, no entanto, se excedem quando tomam um ou dois drinques. Eles podem não estar cambaleando ou arrastando as palavras, mas uma pessoa agradável e de temperamento calmo pode fazer comentários inadequados dirigidos a colegas, supervisores, parceiros ou clientes. Eles podem tirar uma foto de colegas bebendo ou dançando e publicá-la nas redes sociais com um comentário constrangedor. Ainda estou para ver uma regra que pode evitar isso. Dizemos: "Esperamos que vocês conheçam seus limites e tratem uns aos outros com respeito." Se outros funcionários reclamarem, nós investigamos — e pode haver consequências.

Às vezes, seja por acaso ou por um esforço intencional da liderança, você pode ter uma força de trabalho realmente festeira. Se uma energia inapropriada estiver assumindo o controle dos eventos, reavalie: pense em limitar as quantidades de álcool e servi-lo por um período muito mais curto, e reduzir a quantidade de bebida forte disponível — ou não servir álcool de forma alguma. Se um ou mais funcionários perderem suas inibições nesses ambientes, incentive seus gerentes a ter conversas com eles que se concentrem não em como bebem, mas em seu comportamento. Este pode ser o tom: "Fiquei preocupado com o quão alto você falou no happy hour do departamento, e imagino se você está ciente de que pareceu agressivo."

A equipe de ética do Airbnb fez um vídeo antes da temporada de festas de 2018, no qual falamos sobre algumas ideias boas e básicas para as festas da empresa:

- Sempre tenha alternativas não alcoólicas.
- Sempre sirva comida com o álcool.

- Nunca promova uma festa com o propósito de beber em excesso — mantenha as festas por algumas horas, no máximo. Servir álcool por seis horas seguidas é uma receita para problemas.
- Brincadeiras à base de bebida e consumo excessivo não são apropriados para uma festa da empresa.
- Não obrigue ninguém a beber. Os gerentes não devem tolerar a intimidação ou provocação a funcionários que não bebem ou que se recusam a beber mais.

É possível celebrar e ter eventos divertidos ao mesmo tempo em que se reforça uma cultura de responsabilidade, preocupação e cuidado com os outros. Quando faço minha palestra sobre integridade para novos funcionários, conto a eles sobre uma regra estrita que tenho para mim mesmo: em qualquer tipo de evento de trabalho, incluindo almoço ou jantar com um fornecedor, nunca bebo mais do que dois drinques. No meu caso, dois drinques não desencadeiam um comportamento que considero constrangedor ou problemático. Encorajo todos a pensarem sobre isso com antecedência. O pior momento para tomar uma decisão sobre quanto beber em um ambiente de trabalho é... enquanto você está bebendo em um ambiente de trabalho.

Drogas legais e ilegais

Em alguns aspectos, a questão das drogas é mais simples do que a do álcool, mas em outros, é muito mais complexa. Novamente, comece pela lei. Não há como qualquer empresa apoiar ou tolerar o uso, a venda, a compra ou a distribuição de drogas ilegais em seu local de trabalho ou por funcionários que participam de qualquer tipo de reunião ou evento em nome da empresa. Você também deve redigir uma regra que desencoraje os funcionários de ir trabalhar se estiverem tomando medicamentos que interferem em sua capacidade de pensar, tomar boas decisões, tratar os outros com respeito etc. Claro, tudo isso é complicado pelo fato de que as leis sobre consumo de drogas variam bastante no mundo; o que é legítimo em uma localidade pode levar seu funcionário à prisão em uma viagem de negócios em outra.

Dito isso, não é aconselhável incluir muitos detalhes sobre drogas específicas em sua política ou pedir aos funcionários que façam uma denúncia se testemunharem o uso de drogas. O funcionário A pode ver um colega tomando um comprimido em uma festa. É uma substância legal ou ilegal? Como empregador, você está proibido por lei de exigir informações médicas particulares. Em vez disso, confie no comportamento: se um colega testemunhar um funcionário desmaiando, se comportando de maneira estranha ou insultando um cliente, é apropriado que ele relate esse comportamento a um gerente. A conversa muda de "detalhes de uma condição médica" para "comportamento no local de trabalho".

Por fim, o que fazemos sobre a maconha, que está sendo descriminalizada em muitos lugares e legalizada para uso recreativo em alguns estados nos Estados Unidos? A lei em torno dessa questão está evoluindo. Mesmo que a posse ou o uso tenham sido reduzidos a uma contravenção penal em alguns estados norte-americanos, saiba que isso ainda é contra a lei federal. É uma questão de discernimento permitir o uso em suas instalações ou em eventos patrocinados por qualquer empresa.

Você pode ter uma cultura permissiva com a maconha, e as chances de a lei federal ser aplicada são realmente baixas. Você pode ter funcionários que argumentam veementemente que baseados ou alimentos à base de maconha merecem ser servidos ao lado do bar nas festas da empresa. Lembre-se de que uma empresa não é obrigada a servir nada. Não é uma questão de direitos civis. Os líderes de uma empresa devem levar em consideração a cultura de seus trabalhadores e o impacto de dizer não a seus pedidos. Muitas pessoas se incomodam com qualquer tipo de fumaça, então suas regras com relação ao fumo já podem, de saída, invalidar o uso de maconha.

3. Assédio e agressão sexual

Não preciso explicar que o código vermelho relacionado à ameaça de assédio/agressão sexual é extremamente danoso. O desafio é comunicar que esse comportamento é inaceitável, criando um processo de denúncia justo e seguro, tendo um bom sistema para lidar com as denúncias após terem sido feitas e estabelecer as responsabilidades.

Quer um exemplo de uma empresa que arruinou completamente todos os aspectos do gerenciamento desse problema? Wynn Resorts. Em fevereiro de 2019, a Nevada Gaming Commission, órgão responsável pelo licenciamento e fiscalização de jogos de azar no estado norte-americano de Nevada, cobrou uma multa de US$20 milhões do Wynn Resorts após uma investigação de má conduta sexual — incluindo assédio sexual e várias alegações de agressões — contra o fundador Steve Wynn ter revelado que os executivos da empresa permitiam os atos. Dentre outras coisas, Wynn pagou US$7,5 milhões a uma ex-manicure que disse a outras pessoas que ele a forçou a fazer sexo. E parte da investigação mostrou que, em várias ocasiões, os executivos foram informados sobre o comportamento inadequado de Wynn com outras mulheres e não fizeram nada para investigá-lo, muito menos impedi-lo. Em um caso, o *Wall Street Journal* relatou que um executivo de operações do cassino disse a um gerente que ele deveria vasculhar os arquivos pessoais dos acusadores em busca de evidências para demiti-los após a reclamação.[4] Também em 2019, o *New York Times* informou que o Massachusetts Gaming Comission emitiu um documento de mais de duzentas páginas que mostrou que "em alguns casos, executivos específicos da empresa, com a ajuda de um advogado externo, fizeram parte dos esforços para ocultar as alegações contra o Sr. Wynn que chegaram ao seu conhecimento".[5]

Existem vários aspectos do assédio sexual comumente mal compreendidos. Por exemplo, o ato de dizer algo sexual ou sugestivo para outra pessoa não é ilegal, mesmo que a pessoa não queira ouvir. No entanto, *é ilegal para um empregador tolerar esse comportamento no local de trabalho*. Uma empresa deve, com certeza, abordar esses comportamentos em seu código de ética, mas a complexidade das leis aplicáveis exige uma consideração muito mais cuidadosa e abrangente, com antecedência, de como você falará com os funcionários sobre isso e, em seguida, como lidará com todas as denúncias, alegações e investigações. Abordaremos isso com mais detalhes no Capítulo 10.

4. Privacidade de dados

No local de trabalho, todas as empresas hoje são desafiadas a criar processos e políticas que protejam as informações dos clientes. O caso da Uber e sua "visão de Deus" é um assustador lembrete disso.

A privacidade de dados é um domínio no qual uma empresa pode não ter ideia de que tem um problema até que encontra um código vermelho. A privacidade de dados na era da internet requer muito suporte técnico de segurança, mas também exige que as empresas adotem um conjunto realista e específico de regras que reconheçam que os seres humanos, incluindo seus próprios funcionários e executivos, são, de tempos em tempos, motivados por causas confusas e até grosseiras. Eles querem espionar seus amantes, amigos, inimigos, vizinhos e parentes, *stalkear* uma celebridade ou intervir em uma transação para tentar ajudar um amigo. Eles querem parecer que estão por dentro ou tentar chamar a atenção revelando informações "privilegiadas".

Empresas que valorizam a integridade devem se comprometer a proteger os dados do cliente como um valor fundamental. As respostas iniciais indiferentes e um tanto confusas do Facebook ao escândalo da Cambridge Analytica, à medida que ele se desenrolava, fizeram com que a empresa parecesse não levar a sério o que muitos usuários consideravam uma traição ultrajante a sua privacidade. Mas a questão vai muito além do Facebook. A Amazon e o Google também estão todos os dias coletando uma quantidade incrível de dados sobre nós, e as três empresas agora têm dispositivos literalmente instalados em nossas casas, com a capacidade de ouvir nossas conversas. Além deles, bancos, empresas de cartão de crédito, cadeias de hotéis, companhias aéreas e, essencialmente, todas as empresas com dados pessoais de clientes precisam reforçar seu código de ética no que se refere à proteção da privacidade dos dados.

A parte mais fácil desse problema é a política. Ninguém — nem o CEO e nem o diretor de segurança — deve acessar os dados do cliente, a menos que seja especificamente autorizado por lei e por uma política pública — e que seja para um propósito específico relacionado ao trabalho. O problema é que as próprias empresas devem policiar esse problema e muitas não prestam atenção suficiente a ele. A proteção da privacidade dos dados do cliente se relaciona à essência da Integridade Intencional e deve ser reforçada constantemente, tanto em mensagens quanto por sistemas técnicos que registrem quem acessa os dados e produzam relatórios sinalizando usos suspeitos de dados. A boa notícia é que tende a haver um rastro digital de quem acessa os dados, então, divulgar a chance de ser pego é um desestimulador. Tecnologias emergentes como o *blockchain* podem tornar mais rápida e fácil a identificação de violações.

5. Violações de conta da empresa e uso indevido de recursos corporativos

Em termos de problemas reais, os temas mais comuns que vi surgir ao longo dos anos estão relacionados às regras de contabilidade de despesas e à política de recursos corporativos. Perguntas como:

- Posso usar o telefone que a empresa me deu para fazer compras pessoais?
- Posso usar a impressora da empresa para imprimir os panfletos do meu bazar de fim de semana?

- Tenho um amigo que é especialista em segurança e ele se encaixaria bem em nossa empresa. Ele adora golfe. Posso pagar a ele uma partida enquanto tento recrutá-lo e depois ser ressarcido?
- Estou atolado em serviço — posso levar petiscos da cozinha da empresa para servir no jogo de futebol de meu filho?
- Serei demitido por assistir à pornografia no notebook ou smartphone de minha empresa após o expediente?
- Eu tive de levar para casa uma caixa de documentos que era muito volumosa para o transporte público, então posso ser ressarcido por minha viagem para casa?

Esses não são dilemas de alto risco. A resposta a qualquer uma dessas perguntas pode depender de detalhes não mencionados aqui. Mas não considero perda de tempo nossos consultores de ética responderem a essas questões. Nosso código de ética não poderia imaginar e abordar todos esses cenários específicos. Nosso departamento de contabilidade tem regras mais específicas sobre reembolsos de despesas que são específicas para várias funções de trabalho. Sendo franco, como no caso do vale-presente de US$200 debatido por nossa equipe de ética, é um sinal positivo de uma cultura de Integridade Intencional quando as pessoas reservam um tempo para fazer perguntas. São tantas as variações possíveis nessa categoria, que você precisa se concentrar na comunicação e na transparência: em caso de dúvida, converse com seu gerente ou um consultor de ética. Cada vez que você faz uma pausa para perguntar se algo é a coisa certa a fazer, você fortalece seu músculo de integridade para quando for confrontado com um dilema que pode definir sua carreira.

Atualmente, uma preocupação especial para muitos funcionários são as regras que regem os equipamentos e dispositivos pessoais fornecidos pela empresa, portanto, fomos bastante específicos sobre isso em nosso código. Diferentes empresas têm políticas diferentes com base em muitas variáveis. Um código vermelho memorável para mim ocorreu quando uma empresa com a qual eu trabalhava recebeu uma carta ameaçadora da Motion Picture Association of America porque um funcionário havia baixado ilegalmente uma cópia de *Piratas do Caribe* em seu computador de trabalho usando o wi-fi do escritório, demonstrando problemas de discernimento em vários níveis. Descobriu-se que o site de torrent usado pelo funcionário era uma "isca" que os estúdios de cinema criaram para pegar pessoas roubando conteúdo. Muito vergonhoso. Quando escrevemos o código do Airbnb, proibimos expressamente o uso de equipamentos da empresa para qualquer comportamento ilegal e cobrimos especificamente downloads ilegais.

As ligações por celular agora são ilimitadas na maioria dos planos de dados, portanto, uma ligação pessoal ou fazer compras online pelo telefone fornecido pelo trabalho não custa diretamente à empresa e geralmente não é um problema de integridade. Mas sinto que as empresas devem lembrar aos funcionários de que colocar informações confidenciais em seus smartphones ou notebooks corporativos os expõe a um constrangimento em potencial — ou pior. Os funcionários devem se preocupar com o fato de que, se usarem um telefone ou notebook do trabalho para enviar mensagens íntimas ao cônjuge ou parceiro (ou entrar no Tinder ou assistir à pornografia), o que eles fazem no dispositivo pode ser visto pela empresa ou outras pessoas, afinal, o dispositivo pertence à empresa e, por uma série de razões, pode ser coletado, e seu conteúdo, examinado. Obviamente, as pessoas usam os celulares para trocar materiais confidenciais sobre sua saúde, seus relacionamentos, problemas com seus filhos, suas frustrações no trabalho e muitos outros assuntos que não gostariam que ninguém mais visse, no entanto, somos frequentemente lembrados de que os dados digitais podem se tornar públicos. Olhe para Jeff Bezos, um cara tão entendido de tecnologia, que imaginamos estar cercado por muitas camadas visíveis e invisíveis de segurança, mas cujas mensagens pessoais para sua namorada foram tornadas públicas por indivíduos que buscavam influenciar sua reputação quando seu divórcio foi anunciado.

Quando uma troca é feita em ambiente digital, haverá um registro. Qualquer registro de chamadas do celular ou registro de uma sequência de textos é o suficiente para o indiciamento de alguém em uma investigação por autoridades policiais. Isso se aplica ao seu telefone pessoal ou comercial. As operadoras têm as informações sobre as chamadas feitas e recebidas e também armazenam os dados de texto.

Uma empresa pode ter de rever legitimamente e-mails ou mensagens de texto que você recebeu ou enviou, talvez para responder à chegada de um processo judicial ou para confirmar que você não ofereceu suborno a um fornecedor ou fez um comentário ofensivo a um cliente. No processo, os investigadores podem ver informações privadas que você prefere que não vejamos. Se você está disposto a correr esse risco, tudo bem. Se não estiver, é melhor ter um telefone pessoal para discutir assuntos delicados, como sua saúde.

Como um risco para o sucesso da empresa ou para a reputação da marca, o uso inadequado de recursos e impropriedades nas contas de despesas geralmente não chegam ao topo da minha lista de preocupações. Mas a importância de abordar isso pode variar de acordo com o tipo de negócio que você tem. Se você dirige um negócio de segurança privada, precisaria de regras extremamente específicas sobre o uso e armazenamento de armas e uniformes pelos funcionários, por exemplo. Se você tem várias joalherias, pode querer uma política detalhada sobre a permissão para os funcionários pegarem joias emprestadas para uma ocasião pessoal. Você pode ver isso como uma oportunidade de marketing, mas precisa ser feito de forma documentada — e assegurada.

A cultura em certas funções também dita as políticas, e gerentes normalmente podem policiar as despesas sem recorrer ao processo ético. A área de vendas tradicionalmente gasta dinheiro para entreter e passar tempo com os clientes. Se um engenheiro deseja ser reembolsado por refeições de "recrutamento" duas vezes por semana, mas nunca traz candidatos, seu gerente precisa avisá-lo de que suas despesas serão negadas se a prática continuar.

Uma consideração importante é que um nível crescente de trapaça pode ser um barômetro para o descontentamento ou frustração. Alguns funcionários que não aderiram à missão e cultura da empresa ou que sentem que merecem mais dinheiro, atenção ou responsabilidade do que estão recebendo às vezes se comportam de maneiras que sabotam a integridade como um valor corporativo. Por exemplo, eles podem frequentemente usar a conta da empresa para pagar por suas correspondências e pacotes pessoais. O impacto monetário pode ser pequeno, mas os perpetradores desse tipo de comportamento afirmam que "todo mundo está fazendo isso" e recrutam outros.

Isso é corrosivo para a Integridade Intencional. Roubar a empresa pode se tornar uma forma tóxica e infecciosa de vínculo. Pode começar com pequenos roubos e atos maliciosos, mas pode evoluir para algo como um grupo de funcionários entrando sorrateiramente em um estacionamento da frota de veículos à noite e viajando em um caminhão de entrega. Quando os "bonzões" parecem impunes, outros também podem querer o mesmo.

Você deve estar alerta para indicadores de estresse crescente ou ameaças éticas em seu local de trabalho. A evidência de abuso pequeno, mas persistente, da propriedade corporativa pode ser um deles.

Especialmente em relação às regras e à linguagem que tratam da conta de despesas e dos recursos da empresa, recomendo novamente que você evite depender de descrições vagas como "melhor discernimento", que colocam o ônus em indivíduos cujo "melhor discernimento" pode ser obscurecido por desejos pessoais. Aqui está uma história real que acho que explica a importância dos detalhes.

Dois anos atrás, uma empresa de tecnologia concordou em transferir um executivo da Califórnia para a Ásia para gerenciar um escritório. Como parte da mudança, o executivo negociou um contrato que previa que a empresa pagasse despesas "razoáveis" para despachar seu carro dos Estados Unidos para a Ásia. Meses depois, o executivo enviou à empresa uma conta de US$931 mil. Acontece que o carro em questão era um Lamborghini Aventador, e as despesas incluíam frete, seguro, tarifas e taxas de inspeção que o país recebedor havia cobrado antes de liberar o carro para ele. A empresa rejeitou o ridículo relatório de despesas e pagou apenas uma quantia modesta pelo envio real. A confusão perdurou por muito tempo.

Novamente, a imprecisão cria uma armadilha de integridade. A empresa deveria ter uma política simples dizendo que os custos de envio do automóvel deveriam ser aprovados com antecedência ou que um limite deveria ser determinado com antecedência, obtendo uma estimativa para o veículo a ser enviado.

Conforme você lida com diferentes problemas no local de trabalho, muitas vezes você encontrará situações que parecem entediantes de resolver, mas que pessoas "razoáveis" devem ser capazes de fazê-lo. Quando você precisa desse tipo de discernimento, a melhor solução é exigir uma ou mais aprovações da equipe de gerenciamento ou de ética ou inserir integridade no processo. O que é razoável para alguém como o cara da Lamborghini não é nada razoável para, bem, uma pessoa normal, sem descaramento absoluto.

6. Conflitos de interesses

De um modo geral, um conflito de interesses é uma escolha que prioriza benefícios pessoais ou lealdades, em vez do que é melhor para uma organização cujas regras e valores você se comprometeu a defender. Os conflitos de interesses são comuns em todos os aspectos da vida. Eles podem ser encontrados quando um técnico de futebol escala e elogia o próprio filho mais do que os outros jogadores. Eles aparecem quando um jornal da região de um resort limita o espaço de reportagens sobre crimes porque sabe que os anunciantes locais não querem assustar os turistas.

Frequentemente, a pessoa em conflito gosta de usar a desculpa de que fez o que fez por lealdade, como se isso a isentasse de culpa. Claro que o pai técnico é leal ao filho; e é claro que o jornal quer ser um bom membro da comunidade. Eu treinei o time de beisebol da Little League em que meu filho, Cliff, jogava, e tivemos de superar os desafios de como tratá-lo nos treinos e se eu poderia indicá-lo para o time *all-stars* da cidade. Você pode começar essas experiências com boas intenções, mas se der permissão para ter seus favoritos, pode facilmente cair na armadilha da integridade. O que você se comprometeu a fazer? Qual era mesmo sua missão? O técnico de um time juvenil deve encorajar e desenvolver todos os jogadores, não apenas seu próprio filho. Da mesma forma, se você promover seu jornal local como um olho objetivo sobre a comunidade, encobrir o crime viola essa missão e potencialmente transmite uma falsa sensação de segurança aos residentes e visitantes, tornando ainda mais difícil obter apoio para os policiais. Ambas as opções carecem de Integridade Intencional.

Alguns funcionários combinam lealdade pessoal com integridade. Já me perguntaram "Você está realmente dizendo que espera que coloquemos os interesses da empresa acima de uma amizade?", e também "Se eu sou o tipo de pessoa que não tem lealdade para com meu gerente, por que você me quer trabalhando aqui?"

A lealdade pessoal é admirável. Estar ao lado de amigos e familiares é sempre importante. A lealdade no local de trabalho é uma ideia mais complicada.

Algumas empresas realmente promovem a lealdade. A ideia é motivar os funcionários a abraçar completamente uma missão e até mesmo denunciar outras pessoas que eles consideram desleais. Nos primeiros dias do eBay, alguns líderes reclamaram ao perceber que funcionários recebiam encomendas da Amazon pelo correio da empresa. A mensagem era clara: por que você está comprando de nosso maior concorrente?

Um amigo uma vez me contou uma história sobre um executivo da Pepsi que estava saindo do trabalho tarde da noite e viu um entregador de pizza da Domino's do lado de fora, tentando entregar uma pizza. Como a Pepsi é proprietária da Pizza Hut, rival da Domino's, a ideia de um funcionário da Pepsi fazer um pedido na Domino's irritou tanto o executivo, que ele abriu a porta, se ofereceu para levar a pizza, caminhou até a mesa do funcionário e fez uma cena, enfiando a pizza em uma lixeira e pisando sobre ela. Eu entendo. Como executivo, você deseja que seus funcionários se sintam profundamente ligados à sua empresa e sua missão, tanto que nem sonhariam em preferir algo tão inócuo como a pizza de um concorrente.

No entanto, quando a lealdade entre colegas ou a um gerente tem prioridade sobre as regras e políticas da empresa, essa não é uma característica desejável — é um conflito de interesses. Tanto como promotor quanto como executivo jurídico, tenho visto indivíduos primeiro ignorarem, depois encobrirem e, por fim, serem sugados por um comportamento impróprio e até ilegal, o tempo todo dizendo a si mesmos que estão fazendo a coisa certa porque estão sendo leais. Certa vez, processei um agente da CIA que se tornou um espião de um governo estrangeiro; depois de ser pego e preso pelo crime, ele recrutou seu próprio filho para o esquema, o que acabou resultando na condenação e prisão do filho. Isso é lealdade tóxica.

Nas empresas, tenho visto a lealdade pessoal tóxica motivar assistentes executivos a falsificarem registros de despesas e viagens e mentirem sobre o paradeiro de seus chefes. Investiguei colegas que inventaram histórias para encobrir o comportamento impróprio de um amigo. Já ouvi falar de perpetradores que sacam a carta de fidelidade por outro funcionário quando são pegos roubando equipamentos ou fraudando a empresa com propinas: "Não me delate, eu vou ficar em dívida com você."

A lealdade tóxica é uma forma de conflito de interesses, mas existem muitas outras. Em nosso código de ética, tentamos ajudar os funcionários a compreender a ampla variedade de comportamentos que podem ser considerados conflitos:

- Aceitar propina de um vendedor ou fornecedor de matéria-prima em troca de recomendá-lo ou tomar a decisão de fazer negócios com ele.
- Tomar qualquer decisão de negócios ou compra corporativa que envolva um interesse romântico, de um amigo próximo ou membro da família, sem revelar a conexão.
- Usar pesquisa de mercado ou outra propriedade intelectual pertencente à sua empresa para iniciar ou ajudar outra empresa.
- Defender a aquisição de uma empresa na qual você tem uma participação acionária não divulgada.
- Basear uma decisão de negócios em seu desejo de manter um relacionamento com um fornecedor que oferece presentes que você valoriza, como ingressos para shows.
- Tomar decisões sobre viagens de negócios com base em sua agenda pessoal. Por exemplo, sua irmã agora mora em Boston, então você exagera uma oportunidade pequena de negócio para ir à cidade ou até mesmo começar a

trabalhar especificamente com vendedores de Boston para que sua viagem seja paga (conflito de interesses e mau uso de recursos corporativos muitas vezes se sobrepõem).

Em empresas de tecnologia, um conflito comum pode ser trabalhar escondido como consultor de outra empresa de tecnologia ou até mesmo abrir sua própria empresa trabalhando em tempo integral. As barreiras para iniciar uma empresa de software são muito baixas: um programador com um notebook pode inventar um aplicativo ou programa em qualquer lugar, inclusive em sua mesa durante o dia, onde deveria estar trabalhando em projetos para os quais você o está pagando para codificar. Para esses tipos de situações, nós do Airbnb reforçamos a importância de discutir quaisquer conflitos potenciais com o gerente e um consultor de ética. O pior é a empresa descobrir por fontes externas um conflito de interesses não relatado.

Por exemplo, não queremos descobrir de um fornecedor que ele pagou as despesas de uma conferência para um de nossos funcionários em um destino turístico ou outro local concorrido. Queremos que os funcionários falem conosco sobre como servir como consultores para uma empresa que está, mesmo que remotamente, conectada ao nosso negócio, porque podemos ter planos de expandir para esse espaço no futuro. Eu lidei com um caso em que um funcionário contratou a empresa de sua cônjuge (a um preço premium) para a manutenção do armazém, sem divulgar a conexão. Não é que uma ou todas essas ações tenham sido necessariamente inadequadas, mas claramente a decisão sobre isso não deve ser deixada para uma pessoa que se beneficia pessoalmente. Uma regra prática é perguntar: realizar alguma ação — uma decisão, uma despesa, um investimento, uma explicação, uma viagem, um presente, uma atribuição para trabalhar com um cliente, um projeto externo ou relacionamento de consultoria ou uma acomodação, como trabalho em casa — vai contra os interesses da empresa ou de uma equipe de trabalho para beneficiar um indivíduo? Nesse caso, pode ser um conflito de interesses.

7. Fraude

Fraude é uma deturpação de informações. É mentir. Na Theranos, Elizabeth Holmes foi acusada de fraude por alegar aos investidores, bem como aos médicos e pacientes, que os dispositivos médicos da empresa eram capazes de fornecer diagnósticos precisos, quando ela sabia que não funcionavam.[6] Na Enron, a empresa tinha uma cadeia estonteante de lançamentos contábeis que inflacionaram suas receitas reais em várias magnitudes. A VW deliberadamente equipou seus carros com um software cujo propósito específico era permitir que eles passassem nos testes de emissões de poluentes, quando, na realidade, eles violavam os padrões federais. Todos esses cenários estão de acordo com a definição de fraude deliberada e intencional.

Fraudes pessoais cometidas por indivíduos dentro de uma organização podem abranger uma variedade de situações. Quando você se candidata a um emprego, deturpar sua formação ou histórico de trabalho ou forjar cartas de recomendação é uma fraude. Fraudes mais elaboradas podem incluir a falsificação de resultados de pesquisas ou testes em um laboratório de desenvolvimento ou a distorção deliberada dos resultados financeiros de uma unidade para encobrir um trimestre ruim. Uma pessoa receber crédito por algo que outra pessoa fez é uma forma de fraude. Criar faturas falsas para amigos e enviar produtos pelos quais eles não pagaram é fraude. Eu vi um representante de atendimento ao cliente tentar desviar dinheiro que pertencia a um cliente para sua própria conta. Ele presumiu que o "erro" não seria rastreável; ele presumiu errado e perdeu o emprego.

A fraude se sobrepõe a outros dilemas éticos. Qualquer esforço deliberado para ser reembolsado por despesas nas quais você não incorreu ou que você sabe que não são realmente despesas de trabalho é uma forma de fraude. Falsificar credenciais ou exagerar a força das referências de uma candidata a um emprego que por acaso também é sua namorada é fraude e conflito de interesses.

A fraude é quase sempre um crime de algum tipo, embora o crime específico cometido nos negócios geralmente seja a "fraude eletrônica" ou, basicamente, a transmissão de mentiras pelas redes de comunicação públicas para obter uma vantagem financeira ou de outro tipo. Nas acusações de escândalo de trapaça em faculdades federais, alguns pais pagaram para obter a designação de monitores especiais do SAT — espécie de exame vestibular unificado dos EUA —, que corrigiram as provas de seus filhos antes de elas serem entregues — ou até fizeram o teste no lugar dos filhos dessas pessoas.[7] Como esses arranjos foram feitos por e-mail e telefone, muitos dos pais foram acusados de fraude eletrônica. Pode levar muitos anos para descobrir uma fraude, mas a má notícia para os fraudadores norte-americanos é que o prazo de prescrição de fraudes criminais começa com a descoberta da fraude, não quando ela foi cometida.

Você deve abordar a fraude em seu código de ética, mas também ser realista. A fraude não resulta de regras vagas e confusas. É uma escolha criminosa deliberada e, às vezes, desonesta.

Uma das fraudes mais interessantes em que estive envolvido ocorreu no eBay. Um vendedor pôs à venda uma pintura que lembra o trabalho do famoso artista Richard Diebenkorn. Ela foi anunciada com uma história elaborada sobre como o proprietário a encontrou em uma venda de garagem e seu filho a danificou com sua bicicleta. Mais tarde, descobriu-se que o comprador era um vigarista que rondava os bazares e brechós em busca de qualquer trabalho barato que pudesse tentar vender como o de um artista famoso.

No anúncio da pintura, o vendedor nunca mencionou o nome de Diebenkorn, mas forjou uma marca de assinatura na pintura para se parecer com a do artista. O vendedor também tinha dois parceiros com contas falsas, de modo que parecia que colecionadores de arte haviam "descoberto" um achado valioso e estavam lentamente fazendo lances cada vez maiores. O vendedor disse mais tarde à Wired: "Minha descrição do quadro de Diebenkorn foi apenas uma mentira completa para me fazer parecer um caipira sem sorte."[8]

Um fã do artista caiu no golpe e acabou comprando a obra por mais de US$135 mil — apenas para descobrir que era uma falsificação. O FBI investigou, e o vendedor, um advogado, perdeu sua inscrição na Ordem dos Advogados e se confessou culpado de fraude. Duvido que um código de ética ou documento de padrões da comunidade algum dia importe para a mente criminosa responsável por elaboradas fraudes como essa, mas é um bom lembrete de que as empresas devem investir em tecnologia e outros controles que ressaltem certos comportamentos para que seres humanos com integridade possam intervir. Caso contrário, uma empresa pode descobrir que a integridade de toda a sua proposta de valor pode ser prejudicada por esse tipo de atividade — e pelas consequências na mídia.

8. Compartilhamento de informação confidencial e segredos comerciais

Todos os códigos de ética devem incluir uma cláusula que proíba os funcionários de compartilhar informações confidenciais e propriedade intelectual. Parece simples, mas é um grande desafio para a maioria das empresas. Nunca houve mais ferramentas de tecnologia ou opções de mídia do que há hoje, tornando muito mais fácil para os funcionários quebrarem essa regra. Na era da transparência, as informações confidenciais nunca devem ser colocadas em e-mails de grupo ou distribuídas em papel como "apenas para uso interno". São baixas as chances de que permanecerão confidenciais.

O dilema da confidencialidade é um desafio quase diário para funcionários de empresas de destaque que estão nas notícias. Eles são constantemente questionados por repórteres (que procuram fontes usando sites como o LinkedIn), parentes, amigos, fornecedores, clientes e compradores para obter informações internas. É essencial, portanto, lembrar sempre aos funcionários, fornecedores e contratados como é importante que eles protejam a propriedade intelectual e as informações confidenciais de sua empresa. Estabeleça uma política de que qualquer pessoa fora da empresa que tenha acesso a informações confidenciais para realizar seu trabalho deve assinar um contrato de sigilo. E você deve deixar claro que fará cumprir esses acordos e haverá consequências se e quando eles forem quebrados.

A divulgação de informações confidenciais pode incluir a exposição maliciosa de segredos constrangedores da empresa sobre mau comportamento ou conflitos, mas também pode pertencer a muitos outros tópicos e categorias. Planos de recrutamento, estratégias de produto e marketing, algoritmos patenteados, análise de dados, pedidos de patentes ou informações confidenciais sobre funcionários ou outros assuntos que a empresa é legalmente proibida de divulgar são alvos dessas ações. Proteger informações confidenciais e IPs é diferente de proteger a privacidade dos dados do cliente, mas como uma violação ética, um incidente pode sobrepor as duas categorias.

Por exemplo, um dos abusos mais sérios de informações confidenciais que já li foi uma reportagem de 2011 do *New York Times* sobre uma divulgação acidental dos registros médicos detalhados de 20 mil pacientes que haviam sido atendidos no Hospital de Stanford. Stanford havia enviado uma planilha com esses dados para uma empresa de consultoria de cobranças com a qual trabalhou durante anos.[9] A empresa havia solicitado os dados para criar uma nova estratégia para melhorar as cobranças, e a transferência dos dados era coberta por acordos de confidencialidade. Não havia nada de errado com isso — os pacientes, na admissão, concordam que seus dados pessoais podem ser acessados em um processo de cobrança.

No entanto, um consultor de cobrança que pretendia contratar um novo analista de dados teve acesso à planilha. Ele fez uma cópia e deu a uma das candidatas que estava considerando, desafiando-a a converter os dados em tabelas e gráficos como uma demonstração de suas habilidades. Embora não fosse malicioso, era um abuso extremamente inapropriado de dados confidenciais e uma armadilha de integridade clássica: o consultor queria contratar a melhor pessoa para trabalhar com esse tipo de dados, então ele racionalizou, expondo os registros de 20 mil pessoas para conseguir isso.

Mas a história continua. A candidata disse, mais tarde, que não percebeu que a planilha continha dados reais sobre pacientes reais. Ela teve problemas para concluir o projeto e, por isso, procurou um serviço online onde os alunos podem pagar para obter ajuda com vários problemas de programação ou análise. Ela postou os dados ativos junto com um pedido de ajuda. Nesse site, informações médicas de 20 mil pacientes permaneceram em uma pasta insegura por mais de um ano.[10]

É fácil assim para que grandes quantidades de dados confidenciais sejam publicados e até mesmo distribuídos na era digital.

E não se esqueça de que muitos problemas de confidencialidade são analógicos, não digitais. No extremo, você tem a espionagem industrial, uma forma deliberada e criminosa em que um concorrente paga um funcionário para revelar segredos de vários tipos, incluindo insights sobre os temores ou fraquezas dos concorrentes. Um exemplo não tão extremo poderia ser simplesmente um funcionário falando alto demais em um bar ou contando histórias em uma festa, ações que também podem ter consequências prejudiciais. Colocar papéis confidenciais no lixo sem rasgá-los também pode ser um problema.

Ao desenvolver seu código, você deve pensar em três tipos diferentes de funcionários (e fornecedores e consultores) em suas políticas sobre confidencialidade.

Primeiro, você deve considerar os funcionários existentes. Em qualquer empresa, existem categorias gerais de informações confidenciais que todos precisam manter em sigilo: cronogramas de lançamento de projetos, bancos de dados e prospecções sobre clientes comumente acessíveis, todos os novos designs de produtos. E há casos específicos em que uma informação precisa ser mantida em sigilo, como quando uma empresa entrará com uma ação judicial ou anunciará um recall de produto.

Também é uma prática boa e comum implementar uma política que direcione todas as consultas da mídia e solicitações de entrevistas relacionadas à sua empresa para a equipe de comunicação. Isso não significa apenas que os funcionários devam pedir permissão para ser citados, significa que eles concordam em não falar com um representante da mídia, inclusive em off, até que a situação seja discutida com a equipe de comunicação. O vazamento de informações confidenciais para a imprensa pode ser corrosivo para a empresa, embora seja ilegal interferir ou retaliar um delator legítimo.

Em segundo lugar, você deve considerar os funcionários que estão saindo da empresa. Como elemento de sua rescisão, eles devem assinar outro acordo de confidencialidade, que pode ser alterado para refletir informações específicas que seriam prejudiciais à empresa se as revelassem. Obviamente, um funcionário com informações sobre os planos atuais de uma empresa será alvo de concorrentes e repórteres. É essencial deixar claro que revelar segredos comerciais ou informações confidenciais violará o acordo original do funcionário com a empresa, bem como qualquer acordo de saída, e pode até ser motivo para um processo civil.

Terceiro, você deve considerar novos funcionários para sua empresa. A Integridade Intencional exige que os gerentes de sua empresa não solicitem aos novos contratados quaisquer segredos comerciais ou informações confidenciais da concorrência que eles não estão legalmente autorizados a compartilhar, nem devem tomar quaisquer decisões de contratação com base nesse tipo de informação. É uma espécie de "regra de ouro": você não gostaria que um concorrente fizesse isso, então também não deve fazer. Não apenas é obviamente antiético, mas o roubo de segredos comerciais é ilegal. Para alguns administradores, a tentação é muito grande, e eles bolarão tentativas inteligentes (só na cabeça deles) de obter informações ("Se você ainda estivesse na Other Co. trabalhando no Projeto X, neste ponto você seria capaz de planejar férias em julho, para comemorar?"). Não brinque com isso. Se você agir com base em informações arrancadas ou aliciadas de um novo funcionário, sua empresa e esse funcionário podem incorrer em sérias responsabilidades.

9. Suborno e presentes

Existem diferenças importantes entre suborno e presentes. Já falei com alguns detalhes sobre presentes, então serei breve aqui. Recebo muitas perguntas dos funcionários sobre esse tema. Acredito fortemente que toda empresa precisa de uma política sobre presentes para remover quaisquer ambiguidades sobre o que os funcionários devem aceitar ou oferecer.

Subornos, por outro lado, são, sem dúvida, uma fonte potencialmente desastrosa de danos à marca de uma empresa. Nos Estados Unidos, em 100% das vezes, é crime pagar a um funcionário público para agir fora dos canais estabelecidos para beneficiar uma empresa, seja um fiscal de construções, um prefeito ou um senador dos EUA. Não pague subornos. Encontre caminhos legítimos para o sucesso ou para acelerar o progresso.

Também é verdade que as empresas que operam em uma base global devem enfrentar o fato de que, em alguns países, os subornos a funcionários públicos são tão comuns, que podem ser considerados o preço de se fazer negócios. Um colega meu que trabalhava na Amazon me contou uma história sobre sua reunião com um grupo de cem funcionários na Índia antes de a empresa lançar operações lá. Ele enfatizou repetidamente: "Nós não pagamos e não pagaremos subornos." Visivelmente chateada, uma funcionária se levantou diante de toda a equipe e disse a ele: "Essa política não é possível. Na Índia, você não pode mover caminhões de um estado para outro sem pagar os guardas de fronteira. Eles têm o poder de fazer você dar meia-volta e não deixá-lo atravessar." Ela sentia que a empresa a estava preparando para o fracasso: se seguisse essa política, ela perderia o emprego.

Meu colega se mostrou empático, mas firme: "Não vamos operar dessa forma. Diga a todos os motoristas de caminhão — se eles forem parados e pedirem suborno, pare, estacione e tire uma foto da estação onde o suborno está sendo solicitado. Iremos ao governo indiano com as evidências e exigiremos ação. O governo diz que nos quer aqui; eles precisarão nos ajudar a fazer esse trabalho." Os guardas de fronteira foram informados de que os caminhões da Amazon não pagariam subornos, então pararam de pedir por eles. Isso encerrou o assunto. É claro que muito poucas empresas têm esse tipo de influência, e alguns funcionários no país podem ser tentados a aceitar subornos, a menos que você os deixem cientes especificamente de que isso é proibido.

E você deve fazer exatamente isso. Subornos são expressamente proibidos pela Foreign Corrupt Practices Act [FCPA — Lei sobre Práticas de Corrupção no Exterior], que é uma das leis federais dos EUA mais agressivamente aplicadas e acionadas de que se tem registro. As empresas enfrentam multas enormes, às vezes de centenas de milhões de dólares, por violar essas leis. Qualquer empresa em expansão no exterior deve levar a FCPA a sério e garantir que todos seus fornecedores também o façam. As violações podem derrubar sua empresa e até mesmo resultar na prisão de seus funcionários. Pode parecer que todo mundo no país está fazendo vista grossa aos subornos, mas você não pode correr esse risco. Um ex-funcionário ou concorrente local pode ficar muito feliz em denunciá-lo.

10. Uso de mídias sociais por funcionários

"O moral está muito alto. Recebemos uma grana preta. Estou ansioso para meu bônus anual de US$100 mil. Dane-se a ética. Dinheiro é o que importa."
— Post no site Blind, de um anônimo que se dizia engenheiro do Facebook[11]

Esse post me faz estremecer.

Em janeiro de 2019, o site Mashable publicou uma reportagem sobre os problemas mais recentes do Facebook. A Apple tinha acabado de anunciar que estava suspendendo alguns certificados do Facebook na loja iTunes, porque descobriu que o Facebook violou uma política de coleta de dados para aplicativos. O repórter foi ao site anônimo de fofocas de empregos Blind e procurou por comentários sobre as notícias de última hora dos funcionários do Facebook. O escritor encontrou mais arrogância do que humildade.

Não quero ser mais um a apontar os problemas do Facebook. Muitos funcionários de muitas empresas diferentes publicam comentários desanimadores, deprimentes, sarcásticos e muitos outros tipos de comentários negativos nesses fóruns de discussão. Mas o motivo pelo qual a frase "dane-se a ética" me atingiu tanto é que ela exemplifica exatamente o novo senso de transparência que permeia a realidade dos negócios hoje. Existem muitos aspectos nisso. Quer um nome seja anexado a um post ou não, seus funcionários têm acesso instantâneo a um mundo de mídia social, onde tudo o que eles dizem refletirá na marca de sua empresa, quer represente a maioria das opiniões dos funcionários ou seja uma explosão cafeinada de uma pessoa só.

Uma política por si só não impedirá isso. Reforçar a política abertamente e promover seus valores constantemente é sua única esperança. Você deve tratar isso como um momento de ensino, um desafio para os funcionários se certificarem de que eles entendem e refletem sobre o que postam nas redes sociais. Um comentário arrogante e agressivo, quando descrito como vindo de um funcionário, pode se tornar um problemão. Ele pode incitar a arrogância de outros funcionários e distorcer as emoções reais dentro da empresa. Isso pode irritar várias comunidades e parceiros interessados. Pode se tornar a evidência de que reguladores ou políticos precisam para a introdução de legislação restritiva. Pode ser a gota d'água para alguém que adora as coisas boas do Facebook, mas está farto de sua aparente arrogância — o que pode levar à exclusão de sua conta. Todos nós temos dias ruins e dizemos coisas das quais nos arrependemos, e uma pequena porcentagem dos funcionários de qualquer empresa pode realmente não ter consideração pela ética. Mas, como líderes, temos de continuar reforçando que valorizamos nossa reputação e que o mundo está assistindo. Pense antes de digitar.

A mídia social é um campo minado para aqueles que se preocupam com a Integridade Intencional. Existem inúmeros tipos diferentes de problemas que aparecem nas páginas do Instagram e do Facebook ou em sites como o Blind, onde as pessoas procuram a "realidade" sobre o trabalho em uma empresa de usuários cujos e-mails de funcionários são verificados, mas cujas identidades não são reveladas.

Todas as empresas hoje precisam ter uma política sobre o uso das mídias sociais por seus funcionários. E quando sua empresa fizer essas regras, você pode esperar algumas perguntas e até ressentimentos: "Mas são minhas contas pessoais! Como você pode limitar minha fala?" Bem, não estamos interessados no que é verdadeiramente pessoal, mas por definição, a mídia social não é particular ou pessoal. É um problema para sua empresa quando você concorda em agir de uma maneira que reforce sua marca — para então fazer o oposto nas redes sociais. Tornou-se muito fácil conectar a página ou conta pessoal ostensivamente privada de qualquer pessoa à empresa onde ele ou ela trabalha, geralmente via LinkedIn. Os funcionários podem ter opiniões apaixonadas sobre assuntos polêmicos que nada têm a ver com o Airbnb, mas qualquer coisa que eles postarem pode ser conectada a nós.

Você se lembra do exemplo que dei no capítulo anterior sobre o gerente que vai a um jogo de futebol e grita um xingamento a um jogador ou ao árbitro? Em um local público, essa pessoa não tem (ou não deveria ter) nenhuma expectativa razoável de privacidade. Se ocorrer na presença de outro funcionário ou stakeholder, como um investidor ou mesmo um anfitrião, o gerente infrator pode ser denunciado — e nós do Airbnb levaríamos esse comportamento muito a sério.

A mesma lógica se aplica a um perfil em mídia social. No Airbnb, nosso código de ética observa que, se colegas de trabalho, fornecedores, contratados ou outros membros da comunidade Airbnb "estiverem em seus canais de mídia social pessoal, suas interações online com eles são essencialmente interações de trabalho. Comentários e postagens que desacreditam, abusam, insultam ou transmitem preconceito contra outros com base em características protegidas minam gravemente a capacidade de um funcionário de representar efetivamente nossa marca e gerenciar ou trabalhar com outros." As consequências podem incluir rescisão.

MOMENTO CODIFICADO 5: O JOGO COMEÇA, A VIBE TERMINA

O CEO de uma empresa incentiva viagens e mochilões da equipe de funcionários para promover a comunicação e o trabalho em equipe. A maioria dos funcionários gosta dessas atividades, e elas parecem ser boas para o moral. As histórias da viagem se tornam a base de muitas piadas internas, apelidos estranhos e amizades. Você é um executivo de operações e recebe um e-mail de uma funcionária dois níveis abaixo de você: "No fim de semana passado, finalmente me inscrevi para o mochilão da minha equipe para Yosemite. Evitei vários convites anteriores, mas só falavam sobre isso nas últimas duas semanas. Em dez pessoas, fizemos uma bela trilha. Mas, ao redor da fogueira, depois de algumas taças de vinho, um cara disse: vamos fazer 'o jogo'. Ele disse que cada um sentado no círculo deveria falar sobre sua primeira experiência sexual e o que ela ensinou. Eu estava apavorada. Não sinto que preciso compartilhar algo tão pessoal com os colegas. Eu disse que não estava confortável. Nosso gerente disse: 'Podemos começar com outras pessoas, e então você pode decidir se quer jogar. É realmente divertido.'
Fui para minha barraca e os ouvi rindo. Na manhã seguinte, me senti isolada e humilhada. Desde quando algo assim faz parte de nossas funções profissionais? Eu gostaria de discutir uma transferência para outra equipe."
Trata-se de uma funcionária excessivamente sensível — ou de um momento codificado? Para uma discussão sobre isso, veja o Apêndice, na página 252.

MOMENTO CODIFICADO 6: SÓ MAIS UM INTERVALO PARA A TEQUILA

O trabalho tem sido muito difícil, então, em nome de sua equipe, você pergunta se pode construir uma área de bar temática perto da sua estação de trabalho. A gerente da equipe, Meredith, adora a ideia e doa pessoalmente um letreiro neon da Jose Cuervo. Ela também aprova gastar US$500 em ingredientes para margaritas e copos plásticos com o logotipo da empresa. Meredith deixa claro, entretanto, que esse projeto é seu e que você precisa gerenciá-lo. Todos na equipe concordam que não usarão o bar antes das 16h, a menos que seja uma ocasião especial.
Você prefere seu dilema codificado com ou sem sal?
Para uma discussão sobre isso, veja o Apêndice, na página 255.

MOMENTO CODIFICADO 7: MARTY E O CONSTRANGIMENTO MIDIÁTICO

Marty trabalhou por cinco anos na BigCo, grande e conhecida empresa de capital aberto que fabrica skates, bicicletas e outros equipamentos recreativos. Ele foi recrutado para a NewCo. Ele deixou a BigCo em bons termos e assinou um acordo de saída dizendo que não competiria nem compartilharia segredos por dois anos. No dia seguinte à sua chegada à NewCo, que tem um código de ética que diz que todas os pedidos de mídia devem ser discutidos pela equipe de comunicação, um repórter que Marty conhece de uma revista de negócios envia a ele uma mensagem pelo LinkedIn: "Ei, parabéns pelo novo trabalho — que tal um café, seria muito legal te encontrar." Marty respeita o trabalho do repórter. É lisonjeiro ser procurado por ele. Eles se encontram, e Marty percebe que o repórter quer falar sobre o boato de que os skates motorizados da BigCo estão sendo devolvidos em massa por clientes insatisfeitos. O repórter diz que alguns dos skates não funcionaram bem e causaram ferimentos graves. "Eu sei que você não teve nada a ver com essa divisão, mas qual é o rumor sobre como isso aconteceu? Ouvi dizer que um adolescente está em coma após um acidente com o novo Xmodel e pode haver um processo."
Quando o repórter menciona a lesão, Marty solta um gemido. Ele ouviu rumores internos de que a equipe de engenharia da BigCo tinha problemas com os componentes usados nos skates, mas que a gerência os rejeitou para atingir uma meta. Claramente, ele sabe de algo.
Qual é a coisa certa a ser feita por Marty?
Para uma discussão sobre isso, veja o Apêndice, na página 257.

MOMENTO CODIFICADO 8: DEFINA "ACADÊMICO"

Você é um executivo de marketing de uma rede global de restaurantes que está em um excelente momento na Ásia. Você ouve boatos de que, em uma universidade local, um grupo de professores de turismo fez uma pesquisa perspicaz sobre as diferenças de marketing de alimentos em diferentes culturas asiáticas. Você entra em contato com os professores e pede uma reunião para discutir marketing na Tailândia, mas também o trabalho deles na região como um todo. Você também diz que consideraria criar um relacionamento de consultoria entre eles e sua empresa.

Eles respondem que estão abertos à ideia e ansiosos para encontrar você e que, por acaso, estão tentando arrecadar dinheiro para uma viagem de pesquisa ao Japão, onde planejam se encontrar com reguladores para discutir os obstáculos que as empresas estrangeiras às vezes enfrentam ao tentar abrir restaurantes lá.

Você tem fundos suficientes em seu orçamento para enviá-los a Tóquio por alguns dias. Os relacionamentos de consultoria geralmente são diretos, certo?

Para uma discussão, consulte o Apêndice, p. 260.

6

Renove, detone, repita: comunicando a integridade

> *Desenvolver um código é somente parte do trabalho — é preciso implementá-lo na cultura de sua empresa. Como transmitir a ideia de que a ética importa? É preciso inspirar uma mentalidade — um desejo de seguir os trilhos da mais alta ética mesmo que seja difícil ou que os desvios nunca sejam descobertos. Tente criar mensagens inesquecíveis e as reforce por meio de múltiplos canais. Não tenha uma mentalidade de checklist; pense como um coach. Boa notícia: a ciência está do seu lado.*

Comunicar aos funcionários as expectativas a respeito da integridade é essencial. Mas, como as páginas da história e da literatura sugerem, mesmo as mensagens mais claras muitas vezes ficam longe de atingir o comportamento desejado. Moisés tentou criar um roteiro com os Dez Mandamentos. *A Letra Escarlate*, de Nathaniel Hawthorne, é um tratado da imposição da moralidade por meio da ameaça de desmoralização pública. Quando eu estudava na Universidade de Virgínia, de acordo com o código de honra, a pena por mentir, trapacear ou roubar *por qualquer motivo* era a expulsão. Violações ao código de silêncio das máfias, a *omertà*, são puníveis com a morte. A nenhum desses esforços faltou entusiasmo, ameaças significativas ou mesmo endosso divino. Ainda assim...

Vamos começar, portanto, reconhecendo que a Integridade Intencional não pressupõe que a perfeição seja possível. Um ato impensado pode frustrar a mais determinada das lideranças e arruinar esforços sinceros de vacinar uma marca contra escândalos. E pesquisadores determinaram que a maioria dos indivíduos é, de fato, capaz de justificar racionalmente o comportamento desonesto e antiético.

Dan Ariely, um pesquisador do comportamento da Universidade Duke, estuda há décadas o motivo pelo qual as pessoas mentem e trapaceiam. Em *(Dis)Honesty —The Truth About Lies* [(Des)honestidade — A Verdade Sobre as Mentiras, em tradução livre], um documentário sobre ele e algumas de suas pesquisas, Dan diz que a desonestidade é, na verdade, "uma experiência profundamente humana".[1] Não é útil pensar nas pessoas como "boas" ou "más", Ariely me disse quando nos encontramos para conversar em seu escritório, no outono de 2019. Todos somos capazes de desonestidade. Um dos experimentos de Ariely mostrado no filme é particularmente preocupante. Os sujeitos recebem uma folha de papel com problemas matemáticos e um prazo limitado para a realização do teste, de forma que ninguém possa resolver todas as questões. Quando chega o momento, os participantes vão para a frente da sala, colocam o teste em uma trituradora de papel e, em seguida, dizem ao inspetor quantas questões responderam. Eles imediatamente recebem US$1 para cada problema que dizem ter concluído.

O que os participantes não percebem é que o triturador corta apenas a borda externa das folhas do teste; a equipe de Ariely podia voltar e determinar quem disse a verdade sobre o número de questões resolvidas. Os resultados depois de mais de 40 mil pessoas terem feito esse teste? Quase 70% das pessoas mentem, a maioria por pouco. Ariely se refere a isso como o "fator de correção". A maioria das pessoas pode mentir um pouco e ainda se sentir bem consigo mesma, e essa tendência de se comportar mal na verdade aumenta se os sujeitos acreditam que os outros ao seu redor provavelmente também estão se comportando mal.

Ariely diz que falsidades frequentes podem condicionar o cérebro a mentir, tornando mais fácil para as pessoas justificar comportamentos antiéticos. Depois de mentir em uma área de sua vida, é mais fácil para você mentir novamente nesse mesmo domínio. Curiosamente, pesquisas sugerem que as pessoas criativas têm mais tendência a mentir do que as não criativas. Ariely acredita que isso ocorre porque elas são melhores contadoras de histórias, então podem mais facilmente justificar suas mentiras para si mesmas e para os outros. Quando as pessoas têm uma mente criativa, não há "ideias ruins". Quando encorajados a abandonar o pensamento tradicional e sair da caixa, empreendedores criativos em busca da disrupção — Uber, Theranos e WeWork vêm à mente — podem, às vezes, ultrapassar os limites do comportamento ético. A maior parte disso provavelmente não é intencional, explica Ariely. Empreendedores criativos que se desviaram da ética muitas vezes convenceram a si próprios e aos que os cercavam de que o que estavam fazendo era tão importante e inovador, que tiveram de quebrar algumas regras ao longo do caminho.

Isso não deveria ser uma surpresa. Murali Doraiswamy, do Duke Institute for Brain Sciences, aponta em *(Dis)Honesty* que, quanto maior o cérebro, maior a capacidade de se justificar e mentir. Isso deveria dar o que pensar para qualquer empresa que procura atrair os criativos mais talentosos.

No entanto, há razões para acreditar que essas tendências podem ser superadas. A pesquisa de Ariely também mostra que a trapaça praticamente desaparece quando os sujeitos assistem a uma palestra sobre integridade antes de fazer o mesmo teste de matemática mencionado antes. Ariely diz que as pessoas estão muito menos dispostas a "falsificar" se forem lembradas da importância da integridade e se acreditarem que seus colegas estão sendo honestos. Lembrar as pessoas de sua própria fibra moral muda o comportamento. A ética pode facilmente erodir sob as circunstâncias erradas, mas o trabalho de Ariely sugere que existem maneiras de nos ajudarmos a agir melhor em casa e no trabalho, protegendo e desenvolvendo confiança e integridade com intencionalidade e esforço.

Reforce a mensagem. Repita.

O que deduzo dessa pesquisa é que integridade, lamentavelmente, é um atributo humano frágil mesmo para pessoas que a valorizam. Posso reconhecer momentos no curso de minha vida em que contar uma mentira inocente ou falsear uma explicação era vergonhosamente fácil para mim. Mas eu realmente acredito que a pesquisa de Ariely está correta: as empresas podem fortalecer a integridade e a honestidade no local de trabalho ao falar muito sobre isso, deliberadamente reforçando sua importância. Se os funcionários acreditam que o comportamento ético é a norma e que as outras pessoas o estão seguindo, é mais provável que eles também adotem esse tipo de comportamento. Como Adam Silver, presidente da NBA, me contou sobre os programas de ética da liga: "Você tem de repetir as mensagens em vários canais. É como publicidade na televisão. Você precisa de repetição para transmitir seu ponto de vista. Mas se você criar um ambiente em que esse tipo de mensagem seja entregue de forma consistente, ela será absorvida."

Também é importante quando a mensagem vem de cima. Quando eu era um promotor federal, Eric Holder ocupava a procuradoria regional em Washington, DC, e ocasionalmente interagíamos em processos relacionados a drogas. Mantivemos contato ao longo dos anos. Mais tarde, como procurador-geral, Eric ficou conhecido por visitar pessoalmente cada uma das procuradorias regionais — 93 delas — para levar uma mensagem diretamente aos milhares de promotores federais que trabalhavam para ele. "Eu queria estabelecer não um código moral, mas um código do que se esperava das pessoas. E eu acho que isso é importante, porque eu trabalhei na iniciativa privada e vi que [a liderança ética] vem de cima. O que um CEO ou líder de uma empresa faz, como eles se comportam, o que dizem realmente importa."[2]

Esse conceito é muito importante, mas conversas sobre ética e suas altas expectativas são muito raras no cenário de negócios de hoje, isso porque alguns CEOs acreditam que eles parecerão enfadonhos ou porque temem que a conversa seja um desvio dos resultados financeiros. "Posso contar em uma mão as grandes empresas de tecnologia que levam a ética a sério", me disse recentemente Donald Heider, diretor executivo do Markkula Center for Applied Ethics, da Universidade de Santa Clara. O Markkula Center explora questões éticas sobre governança corporativa, negócios globais, liderança, remuneração de executivos e outras áreas de negócios, e também oferece programas de treinamento para empresas. Ele acredita veementemente que "você tem de construir uma cultura em que não haja problema em falar sobre isso".

Então, sim, haverá contratempos frustrantes. Um chefe pode se apaixonar por uma subordinada direta e agir de acordo com esses sentimentos, independentemente das regras. Sempre haverá pessoas boas que justificam escolhas terríveis, e haverá funcionários que tentarão contornar as regras, não importa o quanto você as reforce. O que acho que estou dizendo aos funcionários pode não ser o que eles ouvem ou querem ouvir. Mas eu digo: de todo modo, vamos conversar, e eu me desafio constantemente a tentar mudar a forma como falo sobre esses assuntos, para que a mensagem não se torne apenas ruído de fundo.

✦

Quando trabalhei como diretor jurídico na Chegg, uma locadora de livros didáticos, certa vez coloquei vários executivos seniores em um palco na frente de mais de duzentos funcionários e agi como apresentador de um quiz ao estilo *game show* sobre nosso código de ética. Eu apresentava dilemas éticos, os executivos respondiam, e eu soltava um som de buzina se achasse que a resposta contradizia nosso código de ética ou concordava entusiasmadamente se achasse que a resposta era confiável e consistente com nosso código. Usei principalmente hipóteses, semelhantes aos momentos codificados que incluí neste livro. Inicialmente, fizemos um aquecimento meio de brincadeira, e Chuck Geiger, nosso diretor de tecnologia, errou de propósito algumas respostas para que eu pudesse fazer comentários específicos (eu havia trabalhado com Chuck no eBay). Mas, à medida que me aprofundava em algumas das perguntas, a sala ficou mais silenciosa. Às vezes, os executivos não concordavam ou não tinham certeza de qual era a resposta. Era isso que eu queria ver: pessoas percebendo que as respostas nem sempre eram óbvias, que existiam dilemas e áreas cinzentas. Mas isso não significa que devemos deixar de discuti-los. Em alguns casos, quando gonguei a resposta deliberadamente errada de Chuck e expliquei por que discordava, pude ver que outras pessoas na sala perceberam que teriam dado a mesma resposta que ele.

Foi então que li uma pergunta vinda de uma reclamação real de um funcionário do sexo masculino: suas colegas do sexo feminino estavam falando muito sobre o livro *Faça Acontecer*, de Sheryl Sandberg. Na verdade, elas pareciam estar conversando tanto sobre o livro, que ele disse estar se sentindo excluído e desconfortável. O que ele deveria fazer? Deveria relatar aos recursos humanos ou apenas deveria "agir como um homem" e engolir tudo?

A sala estava em um silêncio mortal. A pergunta sugeria uma reversão do clichê de mulheres se sentirem deixadas de fora por caras que passam metade de uma reunião de segunda-feira de manhã falando sobre um jogo de futebol ou algum modelo de carro novo que todos cobiçam.

Chuck pensou um pouco e respondeu: "Acho que a questão é que nenhuma pessoa no local de trabalho deve se sentir excluída. Não importa o motivo, se elas se sentirem excluídas, devem abordar o problema com um gerente e, se quiserem relatar ao RH, também seria apropriado."

Nem um murmúrio na sala. Estavam aguardando minha resposta.

"Para mim, você está correto", eu disse.

Chuck ainda se lembra de como esse exercício gerou desconforto, mas também que foi uma reunião memorável. "As perguntas não eram do tipo preto no branco. Algumas delas eram bastante ambíguas, e outras tinham respostas altamente discutíveis."

Dou muito crédito ao CEO da Chegg, Dan Rosensweig, por me permitir realizar esse evento e não o interromper nem mesmo quando ficou complicado, pois sempre apoiou firmemente meus esforços para garantir que estávamos comunicando nossos valores. Dan me disse recentemente: "Foi um pouco assustador, mas eu percebi que, se não estivéssemos dispostos a nos levantar e nos colocar à mostra em situações que vemos todos os dias, de que modo mostraríamos aos funcionários como viver esses valores? Foi uma chance de nos reunirmos e mostrar que somos todos humanos, que todos cometemos erros."

Em outras palavras, foi um momento de aprendizado para todos. Dan acrescenta: "Acredito que precisamos estar dispostos a falar sobre nossos valores. Não queremos presumir que as pessoas são más porque cometeram um erro e não queremos ter medo de perguntar: 'Ei, por que você fez o que fez nessa situação?' Isso é algo que você pode fazer quando não ataca as pessoas."

Meu objetivo com aquele quiz era mostrar, primeiro, que a equipe executiva apoiava a importância de falar sobre integridade. Eu também queria enfatizar que fazer uma escolha ética nem sempre é fácil ou automático — pode ser algo altamente dependente de contexto ou detalhes significativos. Mas também senti que a experiência deu a todos nós um pouco de humildade. Tenho certeza de que alguns funcionários, mais tarde, pegaram o código de ética para revisá-lo e ter certeza de que entenderam as regras em questão. Algumas das respostas de Chuck até me fizeram repensar como eu estava comunicando certas ideias dentro da equipe executiva. Tenho trabalhado nisso desde então, e o que se segue são os princípios que encontrei nesta jornada.

Comece com humildade e entusiasmo

A comunicação bem-sucedida é sempre uma via de mão dupla. Isso significa que você precisa iniciar qualquer conversa sobre integridade com uma mente aberta e receptiva e com uma atitude de humildade. Um diretor jurídico pode explicar as regras que estão dentro da lei, bem como os processos que representam o menor risco para uma marca em determinada situação. Mas chegar exibindo a "síndrome de Moisés" que mencionei antes — agir como se tivesse uma revelação e agora conduzirá todos para a terra prometida — desanima as pessoas bem rápido. O mesmo vale para quem se comporta como um pregador ou um xerife do tipo "ame-me ou deixe-me".

Ao pensar em como comunicar a mensagem da integridade, é essencial ter um defensor da ética bem entusiasmado. Também é essencial que o CEO apoie o esforço, mas um CEO geralmente não tem tempo para se dedicar aos detalhes. Alguém tem de ser a cara da integridade quando se trata de lidar com sua complexidade, e tem de ser um líder sênior. No Airbnb, sou eu. Gosto desse desafio, não porque gosto de pegar pessoas fazendo algo errado, mas porque gosto de pensar sobre o que significa ser ético. Gosto de tentar descobrir a melhor maneira de evitar problemas. Tenho orgulho de trabalhar com outras pessoas e tentar descobrir — e depois fazer — o que é certo. Em uma situação complexa, quero que funcionários preocupados com um possível problema de ética parem, reflitam e busquem conselhos *antes* de agirem. Quanto mais transparentes forem ao tomar essas decisões, quanto mais atenciosos e conscientes os funcionários forem ao buscar conselhos, melhor será o resultado.

Este é o ethos também entre nossos consultores de ética. Eles vêm de todos os cantos da empresa e incluem funcionários técnicos com formação avançada e experiência em ciência da computação ou engenharia. Eles pensam sobre os problemas e os resolvem de maneira diferente da minha. O que eles tendem a ter em comum é que são intelectualmente curiosos com esse assunto e gostam de pensar sobre a cultura que desejam apoiar.

Nosso plano de comunicação se resume basicamente a quatro componentes principais.

1. **Certifique-se de transmitir o mais cedo possível, e para cada funcionário de sua empresa, a ideia da importância da integridade.**

    Nosso programa de 75 minutos, Integrity Belongs Here, faz parte da orientação da Semana I que oferecemos aos novos funcionários em qualquer uma de nossas localidades, de São Francisco à Irlanda. Quando, depois de minha chegada, propusemos nosso código de ética pela primeira vez, fiz a mesma apresentação básica em sessões de pequenos grupos para todos nossos funcionários, bem como para nossa equipe executiva. Levou muito tempo, e fiz muitas viagens, mas acho que já dei essa palestra mais de cem vezes em mais de vinte países. De vez em quando, posso estar viajando a negócios, e por isso, designo um membro da equipe para dar a palestra a um novo funcionário, mas sempre faço isso eu mesmo quando estou disponível. Nisso, fui inspirado por Meg Whitman, que por anos insistiu em falar ela mesma com cada nova turma de contratados do eBay. Ela tinha uma agenda maluca, mas reconheceu como era importante para os novos funcionários ouvir diretamente dos líderes o que era importante para a empresa. Como Eric Holder, ela sabia que, se quisesse parecer séria sobre a preservação da integridade, seu endosso aos valores do eBay importava mais do que o de qualquer outra pessoa.

    Em minhas palestras, começo projetando um slide repleto de manchetes recentes da mídia sobre escândalos de empresas de tecnologia. Já listei muitos deles neste livro. Tratam-se de lapsos vergonhosos e até ultrajantes de discernimento individual e institucional, e eu não douro a pílula quando falo sobre eles. Funciona como aqueles filmetes sangrentos de que me lembro de ver quando estava tirando habilitação para dirigir; foram concebidos para nos assustar um pouco e chamar nossa atenção sobre a segurança no trânsito. As manchetes que exibo também são projetadas para chamar a atenção da sala; elas cobrem tópicos como violação de dados, assédio e agressão sexual, suborno de funcionários estrangeiros, comportamento inadequado nas redes sociais, compra do silêncio das vítimas, mentira sobre as políticas e os comportamentos da empresa. Tenho mais exemplos do que espaço para colocá-los em um slide, infelizmente, mas sempre digo aos nossos funcionários: "Não quero ver o Airbnb passar por isso."

Lembro a audiência de que eles já receberam uma cópia do código de ética no primeiro dia e que já assinaram eletronicamente o contrato dizendo que concordam em cumpri-lo. (Duvido que mais da metade tenha realmente lido com atenção.) Em seguida, mergulhamos no que ele significa. Eu tento trazê-lo à vida real.

2. **Use exemplos da vida real. Mostre situações verdadeiras em que instintos conflitantes podem colidir ou em que as intenções podem ser mal interpretadas.**

Além de falar, nas minhas palestras eu também presto atenção àquilo com que nossos funcionários estão se preocupando e ao que estão lendo e pensando. Faço uma lista de casos reais ocorridos dentro da empresa e me refiro aos dispositivos relevantes em nosso código de ética. Temos uma conversa semelhante às discussões que forneço nos momentos codificados e aponto os problemas e as opções e também a percepção de que nem sempre há uma resposta perfeita, mas que nosso objetivo é traçar um percurso com base em detalhes únicos de uma situação e demonstrar uma intenção de ser ético.

Eu também recebo perguntas. Por exemplo, quando comecei a fazer a palestra sobre integridade, um grupo de funcionários do suporte ao cliente me alertou que os anfitriões do Airbnb ocasionalmente ofereciam presentes como estadias de fim de semana grátis quando sentiam que o funcionário tinha sido particularmente útil, e eles perguntaram se poderiam aceitar essas generosas ofertas. Soem o alarme! Cada anfitrião deve receber um suporte excelente. Não queremos que nossos representantes de serviço insinuem ou peçam por um presente, sugerindo que é a maneira de obter um serviço melhor. Desde então, incorporamos uma regra sobre isso em nosso código de ética e enfatizamos esse incidente em nosso treinamento de funcionários de suporte ao cliente. Nesse sentido, minha apresentação ocasionalmente funciona como um laboratório onde coleto dados e depois os reconecto ao código real.

Quando comecei a fazer essas palestras, há apenas alguns anos, ocasionalmente via um funcionário do sexo masculino na plateia revirando os olhos quando mencionava ser preciso pensar duas vezes antes de tocar em alguém no local de trabalho. Essas figuras estão se tornando cada vez mais raras. O movimento #MeToo e o número incrível de CEOs e outros executivos que foram escorraçados de seus empregos tornaram esse tipo de reação menos bem-vinda. Toda nossa cultura mudou a respeito dessa questão.

Outro insight inesperado para mim veio quando me perguntaram se há algum lugar que está "fora de questão" para reuniões de funcionários — por exemplo, clubes de strip. Atualmente, discuto esse dilema em minha palestra sobre integridade para novos funcionários, porque isso me ajuda a levantar o tópico mais amplo do comportamento excludente. Realizar uma reunião em um clube de strip não é algo apropriado para fortalecer as equipes ou para o trabalho em geral. Nenhuma pessoa deve se sentir obrigada a estar em um ambiente sexualmente carregado não relacionado às suas funções como uma condição de seu trabalho ou se sentir um pária se tiver reservas quanto a isso. Os funcionários têm o direito de ir aonde quiserem em seu tempo livre e certamente podem escolher seus companheiros, mas nunca devem organizar saídas ou falar sobre elas no trabalho de forma que exclua outras pessoas.

Quando escrevemos o código de ética, nunca imaginei ter de falar sobre clubes de strip. Ninguém em São Francisco, onde estamos sediados, jamais mencionou tais clubes como um problema de trabalho, tampouco foi algo que surgiu nas quase duas décadas em que trabalho no Vale do Silício. Mas há regiões do país onde algumas empresas concordam com seus funcionários se reunindo ou mesmo levando clientes a clubes de strip. Atualmente, menciono o exemplo na maioria das apresentações porque ele destaca o fato de que, embora existam diferenças entre pessoas, regiões, culturas e pontos de vista, temos de olhar para qualquer questão de integridade através da lente dos valores de nossa empresa, não a partir do que é descolado ou careta em abstrato ou em um local específico. O Airbnb tem como objetivo fazer as pessoas sentirem que pertencem a qualquer lugar. Você pode substituir os clubes de strip por outra atividade — talvez jogar golfe ou participar de um protesto político local — que pode agradar a alguns membros de uma equipe, mas não a outros. Nutrir deliberadamente atividades externas que atraiam apenas alguns membros de uma equipe ou grupo de trabalho está em conflito com os valores de inclusão e pertencimento.

Quanto mais as pessoas se reconhecerem em seus exemplos, mais seu treinamento se tornará interativo — e então você pode se envolver mais profundamente com os funcionários para determinar a resposta certa. Force-os a pensar sobre os dilemas e as perguntas que você apresenta e você evitará a escuta passiva. Fale sobre os porquês por trás das regras — por exemplo, eu menciono por que permitimos presentes de até US$200, enquanto o Walmart não permite nenhum.

Eu deliberadamente levanto questões e cito exemplos que envolvem ambiguidades, motivos obscuros e implicações contextuais. Faço questão de dizer que entendo que nem sempre há uma resposta certa ou errada, mas há instintos e palpites aos quais prestar atenção. Isso me faz sentir um pouco como um herói jurídico meu: Potter Stewart, um juiz da Suprema Corte dos EUA.

Stewart, em um artigo a respeito da obscenidade de um filme, disse uma vez que, embora fosse difícil definir pornografia pesada, "eu a reconheço quando a vejo".[3] Tornou-se uma das citações mais famosas do tribunal. Ele estava expressando um sentimento que, em minha experiência, é relevante para muitos assuntos associados ao sexo, incluindo assédio, atração normal, flerte, toque casual e elogios. Às vezes é difícil definir os limites claros do que é ou não qualquer uma dessas coisas. Não são apenas as palavras usadas que importam — o contexto, a intenção e a inflexão vocal são importantes. Por exemplo:

- Você pode dizer "oi" como se estivesse encontrando um animal de estimação.
- Você pode dizer "oi" como se alguém tivesse roubado sua vaga de estacionamento.
- E você pode dizer "oi" como se estivesse fazendo um teste para um programa de namoro na TV.

Em minhas apresentações, falamos sobre assédio sexual e ambientes de trabalho hostis. As mulheres agora estão se apresentando para denunciar abusos que antes pensavam que deveriam sofrer em silêncio. Os homens têm uma gama de reações, desde ficar contentes porque os tarados estão tendo uma lição até uma sensação paranoica por não poderem mais fazer piadas como antes.

Uma das perguntas que faço durante o treinamento de ética é: "E os elogios, eles são aceitáveis?"

"Alguns", alguém costuma gritar.

"Ok", eu digo. "Quais?"

"Os não sexuais."

Eu respondo: "Tipo, 'ESSE é um belo suéter!'"

"Sim."

"Mas e quanto a 'querida, esse é um BELO suéter'?" (Digo isso em uma voz de conquistador barato.)

A maioria das pessoas ri, alguns balançam a cabeça.

"Ah, então não é aceitável dizer a mesma coisa, mas de outro jeito?", eu pergunto.

Agora vejo algumas caretas. Pés se mexem. Opa. Sim ou não?

Eu me viro para alguém na primeira fila e digo: "Belas botas." A pessoa se contorce. Eu digo: "Sério, gostei delas. Onde você comprou?"

Eu olho para a plateia. "E isso que eu fiz agora, é aceitável?"

"Sim."

"Botas tudo bem; suéteres não?"

"Botas não são sexuais", alguém dirá.

"Talvez não para você", eu digo.

Tento usar um pouco de humor em minhas apresentações — elas não precisam ter clima de cadeira de dentista. Estou tentando demonstrar que a intenção importa, independentemente do quão escorregadio e obscuro o assunto possa parecer. De modo geral, digo para ter cuidado ao oferecer elogios de uma forma que sugira atração sexual. Mas *como* você diz algo pode ser tão importante quanto *o que* você diz. Isso é frustrantemente subjetivo? Bem, sim, mas o respeito é baseado em pensar antes de falar. Errar para o lado da cautela. Considere como outras pessoas podem responder a piadas, comentários ou descrições físicas. Coloque seus óculos de segurança ética e observe os detalhes de um dilema, as questões mais amplas que ele levantam, e como ele pode parecer para alguém que não conhece seu ponto de vista ou sua intenção.

É um mito que valorizar a integridade cria uma cultura travada e rígida como a de um estado policial. Sim, algumas pessoas são mais sensíveis do que outras. Mas o bom senso e os bons modos são regras boas e fáceis de usar. Se você aparece no trabalho com um suéter festivo espalhafatoso e brilhante como o que usei uma vez para fazer um de nossos vídeos e alguém ri e diz "Belo suéter", nós dois rimos. Estamos gostando da piada juntos. Mas alegar depois do acontecido que você estava "só brincando" quando em certa manhã disse a uma mulher que o perfume dela te deixa maluco — desculpe, isso não é uma piada, é um insulto ou uma cantada.

A intenção sempre importa. Uma executiva sênior com quem trabalhei, que era diretora jurídica de uma empresa de capital aberto, uma vez passou pelo seguinte: antes de uma reunião, outro executivo se inclinou para ela e disse: "Posso fazer um elogio?" Um pouco confusa, ela disse: "Ok." Ele respondeu: "É um sutiã muito atraente que você está usando."

Uau, credo, mas espere, ela não deu permissão para... hã...

Claro que ela não deu permissão a ele para dizer algo impróprio. Como ela poderia saber o que ele diria? Ele também poderia ter dito: "As notas que você enviou na última reunião foram bem feitas." Em vez disso, esse foi apenas mais um de uma série de comentários inadequados que o executivo fez a ela e a outras pessoas, e ele foi demitido pouco depois de isso acontecer.

Eu passo por cenários semelhantes sobre questões relacionadas a acesso inadequado aos dados do cliente.

"Quantas pessoas aqui têm membros da família que acreditam que agora vocês devem ser um atendente pessoal delas a respeito do Aibnb?", eu pergunto.

Muitas mãos se levantam. Então explico que, embora seja tentador querer resolver um problema que seu amigo possa estar enfrentando, não é seu trabalho resolvê-lo... e você tem um conflito de interesses. Em vez de fazer login no banco de dados para descobrir o problema sozinho, a coisa certa a fazer é levar seu amigo a um representante de suporte ao cliente, cujo trabalho é ajudar. Não queremos confusão sobre como os clientes e seus dados são tratados.

3. **Ressalte questões específicas em vários canais de comunicação — incluindo boletins informativos para funcionários, murais de mensagens, pôsteres, e-mails e — isso é muito importante — vídeos breves e divertidos.**

Uma das grandes surpresas para mim no Airbnb tem sido o sucesso de nossos vídeos baratos, rápidos e fáceis de fazer sobre assuntos que vão desde consumo responsável de bebidas a suborno em países estrangeiros. Não se tratam de obras-primas. Literalmente, eles são gravados com um iPhone e um tripé de mesa de US$10. Nós os enviamos por e-mail, e é incrível para mim como a resposta é positiva. Recebemos e-mails elogiosos, agradecendo por esclarecer certas regras. Recebemos pedidos de funcionários que querem aparecer no próximo vídeo ou sugerindo um tema para vídeos futuros. Eles são o assunto nos canais do Slack. Eu sou parado andando na rua e em escritórios ao redor do mundo depois que apareci nesses vídeos.

É emocionante para mim que eles pareçam suscitar uma reflexão séria, embora sejam curtos e divertidos. Recebi um e-mail de um de nossos engenheiros da China, que escreveu após assistir a um de nossos vídeos sobre integridade:

"Gosto de ler Warren Buffett, e ele sempre fala sobre habilidade *e* integridade. Tenho refletido sobre isso... tenho a parte da capacidade, mas como faço para obter a parte da integridade? Como faço para *conquistar* integridade?" Esse tipo de e-mail realmente me inspira a continuar assim. É por isso que acredito fortemente que as empresas que defendem a integridade têm o poder de influenciar o mundo muito além de suas próprias paredes.

Um dia, eu estava almoçando no escritório quando uma mulher se aproximou de mim, desculpou-se por interromper meu almoço e disse que precisava saber a verdade por trás de um dos vídeos. "Claro", eu disse.

"No último vídeo, aquele da festa de Natal, você estava falando, e atrás de você tinha a imagem de uma lareira falsa."

"Sim", eu disse, perguntando-me por que aquilo chamou a atenção dela.

"Você estava tentando tostar como uma castanha?", ela riu, fazendo um trocadilho com meu sobrenome e a canção *Chestnuts Roasting in an Open Fire*, um clássico dos Natais norte-americanos.

Um de nossos vídeos de maior sucesso foi um em que um gerente está conduzindo uma entrevista com um candidato a emprego interpretado por mim. O gerente é amigável e otimista. Ele pergunta se sou casado e tenho filhos. Quando me sento, ele diz: "Está mancando? Está tudo bem com suas costas?" Apontamos sucintamente os problemas com algumas dessas perguntas. Por exemplo, perguntar sobre o estado civil de uma pessoa e se tem filhos pode fazer parecer que pais talvez não sejam bem-vindos no Airbnb. Isso não é permitido.

Ele me pergunta no vídeo: "Você tem um currículo extenso... em que ano você se formou na faculdade?" Ele pergunta sobre minha história: "Onde você cresceu? Chesnut — que sobrenome é esse? Você é da Virgínia — você não é um republicano, é?" Mais tarde, descobri que muitos funcionários que assistiram ao vídeo ficaram surpresos com a forma como uma conversa fiada de rotina durante uma entrevista pode mais tarde ser interpretada como preconceito de idade ou desejo de conseguir informações médicas, o que é ilegal de acordo com as leis de discriminação federais e estaduais e inadequadas para uso como base para contratação.

Em outro vídeo, apareço com um suéter notoriamente feio em uma sala onde uma equipe está se preparando para uma festa de Natal. Eles tentam me dizer que estão ansiosos para ficar bêbados. Eu olho em volta e faço perguntas como "Se eu não beber, ainda serei bem-vindo?" Nesse caso, queremos enfatizar que as festas do escritório são para socializar e desfrutar a companhia uns dos outros, não para beber em excesso. Festas e outros eventos do tipo precisam ter alternativas não alcoólicas, comida e uma atitude de boas-vindas.

Pessoas que trabalham duro ocasionalmente precisam rir, como uma forma de se estreitar os laços com outras pessoas. Acho que os vídeos funcionam assim. Agradeço à minha filha Bianca, uma estudante de segundo ano da faculdade, por me ajudar a entender que algumas outras abordagens podem ser ineficazes no ensino da integridade.

Depois de conseguir emprego em um restaurante, Bianca foi obrigada a participar de um programa de treinamento sobre assédio sexual. Ela disse que foi horrível; era um vídeo que consistia em slides enfadonhos e prolixos que precisavam ser visualizados em seu notebook enquanto ela clicava em cada página. Ela fez isso em um aeroporto, e a principal coisa de que se lembra é que a ajudou a passar o tempo. Mais tarde, ela conversou com amigos que foram obrigados a fazer um curso de treinamento online semelhante para empregos de verão, e eles disseram que todos se sentaram e fizeram o treinamento juntos, zombando do tanto que aquilo era ruim, e não aprenderam nada.

Mas minha filha teve uma experiência anterior com treinamento de assédio sexual quando se matriculou em um programa de verão na Universidade Carnegie Mellon, que deu a ela uma visão completamente diferente de como o treinamento pode ser feito. "Qual a diferença?", eu perguntei. Era um vídeo também, chamado "Consentimento: tão simples quanto um chá", que está disponível no YouTube e foi visto mais de 7,6 milhões de vezes. Ele conversa com seu público principal — os jovens. Como tal, em vez de usar slides de texto, ele apresenta animações de bonecos de palito e um cara com uma voz agradável e levemente sarcástica. Sua mensagem é: se os homens pensassem sobre consentimento sexual da mesma maneira que pensariam em perguntar a uma mulher se ela gosta de chá, eles poderiam evitar problemas. Se você substituir "tomar uma xícara de chá" por "fazer sexo", o narrador diz, e ela disser "Eu gostaria de tomar uma xícara de chá", vá em frente, sirva-lhe uma xícara de chá. Mas se ela disser que acha que gostaria de tomar chá e, quando você lhe prepara uma xícara, ela muda de ideia, ela não é obrigada a beber — portanto, não tente obrigá-la! Se ela estiver inconsciente, não coloque chá em sua boca — "Pessoas inconscientes não querem chá." E só porque ela queria chá no sábado passado não significa que ela queira chá todos os dias… ou alguma vez mais.

O assunto é sério, mas a mensagem não precisa ser enfadonha e severa. Usar o humor deixou o vídeo envolvente e memorável para seu público-alvo. O estúdio responsável por esse vídeo, o Blue Seat Studios, fez outro vídeo especificamente sobre assédio sexual no local de trabalho, dirigido por Rashida Jones e narrado por Danny Glover. Mais uma vez, é curto, a animação é engraçada, mas as mensagens são claras e memoráveis. O vídeo lida com a confusão e a preocupação que o movimento #MeToo criou no local de trabalho para pessoas que não têm motivos nefastos, mas que gostam de dar abraços ou elogiar outras pessoas ou de encostar nelas de maneiras às quais que elas têm o direito de se opor.

Se você faz vídeos relacionados ao seu código de ética, seja breve e use um pouco de humor. Torne-o relevante. Apresente algo inesperado. Se as pessoas gostarem do primeiro, elas aguardarão os subsequentes, independentemente do tema. Um pouco de criatividade evita que o processo de mensagens pareça obsoleto, banal. E prefiro envolver muitos funcionários para que o maior número possível de pessoas receba a mensagem e tenha interesse em divulgá-la.

4. **Nomeie e treine uma equipe de consultores de ética que representará em sua empresa a face mais acessível da integridade.**

Por mais entusiasmado que eu possa ser com a integridade, temos mais de 6 mil funcionários, e preciso de ajuda para resolver suas dúvidas sobre reembolso de despesas, presentes e possíveis conflitos de interesse. Essa é uma das razões pelas quais criamos consultores de ética.

Trabalhei pela primeira vez com consultores de ética no eBay e testemunhei em primeira mão como esse tipo de consultoria pode ser eficaz. No Airbnb, depois de escrever nosso código de ética em 2016, começamos com três consultores de ética, e agora temos mais de trinta ao redor do mundo. Se você estiver redigindo ou atualizando um código de ética, recomendo escolher pessoas do comitê indicado como seu primeiro grupo de consultores, pois eles já terão uma maior compreensão dos objetivos de seu programa. No Airbnb, regularmente recebemos perguntas de funcionários que pedem para se tornar consultores de ética. Isso envolve cerca de quatro horas de treinamento e uma viagem anual a São Francisco para uma reunião para informar a todos sobre as novas políticas. A única compensação adicional é um casaco muito legal com um logotipo de ética que muitos usam com orgulho.

Os conselheiros têm duas tarefas principais. Primeiro, toda a equipe de ética é copiada nos e-mails, e esperamos que todos leiam cada mensagem que chega à caixa de entrada do e-mail de ética. Esse é um recurso valioso para funcionários com dúvidas e uma ótima maneira de manter a equipe envolvida e refletindo sobre questões de real preocupação para nossos funcionários. Às vezes eu respondo à pergunta do funcionário e às vezes espero que nossa equipe sugira uma resposta. Os e-mails abrangem muitos tópicos diferentes, desde assuntos triviais a problemas mais sérios:

"Um fornecedor quer me dar ingressos para o musical *Hamilton*, tudo bem?"

"Posso vender papel de embrulho para a arrecadação de fundos da escola de meu filho no escritório?"

"Você precisa falar com o Mark Manager sobre seu estilo de confronto. Ele é um valentão."

A segunda tarefa da equipe são as conversas pessoais. Garantimos que nossos assessores estejam distribuídos geograficamente, bem como em diferentes departamentos. Queremos que essas pessoas sejam um recurso acessível, amigável e bem informado sobre o que está em nosso código de ética e como um funcionário pode querer refletir sobre um dilema. Queremos que eles ouçam e deem feedback coerente com nosso código de ética.

O ponto principal é incentivar o funcionário a encontrar as próprias respostas. Por exemplo, às vezes um consultor será questionado sobre se é ok fazer um frila para outra empresa. A resposta pode ser mais perguntas: a outra empresa é um concorrente… ou pode vir a ser no futuro? A carga de trabalho potencial da pessoa seria limitada aos fins de semana ou a seu tempo pessoal? Como a outra empresa pretende lidar com o envolvimento das pessoas em suas comunicações — por exemplo, isso implicará que trabalhar com a pessoa significa que ela está trabalhando com o Airbnb?

O papel principal de nossos consultores de ética é ser instrutivos e informativos e atuar como treinadores de ética. Eles não têm a tarefa de ser agentes secretos. Mas, dito isso, advirto os consultores de ética — e qualquer pessoa que lançar um programa de consultores de ética — a se lembrar de que os membros da equipe não devem se ver ou se apresentar aos funcionários como conselheiros confidenciais. Um funcionário que consulta um consultor de ética não está tendo uma conversa particular e confidencial, assim como um executivo sênior que busca o conselho do diretor jurídico sobre seu comportamento pessoal não deve pensar que a conversa permanecerá confidencial se o diretor perceber qualquer tipo de ameaça à empresa ou à marca. O consultor jurídico é o advogado da empresa e deve elevar os interesses do cliente acima dos de qualquer indivíduo.

Na minha experiência, esse não é um problema significativo; aqueles que buscam conselhos de consultores de ética tendem a fazê-lo de forma proativa, não como um confessionário. Mas, para ser claro, se um funcionário relatar informações sobre um assunto que é ilegal ou uma potencial responsabilidade legal a um consultor, este deve relatá-lo, o que, então, se torna um trabalho para nossa equipe de investigação. Falarei sobre isso no próximo capítulo.

Para resumir, aqui estão os principais elementos de um bom programa de comunicação de ética:
- Os líderes e conselheiros precisam de entusiasmo e de um interesse sincero pelo assunto. Quanto maior a posição do executivo que fala sobre ética, mais impactante será para os funcionários. Quanto mais tempo de empresa tiver a pessoa que apresenta os novos funcionários ao código de ética, mais clara fica a seriedade com que a empresa lida com essa questão.
- Você é um coach, não um pregador.
- Use exemplos da vida real e fale sobre as áreas cinzentas.
- Use vários canais, humor, vídeos; renove a mensagem para que ela não fique obsoleta, mas continue repetindo-a.
- Use consultores para divulgar a ética em toda a empresa.
- Saliente que o objetivo não é se agarrar a um manual, mas, sim, a funcionários capacitados que se orgulham de sua cultura.

MOMENTO CODIFICADO 9: TORY E AS DEZ FOLHAS SULFITE

Tory trabalha com análise de dados para a SportsCo, uma empresa de comércio eletrônico que aplica logotipos de equipes esportivas em itens como mochilas e canecas de café. Ela adora seu trabalho e recebe notas altas de seu gerente. Tory acabou de terminar uma análise dos padrões de compra de roupas de inverno do banco de dados de clientes da SportsCo, incluindo uma planilha dos mil principais compradores por gastos em estados de clima frio, junto de seus endereços e e-mails. O marketing planeja uma campanha de e-mail vendendo parkas, luvas e chapéus com o logotipo da equipe.

A irmã de Tory, Katy, de Minneapolis, começou um negócio doméstico tricotando lindas blusas de lã com uma versão não oficial de logotipos de times de futebol. Katy está com dificuldade para pagar todas as contas.

Depois de enviar seu relatório ao marketing, Tory imprime uma cópia e, três dias depois, um envelope chega à casa de Katy. Tory escreveu na frente: "Achei que isso seria útil, e você pode abordar essas pessoas com um e-mail para receber pedidos

de suas blusas." Katy liga para Tory. "Isso é incrível — você não terá problemas por enviar isso, não é?"
"Claro que não. Eu tinha que fazer esse relatório de qualquer maneira, e ninguém liga para dez folhas de papel sulfite. Eu vi os convites da festa de pôquer do meu chefe na copiadora na semana passada."
O juiz apitou para Tory?
Para uma discussão sobre isso, veja o Apêndice, na página 262.

MOMENTO CODIFICADO 10: GANHA-GANHA-GANHA, OU NENHUMA BOA AÇÃO FICA SEM PUNIÇÃO?

Você é presidente de um banco de médio porte e é ativo em sua comunidade. Seu amigo e vizinho precisa instalar em sua casa um novo home theater e internet. Ele pergunta se você conhece alguém bom. "Eu sei exatamente de quem você precisa", você diz a ele. "Tenho uma pessoa de suporte de TI realmente excelente em minha equipe e verificarei com ela quando poderá fazer isso."
"Fantástico!", seu vizinho diz. "Fico feliz em pagar a ela, só quero alguém competente."
"Sem custo, fico feliz em ajudá-lo", você diz, embora pretenda pagar a técnica de TI você mesmo.
Frila intermediado pelo chefe. O que poderia dar errado?
Para uma discussão sobre isso, veja o Apêndice, na página 265.

7

Tapete vermelho para as reclamações:
Um processo de denúncia descomplicado e seguro

Relatar uma violação de integridade pode parecer algo repleto de riscos. As empresas devem criar um senso de confiança para que, se e quando um funcionário relatar uma violação, o denunciante seja tratado com respeito e a administração investigue a acusação de maneira justa, em vez de varrer o problema para debaixo do tapete. Os funcionários sempre se preocupam com retaliações; a empresa deve deixar claro que isso é inaceitável e encorajar aqueles que denunciam violações a alertar a equipe de ética se acreditarem que está ocorrendo retaliação.

No início de minha gestão no Airbnb, eu e Belinda Johnson, nossa COO, estávamos conversando sobre violações do código de ética e sobre como era importante incentivar as denúncias. Depois que eu saí da reunião, ela voltou para seu notebook e começou a pesquisar em nossa intranet as opções que os funcionários teriam se sofressem ou testemunhassem algo que parecia ser uma violação. Ela sabia que tínhamos canais online, mas depois de aproximadamente quinze minutos, ela não conseguiu encontrar uma opção ou link que parecesse o lugar certo. Ela me pediu para voltar à sua sala e disse: "Rob, se eu não consigo encontrar o lugar certo para denunciar uma violação de ética, como podemos esperar que os funcionários façam as denúncias?"

Belinda estava certa. Havíamos disponibilizado recursos e enfatizado o processo de denúncia, mas eles estavam enterrados pelo conteúdo do departamento de recursos humanos e eram difíceis de encontrar. Imediatamente começamos a resolver o problema e destacamos um box com letras garrafais no topo do sistema interno da empresa, para que os funcionários pudessem ver exatamente onde clicar.

Um exercício muito simples que pode ajudar líderes e funcionários a pensar sobre o tópico deste capítulo é voltar e dar uma olhada na lista das violações de integridade mais comuns. Depois, pergunte a si mesmo: se eu fosse vítima ou se presenciasse uma dessas violações, para onde eu iria? Para quem eu ligaria? Quais recursos eu teria?

Cada um dos funcionários de sua empresa deve ser capaz de responder imediatamente a essas perguntas. O caminho para relatar uma violação deve ser ressaltado em todas as suas comunicações sobre integridade.

Em termos práticos, no entanto, a resposta para onde um funcionário deve ir dependerá um pouco do tamanho e da idade da empresa, e se ela é de capital aberto ou não. Por exemplo, uma startup pode não ter ainda uma equipe jurídica interna ou mesmo funcionários formais de recursos humanos. Mas só porque todos os funcionários estão à vista uns dos outros na "garagem" proverbial, isso não significa que você não terá problemas de ética ou de comportamentos impróprios ou mesmo ilegais — e isso pode, de saída, arruinar sua chance de sucesso. Fraudar, falsear informações sobre a tecnologia da empresa para investidores, driblar regulamentações, assédio sexual e outros problemas potenciais podem se materializar em qualquer estágio do crescimento de uma empresa.

Parte da alegria de ingressar em uma startup é que os funcionários tendem a ter uma mentalidade do tipo "fazer o que for preciso". Isso é ótimo se o sentimento se refere a trabalhar muitas horas, colaborar em tarefas e projetos fora do seu escopo de trabalho e fazer mais com menos. Tenho muito respeito pelas empresas que mudaram o mundo com pensamento agressivo e execução rápida, mas parte do risco de trabalhar para uma startup é a necessidade de avaliar se o CEO ou os fundadores têm maturidade e integridade suficientes para "fazer o que for preciso" quando surgirem dilemas éticos difíceis. Eles agirão de acordo com o interesse da empresa e de funcionários como você quando as crises estourarem?

Infelizmente, mais uma vez a Theranos é um exemplo de como minar a confiança. Seus líderes tinham uma postura de "atacar no mensageiro" em relação aos funcionários que traziam problemas. O livro de John Carreyrou sobre a empresa sugere que a paranoia e o sigilo eram tão altos na Theranos, e a CEO parecia controlar tanto o conselho, que os funcionários não podiam confiar nem compartilhar suas preocupações com ninguém, até que os jornalistas começaram a farejar a história. Essa cultura permitiu que a fraude perdurasse muito além do tempo em que, de outra forma, quaisquer impropriedades poderiam ter sido expostas. A Theranos também demonstrou que não se trata apenas de uma questão do tipo "Alguém será pego?" ou "Será que gente de fora vai descobrir violações de integridade?", mas também da cultura que você está construindo. Funcionários altamente íntegros que percebam na liderança uma tolerância com maus comportamentos serão eliminados ou optarão por sair, como fizeram vários funcionários da Theranos. "Muitas pessoas se manifestaram e descobriram que não fazia diferença. Elas foram esquecidas, caladas ou demitidas", observa Ann Skeet, diretora sênior de liderança ética no Markkula Center, que dedicou considerável atenção ao caso Theranos por causa das lições que ele ensina sobre uma série de questões importantes de integridade.[1] Esses estudos são importantes, e dedicar uma boa atenção à compreensão das condições que criam escândalos do tipo código vermelho vale o esforço. Donald Heider, do Markkula, acrescenta: "Ouvimos investidores de riscos relatarem que estão começando a ver a ética dos fundadores como um indicador de sucesso."

✦

À medida que a empresa amadurece, ela cria sua equipe jurídica e sua liderança em recursos humanos, duas funções logo abaixo do CEO às quais os funcionários podem recorrer imediatamente para relatar algo abertamente ilegal, questionável ou relacionado à saúde e segurança no trabalho. Mas saber que você *pode* registrar uma reclamação no RH ou no departamento jurídico é muito diferente de ter a empresa explicitamente incentivando você a relatar algo impróprio e lhe dando um caminho específico para fazer isso.

No Airbnb, depois da frustrante tentativa de Belinda de encontrar nosso sistema de denúncias, gastei horas em várias reuniões com a equipe que projeta e mantém nossa intranet para garantir que houvesse visibilidade para o link de nosso setor de ética na página inicial de nosso portal. Eu queria a maior fonte possível e um design descomplicado para apresentar nossa *hotline* (que oferece opção anônima para relatar problemas) e nosso endereço de e-mail para assuntos relacionados à ética, que analiso pessoalmente junto com uma equipe jurídica e todos nossos consultores de ética.

Isso reflete minha crença de que as empresas que desejam uma cultura de integridade devem tornar fácil, descomplicado, seguro e direto os processos de obter orientação rápida e de relatar violações do código. Você não pode simplesmente dizer: "É trabalho de vocês, funcionários, nos dizer o que está acontecendo", para, então, ignorar as barreiras para eles fazerem isso.

No caso de uma empresa de capital aberto, existem algumas outras camadas obrigatórias de regulamentação e processo, embora as empresas privadas também estejam adotando essas práticas de excelência. Em primeiro lugar, as empresas de capital aberto devem manter uma *hotline* que permita aos funcionários relatar comportamentos inadequados de forma confidencial e anônima, sem passar por seu gerente. A razão óbvia é que, quando um gerente é o único recurso de um funcionário e é o gerente que está se comportando de forma inadequada, isso cria uma impossibilidade para o funcionário.

Temos uma *hotline* no Airbnb e recebemos uma grande variedade de denúncias, algumas anônimas, outras não. Como eu disse, esses relatos tratam de uma série de questões, desde acusações de conflito de interesses até um gerente que tem um relacionamento inadequado com um subordinado direto e até a possibilidade de um presente violar as regras. Todas e cada uma dessas denúncias são levadas a sério.

Uma frustração para mim é que, embora respeite a intenção, não acho que *hotlines* anônimas sejam uma solução suficiente, por si só, para que os funcionários denunciem assédio sexual. Se você for vítima de assédio sexual e denunciar anonimamente, a empresa será, então, avisada, e a única forma de investigar é conversar com o acusado, que na maioria dos casos negará que o assédio tenha ocorrido. E daí, o que acontece? Bem, o acusado sabe com quem está interagindo e pode retaliar imediatamente (avaliações negativas de desempenho, transferência para um projeto menos desejável ou mesmo ameaças pessoais); no entanto, a empresa não sabe quem é a vítima, por isso não pode intervir ou prevenir esse tipo de comportamento.

As empresas estão começando a explorar outros meios de tomar conhecimento sobre o comportamento inadequado no trabalho. Por exemplo, nós, do Airbnb, estamos testando um novo sistema via aplicativo chamado Vault Platform, que permite que os funcionários criem um registro em tempo real daquilo por que estão passando. Inicialmente, é apenas para eles coletarem detalhes que podem ser úteis mais tarde, caso decidam denunciar o assediador. No entanto, o aplicativo oferece à pessoa a opção de liberar seu relato para a empresa apenas se ela não for a primeira ou a única a denunciar o mesmo assediador. A tecnologia "liga os pontos", permitindo que as pessoas ganhem força pelo número e que as empresas sejam notificadas sobre padrões repetidos de assédio. As vítimas de assédio muitas vezes ficam com medo de entrar em uma situação do tipo "minha palavra contra a sua", mas quando descobrem que existem evidências que corroboram o comportamento da pessoa, elas estão mais dispostas a seguir em frente.

Na NBA, Adam Silver está se certificando de que seu processo de denúncia não proteja figuras poderosas dentro da gestão de equipe. Ele criou uma *hotline* para toda a liga, de modo que qualquer funcionário, em qualquer lugar, possa denunciar más condutas no trabalho. As reclamações são analisadas por uma equipe independente, que se reporta diretamente ao comitê de auditoria da NBA, não aos presidentes ou proprietários de equipes. O objetivo é se certificar de que os líderes que podem estar envolvidos em uma conduta imprópria não estejam em posição de encerrar uma investigação, retaliar ou ameaçar quem denuncia e bloquear uma investigação antes mesmo de ela começar.

Outras empresas enfrentaram os desafios dos sistemas de denúncia criando uma ouvidoria para a qual os funcionários podem ligar ou visitar pessoalmente para falar sobre esses mesmos tipos de questões. Trata-se de um recurso confidencial para o funcionário. A empresa paga pelo serviço, mas não tem acesso às identidades dos funcionários que buscam aconselhamento ou relatam uma violação. Há um motivo muito importante para essa confidencialidade, por isso quero destrinchar várias das questões aqui.

Atualmente, uma vez que uma empresa toma conhecimento (por qualquer via) de uma situação que representa uma ameaça à sua reputação ou à integridade de sua marca, ela deve investigar a situação e resolvê-la. O diretor jurídico é um defensor da empresa e fornece aconselhamento jurídico a executivos, gerentes e funcionários, com o objetivo de defender os interesses da empresa e protegê-la de prejuízos. Mas, para ser muito claro, esse diretor não é o advogado dos *funcionários* da empresa, e seria antiético e pouco profissional que ele tenha uma conversa em *off* com qualquer funcionário para aconselhá-lo sobre como proceder se ele sentir ter sido de alguma forma prejudicados no trabalho.

Várias vezes em minha carreira, colegas me procuraram para pedir conselhos, dizendo que gostariam de falar comigo em sigilo. Em minha função como diretor jurídico, eu tinha a obrigação ética de interrompê-los e lembrá-los de que, como defensor da empresa, não podia prometer sigilo a nenhum funcionário. Em teoria, tenho o dever de proteger os interesses da empresa agindo a respeito de qualquer coisa que represente uma ameaça e que tenha sido relatada por qualquer funcionário, até mesmo o CEO.

Alguns responderam: "Ah, não se preocupe, isso não tem nada a ver com a empresa ou minhas funções, é um problema pessoal." A resposta é a mesma: "Posso conversar com você, mas não posso prometer confidencialidade ou que não agirei com base no que você me disser." É meu dever interpretar amplamente o que significa proteger os interesses da empresa. Qualquer coisa que possa ser constrangedora ou que possa colocar em xeque a integridade ou o julgamento de qualquer executivo sênior ou pessoa associada à empresa pode, de alguma forma, impactar nossa marca. Posso ser obrigado a recomendar que o CEO ou o conselho tome medidas sérias, incluindo rescisão e negação pública de conhecimento corporativo anterior de um ato ou de determinado comportamento.

Infelizmente, há muitos exemplos que eu poderia citar de suposto comportamento pessoal não relacionado ao trabalho com enorme impacto sobre a marca. Você se lembra do sorridente Jared Fogle, o ex-porta-voz do Subway que garantiu às pessoas que elas poderiam perder peso comendo sanduíches? Enquanto escrevo isto, ele está cumprindo pena de prisão por distribuição de pornografia infantil e atos sexuais com menores. A "vida privada" criminosa do porta-voz do Subway acarretou um código vermelho em grande escala para a empresa.

✦

Então, com algumas dessas questões como pano de fundo, aqui está um exemplo hipotético para explicar por que a ideia da participação de uma equipe independente ou *ombudsman* tem alguma atração para mim.

Digamos que uma gerente de marketing, Kristen, vá a um bar com três amigos em um sábado à noite. Ela entra e imediatamente vê um colega, Kevin, jogando dardos com vários amigos. Kristen acredita que Kevin é o favorito de seu chefe em sua equipe de trabalho.

Kevin a vê e literalmente tropeça, envolvendo-a em um demorado e pegajoso abraço. "Krish, venha conhecer meus amigos." Kristen dá um passo para trás. "Ah, obrigada, mas não precisa, Kev. Também estou com alguns amigos. É bom ver você. Divirta-se." Kevin franze a testa: "Bom … então… é exatamente isso que eu estava dizendo outro dia para o Bill [o gerente deles]. Eu te chamaria para sair — mas, bem, você é meio arrogante. Até maaaais." Ele se vira e volta ao jogo de dardos.

Kristen está ofendida e com raiva. Kevin não foi apenas ofensivo e fisicamente inadequado — ele se referiu ao gerente deles, Bill, de uma forma que sugere que eles conversam sobre ela. Ela deveria denunciá-lo? Para um gerente de quem ele é amigo? Ela está em um dilema. Está preocupada que tomar alguma ação possa sair pela culatra em termos de sua avaliação de desempenho ou atribuições. Ela deveria simplesmente deixar para lá?

Na manhã de domingo, ela recebe um e-mail de Kevin. "Kristen, eu bebi muito na noite passada e estava fora de mim. Eu nunca deveria ter falado com você assim. Peço desculpas."

Kevin está sendo sincero ou apenas tenta evitar problemas? Ele já conversou com Bill sobre o que aconteceu? O que ela deve fazer a seguir? Ela faz uma lista de suas opções.

1. Nada.
2. Confrontar Kevin no trabalho e dizer que o que ele fez foi ofensivo e que, se ele fizer algo assim novamente, ela o denunciará.
3. Conversar com Bill sobre o comportamento de Kevin no bar.
4. Procurar um conselheiro de ética para ajudá-la a decidir.
5. Fazer uma reclamação oficial junto ao departamento de recursos humanos ou jurídico, descrevendo exatamente o que aconteceu no bar.
6. Denunciar Kevin anonimamente na *hotline* da empresa por "ser verbalmente desrespeitoso e tocar uma colega de maneira inadequada".

O assédio sexual não é apenas um incidente doloroso e humilhante para a vítima: toda a confusão é agravada pelo desafio de encontrar a resposta certa. É direito de Kristen aceitar as desculpas e não fazer nada... ou dizer a Kevin que ela ficou ofendida... ou denunciá-lo. É apropriado falar com seu gerente — mas também compreensivelmente intimidador se ela acreditar que ele e Kevin são amigos, além de preocupante, já que o gerente teria a obrigação de relatar o assunto ao RH. O que ela deve fazer? A quem ela deveria pedir conselho?

Se a empresa tivesse um recurso de denúncias neutro e terceirizado, como um *ombudsman*, alguém que entendesse o código de ética e a lei e pudesse ser solidário com a situação dela... *e que não tivesse o mesmo dever que a empresa tem de agir a partir de seu relato*, Kristen poderia discutir mais livremente suas opções e receios. Juntos, eles podem criar um plano para que ela prossiga, que considere plenamente as possíveis consequências. Esse recurso poderia ajudá-la a entender seus direitos e o que provavelmente aconteceria em seguida, caso ela registrasse uma reclamação. Como essa interação não representa um aviso oficial para a empresa, ela cria um espaço para respirar e para pensar. Se ela não quiser continuar, não precisa. Se sim, ela seguirá em frente com total consciência.

✦

A Greylock Partners, corretora de risco de Reid Hoffman, usa um mecanismo de denúncia terceirizado para lidar com denúncias de assédio sexual. Reid me explicou que se atenta a questões de assédio sexual com base em uma experiência que teve no início de sua carreira, quando era executivo sênior do PayPal. Ele conta a história de uma colega de trabalho que perguntou se ela poderia discutir uma situação com ele, com a ressalva de que ele deveria prometer explicitamente que não tomaria nenhuma providência. Ele concordou. Ela então contou que uma funcionária da empresa estava sendo assediada sexualmente por seu gerente — ele estava enviando mensagens de texto sexualmente explícitas para ela, pedindo-lhe que fosse nua até a casa dele. Ela mostrou a Reid uma cópia das mensagens, e Reid ficou preocupado e com raiva, mas ele se sentiu impotente para fazer qualquer coisa porque havia prometido à sua colega que não tomaria nenhuma atitude. Ele acabou decidindo inserir uma nota no histórico do gerente, relatando uma experiência ruim e recomendando não o promover. "Em retrospecto, é claro, isso foi um erro. Percebi que, a partir daquele momento, eu não podia concordar em receber informações com total confidencialidade, e agora, olhando para trás, realmente gostaria de ter quebrado minha promessa e demitido o gerente."

Hoje em dia, a Greylock contrata uma organização independente que recebe denúncias ou reclamações sobre assédio sexual ou qualquer tipo de questão ética a partir de uma *hotline*. O funcionário não precisa fornecer seu nome, mas após receber os detalhes do relatório da organização terceirizada, a Greylock se compromete a investigar o assunto e relatar as descobertas. Se após um determinado período a terceirizada achar que a empresa não fez um trabalho apropriado ao investigar ou agir a partir das informações, é livre para divulgar publicamente a existência de um relatório. Reid diz: "Isso mantém em estado de alerta".

Eu admiro o compromisso de Reid em apoiar e lutar por soluções para essas situações difíceis. Reid deu mais um passo em 2017 e convocou as corretoras de risco a assinar o que ele chama de "Compromisso de Decência",[2] que mantém as empresas aderentes nos mesmos padrões que um executivo é obrigado a seguir, como proibir relações sexuais com empreendedores com quem a corretora mantém um relacionamento comercial. Isso gerou controvérsia, com alguns investidores sugerindo que a lei existente bastava e que era impossível regulamentar o caráter, mas eu apoio qualquer esforço para estimular conversas sobre esses assuntos difíceis.

Olhando para a frente, suspeito que veremos uma série de novas ideias criativas para tornar mais fácil e menos arriscado para os funcionários relatar comportamentos inadequados de vários tipos. É a coisa certa a fazer — e é mais fácil tentar resolver os problemas antes que explodam e fiquem muito piores. O que me leva a uma consequência de *não* criar um bom processo de relatório: vazamentos.

Vazamentos

Uma motivação importante para criar um processo de denúncia respeitado e confiável dentro de sua empresa é evitar "vazamentos". Os denunciantes tendem a relatar suas preocupações fora da empresa, talvez para a justiça, como parte de um processo civil, ou para a mídia. Para uma empresa, um denunciante agressivo que dispensou seu processo interno ou o tentou e o considerou inadequado pode acarretar um código vermelho.

A sociedade tem interesse em encorajar certos tipos de vazamentos. Se você trabalha para uma empresa de aviação e descobre que ela não está atendendo aos padrões de segurança para peças de motor ou está falsificando inspeções, é do interesse público que você relate essas informações. Você pode ter assinado acordos de confidencialidade, mas, como sociedade, queremos incentivar a denúncia de assuntos em que haja um risco sério e imediato para a segurança pública. Estamos também vendo casos de vazamentos na área de dados, como funcionários relatando que seus empregadores estão usando dados privados de clientes de forma inadequada.

Por exemplo, em julho de 2019, a RB Group, empresa global de bens de consumo, celebrou um acordo civil de US$1,4 bilhão e um termo de suspensão do processo com o Departamento de Justiça dos Estados Unidos. Seis denunciantes haviam apresentado um relatório afirmando que a empresa estava usando táticas ilícitas para promover o Suboxone, um medicamento controlado, incluindo uma *hotline* especial chamada "Como posso ajudar?", cujo objetivo real era enviar pacientes com problema de adicção para médicos dispostos a prescrever seu medicamento mais do que o permitido pela lei federal. A empresa, que nega as alegações de conduta ilícita, desmembrou a divisão responsável pelo Suboxone, e agora essa nova entidade enfrenta acusações criminais em um julgamento previsto para 2020.[3]

Eu apoio vazamentos baseados em princípios. É uma importante opção para inspecionar práticas desleais e perigosas. Mas estou focado em encorajar as empresas a se comportarem de uma maneira mais ética com funcionários que levantem questões legítimas, para que elas possam ser tratadas e resolvidas antes que o vazamento seja a única opção. Um lamento comum dos denunciantes é que eles tentaram relatar um problema, mas foram demitidos, transferidos, punidos, humilhados ou isolados.

No entanto, assim como não existem conselheiros de ética perfeitos, não existem delatores perfeitos. Alguns indivíduos têm propósitos complexos ao denunciar certos atos, ou têm informações incompletas ou não está claro se suas acusações são verdadeiras. Os delatores do caso Suboxone, por exemplo, devem compartilhar de 15% a 25% do acordo pago pelo Grupo RB.[4] Uma estratégia legal que algumas empresas usam para se defender é impugnar as intenções dos denunciantes ao sugerir que eles exploram a situação para benefício pessoal, em vez de tentar resolvê-la usando os canais adequados. É por isso que apenas ter um canal de denúncia é pouco — ele deve ser vinculado a uma investigação completa e justa. Juntos, eles aumentarão as chances de que o comportamento em questão seja examinado de forma justa e de que indivíduos com preocupações legítimas não tenham de expor publicamente suas reclamações para iniciar as ações apropriadas.

Quando um funcionário expõe uma violação ética, os valores fundamentais de sua empresa são testados. Focar em desacreditar um denunciante geralmente não é o caminho da integridade. Lembre-se: mesmo uma pessoa imperfeita pode ter identificado um problema ou questão legítima que deve ser corrigida, não encoberta. Qual é a coisa certa a fazer? Você consegue não atacar o mensageiro, preferindo corrigir o problema? Em minha opinião, uma empresa íntegra buscará a verdade, não um acobertamento, e procurará oportunidades para celebrar os funcionários que levantarem questões éticas e legítimas de boa fé.

Investigações

Bem, você recebe uma denúncia de violação de ética. E agora?

A ideia de uma investigação formal no trabalho assusta a maioria das pessoas, estejam elas relatando um comportamento inadequado ou sendo acusadas. Cenários estressantes passam por sua cabeça — aquela vez em que mandou uma piada ou uma foto íntima para o cônjuge usando o telefone da empresa... o medo de que um colega, concorrente em uma promoção, exagere os fatos para beneficiar seus planos... a preocupação de que um e-mail ou comentário em uma reunião seja tirado do contexto. O que os investigadores encontrarão? Haverá uma chance de se explicar?

Uma vez feita a denúncia, a empresa deve investigá-la. Dependendo do tamanho da empresa, a investigação pode assumir diferentes formas. Minha primeira regra é a de que a própria investigação deve ter integridade. Em uma startup ou microempresa com dez funcionários, provavelmente caberá ao CEO ou proprietário se sentar com as partes envolvidas e discutir diretamente uma acusação. Essa é uma conversa difícil e perturbadora que ninguém quer ter. Mas se você ignorar a questão ou tomar partido sem olhar para as evidências, estará minando sua cultura antes mesmo de começar. Em uma empresa maior, o CEO ou diretor jurídico pode contratar uma equipe de investigadores para analisar uma acusação, especialmente se ela representar uma ameaça significativa à marca. Meu conselho é: leve todas as acusações a sério e faça um esforço para buscar a verdade, sem tirar conclusões precipitadas.

O que os investigadores procurarão? Como eles procederão? Investigadores treinados explorarão diferentes fontes — os rastros digitais e histórico profissional —, buscando sinais de alerta de quaisquer reclamações ou relatórios anteriores; conta de despesas ou orçamentos suspeitos; e, por fim, entrevistas pessoais. Mas o procedimento depende da ofensa. Se verdadeira, uma denúncia anônima de que um gerente sênior em uma filial no exterior subornou uma autoridade local seria catastrófica para a empresa. Antes de confrontar o gerente, a equipe de investigação analisaria seus e-mails, os relatórios de progresso do gerente, o feedback que ele deu a seus subordinados e qualquer orçamento incomum ou itens de despesas que parecessem relacionados a dinheiro vivo, por exemplo. Em seguida, a equipe provavelmente chamaria o gerente para discutir a acusação enquanto falava simultaneamente com seus subordinados diretos, para que não houvesse tempo de combinar uma história.

Outro exemplo de denúncia pode ser algo que não é ilegal, mas, sim, ofensivo e que viola a política da empresa. Por exemplo, uma empresa pode descobrir que alguns funcionários são amigos na internet de um executivo que regularmente publica em sua conta de mídia social piadas e fotos que difamam mulheres que se candidatam à política. Uma funcionária que viu as postagens relata que se ofendeu com as imagens, que ridicularizam as candidatas, rotulando-as de histéricas ou burras.

Espere aí: não se trata de liberdade de expressão?

Se todos os funcionários de uma empresa devem concordar em cumprir um código de ética que declara que eles entendem que a empresa não permite a discriminação com base no gênero e que falar publicamente sobre o tema de forma desrespeitosa viola o código, então o executivo violou esse acordo. Se a empresa não tiver permissão para visualizar a conta, deve conversar com o executivo e perguntar se o relato é verdadeiro. Se o executivo negar, mas se recusar a fornecer acesso à conta, isso não seria um bom presságio para sua credibilidade. Se a empresa determinar que a acusação é falsa, por outro lado, deverá investigar o acusador e tentar discernir seus motivos. Uma acusação falsa é uma violação de integridade. No entanto, se o executivo abrir a conta para análise e o comportamento denunciado for verdadeiro, haverá sérias consequências.

Esse exemplo é razoavelmente tranquilo. Mas eu estaria mentindo se dissesse que todas as investigações são tão fáceis de conduzir. Às vezes, uma acusação é séria, mas diz respeito a um comportamento um tanto vago ou a única evidência depende do testemunho de outras pessoas, que podem ser amigos ou competir com o acusado. Às vezes, uma acusação anônima é feita com pouquíssimas evidências, apenas uma mensagem de voz deixada em uma *hotline*, algo como: "O Ronald, do transporte, está recebendo propina de nosso fornecedor de combustível." Em casos difíceis, tudo se resume a manter a mente aberta e investigar de forma equilibrada.

Suponha que uma empresa receba uma denúncia de que uma gerente é grosseira e ridiculariza os funcionários, insulta a inteligência deles nas reuniões e coloca os membros da equipe uns contra os outros, isolando-os e pressionando-os sobre a lealdade e os hábitos no trabalho de outros funcionários. Uma suposta vítima de seu bullying, que recentemente recebeu uma avaliação de desempenho insatisfatória, denuncia a situação e diz que sua confiança foi arruinada por um esforço deliberado da gerente para tentar deixá-la infeliz e forçá-la a pedir demissão.

A maioria dos códigos expressa apreço por um local de trabalho respeitoso. O bullying é desrespeitoso e envolve humilhação e crítica em público, excluindo um indivíduo das atividades em grupo, talvez até conspirando para sabotar alguém. O problema é: em um ambiente de trabalho intenso, em que os funcionários às vezes não cumprem as expectativas, onde termina a crítica construtiva e começa o bullying? O que parece bullying para uma pessoa é considerado "impor padrões elevados" ou "feedback direto" para outra. As percepções sobre o bullying podem estar relacionadas à raça e ao sexo do suposto agressor. Pode haver questões culturais em torno do bullying que complicam a percepção de uma pessoa sobre um insulto.

Nos últimos anos, uma atenção considerável da mídia tem sido dada ao bullying nas escolas, entretanto o trabalho não é o pátio do recreio, e os gerentes devem dar feedbacks talvez secos e críticos ou até mesmo visivelmente irritados, caso uma equipe não esteja atuando conforme o plano — reações que, por si mesmas, não são violações de integridade. Além disso, como o bullying é subjetivo, o conceito cria ambiguidade que inspira outros comportamentos indesejáveis. Os colegas podem tomar partido. Em entrevistas com investigadores, eles podem exagerar ou dar saltos argumentativos que não se baseiam em evidências suficientes. Eles podem deliberadamente usar o que dizem em uma investigação para obter favores do líder da equipe ou prejudicar um colega de quem não gostam.

Esse é um assunto difícil, e cada caso exige uma investigação completa e justa; mesmo assim, ela pode não produzir evidências concretas para a ação. Pode ser que um gerente precise de treinamento sobre como motivar e criar um ambiente produtivo e de apoio mútuo, mas isso é diferente de cometer uma violação de integridade.

Você também precisa equilibrar o rigor e a humanidade. Os escândalos que assolaram as empresas de tecnologia revelaram que os funcionários que acreditam na missão de suas empresas e trabalham muito para que elas sejam um sucesso às vezes usam uma venda ética sobre os olhos. Eles querem acreditar que os acusadores não são "membros do time" e têm motivos suspeitos ou que uma denúncia envolvendo um funcionário confiável e valioso é menos virulenta do que parece. Eles querem culpar a mídia por "criar problemas". Essas respostas levaram a investigações-fantoche, destinadas a inocentar alguém, não a explicar uma situação; elas também podem levar a um julgamento precipitado de que não há problema. Usar a letra da lei para obter um resultado que você sabe que deseja ou para "pegar leve" porque gosta do acusado mina a confiança e a fé na liderança.

As investigações são sérias e estressantes para todos os envolvidos e às vezes podem precisar ser concluídas rapidamente. Uma grande empresa provavelmente terá investigadores em sua equipe, gerenciados ou dirigidos pelo departamento jurídico. Mesmo empresas menores fariam bem em pensar com antecedência sobre os recursos de que dispõem para conduzir uma investigação em uma emergência, recursos tão simples quanto contratar um advogado que poderia ser consultado para recomendar um investigador treinado. O que você não quer fazer é designar alguém de dentro da empresa que não seja especializado em investigações, pois correrá o risco de dispender esforços em uma empreitada tendenciosa, desajustada ou incompleta.

Você também pode precisar instaurar uma investigação, se houver acusações externas de comportamento antiético ou impróprio. Recentemente, tive uma conversa interessante sobre investigações com um ex-diretor da rede de fast-food Wendy's, que enfrentou um código vermelho em março de 2005, quando uma cliente de um Wendy's do norte da Califórnia alegou que tinha aberto uma embalagem de chili e, depois de começar a comer, encontrou um dedo humano nele.

Um lapso de segurança no manuseio de alimentos dessa magnitude ameaçou impor um dano catastrófico à marca Wendy's, e quando foi confirmado que o item que a cliente disse ter encontrado em seu chili era mesmo um dedo humano, as vendas inicialmente caíram. No mês seguinte, a Wendy's afirmou que estava perdendo US$1 milhão por dia em vendas, com as franquias do norte da Califórnia testemunhando quedas de 20% a 50%.[5]

Para os executivos de operações da Wendy's, o cenário descrito pela cliente parecia impossível. A empresa anunciou uma recompensa de US$50 mil por qualquer evidência de onde o dedo veio, e mais tarde a dobrou. Mas a Wendy's também designou uma equipe de investigadores para vasculhar cada etapa da cadeia de abastecimento que entregava o chili àquela loja específica, começando com os fornecedores de ingredientes e passando por transportadoras, embaladores, chefs e funcionários da loja. A equipe rastreou todas as etapas possíveis e fez testes de detector de mentiras com os funcionários.

Depois de uma investigação completa, a equipe da Wendy's estava confiante: nenhum funcionário ou fornecedor em qualquer lugar ao longo da cadeia havia perdido um dedo. Era impossível que aquela fosse uma contaminação relacionada ao ambiente de trabalho ou aos seus processos. Enquanto isso, depois de a cliente que pediu o chili contratar um advogado, os repórteres que investigavam a acusação descobriram que a acusadora tinha um histórico de ações judiciais e já havia entrado com ações contra outra rede de fast-food por comida supostamente contaminada. Os investigadores da polícia acabaram descobrindo que a ponta do dedo pertencia a alguém que a cliente conhecia e que tinha sido acidentalmente decepado pela porta traseira de caminhão em um acidente de trabalho. A cliente acusadora e seu marido, que participara do esquema, acabaram confessando-se culpados de conspiração para cometer fraude e tentativa de roubo e foram para a prisão.

Nenhuma empresa poderia se preparar para todas as possíveis tramas de vigaristas ou para a imprudência de funcionários, mas, como mostra a farsa do chili, é uma boa ideia prever que você pode precisar de uma investigação completa e justa em pouco tempo.

MOMENTO CODIFICADO 11: NO XEROX

Você gerencia os consultores de ética em sua empresa. A primeira coisa que acontece em uma manhã de segunda-feira é que uma conselheira entra e fecha a porta. Ela diz que ouviu uma conversa entre duas mulheres que não conseguiu identificar enquanto estava no banheiro. Uma delas disse: "Fui tirar uma fotocópia hoje e encontrei um contrato entre Trevor Jones (um executivo de alto nível] e Louise Crawford (sua assistente administrativa). Ele está emprestando a ela US$100 mil, e estava escrito que eles estão "mutuamente concordando que a devolução será feita ao longo dos próximos cinco anos." Então a outra disse: "Você está de brincadeira? A Louise chega atrasada todas as manhãs, e ele nunca parece se importar, mas quando outra pessoa da equipe se atrasa, ele sempre faz um comentário. Trevor é um idiota. Aposto US$20 que ele está dormindo com ela."
Bem, isso parece confuso. O que você deveria fazer?
Para uma discussão sobre isso, veja o Apêndice, na página 267.

MOMENTO CODIFICADO 12: A CULPA É DO RIO

Elliott dirige as operações internacionais de uma empresa farmacêutica com sede em Miami e sempre viajou muito. Acontece que Elliott tem duas famílias: uma esposa e duas filhas gêmeas que moram em Miami e uma companheira e um filho no Brasil. A companheira do Brasil sabe da esposa em Miami. A esposa de Miami não sabe da companheira no Brasil.
Elliott tem motivos legítimos de negócios para viajar ao Brasil, mas ultimamente tem defendido que sua empresa expanda ainda mais suas operações por lá. Ele disse que quer passar metade do tempo no país e tem um bom argumento de negócios para propor isso: a fábrica lá tem sido produtiva e eficiente.
Stewart, um rival de longa data de Elliott, recebe uma dica de que Elliott tem uma segunda família no Brasil e que a família de Elliott nos Estados Unidos não sabe de nada. Stewart também soube que um pequeno grupo de subordinados diretos de Elliott sabe sobre suas duas famílias e o está acobertando. Stewart marca uma reunião com o diretor jurídico, a quem sugere que a prioridade de Elliott é ter uma desculpa para ir para o Brasil e sustentar sua segunda família às custas da empresa, e que há melhores oportunidades de expansão em outros lugares.
O carnaval é muito mais divertido do que resolver isso. E agora?
Para uma discussão sobre isso, consulte o Apêndice, na página 270.

8

Quando o inevitável acontece: Consequências adequadas para violações éticas

As consequências de uma violação ética devem refletir um processo cuidadoso e deliberado, considerado justo pelos funcionários. Tanto a "vista grossa" quando um funcionário valoroso comete um erro quanto políticas irrealistas de "tolerância zero" podem minar a integridade de uma empresa.

Minha carreira jurídica começou aos 22 anos, quando fui trabalhar para o juiz Richard L. Williams, em Alexandria, Virgínia. Hoje falecido, ele comandava o tribunal com voz rouca, sotaque sulista e um jeito pitoresco e obstinado. "Não vou deixar você punir meu júri com discursos longos", alertava aos advogados. Era só repetir uma pergunta e o juiz interrompia o advogado com um rápido: "Já respondido. O júri ouviu da primeira vez." E se a defesa ou acusação tentasse questionar uma de suas decisões, o juiz Williams diria a ele para "sair pela porta e virar à esquerda", referindo-se à rua do lado de fora que levava a Richmond, Virgínia, onde está sediada a Corte de Apelação daquele estado. O juiz Williams era esperto, e eu admirava sua profunda compreensão dos tribunais de primeira instância e seu compromisso com a justiça.

Isso não quer dizer que eu sempre concordava com ele. Nas manhãs de sexta-feira, lidávamos com ações criminais, e sempre havia alguns sentenciamentos na pauta. Era um processo estressante para todos, com vítimas, agentes do caso e famílias dos réus, todos juntos no tribunal. Os promotores frequentemente relatavam detalhes e consequências detestáveis dos crimes e pressionavam por sentenças que, às vezes, ultrapassavam dez ou vinte anos. Os advogados de defesa tentavam enfatizar o histórico criminal sucinto e as boas ações do réu. Havia um silêncio poderoso enquanto o juiz anunciava: "Venho por meio desta sentenciá-lo a cumprir uma pena de prisão de..." Os agentes federais levavam o réu, enquanto membros da família às vezes choravam ou caíam uns sobre os outros, devastados.

Em uma sexta-feira, já próximo ao fim de meu período com o juiz Williams, ele julgou um caso de colarinho branco em que o réu havia cometido um crime grave relacionado à segurança nacional (pelo menos aos meus olhos). Mas o juiz Williams só o condenou a um regime aberto, uma surpresa para mim. Eu vi o promotor ranger os dentes, enquanto o advogado do réu se virou para seu cliente com as sobrancelhas levantadas. Nenhum dos dois previra isso, muito menos eu.

Quando voltamos para o gabinete, perguntei casualmente ao juiz: "Por que só regime aberto?"

"Porque eu não sou um filho da puta malvado e durão", ele rosnou. Tínhamos um ótimo relacionamento, mas sua linguagem corporal sugeria que a conversa havia acabado.

Naquele dia, o juiz Williams — alguém por quem eu tinha muito respeito — fez algo que eu não consegui entender de todo. Ele nunca me revelou o que desencadeou aquela sentença em particular ou sua reação à minha pergunta. Eu entendia perfeitamente que há boas razões para os juízes terem algum arbítrio em suas sentenças — dois réus condenados pelo mesmo crime podem ter motivos, capacidades mentais ou antecedentes criminais muito diferentes. Mas, sendo um advogado jovem e ainda idealista, me incomodava pensar que o sistema pudesse ser tão dado a caprichos.

Williams não era o único juiz a aplicar punições que as pessoas às vezes achavam muito brandas ou muito duras. E, logo após minha saída, o Congresso criou diretrizes federais de condenação. Eles demarcaram crimes e fizeram os juízes escolherem punições dentro de uma faixa limitada. O conceito me pareceu sensato e foi projetado para garantir a justiça e integridade de todos os elementos do processo, incluindo investigações, interrogatórios, manuseio e apresentação de provas, procedimentos judiciais e imparcialidade de juízes e júris.

As diretrizes, então, corrigiram as injustiças? Algumas. Mais tarde, porém, como promotor federal, vi muitos indivíduos sofrer injustamente porque essas mesmas diretrizes de condenação eram muito rígidas. Em parte, essa frustração foi o que me levou ao mundo corporativo — onde ainda estou comprometido a encontrar o equilíbrio certo entre regras estritas, circunstâncias atenuantes, proteção de marca e uma cultura baseada na Integridade Intencional da qual todos podem se orgulhar. Não é fácil.

Uma escada de consequências possíveis

No mundo corporativo, disciplinar um funcionário por uma violação do código é uma parte necessária do processo de integridade. E serei honesto: é a parte de que menos gosto. Embora seja divertido e estimulante escrever um código de ética e sentir que você está moldando uma grande empresa na qual todos terão orgulho de trabalhar, pode ser irritante, frustrante e triste quando alguém viola esse código. Por uma ampla variedade de motivos, as pessoas às vezes podem cometer erros significativos que custam seus empregos, colocam em risco a estabilidade financeira de suas famílias e criam uma mancha permanente em sua reputação — e na da empresa também. Mas você tem de agir, ou seu código não terá credibilidade. Você falhará como líder, e as pessoas que seguem as regras sofrerão.

As empresas têm muito mais campo de ação do que os juízes federais. Há uma escada ascendente básica de ações disciplinares que a maioria das equipes de RH recomenda: advertência verbal, advertência por escrito, suspensão, rebaixamento de função e demissão. Mas a empresa não é obrigada a começar exatamente em uma dessas etapas — ou a fazer qualquer coisa, a menos que o crime viole certas leis. Ocasionalmente, no meio da tentativa de resolver uma violação das regras, uma empresa pode até considerar que uma política desatualizada é inadequada para o atual clima empresarial ou cultural ou para seu estágio de crescimento, decidindo, então, alterar a política ou retirá-la por completo do código.

Dito isso, se as consequências atribuídas a uma violação de integridade não forem percebidas elas mesmas como fundamentalmente íntegras e justas, isso minará todo o sistema. Se você não conseguir explicar o motivo pelo qual dois funcionários receberam punições muito diferentes pelo mesmo erro, seus funcionários ficarão desiludidos — e você mesmo pode acabar no tribunal.

Contextos diferentes

Existem diferenças importantes entre o sistema de justiça criminal e o sistema proposto para reforçar as regras da empresa. Por um lado, com algumas poucas exceções, a justiça criminal norte-americana é feita em público; todas as partes interessadas, incluindo a mídia, podem assistir a um julgamento.

Por outro lado, a maioria das investigações corporativas e a designação das consequências acontecem em privado. Quando as organizações publicam um código de ética, elas estabelecem regras e políticas. Durante uma investigação, os funcionários questionados têm uma noção do que a empresa está tentando descobrir, mas mesmo as testemunhas de um incidente podem não conhecer o quadro completo, e talvez nunca o conheçam. Normalmente, não há transcrições de entrevistas ou depoimentos que a empresa torne públicos em algum momento.

Uma vez que os fatos foram coletados, alguém do departamento jurídico ou do RH deverá considerar, geralmente em parceria com o gerente do funcionário afetado, o que fazer a seguir. O próprio código geralmente diz algo sinistro, mas vago, como "Violações resultarão em consequências que podem incluir rescisão". É improvável que os indivíduos em posição de tomar decisões tenham a sabedoria de um juiz experiente. Eles podem tentar ser justos, mas não são imparciais. Os gerentes que sentem que o sucesso de sua equipe depende do funcionário que está em apuros podem implorar por clemência. Na verdade, como já observamos, certos líderes, como o diretor jurídico, devem colocar explicitamente o interesse de toda a empresa em primeiro lugar. Em uma empresa com Integridade Intencional, defender os valores básicos da empresa é sempre a coisa certa a fazer, porque o interesse de longo prazo da empresa depende de uma cultura organizacional ética e honesta. Empresas com uma visão mais estreita geralmente não veem as coisas dessa forma.

Qualquer que seja o caso, os líderes devem tomar uma decisão. Talvez o resultado seja simplesmente uma advertência verbal. Talvez o resultado seja a demissão. Talvez seja uma transferência para outro local ou função. Talvez o acusado apenas volte ao trabalho, isento de qualquer culpa. Não há processo formal de apelação, mas pode haver desdobramentos adicionais. Por exemplo, uma vítima de assédio sexual pode ficar descontente com o resultado de uma investigação e processar a empresa, ou insistir na mediação de uma reclamação. Ou alguém que é demitido por violar o código de ética pode ficar furioso por ter evidências de que outros funcionários receberam apenas uma advertência ou suspensão pela mesma ofensa — e essa pessoa pode registrar uma reclamação formal na Equal Employment Opportunity Commission [EEOC, ou, em tradução livre, Comissão de Oportunidades Iguais de Emprego — agência federal dos EUA encarregada de fiscalizar situações de discriminação no trabalho]. Se houver uma mediação, as partes, em muitos casos, podem ser proibidas de discutir a decisão. Isso pode significar que alguém acusado de uma violação poderá voltar à sua mesa impedido de falar o porquê de um mediador concluir que uma acusação não tinha mérito. Isso também pode significar que um predador desonesto que foi exposto durante esse processo pode deixar a empresa citando "motivos pessoais" e ir para um novo trabalho, e seu novo empregador não terá ciência do que aconteceu.

Eu não pegarei leve aqui. Esse processo pode ser difícil e juridicamente complexo. Existem empresas que fizeram uso de cláusulas de confidencialidade de uma forma que eu consideraria antiética. E pode ser ainda mais desafiador se você for o líder de uma pequena empresa que pode não ter um departamento de RH. Você é o investigador, o juiz e o júri — e em uma empresa pequena, todo mundo está de olho.

Predadores e pessoas desonestas podem também explorar elementos de confidencialidade e o estado atual das leis de modos desafiadores. Em breve apresentarei algumas ideias que tenho sobre como injetar mais integridade ao processo, mas, por enquanto, vamos lidar com as regras que já existem.

Desempenhe um alto padrão ético

Este é o principal conselho que tenho para aqueles em posição de encontrar o que é apropriado em matéria de consequências de violações: vista a camisa da ética e seja intencional. Em cada estágio desse processo, cada líder envolvido deve se esforçar para ser justo e honesto, capaz de compreender que suas decisões chegam não apenas aos envolvidos de um caso, mas também aos demais funcionários. Não faça apenas o mínimo exigido por lei e não procure por detalhes técnicos para demitir funcionários complicados. Tenha razões para o que você faz e as comunique. Vamos examinar um exemplo fictício que fundamentará algumas dessas ideias.

Milo passou o último ano trabalhando como gerente de logística para uma empresa familiar de móveis com 150 funcionários. A empresa tem um código de ética que inclui um limite de US$100 para presentes. O auxiliar administrativo de Milo, que é sobrinho do proprietário, mencionou a seu tio que Milo aceitou de uma transportadora um par de ingressos para as finais da Copa Stanley de hóquei no valor de US$500.

É evidente que Milo quebrou uma regra.

O proprietário liga para o superior de Milo e descobre que este é um excelente funcionário, sem qualquer outra reclamação contra si. Em seguida, o proprietário conversa com Milo, e ele reconhece que deveria ter lido a declaração de ética, mas nunca chegou a lê-la. Ele relata que em sua última empresa não existia uma política de limite de presentes, por isso não pensou em verificar quando os ingressos lhe foram entregues. Ele se desculpa e parece genuinamente chateado ao saber que violou essa regra. Milo não só estava arrependido, como se ofereceu para ligar para o fornecedor que lhe deu os ingressos e reembolsar o valor. Seu assistente, o sobrinho do proprietário, admite que não mencionou a política a Milo quando viu chegarem os ingressos. Ele é fã de hóquei e estava com inveja. Ele diz que nunca viu Milo aceitar qualquer outro presente de alto valor.

Milo escorregou feio aqui, sem dúvida. Ele foi descuidado... mas, até onde enxergo, não foi desonesto. Com base nesses fatos, provavelmente aconselharia o proprietário a dar a Milo uma severa advertência verbal. Eu com certeza diria que, se ele fizesse isso de novo, haveria sérias consequências. Eu reforçaria que ele tem o dever de ler o código de ética. Lembraria a Milo que ele não deve punir de forma alguma seu assistente, que tinha todo o direito e provavelmente o dever de relatar sua violação. Se ele já tiver usado os ingressos, Milo provavelmente deveria reembolsar o fornecedor e explicar que cometeu um erro, de modo que a empresa de móveis não seja vista como um cliente onde presentes de alto valor são esperados ou apropriados.

Isso pode até parecer leniente. A empresa tem todo o direito de "usar a letra da lei" contra Milo... mas ele parece ser um ótimo funcionário que cometeu um deslize. Lembre-se de que ele não violou uma lei, apenas violou uma regra privada. A bola está no campo do empregador. Desconhecer o código não é desculpa, mas Milo parece genuinamente arrependido e acho que ele merece uma segunda chance.

Demonstrar empatia e ponderação nesse caso pode criar uma oportunidade para o proprietário lembrar a todos da necessidade de reler o código de ética, prevenindo-se, assim, de mais problemas. Não há confidencialidade obrigatória envolvida em um aviso verbal, então Milo e seu administrador podem falar sobre o que aconteceu, e pessoas que possam ter dúvidas a respeito também podem abordá-las.

Vamos chamar esse de cenário número um. Agora, vamos alterar um pouco os fatos.

E se Milo ficar bravo e na defensiva quando questionado sobre os ingressos? E se o assistente de Milo disser que é a terceira ou quarta vez que o remetente envia a Milo ingressos para um evento esportivo ou shows e que ele o avisou várias vezes de que aceitar os ingressos é uma violação da política da empresa?

E se o superior de Milo disser que ele sugeriu que a empresa fechasse mais contratos com esse fornecedor... poucos dias depois de este lhe enviar os ingressos?

No segundo cenário, os resultados da investigação sugerem que Milo arquitetou um relacionamento com a transportadora que configura um conflito de interesses. Aqui temos, portanto, dois relatórios de violação idênticos, mas os detalhes elevam o segundo cenário a um nível muito mais sério. Eles podem sugerir um suborno deliberado por um funcionário do fornecedor e podem ser significativos o suficiente para justificar a demissão imediata de Milo.

Uau, decisão pesada! Demitir um funcionário pode ser catastrófico para aquele indivíduo e pode desestabilizar uma equipe de trabalho. Nunca deve ser feito levianamente, mas algumas violações, como assédio sexual, fraude ou suborno, são tão graves, que, uma vez estabelecida a certeza de que ocorreram, você deve agir de forma decisiva e sinalizar que é um comportamento inaceitável.

Eu vivi isso em primeira mão. Trabalhei com empresas onde um pequeno número de funcionários aproveitou sua posição para seu próprio enriquecimento — por exemplo, emitindo para si próprios cupons de desconto destinados aos clientes, dando-os a amigos e familiares e até mudando cupons de pequenos descontos para "50% off" ou muito mais. Ao contrário de Milo no cenário um, esses indivíduos não se "esqueceram" de ler o código de ética, eles exploraram deliberada e maliciosamente um programa projetado para encorajar o engajamento do cliente e o usaram em benefício próprio. Foi uma traição corrosiva para os valores da empresa, e a punição nesses casos foi severa. O caso também acarretou um trabalho interno para fortalecer os controles e um esforço de comunicação para prevenir abusos futuros.

A mensagem principal

Como mostra o exemplo de Milo, os fatos e detalhes sempre importam. As intenções são importantes. Erros são diferentes de atos premeditados. As investigações devem ser justas e íntegras, conduzidas de forma objetiva. Mas aqui vai outro exemplo que mostra como também é importante manejar adequadamente as expectativas dos outros funcionários após uma violação do código e uma punição.

Joe trabalha no depósito de uma grande distribuidora de eletrônicos. Uma noite, ele se esquece de trancar a porta, e o depósito é roubado. Você está na comissão de investigação. Joe já fez isso antes? Não. Há alguma evidência de que ele conspirou com os ladrões e deliberadamente deixou a porta aberta? Não.

Descobre-se que ele foi trabalhar a semana toda sob um enorme esforço, pois estava às voltas com uma febre e uma dor de cabeça terrível. Na sexta-feira, ele estava exausto; saiu mais cedo e se esqueceu de pedir a alguém para trancar a porta para ele. No entanto, o ato violou a política da empresa sobre segurança e houve uma consequência negativa substancial.

O gerente de Joe teria o direito de suspendê-lo, rebaixá-lo de função ou demiti-lo por ter deixado a porta aberta. Mas, dadas as circunstâncias, o gerente argumentou que essas ações seriam pesadas demais. Joe estava mal de saúde; tudo não passou de um acidente. Punir Joe não faria sentido. Ele recebeu um aviso para ter mais cuidado.

Justo. Mas cada resposta a uma violação abre um precedente.

Um mês depois, Katy se esquece de trancar a porta. Não há roubo, mas o gerente descobre o problema quando estava a caminho para casa. Ele fica furioso e suspende Katy por um dia, sem remuneração. Na cabeça do gerente, esse agravamento da punição se deve à necessidade de sinalizar com clareza aos funcionários que eles devem trancar a porta. Mas para Katy, e possivelmente para outros funcionários, pareceu injusto. Joe só levou um "tapinha na mão" quando não trancou a porta. Katy pode ver a suspensão como a gota d'água em uma série de situações em que os funcionários homens foram tratados melhor ou sofreram consequências menos graves ao cometer um erro. Ela pode registrar uma queixa alegando discriminação no trabalho com base no sexo. Outra funcionária pode citar a situação em sua reclamação na EEOC sobre um gerente supostamente sexista, dizendo que a empresa costuma tratar as mulheres com mais severidade. Nesses casos, os advogados das demandantes podem exigir que a empresa entregue todos os arquivos que envolvam ações disciplinares para que possam examiná-los em busca de evidências de inconsistência.

Uma das razões pelas quais falo tanto sobre a inclusão ser um valor importante é que acredito que ela cria uma força de trabalho saudável e empoderada. A diversidade cria uma amplitude de pensamento e experiências que levam a melhores decisões e a uma avaliação de oportunidades mais cabeça aberta. Mas quando os funcionários percebem um tratamento desigual, sentem-se excluídos de um grupo de funcionários mais populares ou percebem consequências inconsistentes para um mesmo erro, eles podem sentir que são vítimas de decisões e tratamento discriminatórios.

É por isso que qualquer decisão significativa relacionada aos funcionários, como uma advertência ou ação disciplinar, deve envolver usar os "óculos da ética" para imaginar como a decisão parecerá para todos os *stakeholders* relevantes — funcionários diretamente envolvidos, gerentes, colegas de trabalho e funcionários que estão observando, empresas parceiras e possivelmente até clientes. Uma por uma, conforme você revisa outras perspectivas possíveis, pergunte: "Como lidamos com isso no passado? Fomos meticulosos e justos em nossa investigação e análise? Podemos ter algum preconceito inconsciente? Definimos as expectativas de maneira adequada, ou a organização tem alguma responsabilidade por esse erro?" Se você fizer essas coisas, acredito que estará construindo uma força de trabalho de alta integridade e com um forte senso de confiança. Se você ignorar esses fatores, haverá consequências negativas, incluindo a possibilidade de ser processado.

Vamos voltar para o depósito. Um dos motivos de ter havido uma violação de segurança é que uma pessoa era responsável por trancar a porta e ligar o alarme. Para uma instalação de alto valor, isso me parece um plano falho. Após o erro de Joe, o gerente poderia ter convocado uma reunião e pedido a opinião da equipe sobre a criação de um plano B. Talvez a equipe de segurança devesse verificar as fechaduras em até quinze minutos depois do fim de cada dia. Talvez uma segunda pessoa deva confirmar com a pessoa designada que a porta está trancada e notificar a segurança se isso não puder ocorrer. Talvez o depósito precise de um sistema automático que trave as portas em um horário programado.

Em todo caso, dada a ameaça de não conseguir proteger as instalações continuamente, o gerente também deveria ter dito à equipe depois que Joe cometeu seu erro: "Ok, pessoal, desta vez fica como um aviso, mas da próxima vez que alguém se esquecer de trancar a porta, as consequências serão muito mais sérias." Se ele tivesse feito isso, as punições desiguais não pareceriam um mistério para os outros funcionários — a consequência mais séria teria ocorrido independentemente de quem se esqueceu de trancar a porta. Em qualquer punição inferior à demissão, sempre descreva como as consequências se agravarão se o comportamento inadequado não mudar. Mesmo a simples aparência de aplicação inconsistente de punição pode desencadear desconfiança, paranoia ou a sugestão de que o código está sendo usado como arma contra os funcionários por outros motivos.

Ok, mas e se...

As violações envolvidas nos exemplos de Milo e Joe são bastante evidentes. Agora quero abordar duas questões difíceis em que múltiplas prioridades corporativas entram em conflito quando se está tentando lidar com uma violação do código de ética. Esse tipo de caso pode realmente testar o comprometimento de uma empresa com a integridade — e já vimos muitas, muitas empresas falharem nesse teste.

Mencionei no Capítulo 3 que nenhuma empresa deve ter uma cláusula em seu código de ética que não esteja preparada para aplicar mesmo contra seu funcionário mais valioso. Essa ideia deve ser incorporada ao seu processo de definição de seus valores e se aplica tanto ao código real que você cria quanto ao seu plano para reagir se uma regra for quebrada. Nesse mesmo capítulo, falei sobre o fenômeno do funcionário "de ouro" — o funcionário de quem um líder sênior gosta e tende a proteger contra críticas ou mesmo contra consequências por violar uma regra. Um dos dilemas de integridade mais difíceis para uma empresa é quando essa pessoa explora seu status à vista dos outros. Ela basicamente desafia seu gerente ou outros líderes a fazer vista grossa e a ignorar seu mau comportamento ou atos que violem o código de ética.

Vamos explorar essa ideia com a fictícia ThriftyCo, uma empresa de vestuário. Em seus primeiros e conturbados dias, a empresa economizou dinheiro insistindo que todos os funcionários, incluindo o CEO, deveriam voar de classe econômica em viagens domésticas. Dez anos depois, a ThriftyCo é uma empresa global, com mais de 2 mil funcionários. Um desses funcionários é uma executiva de vendas chamada Jane, que gera mais receita de vendas do que qualquer outra pessoa na empresa. Jane voa regularmente pelo país e pelo mundo, indo dos aeroportos às apresentações de vendas e de volta aos aeroportos. Jane faz viagens em série por múltiplas cidades, às vezes em uma mistura de voos internacionais e domésticos, e ela valoriza a capacidade de dormir sempre que pode, para ficar descansada para as reuniões que ocorrem logo após o pouso. A propósito, Jane tem um metro e oitenta de altura. A classe econômica é literalmente dolorosa para ela, e depois de um ano no emprego, ela começou a ignorar a regra. Ela reserva exclusivamente assentos na classe executiva às custas da empresa, e seu gerente ignora. Afinal, Jane é uma superestrela.

No entanto, outro representante de vendas faz uma reclamação. O gerente liga para Jane e diz: "Jane, não tem jeito. Eu fiz vista grossa, mas agora recebemos uma reclamação formal. Você tem que voltar à classe econômica ou pagar por suas próprias passagens." Jane não consegue acreditar que ele a está incomodando com esse assunto. Ela responde: "Bem, a equipe de vendas do nosso concorrente voa na classe executiva. Talvez eu deva ir trabalhar para eles."

O que está em jogo para o gerente de Jane é que o CEO muitas vezes diz aos repórteres e à Wall Street que todos os funcionários da ThriftyCo ainda voam de classe econômica. Por causa disso, as ações da representante de vendas tecnicamente prejudicam a marca. Mas ele deveria ter trazido esse problema à tona, e não só ignorado.

Em teoria, manter a decisão e insistir que Jane voe de classe econômica pode parecer o caminho certo no momento. Mas também é algo meio estranho de se defender. Se você é alto, acredite em mim, tentar dormir em um assento de classe econômica não é apenas desagradável, mas doloroso. E se o gerente perder essa grande vendedora por causa de alguns milhares de dólares em despesas de viagem só para preservar uma antiga anedota para a imprensa, toda a empresa sofrerá.

Por outro lado, se não houver consequências por essa quebra de regra, Jane pode quebrar outras regras quando for conveniente para ela. Além disso, outros funcionários copiarão esse comportamento. Em minha opinião, essa representante é um ativo valioso, e seu pedido não é absurdo. Acho que isso significa que a empresa deve ser flexível e criar um ponto de inflexão — ou remover essa regra do código geral e dar aos gerentes a liberdade de aprovar seletivamente viagens mais confortáveis, ou ser criativa e reformular a regra como um incentivo. Talvez deva tornar as viagens em classe executiva um privilégio para funcionários que *batam metas específicas*. Agora, em vez de uma violação ao código, o benefício é uma recompensa para Jane e um incentivo para os outros — não mais uma exceção que prejudica a integridade da empresa. E se os demais vendedores aumentarem suas vendas para também receber o benefício, a produtividade mais do que paga o custo incremental.

O CEO pode não gostar de reformular sua fala sobre classe econômica, mas provavelmente prefere isso a perder a famosa representante de vendas. Uma regra que é correta para um determinado momento e situação pode perder sua utilidade. Mudá-la não significa que você não tem integridade. No fim das contas, essa regra geral não promove mais os objetivos de negócios da empresa, e, portanto, a empresa precisa admitir isso e repensá-la — e não usar as lentes da hipocrisia.

10X

Agora vamos levar ainda mais longe um dilema semelhante.

No Vale do Silício, às vezes você ouve uma expressão: "Ele é um 10X" ou "Pague o que for necessário — ela é a verdadeira 10X". Steve Jobs disse uma vez que a relação entre um engenheiro de software médio e o melhor engenheiro de software é 50-1, talvez até 100-1. O que isso significa literalmente é que tal programador é mais produtivo do que 10, 50 ou 100 programadores medianos. Não se trata apenas de ética de trabalho. Uma pequena fração dos programadores tem uma combinação única de inteligência, foco, (às vezes) obsessão, habilidades de resolução de problemas, criatividade e determinação que proporciona um valor extremo. Esses indivíduos raros — esses unicórnios — exigem e recebem salários astronômicos.

Tenho uma amiga que tem tido uma carreira de sucesso gerenciando e recuperando empresas de tecnologia. Ela foi chamada muitas vezes para "consertar" equipes em startups que saíram dos trilhos. Mais de uma vez ela descobriu que os gerentes dessas empresas vinham encobrindo acusações de comportamento impróprio, incluindo assédio sexual — cometidos por um 10X.

Por quê? Ela explica: "10Xs são 10Xs porque geralmente têm QI alto, mas baixa inteligência emocional; eles costumam ser incrivelmente desajeitados socialmente. Nem todos, mas a maioria são homens. Eles não são os típicos baladeiros ou estão tentando ser babacas — eles geralmente são caras que não sabem como interagir com mulheres. Eles dizem e fazem coisas inadequadas, como se fixar em alguém e não parar de incomodá-la." Ela não tem a menor dúvida de que as mulheres que estão na outra ponta desse comportamento têm todo o direito de denunciar como inapropriados tanto a importunação quanto os comentários sexuais. E não há dúvida de que, se ocorresse uma agressão sexual, ela demitiria imediatamente o agressor. O problema das reclamações de gravidade inferior é: "Quando as empresas têm um 10X, elas amolecem as regras."

Esse é um insight sincero, sobre o qual você não encontrará muitas empresas falando em público. Minha amiga admite que às vezes até ela trabalhará muito para criar uma solução em que o funcionário que foi vitimado seja apoiado e protegido, mas que o 10X permaneça e conclua o projeto. "Quando você tem um 10X, tudo muda. O valor deles é tão alto, que você dá seu jeito. Essa é a realidade quando se está no modo de sobrevivência."

Muitas empresas simplesmente fecham os olhos enquanto puderem. Se a liderança da empresa tem Integridade Intencional, esse cenário é um verdadeiro pesadelo. Qualquer pessoa ética lê isso e pensa: "Essa pessoa deve ser demitida imediatamente se continuar a se comportar de maneira desrespeitosa com os colegas."

Mas aqui está o que costuma acontecer na vida real: a lei diz que a empresa não pode tolerar assédio sexual ou promover um ambiente de trabalho hostil, mas não diz que alguém acusado de ofertas sexuais inadequadas deva ser demitido. Em algumas startups, um 10X é a diferença entre o sucesso e o fracasso. Demitir essa pessoa pode significar o fim da empresa, e todos, incluindo o alvo da atenção do assediador, podem perder o emprego. No entanto, o risco de manter o assediador por perto é o desconforto persistente e o assédio contínuo da vítima, que poderia registrar uma reclamação na EEOC ou processar a empresa.

Como você sai dessa? Eu acredito que você tem de ser intencional e, eu diria, colaborativo. Você conversa com a pessoa que foi assediada; se os investigadores concordarem, você pode dar uma advertência séria ao infrator de que o comportamento deve ser interrompido e que o preço de ignorar isso será a demissão (embora essa opção venha com desafios). Enquanto isso, você valida a experiência da vítima dizendo: "Aqui está: é uma situação errada, você não deveria ter de aturar isso. Não faremos nada que prejudique sua carreira ou a incomode, como mudar você de mesa ou de escritório. Vamos afastar o assediador de você. Essa é uma resposta e acordo razoáveis? E se nos comprometermos a observar atentamente o comportamento dele em busca de qualquer sinal de que ele não está se dando conta da seriedade do que aconteceu? Sim, esse funcionário é valioso, mas você também é, e você tem o direito de se sentir segura e de não ser assediada no trabalho." Seguir esse caminho significa que você corre o risco de ser criticado por ser tolerante com o funcionário mais valioso, mas também cria o compromisso de entrar em ação se o mau comportamento ocorrer novamente. Há risco, independentemente do que você faça, mas deve haver uma linha que, se cruzada, significa que o assediador tem de ir embora.

Nunca tive de lidar com um 10X problemático em uma empresa cujo futuro dependia dessa pessoa, mas minha amiga que me contou essas histórias explicou que, em sua experiência, muitas vezes a vítima não exige que a pessoa seja demitida — ela só quer que o assédio pare. Ela não quer ver a empresa falir. Mas mesmo que você afaste o 10X o máximo possível, ela também não quer enfrentar o desconforto e, às vezes, o estresse de interagir com o 10X durante um descanso, no estacionamento ou nos corredores. Às vezes, diz minha amiga consultora, ela condiciona bônus futuros, prêmios em ações ou outras compensações a um comportamento adequado do acusado de assédio. Na maioria dos casos, ela diz que esses métodos funcionam, mas às vezes não, e se a empresa realmente depender totalmente de uma única pessoa, muitas vezes fica claro que ela fracassará de um modo ou de outro.

Ninguém se sente bem com isso. É uma situação volátil e imprevisível que envolve indivíduos que são ativos valiosos, mas que podem ser voláteis e imprevisíveis.

Esses dilemas não se referem apenas a assédio sexual. Um amigo meu, em outra empresa, estava me contando sobre um programador 10X verdadeiramente genial que, no entanto, demonstrou uma série de comportamentos pessoais perturbadores e bizarros no local de trabalho. Por exemplo, suas fobias sobre fogo eram tão extremas, que ele caminhava pelos corredores do segundo andar todos os dias com uma corda de quase 10 metros enrolada no pescoço. Ele dizia a quem quisesse ouvir que ele a carregava para que, no caso de um incêndio, ele pudesse descer por uma janela — e que ninguém se atrevesse a pedir sua corda emprestada.

Em uma loja de departamentos ou um banco, um indivíduo que exibisse esse tipo de comportamento seria encorajado a procurar aconselhamento, mas ele deveria parar de estressar e perturbar os colegas ou então encontrar outro emprego. Mas todo o futuro da empresa de software dependia dos talentos de 10X, portanto, a empresa se acostumou com o comportamento. Eu entendo, mas imagine que outra funcionária — não uma 10X — anunciasse ter tanto medo dos pássaros em sua janela, que precisava de um escritório novo ou que teria de trabalhar exclusivamente de casa. Se você examinar a lista de possíveis acordos que as pessoas podem solicitar, verá que ela pode ser infinita. E acusações de que você não está sendo justo podem despedaçar suas equipes.

Você consegue se safar dessas situações com integridade? Não é fácil. Mas os acionistas esperam que você tente. O curso de ação mais ético é reconhecer as áreas de sua empresa onde o talento excepcional poderia criar difíceis dilemas éticos no futuro. Seja proativo — faça esforços especiais para conversar antecipadamente com esse grupo sobre ética e regras. É o proverbial prevenido que vale por dois, e a pesquisa de Dan Ariely, cientista comportamental da Universidade de Duke, sugere que reforçar constantemente a importância de seguir as regras e ser ético aumenta as chances de os funcionários exibirem esse comportamento. É realmente importante para uma organização conectar a autoimagem de seus funcionários como boas pessoas ao comportamento íntegro.

O que você não pode fazer é só cruzar os dedos e esperar que tudo dê certo.

Tolerância zero

Um ponto que quero reforçar sobre consequências envolve uma estratégia de comunicação que eu NÃO recomendaria, especialmente agora na era #MeToo: quando há um escândalo, algumas empresas fazem um compromisso público dramático de "tolerância zero" em relação a violações de integridade. Esse tipo de declaração é tentador quando uma empresa deseja ser vista e considerada como combatente de certo tipo de comportamento impróprio, e eu entendo isso. Mas aconselho contra o uso leviano de uma linguagem como essa, porque pode ser difícil dar conta dela no futuro, especialmente em situações com mais nuances. Muitas vezes, as empresas fazem declarações grandiosas e fortes, *em vez* de tomar medidas imediatas e sérias para resolver o problema.

Em setembro de 2018, centenas de funcionárias do McDonald's deixaram seus postos durante um movimentado horário de almoço para protestar contra o que um grupo de ativistas do #MeToo alegou ser a tolerância generalizada do McDonald's a assédio sexual em restaurantes e escritórios da empresa. Embora o código de ética da corporação diga que "não tolerará" assédio sexual, e os porta-vozes tenham frisado isso repetidamente, funcionárias haviam entrado com queixas na EEOC com detalhes escabrosos sobre serem assediadas verbalmente e apalpadas no trabalho por trabalhadores do sexo masculino, muitas vezes enquanto gerentes assistiam ou participavam. Algumas disseram que foram encurraladas em banheiros e pressionadas a fazer sexo. E quando fizeram reclamações formais, disseram que não apenas nada foi feito contra os assediadores, mas as funcionárias que relataram os incidentes foram punidas com redução de horas ou mais abusos. Posteriormente, outros 25 processos foram abertos contra o McDonald's alegando abusos semelhantes.[1]

O McDonald's respondeu com um e-mail à revista *The Nation*: "Não há lugar para assédio ou discriminação de qualquer tipo no McDonald's."

O que isso significa exatamente? Porta-vozes disseram que a empresa investiu em treinamento adicional, que está criando uma nova *hotline* e que está reforçando que os gerentes não devem permitir abusos, enviando cartazes antiassédio a todas as lojas. A American Civil Liberties Union [União Americana pelas Liberdades Civis, em tradução livre] está apoiando as funcionárias nesses processos e tem criticado o McDonald's por não fazer o suficiente.

Colar cartazes soa como não tolerar o assédio sexual ou um firme compromisso de que "não há lugar" para isso? As trabalhadoras dizem que os abusos que relataram ocorreram no momento em que o McDonald's afirmava estar instituindo um novo treinamento — e que essas mesmas trabalhadoras nunca ouviram falar de qualquer treinamento sobre assédio sexual. Então, o que significa "não tolerar"? A menos que comece a aplicar consequências reais para os gerentes, o McDonald's não parece comprometido com a eliminação do assédio.

Talvez a complexidade dos acordos de franquia ou outros detalhes limitem legitimamente o que o McDonald's pode fazer para responder às denúncias com rapidez, mas meu ponto é o seguinte: independentemente de sua empresa estar cheia de unicórnios 10X ou trabalhadores de salário mínimo, os funcionários têm o direito de querer um local de trabalho seguro e livre de assédio.

Se as empresas aceitarem que não faz sentido buscar respostas rápidas enfatizando a "tolerância zero", elas devem conduzir investigações apropriadas e aplicar punições significativas para aqueles que infrinjam as regras. Em minha opinião, deve-se admitir que é um problema difícil e se comprometer a corrigi-lo. Você deve tomar medidas concretas para investigar e agir para proteger seus trabalhadores. A menos que você resolva o problema, ainda terá funcionários furiosos abandonando tudo e levando o caso à mídia. Essa não é apenas uma questão filosófica, é uma ameaça financeira. Nas cidades onde os funcionários do McDonald's fizeram o protesto, os clientes inclinados a apoiar os problemas do #MeToo podem ficar satisfeitos em descobrir que gostam do Whopper do Burger King tanto quanto de um Big Mac e nunca mais voltar.

A corrida de longa distância

As empresas podem conquistar a confiança dos funcionários ao implementar mudanças prospectivas em sua abordagem sobre mau comportamento no trabalho. Um exemplo óbvio são os acordos de pré-contratação em torno da resolução de disputas. Historicamente, muitas empresas têm insistido que os funcionários concordem, ao ser contratados, que não entrarão com uma ação judicial se houver uma disputa, mas se comprometerão em participar de uma mediação. Todas as empresas em que trabalhei, incluindo o Airbnb, insistiram em concordar com a arbitragem como condição para a contratação.

A mediação é normalmente uma forma mais econômica de resolver disputas, e seus procedimentos menos formais podem resultar em decisões mais rápidas do que você encontraria em sistemas judiciais lotados. A mediação também é privativa — os julgamentos são informais e longe dos olhos do público, e essa confidencialidade costuma ser adequada tanto para a empresa quanto para o funcionário reclamante. As empresas não querem que suas decisões internas sejam dissecadas em tribunal, potencialmente expondo-as a reportagens vergonhosas e ao ridículo; e, dependendo dos problemas, um funcionário reclamante pode prezar a chance de evitar discutir assuntos particulares ou constrangedores em um fórum público.

Mas o movimento #MeToo expôs o outro lado da mediação forçada — ela mantém os casos de assédio sexual "sob sigilo", e cláusulas jurídicas impedem a vítima, o acusado e a empresa de discutir os fatos publicamente. Mesmo que o agressor seja demitido, os detalhes quase sempre são confidenciais. Soa familiar? Essa trinca de confidencialidade, então, permite que o agressor volte ao mercado de trabalho para encontrar outra posição — e talvez outra vítima, recomeçando o ciclo.

No início de 2019, o Airbnb anunciou que não forçaria mais os funcionários à mediação em casos de assédio sexual ou discriminação. Em vez disso, a empresa simplesmente pede que os funcionários com queixas nessa área façam um esforço de boa-fé para resolver informalmente o assunto com a empresa e, se não ficarem satisfeitos, têm o direito de escolher entre a mediação ou a justiça. Meses depois, a Califórnia promulgou uma lei que proíbe as cláusulas de mediação forçada; embora essa lei seja amplamente considerada ilegal por entrar em conflito com a lei federal que permite a mediação, é evidente que mudanças estão chegando nessa área.

Existem várias dinâmicas que motivam a mudança de perspectiva a esse respeito. Em primeiro lugar, uma das questões persistentes que tem perseguido instituições como a Igreja Católica e os Escoteiros da América é que as acusações de comportamento ilegal e impróprio não foram apenas arquivadas e silenciadas, mas disposições confidenciais fizeram com que os abusadores fossem autorizados a passar para outras atribuições ou funções em que tiveram a oportunidade de vitimar outras pessoas. Temos de lidar com o fato de que o sigilo permitiu que muitos acusados de má conduta sexual fossem para um novo local de trabalho e fizessem tudo novamente.

Em segundo lugar, as pessoas precisam ser responsáveis por suas ações. E as empresas precisam ser responsáveis por suas ações. Se fizermos um acordo com uma vítima em nossa empresa, ela merece ser autorizada a falar sobre isso. Embora a divulgação pública de um caso de assédio seja obviamente desconcertante e talvez constrangedora, haverá benefícios associados à transparência. Realmente acredito que isso prevenirá o assédio no futuro.

Por fim, fazer algo que não é de seu interesse imediato em curto prazo gera confiança, e na minha opinião, isso é importante. Uma empresa pode ter de se defender publicamente em alguns processos judiciais como resultado dessa mudança, e talvez até levar a pior se algum mau comportamento vier a público. No longo prazo, eu acho, você está enviando uma mensagem importante aos funcionários de que eles também são importantes e que a empresa não tirará proveito de sua influência para forçar uma concessão em torno de algo tão importante.

Boa causa

Uma segunda mudança relacionada às consequências que estou defendendo em todos os setores profissionais é dar mais atenção às cláusulas de comportamento pessoal nos contratos de trabalho e decisões de conselho.

Funcionários valiosos com influência — e advogados de alto nível — às vezes negociam cláusulas incomuns em seus contratos de trabalho relacionadas a muitas variáveis, de salário-base a bônus por desempenho, de vagas de estacionamento a benefícios idiossincráticos, como acesso a *personal trainers*. Às vezes, as cláusulas ou isenções negociadas nos elementos do contrato padrão podem se voltar contra a empresa.

Por muitos anos, por exemplo, era padrão para contratos de trabalho incluir a condição de que qualquer indenização devida a um funcionário seria anulada se o indivíduo fosse "demitido por justa causa", o que é definido como cometer atos de violência, abuso de drogas ou álcool em público, cometer assédio sexual ou se envolver em outro comportamento constrangedor para uma marca. Em um dos exemplos recentes mais dramáticos de rescisão por justa causa, o ex-CEO da CBS, Les Moonves, perdeu, em 2018, US$100 milhões ou mais em indenização por demissão depois que a CBS anunciou que uma investigação mostrou que ele repetidamente violou, ao longo de muitos anos, as políticas de assédio sexual da empresa, o que acarreta rescisão por justa causa.[2]

Mas as referências à rescisão por justa causa foram atenuadas ou totalmente removidas em muitos casos, quando funcionários e consultores muito procurados se recusam a assinar contratos que as contenham. Em parte, o afastamento dessas cláusulas, às vezes chamadas de "cláusulas morais", foi uma resposta aos temores expressos por alguns homens de que isso os torna vulneráveis a falsas acusações de mulheres que podem chantageá-los. Nos últimos vinte anos, tenho visto investidores de risco se recusarem a concordar com as cláusulas morais na contratação para um assento no conselho de uma empresa. Como resultado, ele pode se envolver em todos os tipos de comportamento impróprio que, se tornados públicos, podem ser terrivelmente constrangedores para a empresa. Mas, contratualmente, a empresa está impotente para destituir o diretor e pode ficar presa ao relacionamento, a menos que o diretor concorde em se afastar. Estou preocupado que o principal efeito da perda dessas disposições não tenha sido um aumento na proteção contra falsas acusações, mas, sim, uma autorização para se comportar de forma inadequada sem consequências graves.

Temos visto executivos receberem indenizações significativas quando são demitidos ou quando deixam a empresa após serem acusados de comportamento impróprio, embora pareça para outros funcionários que eles não sofreram consequência nenhuma e, de fato, foram recompensados. Quanto aos conselhos, como as empresas podem fazer cumprir um código de ética — que, em teoria, cabe ao conselho impor — se os próprios membros do conselho não concordam em cumprir suas disposições? Tem havido vários exemplos de comportamento inadequado de investidores de risco em relação a empresários que buscam financiamento, bem como em outras situações. Em seu artigo "Compromisso de Decência", Reid Hoffman observa que, "em um nível estrutural, os investidores de risco, infelizmente, não têm departamento de RH para evitar comportamento predatório e impróprio e, portanto, tentam caracterizar (falsamente) suas ações como flertes inocentes ou brincadeiras." Além do mais, a estrutura das próprias empresas de capital de risco implica que parceiros poderosos não podem ser facilmente demitidos ou removidos sem reestruturar toda a empresa.

Posso entender que alguns temam a responsabilidade, mas, como líderes, os investidores e todos os membros do conselho precisam se comprometer em demonstrar a mesma integridade que esperam ver dos executivos e funcionários das empresas.

No próximo capítulo, explicarei outro passo inovador que estamos dando no Airbnb, um que reforça a importância do código de ética, da transparência e das consequências de sua violação.

MOMENTO CODIFICADO 13: PIRATARIA DE SENHAS

Terry é um novo contratado para a equipe de segurança da ProCo. Uma tarde, Tina, a diretora de tecnologia da empresa, convida Terry para se juntar a ela em uma sala de reunião. Tina entrega a Terry um cartão com uma lista de endereços do banco de dados de clientes de um concorrente da ProCo; um nome de usuário e uma senha também estão escritos nele.

Tina sorri cruelmente: "Nós vimos alguns posts no Blind que sugerem que esses caras estão nos hackeando. Um dos nossos vendedores encontrou esse cartão. Ele não o roubou, nem comprou, nem pediu a ninguém. Isso o torna um jogo justo." Ela empurra um notebook para Terry. "Quero que você encontre alguma lanchonete ou cafeteria do outro lado da cidade, com wi-fi. Use esse notebook, veja se consegue acessar esses bancos de dados e me diga o que encontrar. Baixe qualquer coisa que possa estar relacionada a nós e também copie qualquer diretório que você encontrar. Não o use para mais nada e traga-o de volta para mim."

Terry gagueja: "Já ligamos para o FBI?"

"Nós vamos ligar, mas precisamos de evidências. E precisamos pegá-las antes que eles percebam e consertem tudo." Tina se levanta: "Não me decepcione, Terry, você tem um futuro brilhante. E não fale sobre isso com ninguém; esta é uma tarefa altamente confidencial. Nem mesmo ao seu gerente — você entendeu?"

Ninguém disse que proteger os dados da empresa seria fácil... mas como Terry deveria lidar com essa missão?

Para uma discussão sobre isso, veja o Apêndice, na página 273.

9

De olho nos canários: Monitorando a cultura corporativa contra sinais de encrenca

A Integridade Intencional não funciona no piloto automático. Os líderes devem adotar um processo permanente para garantir que as políticas de Integridade Intencional sejam implementadas e interpretadas no espírito em que foram concebidas. Eles devem monitorar as reclamações e ser proativos na investigação do que podem ser "pontos críticos" éticos de uma empresa. As empresas também devem considerar o envolvimento dos funcionários em um ciclo de feedback sobre dilemas éticos e suas soluções.

A expressão "canário na mina de carvão" remonta ao início do século XX, quando os mineradores britânicos levavam todos os dias pequenas gaiolas com canários às profundezas das minas de carvão. Por que canários? Aparentemente, esses pássaros precisam de muito oxigênio para voar em grandes altitudes, e por isso desenvolveram bolsas de ar especiais que os ajudam a inspirar e expirar. Isso significa que eles também recebem uma dose dupla de qualquer veneno que possam inalar. Dizia-se que os mineradores gostavam do canto dos pássaros enquanto trabalhavam. Se a melodia de um canário mudasse ou ele desmaiasse, era um aviso prévio de que os níveis de CO_2 ou metano estavam subindo — e os mineradores deveriam correr para salvar a vida.[1]

Empresas espertas estão sempre procurando alarmes, como aqueles canários, que possam alertá-las e ajudem a superar os desafios éticos antes que atinjam níveis tóxicos. Já falei sobre alguns dos recursos específicos que as empresas usam:

- Uma *hotline* anônima por telefone, na qual os funcionários podem relatar questões éticas sem fornecer seus nomes.
- Um e-mail interno pelo qual a empresa pode receber perguntas, relatórios de problemas e outras comunicações sobre suas políticas.
- Um quadro de consultores de ética voluntários que servem tanto como um recurso de informação para os funcionários quanto como um mecanismo de feedback para ajudar a empresa a entender onde ela precisa investir mais tempo e atenção no ensino das regras.
- Softwares para as equipes de segurança e investigação que sinalizam acesso inadequado aos dados do cliente ou sites proibidos e também outros comportamentos que envolvam a plataforma e os sistemas de uma empresa.
- E, é claro, reclamações normais feitas por funcionários a um membro da equipe de recursos humanos.

Juntos, os dados desses sistemas podem ajudá-lo a avaliar o clima de integridade em sua empresa. Se a *hotline* receber uma denúncia anônima de tráfico de drogas em uma fábrica, você enfrentará uma grande ameaça à marca, para não mencionar o potencial de dano tanto para funcionários que cumprem as regras quanto para os supostos traficantes de drogas. Se vários membros diferentes de uma equipe estão perguntando se podem aceitar presentes de um fornecedor específico, você precisa investigar esse "ponto crítico" antes que o fornecedor encontre um funcionário que não se preocupe em perguntar sobre os presentes e secretamente comece a trabalhar pelos interesses do fornecedor. Se um gerente é denunciado por vários funcionários diferentes que foram vítimas ou testemunharam um comportamento impróprio de assédio sexual — bem, isso é um canário desmaiando.

O aumento de violações de código menos dramáticas também pode ser um importante sensor do clima da integridade. Por exemplo, falei sobre a importância de não menosprezar pequenos atos de incorreção, como usar recursos da empresa para correspondência pessoal. A desculpa: "Eu trabalho muitas horas, o mínimo que a empresa pode fazer é economizar para mim a meia hora que eu gastaria para ir comprar selos no correio." No geral, o custo pode ser insignificante, e realmente pode fazer sentido, do ponto de vista comercial, que um *gerente* autorize a suspensão de uma política específica em um determinado caso. Mas há um custo psíquico e cultural quando um indivíduo decide que usará motivos pessoais para compensar sua frustração ou infelicidade com o status quo. Essa é uma ladeira íngreme e pode levar a mais do que a apenas outros atos inadequados dessa pessoa — também pode influenciar outros. A próxima coisa que você pode ficar sabendo é que ela disse a um colega: "Você trabalhou quatorze horas pelo quinto dia consecutivo — se eu fosse você, ligaria para minha namorada, faria uma boa refeição com ela e pediria reembolso por ter ido recrutar uma candidata."

Um indivíduo ou uma equipe que adote a justificação de tal comportamento antiético está fadada a ter problemas. Dedicação ao projeto, remuneração, condições de trabalho — todas essas coisas são questões legítimas e negociáveis para discutir com um gerente, mas resolvê-las com um comportamento secretamente subversivo não é correto. Isso viola a letra e o espírito do código de ética. E, a propósito, esse não é apenas um problema de baixo nível: eu conheço uma empresa promissora que recentemente demitiu seu CEO porque, dentre outras coisas, o indivíduo contratou um "assistente especial" que, descobriu-se depois, tinha como principal função comprar obras de arte para a casa do CEO. A desculpa: a empresa não existiria sem ele e tem todo o interesse em sua felicidade. Bem, adivinhe o que disseram a ele: é para isso que servem os salários — para que você possa comprar coisas que beneficiem você e apenas você.

✦

Não é assim tão difícil coletar dados relacionados à integridade, mas é preciso coragem para agir quando os canários começarem a cantar canções com notas sinistras. Parece óbvio, certo? Mas, como muitas empresas mostraram, não é tão simples.

Uma das causas que levaram a Uber a passar muitos e infelizes meses nas manchetes em 2017 foi um longo post no blog de Susan Fowler, uma ex-engenheira da companhia, intitulado "Refletindo sobre um ano muito, muito estranho na Uber". Nele, ela escreveu que, em seu primeiro dia oficial na equipe, seu gerente lhe enviou uma enxurrada de mensagens que não tinham nada a ver com trabalho. Ele estava em um relacionamento aberto, disse ele, e sua namorada não tinha dificuldade em encontrar novos parceiros, mas ele tinha. Ele estava tentando ficar longe de problemas no trabalho, disse ele, mas não conseguia evitar, porque estava procurando mulheres para fazer sexo. "Estava claro que ele estava tentando me fazer transar com ele", escreveu Fowler. Ela achou inapropriado, então tirou prints das mensagens e denunciou seu gerente ao RH.

Naquela época, a Uber já era uma empresa de um tamanho considerável, e eu tinha expectativas bastante razoáveis de como eles lidariam com situações como essa. Eu esperava que, se eu o denunciasse ao RH, eles lidariam com a situação de forma adequada e então a vida continuaria — infelizmente, as coisas se desenrolaram de maneira um pouco diferente. Quando relatei a situação, o RH e a alta administração disseram que, embora fosse claramente assédio sexual e ele estivesse se insinuando para mim, era a primeira ofensa daquele funcionário, e eles não se sentiriam confortáveis em dar a ele outra coisa que não uma advertência e uma conversa dura. A alta gerência me disse que ele "tinha um alto desempenho" (ou seja, teve excelentes avaliações de desempenho de seus superiores) e não se sentiriam confortáveis em puni-lo pelo que provavelmente tinha sido apenas um erro inocente de sua parte.

Em seguida, Fowler disse que foi informada de que precisaria se juntar a outra equipe ou, se ela optasse por ficar na equipe atual, tinha de entender que seu gerente provavelmente se vingaria com uma avaliação de desempenho ruim. E, a propósito: "Não havia nada que eles pudessem fazer sobre isso."[2]

Fowler continua sua história dizendo que nas semanas e meses após denunciar esse indivíduo, ela conheceu outras mulheres que também o denunciaram por assédio ao RH antes de sua entrada na empresa. Por tudo isso, ela alega que o RH sempre insistiu que cada denúncia era a primeira contra o gerente e que a vítima era informada de que nada seria feito. Não muito depois de o chefe de RH alegar estar "chocado"[3] com a alegação de Fowler de que o assédio era generalizado, uma empresa contratada para investigar a empresa disse que havia 215 acusações de assédio sexual, e 20 pessoas foram demitidas.

Em paralelo, Eric Holder, ex-procurador-geral dos Estados Unidos, foi contratado para investigar a cultura na Uber. Dentre outras recomendações do relatório público que ele preparou, observou-se que "os gerentes seniores precisam ser capazes de rastrear se certas organizações ou gerentes dão origem a várias reclamações de modo que seja necessária a intervenção de superiores".[4]

É óbvio que eles deveriam ser *capazes* de rastrear essas reclamações. Mas para que essa habilidade tenha algum impacto, eles precisam *querer* rastrear as reclamações. Esse é mais um exemplo de por que a liderança do topo é tão importante.

Voando às cegas

Posts em blogs e mídias sociais representam outro desafio para as empresas, pois oferecem oportunidades para que os funcionários exponham suas queixas publicamente quando sentem que suas preocupações não estão tendo atenção. E conforme a Uber aprendeu após sua resposta de choque e descrença de que as experiências de Fowler representassem um padrão de comportamento impróprio contra outras mulheres (a despeito de saberem que o padrão existia), a verdade tende a aparecer.

O post de Fowler é relativamente incomum porque contém detalhes muito meticulosos de sua experiência e porque ela o assinou com seu nome real. Ela não mencionou o nome dos envolvidos, mas tenho certeza de que muitas das pessoas com quem ela interagiu se reconheceram ali. Eu achei isso incrivelmente corajoso. Funcionários, compreensivelmente, muitas vezes temem ter problemas para encontrar outro emprego ou ser incluídos na lista negra das empresas por se manifestarem.

No entanto, outras plataformas evoluíram para concentrar os comentários dos funcionários sobre problemas no trabalho, e esses comentários não são tanto como o canto de um canário, e mais como um bando de quero-queros gritando uns com os outros. Estou falando sobre sites de discussão sobre empresas como o Blind e o Glassdoor, plataformas de vagas de mídia social onde os participantes são identificados pela empresa para a qual trabalham, mas geralmente não por seus nomes reais.

A ideia por trás desses sites é fornecer informações fidedignas e sem censura, além de feedback por e para funcionários de empresas. Para ter, como diz o Blind, "conversas relevantes e confiáveis". Qualquer um pode ler os tópicos que falam sobre tecnologia, mídia social, relacionamentos, mulheres no trabalho e todos os tipos de questões. Para se registrar e poder postar no Blind, no entanto, você precisa fornecer um e-mail comercial verificado, e em seguida, conforme o Blind explica: "Nossa infraestrutura patenteada é configurada para que todas as contas de usuário e informações de atividade sejam completamente desconectadas do processo de verificação de e-mail. Isso efetivamente significa que não há como conectar sua atividade no Blind a um endereço de e-mail, porque nem mesmo nós podemos fazer isso. Nossa infraestrutura patenteada garante que seus e-mails de trabalho sejam criptografados e bloqueados para sempre. Sua atividade de usuário no Blind é armazenada em um servidor completamente separado. É impossível associar sua atividade de usuário a qualquer perfil ou informação de e-mail fornecida no momento da inscrição."[5]

Descomplicando: você inicialmente se inscreve com o nome de sua empresa aparentemente real e endereço de e-mail verificado. Em seguida, você coloca sua máscara de anonimato e publica o que quiser sem nenhuma responsabilidade. Nem mesmo os operadores do site sabem quem você é. Com o anonimato garantido, os usuários podem postar — e, de fato, postam — todo tipo de informação que hesitariam em compartilhar de cara limpa: informações sobre salários e bônus, benefícios (ótima academia, mas o café é um lixo!), conselhos para entrevista, especulação sobre IPOs, insultos sobre o hálito do chefe.

Existe valor em uma plataforma assim? Absolutamente. Informações sinceras podem ser muito úteis. Empresas recrutando um candidato sempre mostram o melhor de si e não podem mencionar aspectos negativos iminentes, de acusações de racismo em certos departamentos à proximidade física do escritório a um depósito de lixo tóxico e rumores de que o CEO está prestes a sair. E, para ser justo, sites como esse oferecem aos funcionários uma oportunidade para fazer perguntas sobre suas próprias empresas que eles podem ter medo de fazer porque não querem parecer idiotas.

Por exemplo, um funcionário recém-contratado pode notar que uma nova iniciativa estratégica anunciada pelo CEO parece contradizer o roteiro que seu gerente estabeleceu recentemente. O funcionário pode postar algumas perguntas: Devo me preocupar? Meu chefe está por fora? A empresa costuma mudar de direção assim? Estou entendendo o que a nova iniciativa realmente significa? Uma conversa como essa em busca de contexto e perspectiva histórica pode ser produtiva e útil para um funcionário cujas intenções não são de todo ruins.

Esses sites também podem dar aos funcionários uma maneira de expressar suas frustrações sem medo de retaliação, e isso também pode ser saudável. Obter a confirmação de que você não é a única pessoa que acha o portal de RH da empresa difícil de navegar ou que, sim, cinco dias trabalhando sem ar-condicionado é inaceitável e uma maneira de liberar estresse emocional. E, quem sabe, talvez alguém na empresa em posição de fazer algo leia e, de fato, faça algo.

Mas, às vezes, o anonimato pode revelar o que há de pior na natureza humana. Já vi nesses sites bullying e outros ataques cruéis e racistas a colegas. Já vi desprezo por classes inteiras de pessoas, sejam grupos étnicos ou certas equipes ou ex-alunos de certas universidades. Alguém pode "vazar" um boato sobre um relacionamento amoroso impróprio, discutir informações patenteadas ou publicar documentos internos ou segredos comerciais sobre planos de expansão e ações judiciais. Alguns postam comentários grosseiros e imaturos, como este que li recentemente: "Estou bêbado e valho 5M." Alguém postará que soube que o VP de X está saindo da empresa. Atrás da segurança do anonimato, os usuários às vezes miram a reputação e atacam a honestidade, a competência e as intenções de seus colegas, ocasionalmente pelo nome. É verdade, falso, ficção, fato? Quem sabe? Se você é o alvo, como se sentiria?

Embora isso esteja um pouco além do escopo deste livro, direi que, do meu ponto de vista, existem falhas graves nesse modelo. Você pode ter sido um funcionário da empresa na época em que entrou no Blind, mas o Blind não acompanha sua carreira. Você pode ter saído com raiva, mas manteve seu login e posta comentários altamente críticos sobre seus antigos inimigos. Ou você pode dar seu login a um repórter para monitorar a suposta "história real" da empresa. Um amigo meu que é CEO compartilhou comigo sua visão de que "esses sites são incrivelmente antiéticos. Se você quiser consertar algo, vincule seu nome ao pedido. Então a empresa pode investigar, fazer algo. Muitas dessas pessoas ficaram malucas por não terem recebido um aumento ou uma promoção. Já vi acusações que são absolutamente falsas."

Eu entendo a frustração dele. Não há dúvida de que algumas dessas postagens podem prejudicar a reputação de indivíduos e de empresas. Tive algumas conversas dramáticas com indivíduos que foram alvo de violentos ataques anônimos. Horas depois de ser publicado, um post repleto de informações imprecisas pode se tornar viral e ser tuitado para milhares de seguidores e colegas antes que eu ou qualquer outra pessoa em uma posição de liderança sênior saiba que ele existe. Algumas postagens geraram reportagens investigativas sobre empresas na grande mídia; outras apenas contribuem para uma má impressão geral dos funcionários, o que pode não ser justo e leva a fofocas que distraem e desmoralizam.

Dito isso, não podemos ignorar esses sites. Eles trazem informações que podem oferecer uma janela para problemas ou mal-entendidos que precisam ser resolvidos. Sim, algumas das postagens não passam de dor de cotovelo ou ataques *ad hominem*. Mas algumas parecem brotar da frustração e trazer detalhes que me fazem imaginar que a pessoa tentou outros caminhos e foi ignorada. Muitas postagens que tenho visto são de funcionários frustrados com as violações de ética no local de trabalho. Eles não acreditam que suas empresas fazem o suficiente quando os problemas são relatados. E, às vezes, ser ignorado desencadeia um desejo ávido por vingança. Deixe-me dar um exemplo.

Em meados de julho de 2019, entrei no Blind, e o título de um tópico chamou minha atenção. Era apenas "Reclamações sobre ética". Aqui está o que escreveu um funcionário que aparentemente trabalha para uma grande empresa do ramo de defesa, de capital aberto:

> Estou no processo de deixar minha empresa atual devido a alguns problemas importantes com a equipe de nível de diretoria e uma rescisão remunerada superobscura de meu mentor e de um membro da equipe de nível sênior muito respeitado. Vários de meus colegas de trabalho entraram com queixas éticas sobre a rescisão e as consequências subsequentes e me aconselharam a fazer o mesmo. Quanto mais reclamações, mais a sério eles devem levar as acusações, pelo menos essa é a teoria corrente.
>
> Alguém já viu uma empresa realmente agindo devido a relatórios de violação de ética, ou isso apenas contribuiu ainda mais para a animosidade e o sangue nos olhos?
>
> Eu não ia me incomodar com uma denúncia porque não pensei que faria qualquer diferença. Uma denúncia seria levada mais a sério se uma reclamação formal fosse apresentada enquanto eu estivesse na equipe ou feita durante uma entrevista demissional?[6]

Tive várias reações logo que li isso. Em primeiro lugar, esta frase: "Alguém já viu uma empresa realmente agindo devido a relatórios de violação de ética, ou isso apenas contribuiu ainda mais para a animosidade e o sangue nos olhos?" A ideia de que o autor da postagem pergunte se "alguém" já viu uma empresa responder a uma denúncia de violação de ética é preocupante. EUA corporativo, temos um problema. Cada empresa de capital aberto no país deve ter um código de ética e deve delinear um processo de denúncia, mas esse funcionário de uma grande empresa parece perplexo e desconfiado sobre a probabilidade de uma empresa ao menos responder a uma denúncia.

No entanto, eu vi esse post como um esforço sincero e legítimo para obter conselhos e resolver uma situação antiética antes que prejudique toda uma equipe e a reputação da empresa. Minha impressão é a de que a pessoa quer fazer a coisa certa — o que eu realmente acredito ser o caso da maioria das pessoas! E posso entender que ter membros da comunidade com as identidades protegidas torna mais provável produzir respostas muito mais sinceras do que um site oficial de uma empresa, ou mesmo uma rede social em que as pessoas usam seus nomes reais.

A maioria das respostas a esse post foi ponderada, algumas incentivando a pessoa a denunciar, outras insistindo com pragmatismo pelo oposto: "Não vai funcionar, apenas siga em frente e encontre um novo emprego e pare de se estressar, muitos gerentes de merda estão arruinando esta indústria… ", dizia um.

Outro membro do Blind escreveu: "Escreva em um blog e envie pelo Twitter para o TechCrunch, depois pegue uma pipoca e veja o que acontece a seguir. Empresa grande, é?"

Outro postou: "Lembre-se, o RH não trabalha para você; eles trabalham para a empresa. Como gerente, vi reclamações sobre ética serem desprezadas e jogadas fora. Não serviram nem para a certificação de ética anual e outras pomposidades."

Um quarto disse: "Eu denunciei… uma suspeita de caso entre meu ex-gerente e outro membro da equipe durante minha entrevista demissional. Nada aconteceu. O membro da equipe não valia um centavo e foi rejeitado pelo recrutador. O gerente vetou a rejeição, contratou aquele idiota e o defendeu a ponto de toda a equipe começar a ir embora. Em menos de um ano, a equipe diminuiu de dez para três desenvolvedores. Eu fui o único a denunciar durante a entrevista demissional, mas toda a equipe falava sobre isso."

✦

Identifico um profundo ceticismo e desconfiança nesses posts. Claramente, esses indivíduos têm pouca ou nenhuma fé no compromisso de suas empresas com a ética, e parece que alguns acreditam que seus líderes rotineiramente desconsideram suas próprias políticas de ética e seus relatórios de comportamento problemático. Se eu fosse o consultor jurídico das empresas de onde esses posts supostamente provêm, examinaria isso de um ponto de vista sistêmico. É difícil para mim imaginar que essas empresas se esforçam para mostrar que valorizam a integridade. Mas, mesmo como um observador externo, esse tipo de sentimento no clima de negócios geralmente equivale a um código vermelho de amplas proporções e me motivou a fazer algo diferente no Airbnb.

No Airbnb, estamos tentando duplicar os canais de mídia de denúncias internas, especificamente os relatórios que circulamos entre os funcionários sobre quais são e onde estão nossos problemas éticos e, o mais importante, o que estamos fazendo para resolvê-los. Eu falei sobre como rastreamos denúncias de comportamento tóxico e queixas, onde ocorrem e quais são esses problemas. Mas, até agora, esses relatórios têm sido principalmente para uso da equipe de ética, para que possamos responder de forma eficaz.

No futuro, acho que as empresas precisam dar uma resposta à preocupação, claramente visível tanto na postagem do blog de Fowler quanto nas respostas do comentário no Blind, de que muitas empresas recebem denúncias de violações éticas e simplesmente as ignoram. Como houve questões de privacidade e confidencialidade em torno das consequências das investigações éticas, posso entender por que os funcionários às vezes acreditam que uma empresa pode fingir que está respondendo, mas na prática não faz nada. No caso da Uber e da inspeção que sofreu na sequência das acusações contra ela, é possível que tenha sido isso que aconteceu. Mas eu diria que nas empresas com as quais estive envolvido, certamente *não* é o caso. O fato de não podermos falar publicamente sobre o que fizemos em detalhes não significa que não fizemos nada.

Uma abordagem que as empresas podem tentar é publicar resumos anuais sobre consultas ao código de ética e também relatórios sobre como as violações na empresa foram tratadas. Pelo menos os conselhos devem receber esses relatórios. Mas, de alguma forma, as empresas precisam encontrar maneiras de informar seus funcionários sobre como os casos são tratados. É claro que, por motivos de privacidade, o grosso dos funcionários pode não acessar os mesmos relatórios que o conselho, mas acho que os funcionários precisam saber mais informações, na forma de texto corrido, sobre como os relatórios da *hotline* são tratados. Na ausência de qualquer informação, não é surpreendente que os funcionários às vezes possam suspeitar que as reclamações são apenas varridas para debaixo do tapete.

Uma abordagem mais aberta vai contra as tradições da maioria das empresas, que historicamente tentou manter esse tipo de dados em sigilo. Elas podem estar dispostas a publicar métricas internas sobre registros de segurança ou metas de vendas alcançadas, mas relatos de mau comportamento e o que aconteceu com os perpetradores? Nem tanto. Algumas se preocupam: e se vazar? E se for mal interpretado? E se descobrirmos que algumas das alegações são impossíveis de se provar ou resolver? E se formos processados e fornecermos os mesmos dados que o reclamante usará para provar que sabíamos sobre os problemas no local de trabalho?

Em minha opinião, focar esses medos é uma armadilha de integridade. Conforme demonstrado, as violações éticas representam uma enorme ameaça às marcas. Seria ótimo se os funcionários fossem perfeitos e apenas lessem o código de ética e nunca cometessem um erro. A vida real não é assim.

Setores específicos há muito enfrentam questões sobre informações confidenciais e como apresentá-las. Frequentemente, os restaurantes são obrigados a publicar seus resultados em inspeções de vigilância sanitária. É claro que eles não amam fazer isso, mas a maioria das pessoas razoáveis percebe que nenhum restaurante provavelmente ficará 100% livre de formigas ou manterá seus refrigeradores na temperatura perfeita 24 horas por dia, 7 dias por semana. Também é garantido que os melhores hospitais frequentemente relatem altas taxas de mortalidade para certos tipos de procedimentos arriscados. É assim não porque eles secretamente não mereçam sua boa reputação: é porque os médicos de outros hospitais respeitam suas habilidades e encaminham os casos mais difíceis para eles. Abordar certos desafios publicamente é uma realidade de fazer negócios em tempos exigentes e transparentes.

✦

Algumas questões éticas reportadas têm um componente geográfico ou cultural. Por exemplo, grupos de trabalho em locais urbanos próximos a muitos bares e baladas podem descobrir que têm mais problemas com os funcionários saindo em grupos e bebendo muito, levando a denúncias de comportamento inadequado e desrespeitoso. Ou, em empresas com equipes culturalmente diversificadas, os funcionários que se alimentam de certos alimentos étnicos podem acabar em conflito com outros que não gostam dos cheiros que permeiam a cozinha compartilhada e as áreas de trabalho ao redor. Isso pode não parecer uma questão de ética ou integridade, mas quando os valores básicos de sua empresa incluem pertencimento e respeito mútuo, qualquer coisa que coloque as pessoas em conflito no local de trabalho é uma questão de integridade. As pessoas estão lidando com o problema de maneira atenciosa e respeitosa? As práticas culturais de um grupo sub-representado estão sendo rejeitadas ou desconsideradas pela maioria? Você pode criar uma acomodação física para que todas as necessidades das partes sejam atendidas? Esse é o preço de uma força de trabalho diversificada, e vale a pena pagá-lo, mas requer uma gestão cuidadosa e esclarecida, auxiliada por dados que ajudem a descobrir se é um problema isolado ou se há outros tópicos em comum. Ao arregaçar as mangas para entender, abordar e resolver esses conflitos, você frequentemente chegará a soluções que acabará exportando para outras partes, para desafios que podem inicialmente parecer não relacionados.

✦

Uma preocupação levantada por alguns líderes é que só porque há relatos de certas violações, isso não significa que sejam verdadeiros, então não seria impróprio divulgar alegações não comprovadas? Bem, se estamos recebendo vários relatórios de violações que não envolvem muitas evidências ou que podem ser comprovadamente falsos, então temos um tipo diferente de problema que também vale a pena resolver. Os denunciantes não compreenderam o código de ética? Precisamos esclarecer as regras? Existe algum tipo de ressentimento ou vingança em um grupo específico?

Além disso, o que devemos concluir sobre denúncias de violações específicas que aumentaram ou diminuíram — ou que nunca apareceram? Só porque não há relatórios de violações de um departamento, não significa que não estejam ocorrendo (embora possa ser o caso). Mais uma vez, se escolhermos mais transparência no início, podemos publicar os dados e ver o que acontece. Talvez possamos terceirizar ideias melhores do que imaginamos como gerentes. Se um grupo de trabalho que não acionou muito os consultores de ética ou pode até ter sido sutilmente desencorajado a relatar violações vir como outras equipes estão usando esses recursos, isso pode motivar relatórios mais precisos.

No mundo ideal, minha régua do sucesso seria ver um aumento constante nas perguntas sobre nosso código de ética, mas ver que os relatos de violações graves estão diminuindo. Temos de experimentar novas ideias, colocar a transparência a serviço da gente. Não operaremos teimosamente dentro dos mesmos parâmetros que sabemos que não estão resolvendo o problema.

O processo nunca acaba

Já examinamos os Seis Cs para a construção de uma cultura de integridade. O feedback e as perguntas mais frequentes que tenho em resposta às minhas palestras sobre Integridade Intencional sugerem mais duas áreas que exigem um mergulho mais profundo: a primeira é o assédio sexual no trabalho; a segunda envolve uma noção mais ampla de padrões e integridade da comunidade e até mesmo a ideia de que uma empresa às vezes precisa estabelecer padrões de comportamento para seus clientes. Lidarei com elas a seguir.

MOMENTO CODIFICADO 14: TRÊS RATOS CEGOS

Rick odeia conflitos, mas ele tem opiniões fortes sobre muitos assuntos, então ele entra no site anônimo Blind e manda ver. Por exemplo:

"Nossa tara em reciclagem é balela — passamos todo esse tempo separando o papel das latas, blá-blá-blá, e eu vi nosso pessoal de manutenção simplesmente jogar tudo no lixo comum. Conversa fiada de progressistas, não quer dizer nada."

"Com certeza, este mês anda tendo muitas reuniões de 'alto nível' no prédio 4 após o expediente. Ouvi dizer que o novo chefe do projeto Orion cultiva sua própria erva premium e vai compartilhá-la. E por compartilhar eu quero dizer vender."

Você é o diretor jurídico da empresa de Rick e recebeu uma denúncia anônima em sua hotline de ética que Rick é o funcionário que posta comentários grosseiros, às vezes inadequados, usando um dos três nomes de usuário diferentes. O informante afirma ser colega de outro funcionário de TI que criou os e-mails falsos de Rick para que ele pudesse registrar nomes diferentes para usar no Blind.

Você arranca a máscara do anônimo?

Para uma discussão sobre isso, veja o Apêndice, na página 275.

10

Cara, não é que você "não sabe flertar": transgressões sexuais no trabalho

Por muito tempo, mulheres vítimas de assédio sexual e outros comportamentos predatórios sofreram em silêncio. O problema era agravado por líderes e pessoas coniventes que deixaram de agir; como resultado, transgressões sexuais continuam sendo uma ameaça sempre presente no trabalho. A velha fórmula para lidar com o assédio sexual — hotlines e treinamento padrão — não funciona. Precisamos de novas ideias.

Eu e minha esposa, Jillian, gostamos de fazer longas caminhadas noturnas pelas ruas íngremes de São Francisco. Uma noite, vários anos atrás, antes de nos casarmos, estávamos em Chinatown, passando por pequenos restaurantes que serviam tigelas fumegantes de macarrão e lojas exibindo exóticas esculturas de jade. O telefone de Jillian tocou. Ela atendeu e praticamente só ouviu durante uma hora, de vez em quando dizendo: "Oh, meu Deus, não" e "Aaagh — você precisa ser forte." Nunca me esquecerei de como ela foi gentil ao dizer: "Se matar não vai resolver nada — não é sua culpa."

Foi a primeira vez que a ouvi falar do que se chama de "190"; foi interessante, triste e assustador.

Jillian teve uma série de atuações interessantes em vários setores, incluindo bancos e mídia, de que ela se lembra como "playgrounds para predadores". Atualmente, ela é sócia de um fundo de risco do Vale do Silício. Ela também é uma filantropa ativa e generosa que apoia abrigos para sem-teto, bancos de alimentos e outras organizações sem fins lucrativos de grande impacto.

Lá pelos seus vinte e poucos anos, Jillian foi uma sem-teto por um tempo. Embora ela tenha tido uma infância confortável e, mais tarde, empregos de alto nível, ela se envolveu com um homem fisicamente abusivo. Uma vez, ele a machucou gravemente, e ela estava tão despedaçada pela experiência, que não queria se reconectar com sua família até que se sentisse bem novamente. Passou um ano morando em abrigos, e seu retorno à sociedade foi desafiador, mas ela emergiu mais forte do que esperava e se tornou uma empenhada protetora de mulheres.

Quando o movimento #MeToo estourou, Jillian teve muitas conversas sobre essas questões com mulheres e homens da área do investimento de risco. Como já discutimos, é uma indústria em que alguns homens ricos e talentosos se aproveitam de seu poder para exigir favores sexuais de fundadoras de empresas, executivas e colegas que participam de conselhos. Quanto mais Jillian falava com essas mulheres — algumas das quais pareciam fortes por fora, mas por dentro estavam sofrendo profundamente com suas experiências traumáticas —, mais frustrada ela ficava. Frequentemente, ela lhes dava seu número de telefone e pedia que ligassem a qualquer hora. Isso evoluiu para seu "190", ou número de telefone "SOS" para mulheres que enfrentam dilemas e experiências #MeToo; logo mulheres que ela nunca conheceu começaram a enviar mensagens de texto pedindo sua ajuda.

Em um espaço de três anos, Jillian estima que recebeu cerca de 2 mil mensagens de texto e ligações. Centenas de pessoas assistiram a uma entrevista dela no YouTube, na qual ela fala sobre assédio sexual no mundo do investimento de risco. Repetidamente, mulheres empreendedoras contavam suas histórias de terror: às vezes, homens que eram investidores em potencial lhes propunham sexo com a ameaça não tão implícita de que, se não obedecessem, não obteriam nenhum apoio financeiro e poderiam até colocá-las em uma lista negra. Às vezes, as executivas diziam que foram encurraladas, apalpadas e pressionadas por um chefe ou colega em uma festa da empresa ou durante uma viagem.

"Nas festas de fim de ano, as ligações aumentam. As pessoas ficam bêbadas. Eu recebi a ligação de uma mulher a quem um executivo sênior repetia para ela em uma festa: 'Você está bem perto de conseguir aquela promoção que eu sei que você quer.'"Depois que a mulher pediu licença para ir ao banheiro, ela contou a Jillian, o cara conseguiu forçar a porta do banheiro e entrar; ele colocou a mão sobre a boca dela e a estuprou no assento do vaso sanitário. Então ele disse a ela: "Ok, agora você conseguiu. Você será promovida."

Hoje estou acostumado com essas ligações. Jillian murmura "190", e eu sei que ela ficará ocupada por uma hora. Algumas mulheres ligam uma vez, falam anonimamente e nunca ligam de novo. Outras se tornam suas amigas.

Jillian diz que em cerca de duas dezenas de situações, as ligações foram sobre reincidentes — homens sobre os quais outras mulheres já tinham falado. Ela se oferece para conectar as vítimas se ambas concordarem. Jillian diz que quando as vítimas percebem que outras pessoas sofreram o mesmo abuso, elas, muitas vezes, se conectam e criam coragem para fazer denúncias e queixas oficiais — expondo seus agressores e fazendo com que eles percam seus empregos e muito mais. Depois de receber um SOS sobre um investidor de risco conhecido seu que estava pressionando a fundadora de uma empresa a lhe fazer sexo oral para obter financiamento, Jillian decidiu resolver o problema por conta própria. Ela alertou os sócios dele. E o confrontou diretamente.

"Quase nunca fico chocada, muitas dessas coisas aconteceram comigo. No início, as mulheres se culpam por ficarem sozinhas com o homem ou se colocarem nessa posição", diz Jillian. "Mas quando elas começam a conversar com outras vítimas, percebem que esses predadores planejam essas situações. Quando as mulheres se conectam, elas se sentem menos sujas. Elas percebem que não pediram por isso. Deviam ter sido reuniões de negócios, ponto final."

Jillian diz que seu objetivo não é fazer terapia, mas ajudar mulheres que passaram por esses incidentes a recuperar a confiança para trabalhar. "Eu sempre digo que você deve manter a calma e não desmoronar e perder a paciência. Você tem que se tornar proativa, em vez de reativa. Nunca deixe que eles vejam você chorar." Mas isso não significa não fazer nada ou ignorar as ofensas. Certa vez, ela também recebeu uma ligação sobre um homem que conhecia e considerava um amigo. Depois de ouvir o relato de algo que ele fez, Jillian ligou para o homem e disse: "Eu sei o que você está fazendo e precisa parar. Você precisa de ajuda."

Jillian mantém todos os detalhes confidenciais; ela nunca me contou nem sequer um nome. Mas as histórias são poderosas e assustadoras, e aprendi muito sobre as consequências do assédio sexual por meio do ponto de vista de Jillian.

"Fora de contexto", é?

Obviamente, esse assunto não é novo para mim. Como parte de um departamento jurídico ou consultor de empresas de tecnologia, estive envolvido em uma série de investigações de assédio sexual em minha carreira. Recebi relatórios específicos sobre o tipo de comportamento que Jillian descreve. Eu demiti líderes. Olhei nos olhos de homens acusados de comentários inadequados, propostas indecentes e até mesmo abusos ou agressões físicas. Ouvi as negativas. Às vezes, há evidências que corroboram, como e-mails inadequados ou registros de telefones celulares mostrando centenas de mensagens de texto em poucos dias. Alguns caras ainda não admitem o que fizeram, insistindo que é "tudo brincadeira" ou que as mensagens estão "fora do contexto". Em outros casos, não há evidência além da reclamação da vítima.

Também não me é estranho ficar sabendo escândalos de assédio sexual em minha rede pessoal. Eu investi em uma empresa que foi destruída por um escândalo de má conduta sexual. E outro CEO, um ex-colega a quem prestei consultoria em uma empresa anterior, foi chutado de sua empresa depois de se embebedar em uma festa de Natal e encoxar uma mulher, esfregando sua pélvis nela na frente de outras pessoas.

Jillian ainda recebe muitas mensagens de texto e ligações de mulheres, mas o conteúdo está se tornando mais complexo. Por exemplo, ela tem recebido ligações de homens em seu SOS — eles sugerem que há mulheres ameaçando acusá-los de assédio sexual, a menos que invistam em suas empresas. Ela também vê uma consequência do #MeToo que ela sente estar prejudicando as mulheres no local de trabalho: "O número real de atos pode estar diminuindo, mas alguns homens estão usando esse suposto medo do #MeToo para justificar a decisão de não trabalhar com mulheres. Eles dizem que têm medo de ser acusados falsamente — não querem reuniões privadas, e acham que serão denunciados por contar uma piada. Alguns são sinceros, outros estão usando isso como desculpa." Eu mesmo já ouvi esse argumento, e, além de não ser a resposta ética correta, é totalmente ilegal excluir mulheres das reuniões com base em seu sexo.

Números chocantes

Não sei se o número de atos relacionados ao # MeToo começou a diminuir devido ao aumento da atenção sobre os casos, mas sei que ainda estão ocorrendo em números inaceitáveis e que o assédio sexual continua sendo uma ameaça latente e explosiva para as mulheres e suas empresas. Em outubro de 2018, a empresa global de consultoria de negócios FTI Consulting fez uma parceria com um grupo de defesa de mulheres chamado Mine the Gap para entrevistar cerca de 5 mil mulheres e mil homens. Esses indivíduos trabalhavam em tecnologia, finanças, jurídico, energia e saúde. Entre as estatísticas preocupantes do relatório, estão:

- Nos últimos cinco anos, 38% das mulheres sofreram ou testemunharam assédio sexual ou agressões no trabalho.

- Mais de uma em cada quatro mulheres profissionais (28%) sofreu ou testemunhou contato físico indesejado no trabalho apenas no último ano; quase uma em cada cinco sofreu pessoalmente. Por setor: 34% das mulheres que sofreram ou testemunharam contato físico no trabalho no ano passado estão na tecnologia; 29%, na energia; 27%, no jurídico; 26%, na saúde; e 25% em finanças.
- Aproximadamente 55% das profissionais entrevistadas têm menos probabilidade de se candidatar a um emprego, e 49% têm menos probabilidade de comprar produtos ou ações de uma empresa com uma alegação pública do #MeToo.
- Das mulheres entrevistadas, 43% não denunciaram o comportamento que sofreram ou testemunharam. Dos homens entrevistados que relataram ter sofrido ou testemunhado abusos, 31% não denunciaram. Ambos os sexos citaram as mesmas razões principais para não denunciar: medo do impacto negativo na carreira, de ser vista ou visto como "difícil" e retaliação.[1]

Não é preciso ser um gênio para perceber que, apesar de toda a discussão na mídia, apesar de todos os homens proeminentes que perderam seus empregos e sua reputação por assediar sexualmente colegas e apesar de todas as supostas políticas de "tolerância zero" anunciadas, a maneira como a maioria das empresas está lidando com o assédio sexual ainda é falha. Vídeos de treinamentos obrigatórios e genéricos não são adequados para dissuadir alguns indivíduos de assediar outros, e muitas pessoas ainda não têm interesse em usar *hotlines* anônimas de empresas. Funcionários de muitas empresas não têm confiança de que as denúncias serão levadas a sério e acreditam que, sendo em vão, podem resultar em "carreiricídio".

Quero me aprofundar um pouco mais em algumas das complicações de lidar com o assédio sexual no trabalho, mas também quero defender algumas mudanças no status quo. Não aceito que esses níveis de comportamento inadequado sejam apenas parte da "natureza humana" que nunca pode ser resolvida.

Acho que nós precisamos iniciar uma conversa mais ampla — "nós" significando homens, mulheres, executivos, organizações sem fins lucrativos, mídia, basicamente todo mundo — *sobre como eliminar o assédio sexual de nossa cultura*. Precisamos motivar e multiplicar as Jillians do mundo, sejam elas agentes de mudança ética ou apenas testemunhas de assédio dispostas a falar e apoiar as vítimas e impedir os assediadores. Líderes empresariais precisam dar o exemplo e dizer que o assédio sexual não é apenas impróprio, mas também inaceitável, nojento e de baixo nível. E então eles precisam praticar o que pregam.

O status quo

Vamos revisar rapidamente algumas das realidades jurídicas que moldam a forma como as empresas lidam com o assédio e a agressão sexual. Para começar, a terminologia é importante. Muitos casos que foram notícia nos últimos anos foram considerados como "má conduta sexual". Isso inclui agressão sexual e assédio sexual, mas é importante perceber que existem diferenças muito específicas entre as duas categorias de crime.

Agressão sexual é um crime. Refere-se ao contato sexual intencional, caracterizado pelo uso de força, ameaças, intimidação ou abuso de autoridade, ou quando a vítima não consente ou não tem como consentir. A agressão sexual inclui estupro, sodomia forçada e outros contatos indecentes (por exemplo, beijar contra a vontade de outra pessoa) que são agressivos, abusivos e indesejados.

Nos Estados Unidos, a agressão sexual é um crime sempre e onde quer que ocorra. Cada vítima tem o direito absoluto de denunciar um crime às autoridades policiais. Empresas íntegras não interferem nesse processo e apoiam os esforços de investigação dos agentes da lei.

Existe um repugnante arquivo de má conduta sexual no local de trabalho, composto por indivíduos que foram acusados de repetidas agressões sexuais e cujas denúncias contra eles foram ignoradas e, em alguns casos, encobertas por outros. Conforme mencionamos nos capítulos anteriores, duas empresas exemplificam o problema de forma mais proeminente: a Wynn Resorts e a Weinstein Company.

A Wynn Resorts foi multada (e seus executivos foram acusados pela Justiça) por permitir, ignorar e encobrir ao longo de muitos anos várias reclamações sobre o comportamento do fundador Steve Wynn.[2] Isso em uma empresa que supostamente tinha uma política formal de "tolerância zero" com assédio sexual, implementada em 2004. Harvey Weinstein, por sua vez, foi acusado de estupro, ato sexual criminoso e agressão sexual predatória envolvendo mulheres com quem ele se encontrava para fins supostamente comerciais.[3] Além disso, muitas atrizes e outras mulheres também alegaram que Weinstein se comportou de forma inadequada com elas, muitas vezes manipulando-as para se encontrarem com ele em quartos de hotel, onde ele tentava intimidá-las para fazer sexo. Ambos os homens negam que seu comportamento envolveu qualquer coisa além de encontros consensuais.

O ponto principal da agressão sexual é o seguinte: uma empresa deve investigar qualquer reclamação de agressão sexual da maneira mais completa e justa possível. Se o grosso das evidências sugere que um funcionário cometeu uma agressão sexual, a empresa deve remover essa pessoa do local de trabalho. E eu acrescentaria que a decisão pela remoção não exige que a pessoa seja condenada em tribunal. As empresas podem agir com um ônus da prova muito menor do que o que o júri deve aplicar em um julgamento criminal.

Assédio sexual é um termo mais complicado e frequentemente mal interpretado. Por um lado, muitas pessoas ficam chocadas ao saber que o crime real não foi cometido pelo assediador, mas por um empregador que permite que ele ocorra (percebendo que, às vezes, o empregador é o assediador). De acordo com a EEOC, o assédio sexual no sistema legal norte-americano envolve dois tipos específicos de violações no trabalho: **assédio quid pro quo**, que é um pedido de favores sexuais, ou **assédio em ambiente hostil**, que é a criação de um local de trabalho hostil que interfere no desempenho profissional.[4]

Às vezes, os relatos da imprensa não entendem isso. Normalmente não é crime um colega ou mesmo um chefe fazer comentários, convidar para sair, contar piadas sujas etc., mas é uma violação da lei um empregador tolerar esse comportamento no local de trabalho. Além disso, a empresa é responsável se seus supervisores usarem o sexo de forma ameaçadora ou como condição para que uma mulher receba um aumento, uma atribuição ou uma promoção.

Se você refletir sobre isso, faz sentido que a lei tenha evoluído dessa forma. Adultos iniciam relacionamentos ou interações românticas ou sexuais de várias maneiras, desde assobios na calçada até deslizar para a direita no Tinder, aproximar-se de alguém em um bar, fazer contato visual em um trem ou sair de férias em um cruzeiro para solteiros. Um comentário provocativo que uma pessoa considera ofensivo é charmoso e sexy para outra. A atração romântica é complicada demais para que a lei se insira razoavelmente na regulamentação desse tipo de discurso. Além disso, não é incomum ou necessariamente problemática uma relação verdadeiramente consensual que comece no trabalho, desde que não haja "controle", onde uma pessoa gerencia ou controla a outra na hierarquia.

O ônus recai sobre os empregadores porque os funcionários estão essencialmente sob seu controle quando estão no local de trabalho. As pessoas precisam trabalhar e ganhar a vida e precisam de proteção contra comportamentos inadequados que interfiram nas necessidades humanas básicas. Mas os trabalhadores muitas vezes não conseguem escolher com quem trabalham, onde se sentam, quanta interação têm com qualquer pessoa. Em uma festa, se um cara disser que gosta do seu cabelo, te convidar para sair e você não quiser, você pode dizer não e se afastar ou sair da festa. Se um colega do cubículo ao lado convidar você para jantar na casa dele e você recusar todas as vezes, e agora ele está lhe enviando textos sobre sexo a três e *bondage*, isso afeta sua capacidade de se concentrar e se sentir seguro. A lei concorda que você não deve ter de deixar seu emprego ou pedir para ser transferido para restaurar sua paz de espírito, portanto, se você denunciar esse comportamento ao seu empregador, ele precisa descobrir como protegê-lo (e a outros funcionários) desse assédio.

Dito isso, também é verdade, no entanto, que as leis norte-americanas que regem um ambiente de trabalho hostil são inconsistentes nas jurisdições federal, estadual e municipal. Em Nova York, por exemplo, o padrão para avaliar um ambiente hostil é se uma "pessoa razoável" consideraria hostil o ambiente de trabalho em questão. O padrão federal é se o comportamento em questão é "severo ou generalizado".

Dado esse panorama, e sem minimizar o desconforto e até mesmo o trauma que as vítimas de agressão e assédio vivenciam, o que essa complexidade me diz é que as empresas não podem se atrelar apenas ao padrão legal (ou a muitos padrões legais, no caso de empresas com escritórios em diferentes estados norte-americanos). Os funcionários precisam de orientações práticas e específicas sobre o que é ou não permitido — os princípios legais não são bons o suficiente. Por exemplo, o Airbnb e o Facebook têm uma regra de "convidar uma vez": se você convidar um colega de trabalho para sair e a pessoa se recusar, acabou; você não pode continuar insistindo ou pressionando, ou estará violando o código de ética.

Outro fato importante é que a linha entre a agressão sexual e o assédio sexual pode ser muito tênue. Na pesquisa mencionada, por exemplo, observe que uma pergunta envolveu "contato físico indesejado". Dependendo da intensidade do contato, pode ser agressão ou assédio sexual. Agarrar o seio de uma mulher, pressionar alguém contra a parede para beijá-la e, obviamente, entrar no banheiro e estuprar uma pessoa são claramente agressões sexuais. Se uma alegação desse tipo de comportamento for crível, o perpetrador deve perder o emprego... e ser processado.

No entanto, encostar em alguém ao passar por ela no meio da multidão ou tocar levemente alguém no braço ou na parte superior das costas pode ser um contato indesejado, mas é proposital? É sexual? Aconteceu uma ou várias vezes? Houve intenção maliciosa? Trabalhar com a dinâmica de cada situação pode ser complexo, e sua decisão sobre como lidar com uma reclamação pode depender de suas descobertas.

Você pode se perguntar: se esses problemas têm um risco tão alto de acionar um código vermelho, por que não demitir a pessoa na primeira agressão? Isso não seria uma poderosa dissuasão para comportamentos parecidos? Na teoria… talvez. Mas as pessoas podem ser desajeitadas e distraídas. Contatos acidentais podem acontecer. Pode ser que alguém, andando atrás de outra pessoa, talvez em um espaço apertado, não tenha a intenção de tocar a outra pessoa de forma sexual. Importaria para mim se o acusado parecesse indignado por ter sido denunciado, ou se desculpasse e se envergonhasse pelo contato ter ocorrido. A pessoa que se sentiu incomodada tem todo o direito de denunciar esse ato, e o acusado merece um julgamento justo e humano.

Outro elemento que uma empresa deve considerar ao avaliar sua resposta a uma situação como essa é que o empregador que demitir um suposto assediador por um ato sem provas suficientes pode ser denunciado ou processado por rescisão indevida ou discriminação contra uma classe protegida — em essência, acusado de usar uma falsa acusação de assédio como pretexto para outra forma de discriminação.

É complicado, então aí vai um caso fictício para ilustrar a realidade muitas vezes difícil para evitar que as empresas acabem com toda a responsabilidade sobre os assédios. Digamos que Harold, de 59 anos, esteja apaixonado por sua assistente, Judy. Mas ele só é inconveniente quando eles estão sozinhos; ele é muito inteligente para deixar pegadas. Ele nunca ameaçou demiti-la ou prejudicar sua avaliação de desempenho. Não há testemunhas, e-mails ou mensagens. Judy não pode nem gravar secretamente suas reuniões com Harold para ter provas, porque isso é ilegal em seu estado. Judy reclama com o RH de que Harold tentou agarrá-la em seu escritório quando eles estavam sozinhos, dizendo que foi uma das muitas atitudes inadequadas dele.

O RH investiga e não consegue encontrar provas. A CEO se considera uma líder com tolerância zero. "Eu acredito em Judy. Vamos demitir Harold."

Essa é a decisão certa? A CEO está legalmente dentro de seus direitos de demitir Harold, mesmo sem corroboração externa, se sua decisão for baseada em evidências razoáveis. Quais seriam essas evidências? Bem, por exemplo, Judy pode não ter testemunhas ou evidências externas, mas ela foi completamente consistente em três entrevistas em que relatou o que Harold fez e falou enquanto estavam sozinhos. Harold, por outro lado, muda certos detalhes de suas explicações para os contatos com Judy, em que ele insiste que ela "tirou do contexto" ou "interpretou errado". Isso poderia ser proteção legal suficiente para que o empregador o demitisse — mas pode não ser o fim da história.

Harold pode ter uma defesa já preparada, sugerindo que a situação estava armada contra ele desde o início. Ele diz: "Nada disso aconteceu. Judy inventou tudo para tentar me arruinar porque ela está relaxando e tem medo de como eu avaliarei seu desempenho. Eu sei o motivo real de você estar me demitindo: discriminação por causa da idade."

Agora o pessoal do departamento jurídico entra na investigação. O diretor jurídico fica sabendo de um e-mail escrito pelo CFO e que alguém encaminhou para Harold: "Precisamos nos livrar de alguns veteranos que estão só ocupando espaço. Traga um pouco de energia jovem para cá." Harold ameaça processar por discriminação.

Portanto, a má notícia é que não há provas concretas do que Harold, o assediador, fez com Judy, e se você demiti-lo, Harold terá evidências concretas de que a empresa tende a tomar decisões com base na idade. Em muitos casos como esse, tanto a vítima quanto a empresa perdem. Ou a empresa negocia um acordo substancial e permite que Harold anuncie que está saindo para passar mais tempo com sua família. Os detalhes de tudo isso são confidenciais, e talvez ele possa manter seu emprego ou ir para uma nova empresa, onde os detalhes de seu comportamento não serão conhecidos. Sem dúvidas, o responsável pelo mau comportamento é o que menos sofre.

As empresas merecem críticas e consequências graves se promoverem ou ignorarem uma cultura em que o assédio é aberto e generalizado (como em uma cultura de "macho"). Quando for esse o caso, muitas vezes há vários comentários sexuais impróprios que foram testemunhados por outras pessoas, ou uma agressão, ou mesmo provas em e-mails para corroborar ou refutar as alegações.

Mas a má conduta acontece, com muita frequência, em um lugar tranquilo, um elevador, um corredor de hotel onde não há testemunhas. A suposta vítima conta uma história, e o suposto autor conta outra. Assumindo que ambos são razoavelmente confiáveis, uma empresa é, então, colocada em uma posição muito desconfortável, assim como os empregadores de Harold e Judy estão aqui. Eu preparei esse exemplo e deixei claro que Harold é o culpado, mas as evidências disponíveis não são claras.

Precisamos de soluções diplomáticas para resolver essas tensões. Precisamos descobrir como fornecer suporte adequado às vítimas e, em minha opinião, estender a responsabilidade individual também aos assediadores. Empresas que toleram o assédio e um ambiente de trabalho hostil merecem o que vier a acontecer; empresas que lidam com assediadores maliciosos, que deixam poucas pistas, são colocadas na difícil posição de assumir toda a responsabilidade por uma situação sobre a qual nada sabiam. Como podemos avançar para uma cultura melhor e mais justa em torno das questões de assédio sexual?

Acho que o progresso se apoiará em três frentes — a liderança, a estrutura legal mais ampla e, de forma mais intensa, a cultura.

1. Lembre-se do primeiro C: A ética começa na chefia — a liderança executiva molda a cultura organizacional

Os líderes devem definir o tom sobre comportamentos apropriados no trabalho. Se um líder usa linguagem imprópria e sexualmente carregada, outros o farão também. Se discussões ou piadas sexualmente explícitas forem toleradas por líderes de qualquer sexo, a propósito, é mais provável que ocorra mau comportamento. Um líder dá o tom não apenas pelo que faz, mas também pelo que tolera — se o mau comportamento não for advertido e interrompido, provavelmente piorará.

Em resposta aos casos de mau comportamento de homens poderosos, ouvi outros homens (incluindo líderes de empresas conhecidas) reclamarem que agora se sentem vítimas. "Eu sinto que não posso falar ou fazer mais nada, porque pode ser interpretado do jeito errado — vou, então, ficar longe das mulheres." Ou: "Eu simplesmente não vou jantar com colegas do sexo feminino porque isso pode me tornar vulnerável a uma falsa alegação de má conduta."

Essa é exatamente a abordagem errada e, se seguida, perpetua a discriminação (e viola a lei). Se você estiver fazendo negócios durante o jantar, não pode limitar sua mesa apenas a homens. Trancar-se em seu quarto de hotel e comer refeições do serviço de quarto também não é uma opção aceitável. Mostrarei uma melhor abordagem, adotada por algumas empresas, como o Airbnb. Comece estabelecendo limites claros e tenha um acordo com seu conselho ou em seu código de que os líderes mais antigos de qualquer gênero não se envolverão em relacionamentos românticos com outros funcionários (e defina especificamente um relacionamento romântico para incluir qualquer coisa sexual, de uma noite ou em longo prazo). Tenha uma conversa específica sobre isso com a equipe executiva, coloque tudo por escrito de modo a fazer parte das políticas da empresa, como o Airbnb fez. Evite mal-entendidos.

Em segundo lugar, se você vai a jantares com colegas de trabalho, faça questão de incluir todos os seus subordinados, seja reunindo-se em grupos ou em jantares individuais com cada pessoa. Em qualquer jantar, tome para si a responsabilidade de definir o tom certo no que diz respeito a álcool e a conversa apropriada — isso é responsabilidade do líder.

A diversidade reforça o respeito. Outra ferramenta para combater o assédio é ter diversidade em todos os níveis da empresa, incluindo a liderança. O comportamento impróprio é menos provável de continuar, ou ser tolerado, em salas onde a dinâmica de poder não se inclina fortemente para um grupo. Grupos sub-representados são mais propensos a ser alvo de mau comportamento. Equipes com equilíbrio de gênero têm menos probabilidade de enfrentar esse tipo de problema.

Gerencie cuidadosamente as situações em que é mais provável acontecerem episódios de assédio — festas e viagens para conferências. Como disse Jillian, as ligações para sua linha direta de SOS aumentam durante o fim de ano, quando as pessoas estão bebendo muito nas festas da empresa. As empresas que dão grandes festas de fim de ano, com álcool ilimitado, estão procurando encrenca. Você pode se divertir enfatizando eventos que se alinham à cultura da empresa. Por exemplo, em vez de uma festa de Natal no ano passado, o Airbnb organizou um evento de "experiências" em seu saguão, que ressaltava os anfitriões demonstrando suas experiências... havia comida e álcool, mas não eram o foco do evento, que terminou cedo. Eu compararia essa abordagem com empresas que fazem grandes festas de fim de ano, nas quais a bebida flui até altas horas da madrugada, e há até empresas sobre as quais li que contratam modelos profissionais para passear e se misturar com os funcionários.

Não dependa apenas de hotlines internas. Nos EUA, empresas de capital aberto devem ter *hotlines* para denunciar assédio; muitas empresas de capital fechado também têm. Não crie uma e considere o seu problema resolvido. Vítimas costumam evitar *hotlines* porque não confiam no processo e entendem muito bem que os advogados e profissionais de RH que recebem as reclamações representam a empresa, não a vítima. Conforme falamos no Capítulo 9, as empresas devem monitorar constantemente todas as formas de dados relevantes sobre ética e segurança no trabalho, incluindo processos de denúncia. Não presuma que seu problema foi embora só porque as denúncias estão diminuindo. Os funcionários confiam no processo? Existe um recurso diferente que pode ser mais eficaz?

Considere, por exemplo, uma *hotline* que encaminhe automaticamente todas as alegações contra a administração a uma empresa terceirizada, que investiga as alegações de forma independente e relata os resultados diretamente ao conselho. Ou nomeia um *ombudsman* independente, às custas da empresa, para aconselhar os indivíduos que apresentarem uma denúncia. Esse processo, se discutido abertamente com os funcionários, envia uma forte mensagem de que nem denúncias nem o mau comportamento serão ignorados. Essa pode ser sua única defesa contra escândalos de nível código vermelho. Na pesquisa da FTI, 22% das mulheres de nível sênior e 20% dos homens de nível sênior responderam que estão preocupados com um incidente #MeToo iminente em sua organização. Uau! Você deve perguntar periodicamente: estamos fazendo o suficiente? O que mais podemos fazer?

Concentre-se na prevenção do "primeiro" ato impróprio. Dan Ariely, da Duke, fez uma observação interessante sobre o assédio sexual. No momento em que alguém está agredindo um colega de trabalho, ameaçando seu trabalho ou condicionando uma promoção por sexo, você está em um ponto de crise e não será capaz de corrigir facilmente esse tipo de comportamento monstruoso. Em vez disso, ele sugere, você deve se concentrar em prevenir o primeiro ato impróprio — destacar problemas como simplesmente tocar em outro funcionário ou os perigos associados ao álcool no trabalho. Essas áreas costumam ser os precursores do mau comportamento, e lidar com essas infrações menores provavelmente será mais eficaz. Ignore-os e o perpetrador ficará condicionado a justificar o mau comportamento, a ver a ausência de consequências para os primeiros pequenos atos impróprios como uma permissão para dar o próximo passo antiético. Os limites éticos se tornam obscuros em sua mente, e eles podem ser encorajados a fazer coisas que podem se transformar em um desastre.

2. Os tempos mudaram

Ao longo de minha carreira no Vale do Silício, a advogada trabalhista Jackie Kalk, da empresa Littler, tem sido minha consultora para me ajudar a resolver questões difíceis de direito trabalhista. Recentemente, ela me disse que percebeu várias tendências que considero saudáveis.

Primeiro, na jurisdição de vários estados norte-americanos, as vítimas de assédio podem mover ações civis contra chefes e outros indivíduos que podem controlar sua capacidade de trabalhar. No passado, e em muitas partes do país, havia limites para as vítimas apresentarem ações trabalhistas contra a empresa que empregava o autor do crime. Essas novas leis podem desempenhar um papel importante para enviar uma mensagem forte diretamente aos indivíduos no poder, cujo comportamento precisa mudar.

Em segundo lugar, legisladores estão quebrando as cláusulas de confidencialidade que impedem as vítimas de assédio e discriminação de falar sobre suas experiências. Essas cláusulas de confidencialidade, que no passado permitiam que os perpetradores continuassem a agir sem consequências reais, agora estão proibidas em lugares como Nova York, Califórnia e Óregon. Até mesmo o IRS entrou na ação, determinando que os acordos de rescisão contendo tais cláusulas devem ser tratados como tributáveis para o empregador.

Jackie também me disse que viu um ressurgimento de empresas que exigem que novos executivos assinem uma "cláusula moral" em seus contratos de trabalho. Isso é ótimo, e eu apoio fortemente. Essas cláusulas estabelecem que, se o executivo for dispensado pela empresa por uma "violação de integridade", como discriminação, assédio sexual, suborno ou roubo, ele perderá qualquer indenização que, de outra forma, poderia receber. Deixar de incluir uma cláusula moral cuidadosamente redigida pode levar a um presente de despedida vergonhoso para um líder demitido que se comportou mal enquanto estava na empresa, enviando uma mensagem terrível para outros funcionários.

3. Conivência e mudança cultural

Acho que precisamos identificar e designar um comportamento positivo que avise aos assediadores que seus dias estão contados. Como sociedade e cultura, precisamos desenvolver deliberadamente mais empatia e agir quando as pessoas testemunham assédio sexual ou comportamento impróprio em qualquer lugar, inclusive no trabalho. Como cultura, precisamos inspirar e recompensar esse comportamento. É a coisa certa a se fazer como ser humano, mas também é a coisa certa a fazer para o bem de uma empresa e para apoiar o sucesso futuro.

Suponho que muitos — talvez a maioria — dos incidentes de assédio sexual ocorrem em relativa privacidade. Não posso dizer que observei pessoalmente muito além de comentários e piadas inadequados isolados, uma vez que a maioria das pessoas é inteligente o suficiente para se comportar da melhor maneira na frente de um advogado da empresa. Mas depois da minha conversa com Reid Hoffman, fiquei intrigado com o conceito de "espectadores". Tenho perguntado a homens e mulheres sobre o que observaram ou ouviram falar, ou o que vivenciaram na frente de outras pessoas. Como os espectadores se comportaram? Eles tendem a se envolver ou desviam o olhar?

Um grande número admite que desviou o olhar. Muitos homens e mulheres com quem conversei sobre isso podem se lembrar de uma época em que sabiam que algo errado estava acontecendo, que um homem com poder estava agindo de forma inadequada para assediar ou intimidar uma mulher, e eles não fizeram nada. Mesmo as mulheres que foram assediadas optaram por fazer vista grossa quando isso acontecia com outra pessoa.

Na repercussão das acusações contra Harvey Weinstein, um roteirista chamado Scott Rosenberg escreveu um post infame no Facebook no qual ele admitiu que sabia que Weinstein estava fazendo coisas inadequadas, mas olhava para o outro lado. Rosenberg mirou todos os indivíduos ao redor de Weinstein que lucraram com sua proximidade com ele e não fizeram nada para intervir. "Todo mundo sabia, porra", Rosenberg afirmou em seu post. "E você sabe como tenho certeza de que isso é verdade? Porque eu estava lá. E eu vi vocês. E eu falei sobre isso com vocês. Vocês, os grandes produtores; vocês, os grandes diretores; vocês, os grandes agentes; vocês, os grandes investidores..."

"Se o comportamento de Harvey é a coisa mais repreensível que se pode imaginar, uma segunda e não tão distante coisa é a atual onda de negação e condenação hipócritas que agora quebra nessa praia de retidão em uma maré estúpida de merda", escreveu Rosenberg (sua longa carta foi posteriormente excluída, mas já tinha sido muito reproduzida logo depois que ele a publicou). "E isso é tão patético quanto verdadeiro: o que você gostaria que fizéssemos? A quem devíamos contar? Às autoridades? Que autoridades?"[5]

Essa é uma pergunta legítima e uma conversa que todos devemos ter. Dentro da empresa, deve haver um canal formal para relatar casos de comportamento inadequado. Mas perceba que existem outras fontes de assédio além de um chefe ou colegas de trabalho. Como Reid observou sobre os *venture capitalists* [ou VCs, investidores de risco], não existe uma função centralizada de RH para policiar o comportamento dos VCs ou de investidores de modo geral, e estes às vezes interagem com os funcionários de uma empresa. Um funcionário também pode ser assediado ou cortejado por um cliente ou consultor ou por um fornecedor poderoso que ameace retaliação se o funcionário recursar ou não cumprir o prometido. E quanto às suspeitas que você não pode provar ou às interações na zona cinzenta nas quais o perpetrador alega ser inocente, mas você sabe que não é ou pode ver que a pessoa está deixando alguém desconfortável? Quais são as alavancas que você pode usar para formalizar esse comportamento como inaceitável e criar impeditivos?

O movimento #MeToo fez muito para aumentar a conscientização sobre comentários e comportamentos inadequados no trabalho. As vítimas têm hoje menos probabilidade de sofrer em silêncio do que antes. Mesmo assim, as testemunhas costumam desviar o olhar. Ainda hoje, não se pode contar com colegas para denunciar os perpetradores ou defender alguém sendo assediado na presença deles — e isso é especialmente verdadeiro em ambientes como vendas ou em campos criativos, onde os funcionários podem estar competindo uns com os outros tanto quanto com empresas rivais. Na verdade, é muito mais provável que uma pessoa apoie um funcionário de nível inferior que está sendo assediado do que alguém do mesmo nível. Na pesquisa FTI, 43% das trabalhadoras entrevistadas que sofreram ou testemunharam assédio sexual não denunciaram o comportamento; 31% dos homens que vivenciaram ou testemunharam não denunciaram.

◆

Uma executiva sênior de uma empresa de software — vou chamá-la de "Sally" — me contou uma história que aconteceu anos atrás, quando ela, aos vinte e poucos anos, era uma designer contratada por uma grande agência de publicidade em São Francisco. A empresa vinha agressivamente recrutando mais mulheres. Sally estava no emprego há seis meses e estava recebendo muitos comentários positivos.

O departamento financeiro da empresa convidou seus melhores clientes para um jantar, e o CEO da agência veio de Nova York para se encontrar com eles. A equipe da agência foi incentivada a trazer seus cônjuges.

O diretor de contas, Don, perguntou ao gerente de Sally se os dois poderiam comparecer ao jantar para que houvesse alguma "energia criativa" na sala. O gerente concordou. Sally estava prestes a se casar, então perguntou se poderia convidar seu noivo. Don disse que não, era apenas para cônjuges.

Quando Sally chegou ao evento, Don grudou nela e começou a apresentá-la aos clientes, fazendo comentários como: "Não é preciso dizer que o escritório melhorou um pouco desde que Sally foi contratada" e "Se você quer marcas jovens e descoladas, precisa contratar talentos jovens e sensuais". Sally engoliu em seco e tentou ser agradável. "Eu me senti como um pedaço de carne sendo examinado."

Quando o jantar começou, Don já tinha bebido vários drinques; ele se levantou e fez um pequeno discurso para as cerca de quarenta pessoas. Finalizou mencionando que a firma patrocinaria um torneio de golfe em um campo de prestígio e que todos estariam convidados. "E com alguma sorte, vamos levar Sally para lá também", disse ele, olhando para ela. "Tenho certeza de que não sou o único que quer ver o swing dela."

Sally diz que todos os homens presentes — pelo menos vinte — ou riram ou não falaram nada. Ela foi embora o mais rápido que pôde.

Na manhã seguinte, a assistente do CEO da agência apareceu em seu cubículo. "O Sr. X pediu que eu lhe dissesse que ele ficou feliz com a sua presença ontem à noite", ela começou. "Don estava sendo ele mesmo, e esperamos que ele não tenha deixado você muito desconfortável. Você não deveria ter que aturar isso, então quero dizer que lamentamos." Então a assistente foi embora.

Quando Sally contou ao gerente sobre a visita, ele disse: "Sim, eles me perguntaram se você estava bem. Eu disse a eles para não se preocuparem, que você aguentaria. Mas veja, é bom que você tenha aguentado — e você está totalmente no radar deles agora. Isso é bom." Até onde Sally sabe, ninguém jamais falou com Don, e ele nunca se desculpou. Ela tentou evitá-lo.

Que confusão! Não consigo encontrar nada nessa história que sugira liderança. Claramente, o assédio foi premeditado: Don se garantiu de que Sally não tivesse um par no evento para tornar mais fácil para ele exibi-la como um troféu. Os executivos da empresa presentes eram todos homens (as únicas mulheres eram suas esposas), e Sally disse que eles simplesmente olharam para o outro lado. Eles poderiam ter entendido a sugestão do CEO se ele parecesse insatisfeito, mas ele estava mais preocupado em saber se os clientes aproveitaram a noite. O gerente de Sally basicamente a aplaudiu por "concordar" com o assédio porque seria bom para sua carreira.

"Eu gostava do meu trabalho e do meu gerente", lembra Sally. "Mas, em algum nível, senti que os homens do meu escritório estavam com ciúmes de eu estar chamando a atenção, então eles simplesmente perceberam que tudo bem, quer dizer, você é a queridinha do chefe, então se vire."

Às vezes, o caminho da integridade não traz recompensas ou mesmo o resultado esperado. Isso não significa que não vale a pena investir nele. Temos de tornar atrativo e automático o apoio aos direitos humanos básicos de outras pessoas, e isso é muito mais provável de acontecer se for intencionalmente parte de uma cultura. Assistir a uma colega ser assediada por um gerente cria um momento codificado: *se eu não fizer nada, posso obter uma vantagem. Se eu intervir, pode não ajudar e também posso ser um alvo.* Bem, é isso mesmo. A vida não é justa. Mas você prefere ter orgulho de suas ações ou ter de escrever anos depois um *mea culpa* choroso no Facebook?

Jillian e eu conversamos sobre a importância de nutrir a "empatia" em nossa cultura e de pessoas que apoiam de forma assertiva quem é colocado em situações difíceis por aqueles que estão no poder. Talvez seja a hora de uma "compreensão humana", de se colocar no lugar de outra pessoa porque é a coisa certa a fazer, ponto final. O único benefício para você pode vir em carma social — em um mundo movido pela empatia, quando você precisa de apoio para uma determinada questão, alguém que você nem conhece vai lhe dar esse apoio. É hora de os homens que presenciarem algo como o desconforto de Sally naquele jantar encontrarem uma maneira de interrompê-lo, não apenas dar alguma demonstração de simpatia muito mais tarde.

No Airbnb, participei de reuniões de um grupo interno conhecido como "able@" [capaz@] e defendi a melhoria de nosso local de trabalho para uma melhor experiência para pessoas com deficiências físicas. Uma coisa que você aprende rapidamente é que esse compromisso envolve muito mais do que vagas especiais de estacionamento e rampas; os indivíduos têm necessidades únicas baseadas em saúde e mobilidade. Acredito que, quanto mais sensíveis formos a isso como empresa, mais inclusivo será nosso local de trabalho, para o benefício de *todos*. E, fiéis aos nossos valores, temos uma melhor chance de ajudar a tornar o mundo lá fora melhor.

Da minha perspectiva, há algo incrivelmente poderoso em defender um grupo que não é o seu. É uma extensão do conceito de óculos de ética; você olha através das lentes de experiência de vida de outra pessoa; você considera a história dela, ouve a perspectiva dela... e então advoga a importância de mostrar respeito a todos. É o caso de um casal heterossexual defendendo o casamento gay. De pessoas fisicamente aptas realmente entenderem o que as pessoas com deficiência física estão passando.

Como um executivo, estou saindo de meu caminho se exorto as pessoas a tentarem mudar a natureza humana ao se firmarem a favor dos outros? Não é um papo de justiceiros sociais, de catequese ou, talvez, de pais? Sim, essas pessoas defendem que se tenha coragem frente a bullying e outras formas prejudiciais de abuso. Mas espero que você não fique surpreso que eu enxergue questões fundamentais sobre marca e responsabilidade corporativa também. Então, deixe-me também explicar os interesses corporativo/financeiros para mirar séria e continuamente a má conduta sexual no trabalho e para incentivar as testemunhas a falarem:

1. Assédio sexual e outras formas de assédio ou discriminação são debilitantes e perturbam as vítimas, com os efeitos muitas vezes durando muito tempo após a ocorrência do comportamento.
2. Esse comportamento pode ter efeitos significativos nos resultados de uma empresa. Um ambiente de trabalho hostil pode reduzir a produtividade. Quando você enfraquece a confiança de uma pessoa, reduz sua capacidade de desempenho, de confiança nos colegas e de contribuição para uma equipe.

Também pode dificultar a retenção de funcionários de alto desempenho, pois muitas pessoas não querem trabalhar em uma empresa que permite que esse tipo de coisa ocorra.
3. Uma cultura que tolera esse comportamento acabará atraindo um processo judicial e/ou a atenção da mídia, o que é profundamente prejudicial para a marca. Isso chama a atenção da mídia para os críticos e ex-funcionários descontentes, pode afastar clientes e tornar o recrutamento mais difícil.
4. Como um indivíduo, quando você defende uma vítima, está se defendendo e defendendo sua empresa ou profissão. Você está dizendo que valoriza sua própria reputação e que não trabalhará em um lugar onde as pessoas sejam maltratadas, porque isso refletirá negativamente em você como ser humano. Jillian não está apenas defendendo as mulheres, ela está defendendo o investimento de risco, sua indústria, como um campo que pode ter integridade e onde as pessoas devem ser tratadas com respeito.
5. Dando um feedback negativo no calor do momento ou denunciando um assediador ao primeiro sinal de comportamento perturbador, você pode evitar escaladas e maiores danos não apenas para a vítima ou outras vítimas em potencial, mas até mesmo para o assediador. Talvez um primeiro aviso, verbal ou por escrito, tenha impacto e evite que o assediador transforme seu comportamento em algo que arruíne sua carreira. Pense em como você lida com piadas que o deixam desconfortável. Você pode rir e entrar na brincadeira, ou pode franzir a testa e dizer: "Ok, não quero ouvir esse tipo de coisa." Esse feedback sutil, mas persistente, acabará com essas piadas.

Mudar normas culturais não é fácil. Algumas pessoas reviram os olhos e dizem: "Bem, você tem a cabeça nas nuvens se pensa que vai fazer as pessoas mudarem." Eu não concordo com isso. Trata-se de ser específico e intencional sobre suas aspirações. É fácil ignorar que muitas práticas culturais se tornaram "coisa chata" no último século.

Quando eu era criança, jogar lixo pela janela de um carro em movimento, acredite ou não, era uma prática comum. Tão comum, que ajudou a desencadear a campanha "Keep America Beautiful" [Mantenha os EUA bonitos, em tradução livre] nos anos 1960, que é mais conhecida por um comercial de televisão mostrando um nativo norte-americano com uma lágrima nos olhos olhando para o lixo na estrada. Mais tarde, o estado do Texas declarou guerra contra o lixo com uma campanha memorável de placas de estrada, comerciais de televisão apresentando texanos famosos como Willie Nelson e outras mensagens que avisavam "Don't Mess With Texas" [Não mexa com o Texas, em tradução livre]. Esses esforços mudaram opiniões e sensibilidades sobre o lixo. Hoje, se um estranho te pegar jogando um material reciclável em uma lata de lixo comum, ele pode te dar uma bronca.

Também é verdade que as pessoas costumavam fumar em todo e qualquer lugar, alheias ao desconforto dos outros, como outros clientes de um restaurante, outros torcedores nos estádios e passageiros no assento de avião ao lado. Hoje, fazer isso seria impensável, e seria considerado nojento, rude e, em muitas situações, ilegal.

Nos últimos cinquenta anos, passamos da cultura de trabalho do Mad Men, de executivos que tratam as mulheres ao seu redor como um harém, para uma cultura mais respeitosa. Na próxima fronteira, os assediadores precisarão ver que estão em desacordo não apenas com a lei, mas também com a forma como as pessoas civilizadas se comportam.

Deparei com uma história intrigante que me diz que isso está começando a acontecer — inclusive entre os investidores de risco no Vale do Silício. Um VC que se demitiu de sua empresa após múltiplas acusações de má conduta sexual com empreendedoras deu uma entrevista a um jornal. Ele falou sobre as acusações que o colocaram em conflito com seus sócios e o levaram a deixar sua empresa. De acordo com o entrevistador, o VC parecia ver seu comportamento como uma espécie de resultado infeliz de não ter feito um bom trabalho em romper com as várias mulheres com quem estava saindo (quando casado, aliás). O repórter resumiu o argumento do investidor: "Eu sou péssimo em flertar."

Vários VCs e outras pessoas que conheço agora se referem com desdém a essa frase. Quando alguém é acusado de má conduta sexual ou noticia-se que um assediador em série está repentinamente renunciando ao seu posto, eles dizem: "Hmmm, acha que ele é 'ruim de flerte?" Parece um bom sinal. É assim que as culturas mudam. Nós sabemos, desde a infância, que poucas coisas demovem melhor um valentão do que o revirar de olhos fulminante de seus colegas.

MOMENTO CODIFICADO 15: SAM, ELA NÃO ESTÁ A FIM DE VOCÊ

Sam, um redator técnico, tem problemas para fazer amigos e é desajeitado com as mulheres em geral. Mas ele está trabalhando com Ellen, uma designer, em um projeto de manual de produto para a MediumCo. Não há relacionamento de subordinação, e Sam e Ellen são solteiros. Um dia, quando eles saíram de uma reunião, Sam juntou coragem e perguntou a Ellen se ela gostaria de um drinque na sexta à noite. Ela sorri e diz que amigos de fora da cidade vão visitá-la na sexta-feira, mas "talvez em outra hora". Dez dias se passam, Sam dispara para Ellen a sexta versão de um e-mail em que está trabalhando há uma hora: "Competição de trivia na Bayside Tavern, sábado. Quer estar na minha equipe?" Um minuto depois, ela responde: "Droga, vou sexta à noite para a casa dos meus pais. Divirta-se — boa sorte!"

É normal que Sam continue tentando... ou esse é um momento codificado?
Para discussão sobre isso, veja o Apêndice, na página 277.

MOMENTO CODIFICADO 16: "CLARO, ENTENDI PERFEITAMENTE"

Luke foi designado para oferecer suporte técnico de marketing a Marco. Eles se reúnem duas ou três vezes por semana no cubículo de Marco. Marco é casado com Greg e recentemente adotaram dois filhos gêmeos. Luke está sempre tocando o braço ou ombro de Marco e, ao longo de vários fins de semana, Luke inundou Marco com textos sobre o projeto. Aborrecido, Marco finalmente muda suas reuniões presenciais para telefonemas. Luke passa pelo cubículo de Marco na tarde de sexta-feira. Ele sugere a Marco que eles saiam para beber uma cerveja; Marco responde: "Luke, eu respeito suas habilidades, mas não estou interessado em socializar. E vamos tentar responder às perguntas durante nossas reuniões. Preciso me concentrar na minha família quando estou em casa."

"Claro, entendi perfeitamente", diz Luke, sorrindo. Enquanto ele se afasta, Marco o ouve dizer em voz alta: "Seu filho da puta desgraçado." Marco entra no corredor, onde três outras pessoas estão olhando para ele com preocupação.

Na segunda-feira de manhã, Marco recebe uma ligação do RH. Luke entrou com uma queixa dizendo que Marco tem exigido favores sexuais em troca de recomendá-lo para um bônus por esse projeto. Outro colega diz a Marco que Luke postou uma declaração no Facebook dizendo: "Não é certo que meu algoz aja como o Sr. Homem de Família quando devo calar a boca e fazer meu trabalho."

O RH começa a investigar. Os colegas de escritório de Marco ouviram Luke xingando Marco, mas não há evidências para apoiar as afirmações de Luke — ou inocentar Marco. Em seguida, o RH recebe uma mensagem de voz anônima na hotline de ética. "Trabalhei com Luke em outra empresa. Acabei de ouvir que ele acusou alguém de exigir sexo. Ele já fez isso duas vezes antes."

Caramba! O que faria uma equipe de RH de alta integridade?
Para uma discussão sobre isso, veja o Apêndice, na página 279.

11

Seu cliente o define:
Expandindo a integridade a uma comunidade

Empresas com uma base significativa de clientes centrados na internet enfrentam um desafio único: seguir o caminho da Integridade Intencional exige que olhem não apenas para seus funcionários, mas também para sua própria comunidade de usuários em busca de sinais de comportamento inadequado. Elas devem equilibrar os difíceis compromissos entre valores, como liberdade de expressão, tolerância e inclusão, em sua plataforma. Mas as apostas continuam aumentando: indivíduos que cometeram atos extraordinários de violência ou que destilam o ódio costumam usar comunidades da internet para defender seus pontos de vista extremos. Uma liderança corajosa e de alta integridade pode promover e modelar de forma mais ampla um comportamento positivo na sociedade.

No início das plataformas online, pioneiros como America Online (AOL), eBay e Yahoo! compreenderam que não estavam apenas criando novos tipos de negócios, mas também criando e gerenciando comunidades. As pessoas iam a esses sites para se conectar, compartilhar e consumir informações, e até mesmo para oferecer suporte umas às outras. Os colecionadores de potinhos de bala a que me refiri no Capítulo 1 iam ao eBay para comprar, mas também para encontrar outros colecionadores.

A tendência continuou em uma nova geração de empresas de internet, como Facebook, Uber, Lyft, YouTube, Poshmark, Pinterest e Airbnb. Guias de pesca, mecânicos de automóveis e consultores de investimento postam vídeos de instrução gratuitos no YouTube para obter "seguidores" e desenvolver suas marcas.

As pessoas entram no Airbnb não apenas para reservar um quarto para passar uma noite, mas também para ver opções e planejar viagens — as avaliações de hóspedes e a disponibilidade de diferentes opções de acomodação, por exemplo, podem transformar toda as férias em família.

A popularidade das plataformas explodiu em parte porque elas criaram uma oportunidade sem precedentes para permitir que os usuários se conectassem com outras pessoas que se importam com o que lhes interessa. Em última análise, as plataformas comerciais lucraram com a cobrança de taxas e as plataformas de mídia social se beneficiaram com a venda de publicidade, publieditorial e, sim, dados sobre membros da comunidade.

Como vimos, sites que começaram como centros de novos insights, camaradagem e pontos de conexão mais eficientes também desenvolveram um lado sombrio. Algumas empresas que hospedam e alimentam esses ecossistemas digitais exploraram os relacionamentos em suas plataformas e buscaram receita de maneiras antiéticas. Por exemplo, o Facebook foi multado em um recorde de US$5 bilhões por abusar dos direitos de privacidade de seus usuários ao deixar de monitorar e policiar adequadamente os pesquisadores que coletaram dados de 87 milhões de usuários e os repassaram para a Cambridge Analytica. Dentre outras coisas, a Cambridge Analytica usou as informações para planejar campanhas subversivas para influenciar a eleição presidencial estadunidense de 2016.[1]

A questão sobre "comunidade" que desejo ressaltar ficou urgente para empresas de internet, embora o cenário mais amplo também afete empresas tradicionais de todos os tamanhos e setores. A maior parte deste livro se concentrou em como as organizações podem promover um ambiente de trabalho ético, mas as empresas de internet também devem pensar nos clientes e usuários que não estão em conformidade com os valores da empresa. É na mesma linha de a Patagonia se recusar a permitir que seus coletes sejam bordados com o logotipo de empresas que não protegem o planeta. É a Dick's Sporting Goods decidir que, apesar de seu profundo compromisso com os caçadores e de seu apoio geral à Segunda Emenda, não iria mais vender armas para menores de 21 anos ou armas semiautomáticas que estão se tornando ferramentas de assassinato em massa em todo o país.

Em algum ponto, a Integridade Intencional exige que as empresas façam julgamentos sobre o comportamento de determinados usuários ou clientes e rompam seu relacionamento com aqueles cujos valores são inconsistentes com os seus.

Como um usuário da internet nos primórdios da America Online, vi as regras das comunidades online evoluírem, e há duas décadas estive diretamente envolvido na criação dessas regras no eBay. O assunto só cresceu em importância desde então. Está cada vez mais claro que as empresas de internet não podem simplesmente evitar as perguntas sobre o que seus clientes e membros da comunidade estão realmente *fazendo* em sua plataforma, comparando a resposta com os próprios valores da plataforma. Se as empresas não adotarem e mostrarem integridade na forma como gerenciam sua comunidade, uma pequena parte de sua base de clientes pode causar danos duradouros às suas marcas.

Literalmente, uma moldura

O site inteiro de uma empresa, com seu nome, logotipo e outros elementos de marca, cria uma "moldura" literal em torno do conteúdo. Discurso de ódio ou imagens e vídeos com conteúdo ofensivo são coisas óbvias que as empresas de plataformas podem proibir em seus sites. Mas não é apenas o que os usuários postam que é relevante para o que está "emoldurado por sua empresa".

Começarei com uma hipótese séria, mas relativamente controlada. Digamos que você seja um provedor de serviços na minha plataforma para passeadores de cães. Você passa na minha verificação de antecedentes e concorda em seguir minhas regras. Os tutores de cachorros se cadastram e usam a plataforma para solicitar um passeador qualificado, que vai até sua casa e entra nela por meio de uma chave escondida ou um código. É um modelo que requer confiança real.

Você aceita um serviço, vai à casa de um cliente e leva Fido ao parque. Mas você pede a amigos para encontrá-lo na casa do cliente. Você os deixou entrar para esperar na cozinha enquanto colocava Fido de volta em seu cercadinho. Eles se servem de algumas cervejas da geladeira. Você não percebeu isso até mais tarde, mas a câmera de segurança do proprietário captura tudo em alta definição.

Mesmo que meu site seja "apenas uma plataforma" e você, o passeador de cães, não seja meu funcionário, minha marca aproximou você e o cliente. Seus amigos violaram a lei, mas sua falha de discernimento em deixá-los entrar na casa impactou minha marca. Se eu quiser desenvolver e aumentar uma plataforma confiável, não posso simplesmente dar de ombros e me resignar que uma ou outra maçã podre acabe passando pela seleção. Preciso educar proativamente os provedores de serviço sobre como se comportar, reforçar essa mensagem de forma clara e repetida e criar consequências graves, como banir violadores de regras da plataforma quando eles deixam de cumprir minhas políticas.

Se o tutor do Fido postar o vídeo de segurança e publicar uma crítica negativa no Yelp, os clientes em potencial que nem imaginavam algo assim podem ficar com o pé atrás. Posso me esforçar para compensar o cliente com passeios gratuitos, pedidos de desculpas e algum plano para educar melhor os passeadores de cães para que isso não aconteça novamente, mas ainda posso perder clientes, embora seja "apenas o intermediário."

Navegando uma "fossa"

Os problemas no exemplo do passeio com o cachorro são bastante evidentes. Agora veremos uma plataforma que, em agosto de 2019, tornou-se um exemplo para o que alguns afirmavam ser um claro incetivo à violência. Os EUA estavam se recuperando de horríveis assassinatos em massa consecutivos em El Paso, Texas, e Dayton, Ohio. Em dois dias, trinta pessoas morreram e várias dezenas ficaram feridas. O atirador de Dayton foi morto no local pela polícia; o atirador de El Paso foi detido e está sob custódia.

O autor do incidente de El Paso[2] era um usuário do 8chan, uma plataforma de discussão anônima online iniciada em 2013 como um lar para a liberdade de expressão irrestrita. De acordo com relatos da mídia, a plataforma foi rapidamente dominada por discussões sobre uma variedade de comportamentos horríveis e extremos, incluindo pedofilia, violência, racismo e terrorismo doméstico. Na verdade, seu fundador original, que havia deixado a organização na época em que ocorreram os tiroteios em El Paso, clamou para que o site fosse tirado do ar.[3]

Antes de viajar de Allen, Texas, até El Paso para abrir fogo em um Walmart, o atirador postou um manifesto no 8chan e pediu a outras pessoas que o compartilhassem. No manifesto, ele descreve seus planos de assassinato em massa de hispânicos que estariam "invadindo" os Estados Unidos. Isso ocorreu após dois outros incidentes recentes com tiroteios em massa na Nova Zelândia e na Califórnia, onde os perpetradores também postaram conteúdo no 8chan antes de cometer assassinatos horrendos. Quando esses eventos ocorreram, "Abraçar a infâmia" era o slogan na página inicial do 8chan.

Ninguém esperava muita reflexão ética dos líderes do 8chan. No entanto, após o tiroteio em El Paso, a atenção se voltou para a infraestrutura da web e as empresas de segurança que forneciam tecnologia ao 8chan — principalmente uma empresa de San Francisco chamada Cloudflare. A Cloudflare é uma grande empresa de serviços e infraestrutura da web que afirma trabalhar com mais de 20 milhões de sites e para 10% das empresas na Fortune 1000. Ela contava com o 8chan entre seus clientes e vendeu serviços ao site para protegê-lo de hackers e ataques DDoS. A Cloudflare pretende ser neutra, contra a censura — apenas um serviço para a web. Ela havia sido criticada no passado por trabalhar com outros grupos com valores antissociais, incluindo um site neonazista ao qual deixou de atender após a letal manifestação da supremacia branca em Charlottesville, Virgínia, em 2017.

Após o tiroteio em El Paso, o diretor jurídico da Cloudflare disse ao *Washington Post* que não pretendia parar de trabalhar para o 8chan, insistindo que "participarmos desse assunto como juiz e júri é muito problemático… É fácil para as pessoas nos criticarem a partir de apenas um site, mas, para nós, precisamos criar uma regra que possamos aplicar a mais de 20 milhões de propriedades da web diferentes".[4] Paralelamente, Matthew Prince, CEO da Cloudflare, disse a Kevin Roose, colunista do *New York Times*, que ele estava enojado com o 8chan, mas indeciso quanto às desvantagens de cortar os laços com eles. Banir o 8chan "tornaria nossa vida muito mais fácil", disse Prince a Roose, "mas tornaria mais difícil o trabalho de aplicação da lei e controle de grupos de ódio online". A matéria do *Times* dizia que não havia consenso entre a equipe da Cloudflare sobre assumir o papel de censor.[5]

Não muito depois de o CEO ser citado na matéria, a Cloudflare mudou de posição e disse que não forneceria mais seus serviços para o 8chan. Em um blog, Prince disse que tomou sua decisão em parte porque o 8chan "repetidamente provou ser uma fossa de ódio".[6]

Na sequência, houve uma reação em cadeia de outras empresas lutando contra as consequências do caso 8chan, que desde então se rebatizou como 8kun. De acordo com o site GeekWire, a Amazon confirmou que estava investigando uma situação com uma empresa de Seattle chamada Epik, que usa a Amazon Web Services para hospedar alguns de seus sites de backup.[7] Embora a Epik posteriormente tenha revertido essa decisão, a empresa ajudou a reviver brevemente o 8chan depois que o Cloudflare parou de lhe dar guarida (e hackers o bombardearam com ataques DDoS). A Amazon disse que queria ter certeza de que a AWS não estava habilitando indiretamente o 8chan por meio da Epik. O GeekWire compartilhou o conteúdo de um e-mail que, o site alega, havia sido enviado por um porta-voz da Amazon: "O conteúdo do 8chan é de incitação ao ódio e é inaceitável de acordo com nossa política. Embora o 8chan não esteja hospedado na AWS, estamos trabalhando com seu provedor direto (Epik) para garantir que o 8chan não esteja usando indiretamente os recursos da AWS por meio de algum de nossos clientes." A Epik, por sua vez, estava usando servidores de uma empresa chamada Voxility; a Voxility desligou imediatamente o acesso a esses servidores quando percebeu que eles acomodavam tráfego do 8chan. Complicado? Sim, e não é à toa que a internet também é chamada de "web".

Não conheço as equipes da Cloudflare, da Epik ou da Voxility, mas esse exemplo me parece uma boa demonstração de que toda empresa precisa entender o que ela representa e qual é sua missão *antes* que uma crise estoure. *Goste ou não, com quem você faz negócios e de quem você recebe dinheiro te definirá.* Não subestimo o desafio político em que o diretor jurídico da Cloudflare se concentrou inicialmente. Nenhuma empresa gosta da ideia de censurar conteúdo. Eu estive nessa situação. Mas parecer hesitante sobre se você deseja que sua empresa seja associada a três horríveis assassinatos em massa é algo que está muito acima das engrenagens ou dos detalhes da política. Estou feliz que, no fim, a Cloudflare tomou a decisão ética certa.

Você não pode fingir que não vê

Empresas de rápido crescimento se veem às voltas com uma variedade de momentos de integridade ao tentar obter tração no mercado. Por exemplo, a Uber enfrentou um que exemplifica impactos indiretos de uma plataforma que não podem ser ignorados. Mike Isaac, repórter do *New York Times*, escreveu um livro chamado *Super Pumped: The Battle for Uber*, [Superbombado: a Batalha pela Uber, em tradução livre] no qual ele fala sobre o esforço da Uber em 2015 para escalar rapidamente seus números de motoristas e passageiros em São Paulo e no Rio de Janeiro. Para expandir o negócio, a Uber removeu o atrito no processo de inscrição — tudo que alguém precisava fazer para se inscrever e usar a Uber era um endereço de e-mail ou número de telefone. "Uma pessoa poderia acessar a Uber com um e-mail falso e, em seguida, brincar com um tipo de 'roleta Uber': chamaria um carro e causaria o caos. Veículos foram roubados e queimados; motoristas foram agredidos, roubados e ocasionalmente assassinados. A empresa insistiu no sistema de inscrição de baixo atrito mesmo com o aumento da violência."[8]

Como no exemplo de passeios com cachorros, a Uber não cometeu esses crimes nem colocou deliberadamente os motoristas em perigo, mas foi, sem dúvida, um fator nessas consequências negativas. Isaac diz: "Os executivos da Uber não eram totalmente indiferentes aos perigos que os motoristas enfrentavam nos mercados emergentes. Mas eles tinham grandes pontos cegos por causa de sua fixação no crescimento, sua crença em soluções tecnológicas e uma aplicação casual de incentivos financeiros que, muitas vezes, inflamavam os problemas culturais existentes."[9] A consequência, de acordo com Isaac, foi o assassinato de dezesseis motoristas brasileiros da Uber.

O outro lado

Não é difícil encontrar exemplos de empresas que fecharam (ou tentaram fechar) os olhos para as consequências de segundo e terceiro nível do que suas plataformas ou empresas criaram. Líderes e investidores de empresas de tecnologia costumam ficar obcecados com a "vantagem do pioneirismo" nos primeiros dias da vida de uma startup, quando ganhar participação de mercado antes que os imitadores entrem em ação se torna uma fixação. Se os líderes esperassem para refletir sobre as implicações sociais e éticas potenciais de cada decisão, eles poderiam cair fora do mercado antes mesmo que as respostas tivessem alguma importância.

Também é justo ressaltar que o policiamento de uma plataforma online global é um desafio muito difícil e dispendioso, e as empresas muitas vezes investem esforços consideráveis "nos bastidores", dos quais seus usuários podem não estar cientes. Por exemplo, o Facebook tem regras abrangentes de "Padrões da Comunidade", incluindo descrições de quais critérios o site usa para remover postagens e como as decisões podem ser contestadas. Claramente, a empresa pensou e lutou para abordar um conteúdo incrivelmente complexo, bizarro e até assustador. Por exemplo, em "Violência e conteúdo gráfico", o Facebook avisa: "Não publique: imagens de violência cometida contra pessoas ou animais reais com comentários ou legendas do autor da postagem que contenham: prazer de sofrimento; prazer de humilhação; resposta erótica ao sofrimento; observações que falam positivamente da violência ou observações indicando que o publicador está compartilhando imagens para ter prazer sensual." E continua: "Não poste: vídeos de pessoas moribundas, feridas ou mortas se contiverem: desmembramento, exceto em ambiente médico; órgãos internos visíveis; pessoas carbonizadas e queimadas, a menos que no contexto de cremação ou autoimolação, quando essa ação for uma forma de discurso político ou digna de notícia; vítimas de canibalismo."[10]

Quando trabalhei no eBay, escrevemos um dos primeiros conjuntos abrangentes de padrões para comunidades online. E nossa equipe teve de ver muitos anúncios ofensivos, violentos e gráficos, mas pelo menos esse universo estava limitado a itens à venda. Eu não invejo o Facebook e o YouTube tentando ser específicos sobre a variedade ilimitada de fotos, vídeos e comentários que seus membros da comunidade podem postar. Na verdade, vários de meus colegas dos primeiros dias de Trust & Safety do eBay estão nas equipes do Facebook e do YouTube, ainda lutando com essas questões difíceis.

Uma coisa é ter uma regra, outra é aplicá-la. Duvido que a maioria das pessoas perceba que esses padrões extensos do Facebook existem. Eu imagino que elas presumam que exista algum tipo de equipe de segurança para investigar itens ofensivos quando eles forem denunciados. No início de 2019, houve uma reportagem fascinante da Vanity Fair que discutia a dificuldade que o Facebook teve em criar sistemas automatizados para encontrar e eliminar discurso de ódio ou outra linguagem ofensiva. A presunção de que seres humanos estão tomando decisões sobre postagens individuais geralmente não é correta; o Facebook e outras plataformas populares hoje são policiadas principalmente por softwares projetados para identificar discursos e imagens proibidos antes de serem publicados. Como a reportagem explica, no entanto, essas plataformas são mais uma vez limitadas por todas as variações que pedem que esse sistema procure, e não serão capazes de pegar postagens de usuários criativos que farão um esforço extraordinário para fazer engenharia reversa e escapar desses softwares. A certa altura, no Facebook, ataques ou insultos dirigidos a "homens brancos" eram proibidos, enquanto insultos ou ameaças a "teólogos latinos", por exemplo, não eram, simplesmente porque tal ameaça específica não havia sido imaginada e priorizada pelo software.[11]

O YouTube também tem lutado contra conteúdo ofensivo. Definir atividades legais e ilegais é muito mais fácil do que definir bom e mau gosto, ou o ponto em que o humor ultrapassa os limites e se torna exploração grosseira ou crueldade. Em agosto de 2019, o *Washington Post* entrevistou moderadores do YouTube encarregados de fazer cumprir os padrões e apontar vídeos para remoção. Como o YouTube é essencialmente uma parceria com algumas de suas "estrelas" ou donos de canais, ele perderá uma considerável receita de publicidade se remover conteúdo sensacionalista que atrai um grande número de espectadores. A reportagem descreve situações em que os críticos dizem que a empresa tomou decisões que iam contra seus próprios padrões porque queria manter sua conexão com canais às vezes ultrajantes, mas inegavelmente geradores de receita.[12]

Por exemplo, Logan Paul, dono de um popular canal do YouTube que ganhou fama como um millenial engraçadinho, postou um vídeo dele parecendo zombar de um cadáver de um japonês, vítima de suicídio, que se enforcou em uma árvore em uma floresta perto do Monte Fuji e cujo corpo ainda não havia sido retirado. Suspender temporariamente Paul do programa de "anunciante preferencial" do YouTube foi uma punição suficiente para esse e outros vídeos de gosto duvidoso que ele fez? É eticamente aceitável que as plataformas sejam mais tolerantes com seus colaboradores mais populares? Eu diria que não, mas, em última análise, esses são testes de liderança que precisam ser enfrentados de frente, de acordo com os valores de cada plataforma. Se é assim que a liderança do YouTube gerencia sua plataforma, eles deveriam admitir isso, e então os usuários podem escolher abraçar ou rejeitar esse ponto de vista. Acho que os melhores líderes explicam sua posição nessas decisões difíceis sem se apegar aos pontos de discussão, mas, sim, de uma maneira humana e autêntica, reconhecendo abertamente os desafios de "acertar".

Existe uma organização chamada Chief Executives for Corporate Purpose (CECP, ou *CEOs pelos Propósitos Corporativos*) que representa líderes de empresas com mais de US$6,6 trilhões em receitas, que se reúnem periodicamente para falar sobre "fatores críticos de sucesso na construção de negócios de longo prazo". Em sua reunião de 2019, as principais conclusões que a organização relatou envolveram cultivar e manter uma força de trabalho dinâmica por meio da construção de confiança; apoiar a diversidade e ser responsável; ouvir as vozes dos principais *stakeholders* (funcionários, comunidades, consumidores e investidores); ter uma visão de longo prazo; e, a propósito do assunto deste capítulo, agir de acordo com os valores da empresa e estar preparado para rebotes — mas também para apoios. Isso está totalmente alinhado com os objetivos da Business Roundtable na tentativa de ampliar os pontos de vista dos CEOs sobre seus *stakeholders* e suas preocupações.[13]

Um bom exemplo de pensamento de longo prazo sobre questões comunitárias mais amplas veio de Edward W. Stack, CEO da Dick's Sporting Goods, que afirmou no encontro do CECP: "Acredito firmemente que o recurso natural mais precioso de nossa nação são nossas crianças. Sabíamos que haveria muitos rebotes quando tomamos nossa decisão de tirar os rifles de assalto e munições de alta capacidade das prateleiras, e houve. Mas o que não esperávamos era a demonstração de apoio ao que fizemos."[14]

A Dick's não é uma empresa de internet, mas Stack teve a coragem de admitir que uma pequena minoria do comportamento dos clientes em potencial representava uma afronta à preocupação de sua empresa com a saúde e a segurança das crianças, e ele não contemporizaria — ele agiria. Alguns caçadores ficaram com raiva e pararam de comprar na Dick's após suas decisões, mas outros clientes começaram a comprar lá, em parte para apoiar a nova política de armas da empresa. Tenho amigos que agora tentam comprar equipamentos da Dick's quando precisam de chuteiras para seus filhos, bolas de tênis ou qualquer coisa relacionada a esportes, e eles escrevem e-mails e dizem aos gerentes de loja que apreciam sua postura a respeito de políticas difíceis sobre armas. Em maio de 2019, a empresa relatou que as receitas estavam crescendo novamente e que a decisão de diminuir a ênfase na caça e diversificar para categorias que tivessem mais apelo durante o ano todo parecia estar no caminho certo.

Claramente, você terá de deixar seus óculos éticos em um "ângulo amplo" ao direcioná-los aos problemas de uma comunidade ou sua base de clientes. No entanto, o primeiro passo ainda começa com você: quais são seus valores? Qual é seu propósito? Como você deseja que se comportem as pessoas que se associam à sua marca ou compram seus produtos? Existem limites que você não pode permitir que eles cruzem sem que haja consequências?

Déjà vu

Atualmente, parece haver um ressurgimento de organizações de supremacia branca e discurso de ódio. O que está causando seu ressurgimento, por que eles estão ganhando novos acólitos? Eu estive pessoalmente envolvido com duas empresas que enfrentaram problemas por facilitarem mensagens da supremacia branca na internet — e esses episódios têm quase duas décadas de diferença. Em ambos os casos, os CEOs escolheram um curso de integridade ao tomar decisões que os colocaram em desacordo com alguns de seus próprios clientes.

No início da vida do eBay, o fundador da Starbucks, Howard Schultz, foi diretor lá. Ele foi a Auschwitz, local de um campo de concentração da Segunda Guerra Mundial. Ele voltou profundamente afetado por sua visita, preocupado com o aumento da retórica da supremacia branca e de itens de propaganda como camisetas, pôsteres e itens relacionados ao nazismo que eram anunciados nos Estados Unidos. Algumas dessas coisas estavam aparecendo no eBay. Em uma reunião do conselho, ele defendeu a proibição imediata de todos os itens relacionados ao nazismo.

Meg Whitman, nossa CEO, pediu que eu investigasse. Fiquei surpreso ao descobrir que, na verdade, estávamos falando sobre dois tipos distintos de mercadoria. O primeiro era *memorabilia* autêntica do nazismo. Muitos militares norte-americanos compraram vários *souvenirs* antes de deixarem o teatro europeu durante a Segunda Guerra Mundial: capacetes, medalhas, bonés, uniformes, baionetas, vários pôsteres de propaganda e livros, além de outros itens nazistas. Pelo que pudemos ver, a maioria dos vendedores de itens autênticos NÃO estava promovendo o nazismo, e havia muitos colecionadores desses itens que não eram simpatizantes do nazismo.

Em alguns casos, os proprietários originais ou seus herdeiros precisavam de dinheiro, e poder vender esses ativos era seu direito, da mesma forma que vender ativos como selos ou coleção de moedas. E os compradores podem ser pessoas como Susanna Bolten Connaughton, uma autora e historiadora que conheço, cujo pai passou dois anos em um campo de prisioneiros de guerra polonês administrado pelos nazistas durante a Segunda Guerra Mundial. Ela faz parte de um grupo internacional que está trabalhando para criar um museu sobre aquele acampamento e costuma procurar no eBay por fotos e lembranças do período que incluem referências ou fotografias de nazistas. Na verdade, curadores de museus em geral são grandes usuários do eBay, assim como pesquisadores que precisam de referências para figurinos, cenários de filmes e programas de televisão.

O segundo grupo de itens eram *réplicas* de itens e propaganda pró-nazista em camisetas, pôsteres, faixas ou bandeiras, ou réplicas de uniformes criadas e comercializadas entre grupos de supremacia branca e simpatizantes do nazismo. Esses itens eram materialmente diferentes, assim como seu mercado — eles procuravam ativamente compradores que fossem supremacistas brancos.

Decidir o que fazer com as réplicas foi fácil — estabelecemos imediatamente uma regra proibindo sua venda no eBay. Os itens históricos eram mais desafiadores. Inicialmente, a equipe do eBay relutou em proibir esses itens. Onde pararíamos se começássemos a escolher lados envolvendo itens relacionados a vários conflitos históricos? Da Irlanda a Israel, de Uganda ao Vietnã, itens conectados a um ou outro conjunto de combatentes ou facções acabavam no eBay. Certos itens desencadearam emoções intensas na comunidade do eBay, mas, embora eu me sentisse confortável em recomendar a remoção de itens que atacassem grupos étnicos ou religiosos ou que promovessem outras pautas da supremacia branca, tínhamos preocupações em banir itens autênticos. Eu tendo a concordar que, quando você começa a "banir" itens históricos, você corre o risco de enterrar e esquecer a história.

Mas, como Meg demonstrou em seu livro *The Power of Many* [O Poder de Muitos, em tradução livre], Howard não concordou com esse argumento.[15] Ele lembrou ao conselho que, embora seja realmente difícil traçar uma linha, é isso que os líderes fazem — eles traçam limites. Ele disse que o resultado era que estávamos lucrando ao permitir que pessoas com motivos e mensagens sinistras e até violentas negociassem itens em nossa plataforma. Ele ficava perguntando a Meg: "Qual você quer que seja o caráter de sua empresa?"

Por fim, seguindo as ordens do conselho, banimos toda propaganda de supremacia branca e quase todos os itens relacionados ao nazismo, exceto aqueles com significado histórico muito específico, como fotografias autênticas.

Com o tempo, ficamos confortáveis em definir limites para proibir itens sobre os quais os norte-americanos podiam falar ou poderiam possuir, mas que não refletiam o que queríamos que nossa plataforma representasse. Proibimos categorias inteiras de "assassinatos", por exemplo — itens como a geladeira em que um assassino em série armazenava partes cortadas de corpos. Proibimos os capuzes de lençol branco da Ku Klux Klan. Meg decidiu, e os CEOs subsequentes concordaram (embora o eBay esteja constantemente revisando e atualizando suas regras), que você deve considerar a conexão de sua marca com as mensagens e o impacto do que é divulgado em seu site.

Dito isso, a maioria das pessoas não consultará uma longa lista de regras antes de tentar postar um item para vender ou pesquisar por algo que lhes interessa. Nos primeiros dias do eBay, tudo que podíamos fazer era criar as regras e designar funcionários para pesquisar rotineiramente palavras-chave nas listas ou verificar denúncias de violações da comunidade. Em certo momento, criamos um software (carinhosamente conhecido internamente como eLVIS, de "eBay Listing Violation Inspection System", "Sistema de Inspeção de Violações em Anúncios no eBay), para encontrar itens com defeitos ou perigosos, como os *jarts*, peles ou produtos derivados de animais em perigo de extinção (como guepardos ou tigres), medicamentos prescritos, armas, álcool ou explosivos; o software sinalizaria o anúncio para revisão por uma equipe antes ou durante sua publicação.

Apesar do que o diretor jurídico da Cloudflare disse, portanto, o desafio de criar uma política que se aplique de forma ampla e justa não é novo, mas a dificuldade em fazer isso não deve obscurecer a pergunta: o que você quer que sua empresa defenda? Não é fácil enfrentar essas ameaças à imagem ou à marca de uma empresa, mas você também não pode adiar as respostas indefinidamente ao alegar complexidade. Se assim o fizer, faltará integridade — e correrá o risco de um desastre para a marca.

O "momento em que você aceita a aventura"

Meu segundo contato com a supremacia branca no contexto profissional foi mais recente.

No Airbnb, usamos nosso código de padrões da comunidade para resolver uma série de questões de comportamento do usuário relacionadas à privacidade, segurança, justiça, segurança, autenticidade e confiabilidade. Em termos de privacidade, por exemplo, proibimos expressamente os anfitriões de usar câmeras de vídeo em dormitórios ou banheiros, e insistimos que eles revelem totalmente a existência e instalação de quaisquer outras câmeras na propriedade. Em compensação, pedimos aos hóspedes que não tirem ou compartilhem fotos ou vídeos das áreas privadas de uma casa ou dos proprietários sem sua expressa permissão.

Não criamos as regras para a nossa comunidade apenas para usá-las como escudos jurídicos; fizemos isso para promover ativamente certos valores e comportamentos em nossa plataforma e além dela.

Veja, a seguir, uma situação que foi um dos meus momentos de maior orgulho no Airbnb. Em 2017, os organizadores de uma passeata de supremacistas brancos em Charlottesville, Virgínia, disseram aos visitantes de seu site para procurarem no Airbnb lugares para ficar enquanto estivessem nos eventos. Dizemos em nossos padrões de comunidade que os usuários — anfitriões e hóspedes — devem concordar em "aceitar as pessoas independentemente de sua raça, religião, nacionalidade, etnia, deficiência, sexo, identidade de gênero, orientação sexual ou idade". Por definição, o objetivo desse comício era promover o preconceito e posições racistas.

Brian Chesky, nosso CEO, não teve problemas para tomar a decisão — o Airbnb não lucraria com isso. Era contra nossos valores. Verificamos os nomes de supremacistas brancos proeminentes que haviam se manifestado e anunciado sua intenção de comparecer ao comício e pesquisamos para ver se eles tinham reservas feitas no Airbnb. Cancelamos as reservas, alertando a eles e aos anfitriões que, ao defenderem o discurso de ódio contra grupos raciais, eles violaram os termos de uso do Airbnb. Os organizadores do protesto juraram vingança, boicotes etc. Eu não sei dizer se algo assim aconteceu, mas não perdemos o sono por termos sido boicotados por supremacistas brancos. Perder as receitas de curto prazo para permanecer fiéis aos nossos valores era, em longo prazo, de interesse de nossos acionistas.

Para empresas de plataforma, ferramentas e análises via software estão evoluindo para evitar problemas antes que eles ocorram. Mas o software sozinho não resolve esses dilemas. Valores e integridade são necessários para que você possa fazer a coisa certa, mesmo quando for difícil. O comportamento dos membros da comunidade em sua plataforma de internet se torna sua marca, tanto quanto um logo costurado no uniforme ou a qualidade das batatas fritas em seu restaurante fast-food. Nos primeiros dias da internet, estava na moda dizer que você defendia a Primeira Emenda e a liberdade de expressão, total abertura, aceitação de todos os participantes, todos os itens, vídeos ou fotos sem nenhum julgamento. Esses dias acabaram.

Conclusão

Um superpoder para nossos tempos

Eu já expliquei os Seis Cs — o porquê, quando, quem e como das noções básicas para o cultivo da integridade no trabalho.

Mas no Airbnb também vemos a integridade como um superpoder e como um componente vital do que nosso CEO Brian Chesky chama de "criação de uma empresa do século XXI". Como explicarei neste capítulo final, uma empresa do século XXI vai além dos resultados financeiros do próximo trimestre; ela não terá sucesso a menos que equilibre as necessidades de todos os stakeholders e contribua para a criação de um mundo melhor. E assim, na esperança de fazer com que todos — empreendedores, comunidades e agentes políticos — se entusiasmem com tal importância, vamos detalhar mais essa noção. Pense neste capítulo final como um guia sobre as possibilidades quando a escolha pelo caminho de integridade se torna automática.

Meu trabalho nos últimos vinte anos me convenceu de que a integridade compensa, e muito, seu custo em tempo e dinheiro. Mas, ao pesquisar para este livro, também tentei verificar a realidade de minhas ideias com um conjunto diversificado de líderes em vários tipos diferentes de organizações e empresas: corporações globais tradicionais, investimento de risco, universidades, política, mídia, tecnologia, varejo, startups, empresas familiares e outros. Também conversei com indivíduos em funções de destaque em diferentes níveis de organizações. Você leu alguns de seus comentários, e a ajuda e o apoio deles moldaram a mensagem deste livro.

O CEO do Airbnb, Brian Chesky, compartilhou seu próprio Momento de Código pessoal quando o apartamento de um anfitrião foi vandalizado por um usuário de nossa plataforma. Outro momento de integridade da vida real que eu gostaria de compartilhar vem de Adam Silver, o presidente da NBA. Em uma sexta-feira de abril de 2014, o site de celebridades TMZ publicou um áudio de cair o queixo: uma mulher que estava namorando Donald Sterling, proprietário do Los Angeles Clippers, passou para o TMZ uma gravação dele a fustigando por tirar fotos com atletas e postá-las nas redes sociais. Entre os comentários de Sterling estava este: "Fico muito incomodado que você queira mostrar pra todo mundo que está se relacionando com pessoas negras."[1]

Para os Clippers e para a NBA, esse foi um duplo código vermelho. De uma perspectiva humana básica, os comentários racistas de Sterling foram terríveis. E de uma perspectiva de negócios, a ideia de um dono de equipe dizer algo que seria claramente ofensivo para dois de seus principais *stakeholders* — seus jogadores e fãs — era pura idiotice.

Como um ávido fã de esportes, sei que o esporte profissional é uma arena que reúne o melhor e o pior da natureza humana. Vitórias inesperadas, um jogador superando lesões ou adversidades, grandes exemplos de trabalho em equipe — tudo isso é material para momentos inspiradores e icônicos. Mas também existem exemplos surpreendentes do oposto de integridade, como atletas usando drogas ilegais para melhorar o desempenho ou insultando oponentes com calúnias ofensivas. Ou quando os atletas usam contra cônjuges ou companheiros a mesma agressividade que usam contra adversários de seu próprio tamanho.

Na época em que o áudio de Sterling foi divulgado, a NBA ainda estava se recuperando de outro escândalo, no qual um árbitro veterano admitiu ter apostado em dezenas de jogos que arbitrou, e pessoas da Liga alegaram que ele havia marcado mais faltas contra os oponentes do time em que apostou. Adam Silver era o presidente há apenas alguns meses, e lidar com o bilionário e rabugento Sterling, dono dos Clippers, recaiu sobre seus ombros.

Pense sobre uma lista complexa de *stakeholders* em quem pensar: jogadores, fãs, patrocinadores, outros donos de times da NBA, a mídia, ativistas dos direitos civis, funcionários dos Clippers e o técnico Doc Rivers (ele mesmo é um afro-americano), todos foram impactados de várias maneiras e reagiram de forma diferente. De sua parte, Silver ouviu a gravação 24 horas após as postagens do TMZ; ele diz que ficou consternado e frustrado. A primeira pergunta que ele diz ter feito à sua equipe foi: *Temos certeza de que é mesmo Sterling?*

Enquanto as mídias sociais ferviam com postagens negativas, Silver estava determinado a investigar e basear suas decisões em fatos, não em rumores.

Enquanto isso, os Clippers estavam nos playoffs e muitas perguntas pairavam sobre o ecossistema da NBA: os jogadores boicotarão o próximo jogo? O treinador do Clippers, Doc Rivers, pediria demissão?

Enquanto esperava que sua equipe analisasse o áudio, Silver diz que pensou sobre o legado da NBA, um de indivíduos corajosos lutando pela igualdade. Um dos mais lendários foi Bill Russell, pivô do Boston Celtics, que jogou durante um período de racismo aberto e agressivo nos Estados Unidos. Certa vez, em uma viagem da equipe em Kentucky, um restaurante se recusou a servir os membros negros do Celtics, e Russell liderou seus companheiros de equipe na recusa em participar de uma partida. Mais tarde, no Mississípi no início dos anos 1960, ele criou um acampamento de verão que integrava brancos e negros, apesar das ameaças da Ku Klux Klan, e ele foi para Washington se sentar na primeira fila quando o Dr. Martin Luther King fez o discurso que ficou conhecido como "Eu tenho um sonho".

Com o tempo, a NBA passou a abraçar a igualdade como um valor fundamental. Silver diz que percebeu que os comentários de Sterling atingiram o cerne do compromisso da Liga com a igualdade e o respeito por todos os atletas, independentemente de raça, religião, nacionalidade ou outras características fundamentais não relacionadas às suas habilidades no basquete.

Na manhã de terça-feira, Silver estava certo de ser Sterling na gravação e anunciou que a NBA o multaria em US$2,5 milhões e o baniria da NBA para sempre. Ele também disse que trabalharia com o grupo de proprietários de times da NBA para forçar Sterling a vender a equipe. Foi a pena mais severa já aplicada a um dono de time. Em particular, alguns levantaram a questão de se a Liga tinha o direito de intervir na gravação de uma conversa particular feita por uma pessoa (a namorada de Sterling na época) que parecia querer vingança. No entanto, muitos não tinham dúvidas dessa natureza. LeBron James tuitou: "Presidente Silver, obrigado por proteger nossa bela e poderosa liga! Grande líder!" Mark Cuban, dono do Dallas Mavericks, acrescentou: "Concordo 100% com as conclusões do presidente Silver e as ações tomadas contra Donald Sterling."[2] Um a um, os *stakeholders* apoiaram Silver em sua posição dura. Doc Rivers não pediu demissão, os jogadores do Clippers não boicotaram os playoffs e os protestos públicos planejados foram cancelados.

Nos meses seguintes, o combativo Sterling garantiu que o conflito não se dissipasse rápida ou silenciosamente, mas Steve Ballmer, o ex-CEO da Microsoft, comprou a equipe por US$2 bilhões no outono de 2014. Donald Sterling apareceu na CNN, quando alegou que havia sido "incitado" por sua ex-namorada a fazer os comentários, e então ele passou a fazer mais comentários ofensivos e inadequados. Hoje, Sterling está fora do basquete. Quando conheci Adam Silver, ele estava em seu quinto ano comandando a NBA.

✦

Sem consequências claras, o compromisso que uma organização assume com seus valores soa vazio. Determinar as consequências de um mau comportamento é uma experiência estressante, no entanto, líderes éticos não se esquivam dessas situações. No caso da NBA, a tomada de decisão baseada em valores enviou um sinal importante e poderoso não apenas para o mundo do basquete, mas para todo o país. Quando jogadores respeitados e populares como LeBron James aplaudiram a liderança de Silver, isso transmitiu ao mundo que a coragem em face de um flagelo como o racismo é importante. A coragem ultrapassa as divisões entre os *stakeholders*. A integridade em face da turbulência permitiu que uma ampla gama de *stakeholders* seguisse em frente com a certeza de que a NBA tinha uma liderança forte. Os jogadores, treinadores e funcionários do Clippers poderiam se orgulhar de sua equipe novamente e se afastar dos discursos racistas destemperados de um único homem. Patrocinadores e fãs permaneceram leais.

Silver é um exemplo de líder a mostrar que, tomando várias decisões difíceis, o compromisso com a integridade pode criar uma energia poderosa e positiva para uma organização. Ele frequentemente defende a contratação de mais mulheres não apenas para a NBA em si, mas também para os times, inclusive como treinadoras. Ele foi fundamental na decisão de tirar o NBA All-Star Game da cidade de Charlotte, na Carolina do Norte, quando o estado aprovou uma lei polêmica sobre banheiros para transgêneros que parecia, mais uma vez, desprezar o compromisso da Liga com a igualdade. "Mesmo que as pessoas discordem, acho que elas irão respeitá-lo se você vincular sua decisão aos valores de sua empresa. A igualdade faz parte do DNA de nossa Liga", disse Silver.

Ele também compartilhou comigo alguns erros que cometeu. Em 2019, ele deixou de agir a respeito de rumores de que os times estavam negociando com os jogadores antes do início do período oficial de negociações, supostamente mais difícil e curto. A revista *Sports Illustrated* criticou a NBA quando uma série de vazamentos e denúncias mostrou que meia dúzia de times haviam violado a regra. Ele diz hoje: "Eu deveria ter percebido que era corrosivo ter uma regra no papel e não aplicá-la." Na reunião seguinte com proprietários de times, portanto, ele se concentrou em questões importantes: queremos ter essa regra? Se a tivermos, até onde devemos ir para aplicá-la? Investigar e-mails? Registros do telefone? "Acho que não há problema em falar abertamente sobre como é complexo enfrentar esses dilemas e como as decisões podem ser difíceis. Não sou mais inteligente do que ninguém, e essas situações não são claras. Mas cabe a mim ser autêntico e transparente." Silver diz que vê seu trabalho, e o de qualquer líder, como uma disposição "para a complexidade".

◆

No Airbnb, abraçar a integridade também nos energiza e nos inspira a administrar nossa empresa alinhados a esse valor. Uma razão pela qual o Airbnb me incentiva a falar sobre Integridade Intencional para outras empresas, organizações e líderes é que acreditamos que elevar a integridade como um valor pode desencadear um ciclo virtuoso, incentivando outras organizações a contribuir de uma forma mais positiva para questões que afetam a todos. Questões como mudança climática, promoção da diversidade e igualdade, luta por oceanos despoluídos, trabalhar pela diminuição da violência na sociedade e ajudar aqueles às voltas com desafios básicos da vida, como moradia acessível, saúde e acessibilidade para deficientes. Talvez até mesmo como enxergamos e tratamos uns aos outros em nossas conversas.

Quando as empresas se engajam como participantes éticas em uma comunidade, seja online ou no "mundo real", elas representam uma força poderosa. Tive uma conversa com Brian Chesky sobre como ele adotou esse ponto de vista que envolve tanto uma visão de longo prazo do sucesso corporativo quanto uma ampla perspectiva em termos de dar atenção a todos os *stakeholders*. Ele ressaltou que sua formação pessoal é diferente daquela de muitos CEOs de tecnologia.

Os pais de Brian eram assistentes sociais, e ele começou sua carreira como designer industrial, estudando na Escola de Design de Rhode Island (RISD, na sigla em inglês). "Artistas não querem poder, querem influência. O poder é compelir as pessoas a fazer coisas, a influência é inspirar as pessoas a fazer coisas. Nunca tentei ter muito poder, ou não teria pensado em criar um site de aluguel de colchões infláveis para passar a noite." Mas, mais especificamente, "Na RISD havia uma tendência em torno do design ético, tornando os produtos bons para o meio ambiente. Se você fizesse algo que não era inerentemente bom para a sociedade, se sua essência não transparecesse, não era um bom design. A ideia era a de que devíamos ser responsáveis pelas coisas que fazemos; isso se impregnou em mim na RISD". Depois que ele e os amigos Joe Gebbia (que também frequentou a RISD) e Nathan Blecharczyk lançaram o Airbnb, Brian diz que foi natural que eles tivessem um ponto de vista diferente de tecnólogos ou de líderes de origem na área de finanças. "Tínhamos uma visão mais ampla sobre o que estávamos fazendo", diz Brian. "Queríamos ser uma força do bem no mundo."

Quando líderes fortes percebem que detêm esse poder, o que os prepara a exercê-lo em suas próprias esferas de influência dentro das empresas, ótimas coisas podem acontecer. Jonah Goldberg, do American Enterprise Institute, escreveu recentemente um artigo sobre a polarização política que assola os EUA, argumentando que tanto a esquerda quanto a direita estão enfatizando os antídotos errados. Ele escreve que a maioria das questões que nos separam envolve governo centralizado e esforços partidários para usar a mídia para "nacionalizar" pontos de vista, para sugerir que o "outro lado" não está se comportando como verdadeiros estadunidenses. Em vez disso, "o que precisamos é de comunidades, e a ideia de comunidade nacional é um mito. A conversa é feita cara a cara e pessoa a pessoa, assim como a comunidade."[3]

Comunidades fortes são construídas e unidas por pessoas que vivem e trabalham lado a lado, e a dinâmica de trabalho é importante e, às vezes, menosprezada. Ao contrário dos governos, as empresas são unidas por um líder, um conselho, uma missão e funcionários trabalhando em prol de objetivos comuns. As empresas geralmente são locais educados onde o decoro é esperado; elas não são propensos a guinadas ideológicas em mensagens ou em políticas. As grandes empresas têm o poder do dinheiro e da orientação global, com funcionários em escritórios por todo o mundo. Eles devem estar acima das divisões do país. Quando os funcionários de uma empresa se sentem valorizados, de confiança e inspirados pelo propósito mais elevado da empresa, eles pensam além dos contracheques e bônus e dão o melhor de si por orgulho, no espírito de construir algo bom e importante.

No Airbnb, nossa missão é ajudar a criar um mundo onde todos possam pertencer a qualquer lugar. Isso afeta tudo o que fazemos, mas também sabemos que não podemos fazer isso sozinhos. A natureza do nosso negócio significa que precisamos refletir a respeito de lugares vivos, vicejantes. Lugares onde vivem nossos anfitriões. Lugares para os quais nossos hóspedes viajam para experiências interessantes e divertidas. Questões globais como poluição, mudança climática, discriminação e privacidade são ameaças a toda a comunidade humana, mas atuam de maneiras únicas em milhões de lugares onde *stakeholders* precisam se debruçar sobre a complexidade e trabalhar juntos. Acreditamos, portanto, que todas as empresas são *stakeholders* do futuro de nosso planeta e das condições que nossos próximos enfrentam. Firmados em um compromisso com a integridade, podemos tornar o mundo melhor.

Uma mudança fundamental de pensamento

David Brooks, colunista do *New York Times*, afirma: "Em uma sociedade saudável, as pessoas tentam equilibrar um monte de prioridades diferentes: econômicas, sociais, morais, familiares. De alguma forma, nos últimos quarenta anos, as prioridades econômicas ocuparam o primeiro lugar e obliteraram todo o resto. Por uma questão política, privilegiamos a economia e, no fim, não conseguimos mais enxergar que poderia haver outras prioridades." Brooks diz que se tornou muito comum para os investidores "exigir que todas as empresas cortem impiedosamente os custos com seus funcionários e destruam impiedosamente suas cidades de origem se isso aumentar o preço das ações de curto prazo". Ele acrescenta: "Nós jogamos fora as lentes morais."[4]

Nem toda empresa joga fora seus óculos éticos. Eu olho em volta hoje e vejo empresas que estão agindo de maneiras que reequilibram as prioridades citadas por Brooks. Minha empresa anterior, a Chegg, tem um quadro dedicado de funcionários que apoiam o Second Harvest Food Bank [iniciativa do Vale do Silício contra a fome], e a empresa doou US$250 mil para combater o problema. A empresa escolheu essa causa por uma razão muito importante — e, eu diria, não óbvia — diretamente ligada à sua missão e propósito. "Nosso objetivo é formar colaboradores que façam todo o possível para atender ao aluno. Bem, 36% dos alunos neste país estão com fome", explicou o CEO Dan Rosensweig. A empresa soube que 50% dos alunos de uma universidade em seu próprio quintal, a Universidade Estadual de San Jose, pulam refeições devido ao custo. Imagine os problemas que poderíamos enfrentar se mais empresas pensassem em seus clientes não apenas como uma fonte de receita, mas de forma holística. Do que eles precisam, como podemos ajudá-los a atingir seus objetivos?

A ideia de voltar a um melhor equilíbrio das prioridades corporativas está ganhando muitos defensores, até mesmo entre alguns investidores. Jamie Dimon, CEO do JPMorgan Chase, e Warren Buffett, da Berkshire Hathaway, escreveram, em 2018, um artigo opinativo para o *Wall Street Journal*, observando: "Os mercados financeiros se tornaram muito focados no curto prazo. A orientação trimestral de lucro por ação é um dos principais impulsionadores dessa tendência e contribui para uma mudança nos investimentos de longo prazo. As empresas frequentemente evitam gastos com tecnologia, contratação e pesquisa e desenvolvimento para atender às previsões de lucros trimestrais que podem ser afetadas por fatores fora do controle da empresa, como flutuações nos preços das *commodities*, volatilidade do mercado de ações e até mesmo o clima." No fim das contas, eles continuaram, essa fixação está "privando a economia de inovação e oportunidade".[5] Em outras palavras, o "curto prazo" é ruim para essas empresas e é ruim para todos nós.

Já mencionamos o movimento em uma das icônicas organizações pró-capitalistas e pró-negócios — a Business Roundtable — sobre essa questão. Se quisermos que esse movimento continue, acredito que será a partir das conversas descritas neste livro. Será necessário definirmos políticas específicas intencionalmente baseadas em valores mais elevados e refletindo contribuições diversas. Todos em uma empresa devem responsabilizar uns aos outros. *Momentos de cerejeira* autênticos, quando os indivíduos admitem um erro e assumem a responsabilidade, devem se tornar uma aspiração nacional novamente, evitando os rodeios e as mentiras que enfraquecem nosso espírito.

Ser um líder em integridade significa avaliar constantemente processos e estratégias de impacto e fazer mudanças quando necessário. Por exemplo, uma das armadilhas de integridade de que falamos é como os incentivos de remuneração podem distorcer o cálculo ético de uma empresa. Quando os funcionários são avaliados e recompensados pelo rendimento, mas não pela qualidade, esta diminui. Enquanto o retorno para o acionista for alto, alguns líderes podem ignorar atalhos que se transformam em fraude, suborno e desonestidade generalizada. Quando os planos de remuneração e bônus se baseiam no cumprimento de estritas metas financeiras e de preço de ações, mesmo os funcionários bem abaixo do nível executivo podem ignorar danos graves a certos *stakeholders* se o comportamento lhes oferecer benefícios imediatos.

No eBay, quando percebemos que nosso sistema de feedback por si só não era suficiente para policiar o comportamento na plataforma, Meg Whitman garantiu que mudássemos. A satisfação dos compradores se tornou um fator importante no cálculo das métricas de compensação. Como resultado, nosso pessoal mudou suas atitudes em relação aos vendedores que não conseguiram oferecer uma experiência de compra de alta qualidade. A questão é que você não acertará tudo na primeira tentativa, mas se achar que as ações não estão de acordo com seus valores e padrões, você deve avaliar, ajustar, consertar e seguir em frente.

O Airbnb e outras empresas progressistas estão se reunindo em torno de ideias como a de Simon Sinek, um autor que cunhou o termo "horizonte de tempo infinito", para sugerir que, embora uma empresa moderna deva definir e trabalhar para cumprir metas de crescimento, seu objetivo real deve ser liderar seu setor indefinidamente. Para atingir esse objetivo, a empresa deve reconhecer e equilibrar constantemente os interesses de todos os *stakeholders* e avaliar seu impacto de longo (ou ainda mais amplo) prazo. "Pessoas unidimensionais, pessimistas e apegadas ao passado não prosperarão no novo mundo. As pessoas estão procurando por líderes com propósitos. Os funcionários esperam que seus líderes sejam uma personificação de seus valores", acredita Brian Chesky. "A aparência de um líder do século XX é diferente da aparência de um líder do século XXI. Um líder do século XX era branco, homem, hétero. Hoje, um líder pode vir de qualquer lugar e se parecer com qualquer coisa. A aparência de um líder não existe. O que importa é como eles se comportam. Eles precisam ter um horizonte de tempo muito mais longo."

Marty Lipton, sócio do escritório de advocacia Wachtell, Lipton, Rosen & Katz, escreveu um memorando em 2019 para os clientes de sua empresa, no qual abordava especificamente as responsabilidades dos conselhos atuais.[6] Lipton, motivado por alguns processos judiciais recentes, identificou mais de duas dezenas de funções de conselhos modernos, e fiquei surpreso com a quantidade — incluindo a primeira que ele listou —, que abordavam a ética e a questão de estar aberto às preocupações dos *stakeholders*. Ele disse, em primeiro lugar, que se espera que os conselhos "reconheçam o foco elevado dos investidores no 'propósito' e na 'cultura' e uma noção ampliada dos interesses dos *stakeholders*, o que inclui funcionários, clientes, comunidades, a economia e a sociedade como um todo, e trabalhar com a gestão para desenvolver métricas para permitir que a empresa demonstre seu valor."

Teria sido um evento e tanto ver, dez anos atrás, um escritório de advocacia empresarial priorizar essas questões.

Quando você responde a questões relacionadas a valores, você sempre ouvirá aqueles que dizem: "Ok, hoje é a supremacia branca; o que será amanhã? Qualquer grande evento levanta questões às quais algumas pessoas se opõem. Os motivos pelos quais nossos hóspedes visitam um lugar são realmente de nossa conta?" No Airbnb, nossa resposta é "sim" — se nossos clientes ou parceiros expressam opiniões contrárias à nossa missão e aos nossos valores e os associam à nossa marca, nos sentimos obrigados a agir. Seria hipócrita da nossa parte esperar que nossos funcionários sigam nossas regras com base nesses valores, mas lucrarmos com as transações que os traem.

Agora, perceba que, quanto mais uma organização enfatiza a ética e os valores na frente de seus funcionários, mais provável é que eles se espelhem na ampla gama de práticas de negócios da empresa. O escopo dessas perguntas pode ser imprevisível. A empresa é fundamentalmente ética se lucrar poluindo secretamente os céus ou os mares ou se fechar os olhos para o uso antiético de suas plataformas por outras empresas?

Isso pode parecer um pouco assustador. Você pensa: nós somos uma empresa, não uma ONG. Cada funcionário pode ter uma agenda política ou de direitos exclusiva que gostaria de ver sendo apoiada por nós. Por que entraríamos nesse caminho e incentivaríamos nossos funcionários a priorizar a ética quando isso poderia sair pela culatra e levá-los a questionar nosso comportamento e nossos motivos e exigir nossa resposta a todas as questões imagináveis? Isso não está liberando um gênio que pode ser difícil de colocar de volta na lâmpada?

A lâmpada está quebrada. A maior transparência criada pela internet, o poder crescente das plataformas de mídia social e o poder cada vez maior do funcionário individual e a globalização em geral se combinaram para mudar o mundo. O risco de ser exposto por comportamento ou práticas antiéticas é maior do que nunca. Mark Weinberger, ex-CEO da empresa de consultoria global EY Global, observou: "Os CEOs falam em nome de mais pessoas do que nunca e foram responsabilizados de forma ainda mais pública… em um clima político divisor, nosso pessoal, nossos clientes esperam cada vez mais que falemos publicamente quando surgirem questões que entrem em conflito com os valores declarados de nossas empresas. Nos últimos anos, todos nós vimos a pressão que as empresas enfrentaram quando foram percebidas como estando do lado errado de uma ou outra questão. Tudo impacta a marca de uma organização, que é uma moeda cada vez mais importante."[7]

✦

Mais do que nunca, todos os *stakeholders* de uma empresa grande ou pequena têm uma voz e uma maneira de se conectar. Apenas reflita sobre como é fácil imaginar estes cenários:

- Um funcionário de um salão de cabeleireiro posta anonimamente uma reclamação em um site de mídia social do bairro sobre o uso de produtos tóxicos

proibidos em sua loja. Sem dizer uma palavra, os clientes leem a denúncia e buscam um novo salão, e a vigilância sanitária abre uma investigação.
- Uma loja de pneus avisa em letras miúdas que os preços superbaixos que enfatiza em sua publicidade são para pneus recauchutados, não para novos. Depois de chegar à loja planejando comprar pneus e perceber que serão cobrados três vezes o preço anunciado, os clientes inundam o Yelp com reclamações sobre a "armadilha" da loja.
- Estudantes que viajam para um país em desenvolvimento descobrem que uma cadeia de alimentos orgânicos está explorando a mão de obra no exterior para manter os custos baixos, então eles gravam vídeos e publicam no YouTube. O vídeo se torna viral; os consumidores começam um boicote.
- Clientes que sentem que foram sistematicamente enganados por um banco tuitam sua frustração e pedem que outras pessoas que pensam da mesma maneira entrem em contato com eles. Eles montam uma associação para abrir um processo com mais rapidez do que você consegue dizer: "Quer conhecer algumas de nossas opções de poupança?"
- Os vizinhos percebem que uma fábrica ignorou as regulamentações ambientais e anunciam por e-mail uma manifestação. Centenas de pessoas comparecem e funcionários pedem que a empresa pare de produzir até que suas práticas estejam em conformidade com as regras.

Como líder de uma empresa, ou você adota a integridade ou espera o dia em que o mundo o forçará a isso. Você pode não ser capaz de responder a todas as preocupações, mas é melhor encontrar uma maneira de ouvir as preocupações e estar preparado para agir naquelas que são essenciais para sua missão. Continue alinhando suas ações ao seu propósito e se certifique de que as preocupações de alguns *stakeholders* não sejam priorizadas de forma consistente em relação às necessidades e contribuições de outros *stakeholders* de cujo apoio você precisará em seu horizonte infinito. Em última análise, os lucros são essenciais; mas uma empresa construída para durar sabe que formar parcerias confiáveis e sólidas com funcionários e outras pessoas é o único caminho para o sucesso de longo prazo.

Equilíbrio

Fui bem específico em muitas partes deste livro sobre como abordar certas questões legais e éticas. Mas serei honesto: não tenho nenhum modelo ou processo que evite irritar ou colocar em desvantagem pelo menos um conjunto de *stakeholders* em qualquer decisão que você tomar. Você nunca deixará todos os interessados felizes com cada decisão e, sem dúvida, de vez em quando prejudicará alguns com suas decisões, como o eBay fez quando proibiu a venda de livros didáticos para professores em sua plataforma. Esse é o desafio da liderança. O melhor que você pode fazer é considerar as questões levantadas e tentar encontrar uma maneira de reconhecer sua importância ao longo do tempo; se você for autêntico e transparente em suas negociações, abrirá a porta para encontrar um consenso no futuro.

Ao refletir sobre o processo dos Seis Cs, portanto, não pense nele apenas como um conjunto de regras para os funcionários seguirem ou diretrizes para punir os transgressores que as violam. Um motivo pelo qual o processo começa com a determinação da missão e dos valores fundamentais de uma empresa é que isso ajuda a esclarecer que o que você realmente está fazendo é remover obstáculos, desbloquear o potencial de sua empresa e aproveitar as melhores habilidades e energia de seus funcionários para conduzir seus negócios com propósito e valores.

Quero terminar com algumas reflexões sobre a energia ainda maior que você pode desbloquear combinando a Integridade Intencional com sua prima próxima, Inclusão Intencional.

A inclusão é parecida com o quê?

É fácil para as equipes, e empresas inteiras, cair na armadilha da homogeneidade. Pode começar sutilmente, com um gerente de RH enfatizando que as novas contratações devem se "adaptar bem à cultura". É a natureza humana — tendemos a gostar de pessoas que são semelhantes a nós. Podemos navegar pelo LinkedIn como se fosse um catálogo e subconscientemente pousar nas pessoas que nos parecem familiares. Talvez elas tenham estudado na mesma faculdade que nós ou tenhamos trabalhado na mesma empresa. Na verdade, é fácil gastar quinze minutos examinando suas próprias conexões no LinkedIn através das lentes da homogeneidade. Você pode considerar: até que ponto sua rede se parece com você?

A ideia de uma equipe coesa e unida pode ser atraente... mas também é problemática com o passar do tempo. Quando é baseada na discriminação, é ilegal. Quando é impulsionada por panelinhas ou favoritismo, leva a problemas.

Quando o chefe é amigo íntimo de um subordinado direto e há algum conflito entre seus cônjuges ou filhos, isso pode se infiltrar no ambiente de trabalho. Quando dois amigos estão concorrendo à mesma promoção e um deles consegue, pode haver um ciúme intenso que perturba o moral e o desempenho de toda a equipe. Ou talvez haja a sensação de que o gerente promovido deve favores ao colega de faculdade, seu subordinado direto, porque talvez o outro cara conhece alguns segredos que o gerente prefere manter em segredo. Ou, por qualquer motivo, alguém que não se encaixa no molde entra para a equipe. Um excelente colaborador, que é um alcoólatra em recuperação, se recusa a comparecer ao happy hour habitual da equipe na sexta-feira, mas eles não querem desistir do ritual, e agora o novo funcionário se sente excluído. Uma talentosa programadora da Bielorrússia tem um sotaque forte; ela ouve colegas nascidos nos Estados Unidos zombarem dela pelas costas. Os "diferentes" se tornam o "grupo de fora", um alvo fácil para o ridículo e para o abuso. Quando os "diferentes" são mulheres, um "clubinho dos meninos" pode incitar uns aos outros a fazer comentários inadequados, ou avanços impróprios, ou negar-lhes promoções.

Diversidade e inclusão no ambiente de trabalho não são conceitos intercambiáveis. A diversidade reflete contratações e atribuições deliberadas e direcionadas. Inclusão é energia intencional e assertiva, comprometida em fazer com que equipes diversas funcionem.

Lilian Tham, nossa recrutadora, trabalhou em várias empresas de alta tecnologia proeminentes nos Estados Unidos, e ela me disse que muitas empresas afirmam querer diversidade, mas não estão dispostas a fazer o que é necessário para chegar lá. No Airbnb, exigimos que as listas de candidatos para vagas em aberto sejam diversas e, como Lilian observa, "Tornamos difícil pedir uma exceção". Às vezes, as empresas também deixam de considerar o tipo de apoio de que os candidatos que representam grupos diversos precisam para prosperar no trabalho. Mesmo quando eles recrutam talentos fortes e diversos, ela diz, nem sempre são construídas pontes apropriadas que ajudam esses funcionários a se integrar e se destacar em suas funções. Mas ela acredita que a ênfase do Airbnb na integridade, que começa na orientação de recém-contratados, define um tom importante para os novos funcionários. "Queremos que as pessoas coloquem seu eu integralmente na mesa, e ter uma cultura que incentiva a confiança e a vulnerabilidade cria um ambiente onde as pessoas sentem que podem fazer seu melhor trabalho. Uma empresa cuja base é construída na integridade apoia essa cultura."

Em minhas palestras sobre ética, não falo apenas a respeito de regras, mas também de situações desafiadoras em que cometemos erros. "Ter alguém na equipe executiva falando sobre inclusão dessa forma dá às pessoas permissão para ser vulneráveis", acredita Lilian. Por exemplo, se um de nossos gerentes fizer uma observação ou tolerar uma conversa que seja ofensiva ou desagradável para outro funcionário, então podemos apontar claramente que isso não está certo devido ao nosso compromisso explícito com um espírito de inclusão. Encorajamos a pessoa ofendida a falar e ser ouvida — em vez de internalizar a experiência como uma rejeição e ficar com raiva ou arredia, ou mesmo pedir demissão.

Como a missão do Airbnb é fazer com que todos sintam que pertencem a todos os lugares, provavelmente pensamos mais sobre o conceito de pertencimento do que outras empresas. Conectamos fisicamente as pessoas em um mundo repleto de culturas e práticas únicas e complexas. Para nossos hóspedes, o sentimento de "pertença" pode derivar de muitas coisas diferentes: a possibilidade de visitar um destino que, graças à nossa plataforma, já não está financeiramente fora de alcance; acomodação entusiástica do animal de serviço e apoio de um hóspede; um anfitrião que também oferece uma experiência projetada em torno do interesse do hóspede em jazz ou observação de estrelas.

Ou às vezes trata-se simplesmente de ser tratado como um ser humano.

Muito tem sido escrito sobre o fato de que convidados negros relataram ter mais dificuldade para serem aceitos em Airbnbs de alguns anfitriões. É uma triste verdade que o racismo existe na plataforma Airbnb, assim como em todo o mundo. Apesar do fato de que cada usuário do Airbnb deve prometer que aceitará todos, independentemente de sua raça, sexo, gênero etc., nem todos cumprem essa promessa. Acreditamos que o fracasso é, muitas vezes, o resultado de "preconceito inconsciente", o fato de que alguns anfitriões se sentem mais confortáveis com convidados que são "como eles". Quer o preconceito seja intencional ou inconsciente, é errado, e histórias sobre casos de tratamento inaceitável surgiram na mídia.

Dentro da empresa, alguns de nossos funcionários ficaram chocados ao ler sobre discriminação ocorrendo na plataforma. Para muitos deles, que vivem em uma cidade como São Francisco, que geralmente aceita bem diferentes culturas e estilos de vida, a discriminação era algo sobre o qual só liam nos livros de história. Mas se eles conversassem com alguns de nossos funcionários afro-americanos, descobririam que a discriminação ainda acontece em suas vidas, inclusive em São Francisco. Um funcionário afro-americano me contou sobre as muitas vezes em que foi parado pela polícia por pequenas infrações ou por razão nenhuma, apenas dirigindo por São Francisco. Eu nunca fui parado na cidade. É claro que meus colegas negros vivenciam o mundo de maneira diferente de mim, e, como executivo, sinto que é vital para o Airbnb ter essa experiência refletida dentro da empresa. Quando o assunto da discriminação racial surgir, quero essas vozes presentes em nossa mesa para garantir que as suposições de quem nunca vivenciou isso não dominem a discussão. O que você não conhece você não sabe.

Se ignorarmos os sentimentos e a dignidade de nossos funcionários e deixarmos de aproveitar a riqueza de experiências e perspectivas diversas trazidas, provavelmente falharemos ao longo do tempo para melhor servir nossos anfitriões e hóspedes. Não veremos nossos clientes diversos de uma forma realista. Não maximizaremos o valor de nosso capital humano. Eventualmente, não atrairemos nem reteremos os melhores talentos.

Depois de passar por esses passos...

Anteriormente, apresentei Srin Madipalli, que é uma inspiração para mim ao provar o valor da inclusão intencional.

Srin nasceu em Londres. Ele começou sua carreira como pesquisador de genética antes de se tornar um advogado corporativo. Mais tarde, ele percebeu que do que realmente gostava era dos negócios, e então se matriculou em Oxford para obter um MBA. Depois disso, ele aprendeu sozinho a programar e lançou uma startup.

Como esse currículo sugere, Srin é uma pessoa altamente enérgica, com tendência para a ação, embora tenha nascido com atrofia muscular espinhal e esteja em uma cadeira de rodas motorizada desde a infância. Sua família nunca teve recursos para viajar em sua juventude, por isso, antes de ir para Oxford, ele e outro amigo em uma cadeira de rodas decidiram fazer uma viagem de quatro meses ao redor do mundo. E o que eles descobriram foi que, para os indivíduos em cadeiras de rodas, dizer que viajar pode ser difícil é um eufemismo profundo. A oferta geral de acomodações acessíveis é baixa e há poucos recursos para ajudar as pessoas a encontrá-las.

Então Srin começou sua própria empresa, chamada Accomable, para coletar dados sobre opções de viagens com acesso para cadeiras de rodas e encorajar os hoteleiros e outros envolvidos no setor a equipar suas acomodações para serem escolhas confiáveis para viajantes com deficiência. Ele criou ferramentas de software que facilitaram para o setor de hospitalidade descrever e exibir especificamente fotografias de seus terrenos e características físicas, para que os viajantes com necessidades especiais pudessem tomar boas decisões. Imagine navegar em um mundo onde você fez um longo voo, chegou no meio da noite, pegou sua chave e então percebeu que há dois degraus significativos entre você e seu quarto de hotel — e nenhuma rampa. Você chama o dono do local para pedir ajuda e diz "Era para o quarto ser acessível", e então ouve, como Srin ouviu certa vez: "Bem, ele é, depois de passar pelos degraus."

No início, a plataforma do Airbnb tratava a acessibilidade para cadeiras de rodas como uma questão de sim ou não. O anfitrião poderia marcar sim, se percebesse que a questão não era apenas sobre escadas e rampas. Cadeiras de rodas geralmente requerem portas extralargas, especialmente em banheiros. Um hóspede que precisa da ajuda de uma pessoa ou de uma tipoia especial para entrar e sair da cama precisa de espaço extra ao redor dela.

Quando Brian percebeu que havia uma lacuna entre o que alguns de nossos anúncios prometiam e a experiência de pessoas com deficiência, ele nos desafiou a resolver esse problema. Em 2017, adquirimos a Accomable, e Srin e sua equipe se juntaram a nós para trabalhar na redução dessa lacuna. Hoje, Srin é um gerente de produto que ajuda a criar soluções que forneçam aos anfitriões e hóspedes informações muito mais específicas sobre acessibilidade em nosso sistema de reservas. Funcionários como Srin são essenciais para nos fornecer as percepções para entender alguns de nossos clientes e fazer um trabalho melhor. Ele pode nos ajudar a tornar o mundo melhor para viajantes com deficiência.

Eu estava pensando em nossos esforços intencionais para atender às necessidades dos viajantes com deficiência física quando li o discurso de formatura da turma de 2019, feito pelo CEO da Apple, Tim Cook, em Stanford. Cook observou que muitas empresas de tecnologia inventam tecnologias inovadoras, mas depois dão de ombros e lavam as mãos quando surgem complicações ou consequências para a sociedade que elas não previram. "Parece um pouco louco que alguém tenha que dizer isso, mas se você construiu uma fábrica de caos, não pode se esquivar da responsabilidade pelo caos. Assumir a responsabilidade significa ter a coragem de pensar bem nas coisas."[8]

Mirando o infinito

Uma parte importante dessa reflexão é perceber que uma equipe de trabalho predominantemente homogênea não consegue prever os muitos possíveis problemas, não apenas de funcionários que podem não se enquadrar no perfil dominante, mas também de clientes em potencial e muitos tipos de parceiros de que uma empresa pode precisar para ter sucesso. Janet Hill é diretora da Hill Family Advisors em Fairfax, Virgínia. Ela cresceu na segregada Nova Orleans e diz que nunca conheceu uma pessoa branca até se matricular em Wellesley, onde uma de suas colegas de classe e amiga era Hillary Rodham Clinton. Hill começou sua carreira como pesquisadora em matemática e se tornou uma especialista em responsabilidade corporativa e planejamento de recursos humanos, e ela atuou nos conselhos de muitas empresas grandes, incluindo Dean Foods, Progressive Insurance e o Carlyle Group, e no conselho de administração da Universidade Duke. Uma defensora ferrenha da diversidade nos EUA corporativos, Hill e eu discutimos a importância da diversidade e do pensamento inclusivo por parte das empresas. Ela observa: "Somos cerca de 335 milhões de pessoas. Os negros, hispânicos, asiáticos e mestiços constituem metade de nossa população. Como você pode construir uma empresa eficaz em qualquer setor sem explorar o talento de metade do país? A diversidade melhora as oportunidades de bom comportamento em uma empresa. Quando limito meu manancial, limito minhas oportunidades de eficiência e aumento as chances de que ocorra um comportamento ruim, típico de *clubinhos*."

Quando os líderes adquirem o hábito de olhar ao redor de uma sala e prestar atenção em quem está lá e em quais podem ser seus problemas, eles começam a mudar a cultura corporativa. Por exemplo, Srin me contou com um sorriso que um membro de sua equipe estava recentemente planejando uma reunião de equipe fora do trabalho e anunciou a possibilidade de uma excursão de bicicleta. Srin pensou: *Hmm, acho que não vai funcionar para mim.* Mas o organizador imediatamente se virou para Srin e explicou que ele encontrara um grupo de ciclismo na área da Baía de São Francisco que trabalha com pessoas em cadeiras de rodas, e eles teriam bicicletas especiais para permitir que elas participassem sem problemas ao lado daqueles com bicicletas padrão. Isso é inclusão intencional. Todos ganham quando todos se sentem incluídos e seus talentos são cultivados.

Já falamos sobre os desafios de transparência da internet. Lembre-se de que as boas notícias também podem se espalhar rapidamente. Alguns exemplos:

Muitos clientes da Tom — loja de calçados que, a cada par comprado, doa outro para o mundo em desenvolvimento — se tornaram fervorosos defensores desses calçados por causa do conceito "um por um".

Sim, a Dick's perdeu alguns clientes quando baniu os rifles de assalto, mas ganhou novos daqueles que admiraram sua coragem de assumir um risco comercial em uma categoria básica. Muitos desses compradores postam mensagens nas redes sociais incentivando outras pessoas a comprar de tudo, desde chuteiras de futebol infantil a tapetes de ioga da Dick's.

Quando as discrepâncias no pagamento das seleções de futebol masculino e feminino dos EUA se tornaram um problema durante a Copa do Mundo Feminina de 2019, várias ações administrativas e processos judiciais começaram. Mas a marca de barrinhas nutricionais LUNA não esperou o resultado de tudo isso; ela intensificou seu orçamento e dedicou mais de U$700 mil para o time feminino, cerca de U$31 mil por jogadora, para alinhar o salário das mulheres com o dos homens.[9] Esses números não são particularmente altos, mas jogadora após jogadora disseram que significava muito obter esse tipo de apoio, não apenas financeiro, mas moral, para a igualdade — de uma empresa. Isso forneceu um exemplo para outras empresas: às vezes você pode se voluntariar e, bem, *"just do it"*.

Comece o fogo

Quando eu era jovem, lembro-me de uma vez sair do supermercado com minha mãe, Kitty Chesnut. No meio do estacionamento, ela parou, olhando para o dinheiro em sua mão que pegara no caixa. "Temos que voltar para dentro", disse ela. "A funcionária nos deu o troco errado." Voltamos, e me lembro de esperar impacientemente enquanto minha mãe chamava a atenção da caixa e começava a conversar. Lembro-me da surpresa e da gratidão da balconista, dos efusivos agradecimentos. A balconista não havia dado troco a menos para minha mãe; ela tinha dado muito dinheiro a mais, e minha mãe estava devolvendo. Haveria uma dúzia de razões "boas" para minha mãe ficar com os dólares extras naquele dia, e já ouvi essas razões de outras pessoas — a loja ganha muito dinheiro, os preços são ridiculamente altos, nós gastamos muito dinheiro naquela loja, tenho certeza que eles me enganaram no passado quando eu não percebi, não tenho tempo de voltar e lidar com isso, é erro deles e problema deles. Mas a explicação de minha mãe naquele dia me ensinou uma lição crítica sobre integridade. "Não nos pertence", explicou ela. Ela repetiu essa lição para mim muitas vezes em muitos contextos diferentes, sempre deixando claro um ponto que permaneceu comigo. Isso é o que eu chamaria de liderança de CEO. E, como meus filhos lhe dirão, voltamos a algumas lojas para devolver o troco em excesso ou pagar por um item que acidentalmente não foi cobrado. Eles reviram os olhos e reclamam um pouco. Mas eu vejo isso como uma oportunidade de aprendizado, não um inconveniente. E ainda gosto da expressão de espanto no rosto do caixa.

Pode ser desanimador ler as notícias. Todos os dias, ao que parece, há um novo escândalo de integridade. Trapaças para entrar nas escolas. Predadores sexuais. Escândalos financeiros corporativos. Acobertamentos nas empresas. Notícias falsas. E, à medida que percebemos o que é ruim, acho que todos nós nos aproximamos de uma bifurcação ética sobre como responder. O caminho ruim é: "Todos os outros estão ganhando o deles; eu preciso ganhar o meu." O caminho íntegro é: "Já estou farto de tudo isso... e de alguma forma, à minha maneira, preciso fazer algo a respeito."

A desonestidade é contagiosa, mas a integridade também é. E um ótimo lugar para começar é no trabalho. O trabalho oferece o tipo de interação humana próxima em que o contágio da integridade pode se espalhar, alimentado em cada empresa por uma missão e visão compartilhadas e, idealmente, apoiado por um líder que entende a responsabilidade do cargo. Podemos extrair o melhor de cada um.

Mas isso não acontecerá automaticamente. A intencionalidade é o fósforo que começa o fogo. Espero que este livro comece uma conversa sobre como a integridade pode se tornar o valor dominante em seu trabalho. Temos uma oportunidade única e importante de ser uma força poderosa para o bem — se agirmos intencionalmente e com integridade.

Apêndice:
Discussão dos Momentos Codificados

Índice

Momento Codificado 1:	Regina e o texto revelador	64
Momento Codificado 2:	Quem é seu cliente, Charlie?	65
Momento Codificado 3:	Paul, Serena e um pato morto	83
Momento Codificado 4:	Um dilema ético não muito suave	84
Momento Codificado 5:	O jogo começa, a vibe termina	115
Momento Codificado 6:	Só mais um intervalo para a tequila	116
Momento Codificado 7:	Marty e o constrangimento midiático	116
Momento Codificado 8:	Defina "acadêmico"	117
Momento Codificado 9:	Tory e as dez folhas sulfite	135
Momento Codificado 10:	Ganha–ganha–ganha ou nenhuma boa ação fica sem punição?	136
Momento Codificado 11:	No xerox	151
Momento Codificado 12:	A culpa é do Rio	151
Momento Codificado 13:	Pirataria de senhas	171
Momento Codificado 14:	Três ratos cegos	184
Momento Codificado 15:	Sam, ela não está a fim de você	204
Momento Codificado 16:	"Claro, entendi perfeitamente"	205

MOMENTO CODIFICADO 1: REGINA E O TEXTO REVELADOR

Por onze anos, Regina trabalhou como assistente executiva de Mike, e há dois anos ele se tornou CEO. Ela esteve na casa de Mike em festas de fim de ano dos funcionários e é amiga da esposa dele, Sally.

Um dia, Sally liga e diz a Regina: "Mike deixou o iPad em casa; acabei de ler uma conversa picante com um número de Illinois. Regina, Mike está tendo um caso?"

O coração de Regina para. Mike tem estado distante ultimamente e pediu a Regina várias vezes para coordenar sua agenda com a de uma executiva de um fornecedor que mora em Chicago.

"Sally, não sei nada sobre isso", Regina diz a ela. "Não pode ser de um número errado?" Sally simplesmente desliga.

Minutos depois, Mike liga para Regina e grita: "O que diabos você tem na cabeça? Por que você não me acobertou?"

"Mike, eu não sabia o que dizer."

"PODE ser um número errado", ele grita novamente. "Foi tudo o que ela ouviu. Por que você não disse a ela que tinha CERTEZA de que era um erro? Regina, você deveria me proteger. Preciso de uma assistente em quem possa confiar." Ele desliga.

Regina, a bola está com você. O que você faz?

1. Não conta para ninguém. Este é um assunto particular de Mike. Regina deve pedir a Mike que diga exatamente como ele espera que ela atenda às ligações de Sally daqui para frente e quaisquer outras instruções específicas.
2. Denunciar Mike ao RH por insultá-la e repreendê-la. Não é função dela remediar as indiscrições pessoais dele e ela não quer ter de mentir por ele.
3. Observe e espere. O conhecimento de Regina é sua melhor defesa contra uma retaliação; Mike logo perceberá que precisa tomar cuidado com Regina.

DISCUSSÃO DE "REGINA E O TEXTO REVELADOR"

Se um líder se envolve em trapaças e ignora seletivamente o código de conduta, a situação, muitas vezes, inspira os outros a se comportar de forma antiética e pode até mesmo levar à chantagem tácita ou aberta. No momento em que existir sigilo sobre uma ou mais violações de código, as violações tendem a se multiplicar como coelhos. É por isso que é tão crítico para a liderança de uma empresa, especialmente um CEO, se comprometer com um caminho de alta integridade.

Agora, as três opções. Primeiro, o caso de Mike não é um assunto particular? De jeito nenhum. Ao se envolver em um relacionamento com a executiva de um fornecedor, Mike está criando um conflito de interesse clássico. Como ele pode avaliar objetivamente se o fornecedor está fazendo um bom trabalho e se deve continuar com os negócios se está tendo um caso com uma líder daquela empresa? Se um concorrente surgir com um produto melhor, como Mike resolverá o conflito entre fazer a coisa certa para seu relacionamento romântico e a coisa certa para sua empresa?

Mike também está trazendo o relacionamento para o local de trabalho, usando a energia de sua assistente para possibilitar esse caso. Talvez Mike realmente precise fazer todas aquelas viagens de negócios para Chicago, mas ele também pode estar usando recursos da empresa para pagar pelos voos e pelos hotéis que viabilizam o caso. Repreender Regina por não mentir para sua esposa levanta questões de integridade pessoal.

Outra questão importante é se o conselho de Mike deve se preocupar com a infidelidade dele. Indiscutivelmente, o que Mike faz em seu próprio tempo e às suas próprias custas não é da conta da empresa. Mas se a esposa de Mike pedir o divórcio alegando infidelidade, isso acabará na mídia? E mesmo sem a conexão do fornecedor, os funcionários confiarão em seu CEO se souberem sobre as alegações? Embora relacionamentos românticos pessoais, filhos, vida doméstica e passatempos sejam assuntos privados, mentir e usar os recursos da empresa para criar uma narrativa falsa que poderia comprometer a reputação da empresa é uma violação do código de integridade.

◆

É tentador dizer que a segunda escolha é a certa e que Regina deve denunciar Mike. Mas para quem? Se ela relatar por meio da *hotline* anônima da empresa, Mike saberá que ela é a denunciadora. Para o diretor jurídico ou chefe de RH? Essa é a melhor resposta, embora ainda a deixe vulnerável à retaliação de Mike. Embora eu queira que os funcionários relatem uma situação como essa, a verdade é que tal relato colocaria Regina em uma posição extremamente difícil. Não há como negar o desequilíbrio de poder que pode afetar seu sustento e futuro. Não é justo ignorar o quão intimidada e vulnerável ela pode se sentir. Isso é o que torna o comportamento e as ameaças de Mike particularmente odiosos.

Provavelmente, eles terão uma trégua incômoda por um tempo. Mas então o dilema do código muda para Regina, conforme expresso na opção 3: ela buscará um ponto de apoio injusto contra ele? Fazer pressão por um aumento, uma promoção ou mais férias? Ela se tornará uma coconspiradora — acobertando a viagem de Mike ou mentindo em seu nome? Então ela estaria cometendo violações de código. Lealdade não é desculpa para desonestidade.

Daqui para a frente, Regina terá perdido o respeito por Mike. Ele a colocou em uma situação terrível. Regina tem escolhas a fazer, e esperamos que ela olhe para o quadro geral e não siga o exemplo de Mike e seu caminho traiçoeiro. Enquanto isso, o futuro de Mike está, agora, obscurecido por esse relacionamento impróprio de maneiras que não envolvem Regina. E se ele tentar romper o relacionamento e sua amante ameaçar expô-lo? Questões relacionadas a sexo e atração no local de trabalho são algumas das ameaças mais difíceis e potencialmente explosivas que as empresas enfrentam.

A Integridade Intencional é poderosa, mas também pode ser frágil se os líderes de uma empresa não a adotarem totalmente. E é difícil para um líder separar a integridade no trabalho da integridade em seus assuntos pessoais.

MOMENTO CODIFICADO 2: QUEM É SEU CLIENTE, CHARLIE?

Charlie é o CEO da ISP-Co, uma provedora de telecomunicações do Meio-Oeste norte-americano que passou por uma série de contratempos jurídicos. Seu chefe de assuntos governamentais, Larry, liga para dizer a Charlie que um dos membros da comissão de telecomunicações disse a Larry que está tendo problemas com sua conta de e-mail, hospedada pela ISP-Co. A senha dela não está mais funcionando. Mas o problema é o seguinte: seu ex-marido é o titular da conta, e o atendimento ao cliente disse a ela que só pode conversar ou investigar os problemas dos donos da conta. Ela está preocupada que ele esteja lendo seus e-mails. Larry disse a ela que talvez pudesse ajudar.

Larry diz a Charlie que essa é uma chance de ajudar a ela e à empresa, melhorando seu relacionamento. Ele quer que Charlie afrouxe as regras.

Embora não tenha partido dele, este é um momento codificado para Charlie. Ele deve:

1. Ignorar o protocolo de privacidade e investigar a situação de um amigo em potencial da ISP-Co? Ele não deve cometer fraude ou adulterar a conta do marido afastado, mas Charlie tem o direito de acessar esses dados e, se ele conseguir fornecer mais informações, poderá conquistar o apoio dela para a empresa no futuro.
2. Mandar Larry reiterar a política de privacidade e sugerir que a ligação dela faz parecer que ela está usando injustamente sua posição para ganho pessoal?
3. Ligar para o membro da comissão e ser solidário? Ele deve explicar por que não pode ajudá-la, mas oferecer ideias e apoio para o que ela está passando.

DISCUSSÃO DE "QUEM É SEU CLIENTE, CHARLIE?"

Obviamente, Charlie não deve violar as regras de privacidade. Se o fizer, muitas consequências ruins podem acontecer...

Larry saberá e pode pedir mais favores como esse no futuro.

O atendimento ao cliente perceberá que algo estranho está acontecendo quando o CEO solicitar uma pesquisa incomum e acesso à conta.

O membro da comissão pode dizer algo ao ex-marido com base em informações obtidas indevidamente, e ele pode acusar publicamente a empresa de violar sua privacidade.

Esse é o tipo de situação que acaba em boataria (e talvez no Glassdoor ou no Blind). E se o CEO pode fazer isso, então por que ninguém mais poderia? Isso daria licença aos representantes para espiar os e-mails de seus namorados e suas namoradas.

Como CEO, Charlie tem o dever de proteger os interesses da empresa e ele poderia contar com um amigo na comissão. Mas racionalizar um abuso da regra de privacidade para um "bem maior" é uma armadilha de integridade.

Meu conselho é seguir o número 3. Charlie deve ligar para o membro da comissão e ouvir suas preocupações, mas explicar as políticas sobre privacidade de dados em termos claros: o proprietário legal da conta controla a conta, e a empresa não pode dar acesso a outros.

No entanto, Charlie pode sugerir que o membro da comissão ligue para o ex dela e seja honesta. Explique que acabou de perceber que ele controla o acesso ao e-mail dela e sua conta parece estar congelada, então ela gostaria de providenciar o encaminhamento de todo o conteúdo para ela e o encerramento da conta. Como alternativa, ela pode pedir a seu advogado pessoal para fazer a ligação.

Seja solidário com Charlie, mas você tem de traçar uma linha.

Favores pessoais inadequados justificados em nome de um bem maior são notavelmente comuns — e o calcanhar de Aquiles de muitas pessoas éticas.

MOMENTO CODIFICADO 3:
PAUL, SERENA E UM PATO MORTO

Serena, a gerente de marketing de uma empresa de iluminação, entra no cubículo do engenheiro Paul para discutir o lançamento de um produto. Enquanto Paul explica a programação, Serena vê a parte superior de um panfleto saindo de sua pasta. Ela lê: "Membro da NRA [National Rifle Association, organização norte-americana de defesa do direito de se armar], você está convidado para uma marcha pelos direitos às armas". Ela também nota que Paul tem uma caneca de café em sua mesa que o mostra vestindo uma roupa camuflada e segurando um pato morto.

A sobrinha de Serena foi morta em um tiroteio escolar. Ela começa a chorar, se levanta e diz: "Não tenho como te ajudar." Ela volta para sua mesa e escreve um e-mail para o RH. "O lobby das armas é a atividade mais antiética e imoral dos Estados Unidos, e um de seus membros trabalha na nossa empresa. Não posso realizar meu trabalho se for forçada a trabalhar com um colaborador do assassinato de minha sobrinha. Se nosso código de ética proíbe armas, por que permitimos que as pessoas promovam a posse de armas em nosso ambiente de trabalho?"

O RH chama Paul e pergunta a ele sobre sua interação com Serena. Paul explica que o panfleto estava em sua bolsa porque ele pegou sua correspondência a caminho do trabalho, não porque estivesse defendendo a NRA. Ele diz que nunca disse — nem planejou dizer — sequer uma palavra sobre armas para Serena ou qualquer outro funcionário. Então ele fica com raiva. "Há uma Primeira Emenda neste país e tenho direito à minha opinião", diz ele, mencionando uma emenda à Constituição norte-americana que garante o livre acesso a armas. "Ela usa um crucifixo, então por que ela pode militar pelo cristianismo?"

Que momento codificado é esse?

1. O NRA é uma organização controversa. Seu nome desperta fortes sentimentos, e Paul precisa ser avisado para parar de fazer qualquer coisa que pareça promover seus interesses.
2. Serena pode ter um bom motivo para estar chateada, mas não é culpa de Paul. O RH não pode forçá-lo a fazer nada e não é obrigado a dar razão para ela.

3. O RH precisa intervir e designar Serena para outro projeto. Seu direito de trabalhar em um ambiente sem gatilhos supera outras considerações.

DISCUSSÃO DE "PAUL, SERENA E UM PATO MORTO"

Uau! Este exemplo levanta várias questões importantes e mostra como certos tipos de conflitos éticos podem ser confusos e difíceis.

Se fosse uma empresa de artigos esportivos que vende equipamentos de caça e armas, funcionários que pertencem à NRA poderiam ser a regra, não a exceção. Seus valores declarados podem até incluir explicitamente o apoio à Segunda Emenda. Serena provavelmente nunca teria tentado trabalhar lá. Mas essa é uma empresa de iluminação. Para nossos propósitos, assumiremos que a LightCo não tem políticas específicas ou valores declarados relacionados a armas. Mas digamos que declare explicitamente que seus valores incluem a criação de um ambiente de trabalho respeitoso e tolerante para todos os funcionários e a erradicação da discriminação contra classes protegidas. Então, nesse conflito de trabalho, os interesses de quem prevalecerão?

Primeiro, vamos abordar alguns conceitos gerais relevantes: um é que todos os indivíduos têm o direito às suas próprias crenças, mas não existe um "direito à liberdade de expressão" abrangente no local de trabalho. A Primeira Emenda impede o governo de limitar o discurso e a dissidência. Isso não se aplica a empresas privadas. Um empregador pode proibir a discussão ou a defesa de qualquer coisa que desejar — política, armas, comer carne, sapatos vermelhos, qualquer coisa. Pode proibir os funcionários de discutirem "assuntos polêmicos" em geral no local de trabalho (má ideia ser tão vago, mas algumas empresas fazem isso). Pode até proibir discussões não relacionadas ao trabalho, ponto final (obviamente não é uma vantagem de recrutamento, mas é legítimo, desde que seja aplicado de forma justa). Disseram-me que os conflitos no trabalho em torno da eleição presidencial de 2016 se tornaram tão acalorados e perturbadores em partes do país, que algumas empresas proibiram qualquer discussão sobre a eleição no trabalho.

Segundo, seu cubículo não é seu castelo. Não há um "espaço pessoal" entre as paredes de um local de trabalho no qual as regras não se aplicam. É muito importante que Paul tenha o panfleto guardado em sua bolsa, não pregado na parede, e que ele tenha dito que não pretendia compartilhar o convite da marcha da NRA com outras pessoas. Exibir publicamente um panfleto, sem dúvida, seria uma defesa, mesmo que ele não mencionasse o assunto para outros funcionários.

Terceiro, embora seja legítimo proibir especificamente a discussão de qualquer assunto (exceto organização trabalhista), também viola a lei federal discriminar certas classes protegidas, inclusive por raça, gênero, nacionalidade e religião. Isso é relevante porque você pode proibir falar ou defender assuntos controversos em seu local de trabalho, mas há símbolos ou roupas que podem ter um componente controverso e estão relacionados a uma classe protegida. Uma camiseta do Black Lives Matter, por exemplo. Ou uma tatuagem que insulta as mulheres.

A religião é uma das classes mais complexas. Um empregador geralmente não pode proibir símbolos religiosos do local de trabalho, em parte porque eles podem ser um elemento de pertencer a uma religião (por exemplo, algumas mulheres muçulmanas mantêm suas cabeças cobertas o tempo todo em público, e muitos católicos aplicam cinzas em suas testas na Quarta-feira de Cinzas). A lei federal diz que um empregador deve fazer adaptações razoáveis às crenças religiosas e rituais de uma pessoa — e ainda assim você pode imaginar um cenário "desencadeador" semelhante ao de Paul e Serena quando uma pessoa que poderia ter sido molestada por um membro do clero tem de trabalhar junto com um católico com marcas de cinzas na testa.

Mas, voltando a Paul e Serena, a empresa deve investigar cuidadosamente o que aconteceu e não tomar uma decisão automática. Claramente, Paul tem direito a suas crenças pessoais, e parece justo dizer que um pedaço de papel dentro de sua pasta não é defesa. No entanto, a reação de Serena não deve ser deixada de lado. As empresas com integridade desejam criar um local de trabalho onde as pessoas se sintam seguras e bem-vindas. A morte de sua sobrinha desencadeou uma resposta emocional compreensível ao assunto das armas, e, de repente, Paul se tornou a cara disso.

Nenhuma das três opções específicas que ofereci representa o caminho claro e apropriado. Do jeito que está, não há violação de código aqui. Mas o RH deve conversar com cada funcionário individualmente com o objetivo de resolver a questão, estabelecendo um local de trabalho acolhedor e respeitoso. Eles podem sugerir, depois de explicar a profundidade do problema de Serena, que Paul deixe os materiais da NRA em casa no futuro e troque de caneca como um gesto de boa fé. Não porque não tenha direito às suas opiniões, mas pelo interesse de seguir em frente. Em uma sessão com Serena em que a gerência e o RH ouvem de forma autêntica, eles podem perguntar se ela está disposta a tentar trabalhar novamente com Paul. Se não, qual é sua visão de uma transferência que usa adequadamente suas habilidades e experiência? O tom dessas conversas deve ser: nós nos preocupamos com você; como podemos fazer isso funcionar? Mas sejamos honestos: há outros fatores relevantes, como se essa é uma pequena empresa familiar sem lugar para transferir Serena ou uma empresa com seiscentos funcionários e quatro divisões que podem ser capazes de acomodá-la facilmente.

Dependendo de como isso se desdobrar, a empresa pode também buscar outras opções. No futuro, pode proibir explicitamente qualquer forma de defesa no local de trabalho que seja estranha à missão principal da empresa. Então, sim, vista uma camiseta promovendo LEDs que economizam energia, mas deixe outras mensagens ou produtos simbólicos para sua roupa de fim de semana. A partir de agora, apenas canecas em branco, sem mensagem ou apenas com o logotipo da empresa poderão ser utilizadas no escritório.

Estou vendo mais e mais, em processos judiciais e notícias, referências a valores no trabalho que colidem com aqueles que podem ser expressos por joias, tatuagens, lenços de cabeça e camisetas com mensagens que ofendem alguns funcionários. É muito difícil chegar a regras altamente específicas para todas as variações possíveis, e estabelecer um padrão é ainda mais difícil se alguns funcionários trabalham em cargos de atendimento ao cliente e outros tendem a trabalhar de forma independente. Por exemplo, os bancos podem decidir banir toda e qualquer tatuagem visível para caixas, mas eles podem não sentir a necessidade de fazer isso para processadores de dados de back-office ou artistas gráficos que criam folhetos e pôsteres.

Alguns dilemas de expressão não são tanto sobre crenças religiosas arraigadas, política ou expressão pessoal, mas sobre decisões de negócios. Imagine, por exemplo, uma concessionária de automóveis em uma cidade onde as paixões por times rivais de futebol americano são muito arraigadas. Na semana de um jogo decisivo, a administração pode dizer: "Vamos ser imparciais. Por favor, não use nenhuma camisa de time no trabalho, porque não queremos afastar clientes em potencial que pensam que somos tendenciosos para uma das equipes"; ou podem encorajar seus funcionários a usar as cores dos times com orgulho, esperando que as roupas criem um espírito acolhedor de diversão e construção de comunidade. Qualquer caminho pode ser bom; a empresa precisa descobrir por si mesma qual escolher.

Integridade Intencional às vezes significa imaginar como você lidará com questões que, na verdade, não são essenciais para seus valores e suas crenças.

MOMENTO CODIFICADO 4:
UM DILEMA ÉTICO NÃO MUITO SUAVE

A NaturalCo vende roupas feitas de algodão orgânico. Sua publicidade promove seus tecidos ecológicos cuidadosamente produzidos e certificados, contrastando-os com processos ambientalmente prejudiciais usados em outros tecidos. A NaturalCo nunca se preocupou em ter um código de ética porque, obviamente, a integridade da empresa é fundamental. Seu slogan corporativo: "Gentil com seu corpo, gentil com o planeta."

Samantha compra matérias-primas para a NaturalCo e viaja para áreas remotas ao redor do mundo. No sudeste da Ásia, ela negocia um acordo para comprar algodão orgânico por 15% menos do que a empresa vinha pagando. O CEO envia um e-mail de parabéns. Um alto bônus premia seu esforço nesse contrato.

Um ano depois, uma revista de alcance nacional publica uma reportagem investigativa sobre as práticas de trabalho infantil na região onde Samantha fechou o negócio. A NaturalCo está listada como uma compradora de algodão colhido por crianças de apenas 7 anos de idade de um orfanato local. O dono da fazenda de algodão foi preso.

O CEO chama Samantha ao seu escritório. "Esse escândalo pode nos arruinar! Obviamente é por isso que o preço estava tão baixo. Por que você não fez mais perguntas?"

Samantha responde: "Não me lembro de você ter se importado com o motivo de o preço ser baixo. Você me enviou para conseguir um bom negócio de produtos orgânicos certificados, e foi isso que eu fiz."

"Ok, então seu discernimento é um lixo e você está demitida. E vamos publicar um comunicado à imprensa dizendo que não tínhamos ideia de que nosso algodão estava sendo colhido por crianças."

"Isso simplesmente não é verdade — eu sabia e você não se importava", diz Samantha. "Você disse que era meu trabalho conseguir um bom negócio de algodão orgânico e não se importou com o porquê. Demita-me e eu te vejo no tribunal."

Soem os alarmes. O que o CEO deve fazer a seguir?

1. O dever do CEO para com os acionistas é proteger sua marca ao demitir Samantha e negociar uma rescisão que inclua um contrato de sigilo. Ele pode,

então, alegar ignorância publicamente e lançar uma campanha por maior responsabilidade trabalhista por parte dos produtores de algodão.
2. Samantha sabia que esse negócio era duvidoso e que o produtor violava as leis trabalhistas. O CEO deveria demitir Samantha e se recusar a pagar a indenização, que é essencialmente chantagem. Ele deve responsabilizá-la pessoalmente por esse lapso de julgamento, tanto interna quanto externamente.
3. O CEO deveria admitir publicamente que ele mesmo deveria ter feito mais pesquisas sobre as condições de trabalho de suas operações de fornecimento e se comprometer a melhorar no futuro. Ele deveria liderar uma revisão interna dos valores da empresa que resulte em um código de ética. Ele deveria recuar de sua reação instintiva de demitir Samantha porque ela não era a única culpada.

DISCUSSÃO DE "UM DILEMA ÉTICO NÃO MUITO SUAVE"

A NaturalCo criou uma armadilha clássica de integridade: acreditamos que somos boas pessoas e, portanto, tudo o que fazemos será bom e refletirá valores e integridade admiráveis. Não há necessidade de colocar cada letra em um código.

Exceto que, às vezes, os valores entram em conflito e alguns são sacrificados por outros. Muitas empresas enfrentaram situações como a da NaturalCo. A Body Shop foi lançada há muitos anos como uma empresa amiga do meio ambiente. Foi uma das primeiras a oferecer embalagens retornáveis e promoveu seu desejo de obter ingredientes de agricultores indígenas. Também se tornou alvo de ativistas com pautas diferentes, mas relacionadas, e enfrentou um verdadeiro pandemônio quando um de seus fornecedores na Colômbia foi acusado de expulsar à força algumas famílias para começar uma nova plantação.[1]

Suspeito que muitos CEOs gravitariam para a opção 1. Demitir Samantha pode tentar apagar o passado e dar uma aparência de ação decisiva; o sigilo cria uma cortina de fumaça sobre quem realmente foi o culpado. Samantha sabia e não disse à liderança? A liderança sabia e não se importava? Com Samantha assinando um contrato de sigilo, nunca saberemos. Escolha essa opção e faça um grande cheque.

A opção 2 pode parecer uma demonstração tentadora de integridade, mas não é. Usar um funcionário como bode expiatório enquanto tenta reconstruir sua marca é uma má ideia.

A melhor abordagem é a opção 3. Não é diferente do dilema que a Starbucks enfrentou na loja da Filadélfia, quando o gerente tomou uma decisão errada, mas a empresa percebeu que tinha sido vaga em suas políticas e enfrentou a situação. A NaturalCo está enfrentando um momento de código significativo e não há um caminho seguro para o sucesso aqui. A liderança cometeu vários erros: deveria ter pensado nas dimensões éticas mais amplas de se manter como uma empresa "verde" e colocado em prática processos para ajudar a garantir que faria, e não só falaria. Ela falhou em estabelecer princípios de fornecimento éticos claros e em encorajar Samantha a comunicar o motivo pelo qual as matérias-primas eram mais baratas. A empresa fixou uma meta de custo na parede e definiu o sucesso de maneira muito restrita. Um contrato que economiza 15% hoje e destrói a reputação de sua marca amanhã é a definição de um mau negócio.

Os consumidores perdoarão muito mais rápido uma empresa que admite que errou do que uma empresa que se esconde atrás de sigilo e hipocrisia.

MOMENTO CODIFICADO 5: O JOGO COMEÇA, A VIBE TERMINA

O CEO de uma empresa incentiva viagens e mochilões da equipe de funcionários para promover a comunicação e o trabalho em equipe. A maioria dos funcionários gosta dessas atividades, e elas parecem ser boas para o moral. As histórias da viagem se tornam a base de muitas piadas internas, apelidos estranhos e amizades.

Você é um executivo de operações e recebe um e-mail de uma funcionária dois níveis abaixo de você: "No fim de semana passado, finalmente me inscrevi para o mochilão da minha equipe para Yosemite. Evitei vários convites anteriores, mas só falavam sobre isso nas últimas duas semanas. Em dez pessoas, fizemos uma bela trilha. Mas ao redor da fogueira, depois de algumas taças de vinho, um cara disse: vamos fazer 'o jogo'. Ele disse que cada um sentado no círculo deveria falar sobre sua primeira experiência sexual e o que ela ensinou. Eu estava apavorada. Não sinto que preciso compartilhar algo tão pessoal com os colegas. Eu disse que não estava confortável. Nosso gerente disse: 'Podemos começar com outras pessoas, e então você pode decidir se quer jogar. É realmente divertido.' Fui para minha barraca e os ouvi rindo. Na manhã seguinte, me senti isolada e humilhada. Desde quando algo assim faz parte de nossas funções profissionais? Eu gostaria de discutir uma transferência para outra equipe."

Trata-se de uma funcionária excessivamente sensível, ou de um momento codificado?

1. Isso é algo a ser levado a sério em dois níveis: parece que o gerente e a equipe foram desrespeitosos com essa funcionária; ela merece um pedido de desculpas. Mais do que isso, é hora de repensar suas atividades de construção de equipe.
2. Demita o gerente imediatamente. Parece uma ação judicial contra um ambiente de trabalho hostil prestes a explodir. O que é esse negócio de "jogo", que claramente já aconteceu antes?
3. Isso é puro politicamente correto descontrolado. A funcionária viajou por opção própria e é adulta. Ela não parece uma boa opção para a empresa. Ligue para o gerente e pergunte sobre seu desempenho. Se ela tem um forte desempenho, pode precisar de treinamento e incentivo para trabalhar em equipe; se ela não tiver, pode ser hora de demiti-la.

DISCUSSÃO DO "O JOGO COMEÇA, A VIBE TERMINA"

Com base nesses fatos, acho que o número 1 é o caminho a seguir. Depois de investigar, você precisará pelo menos se sentar com a pessoa que sugeriu o jogo e o gerente para falar sobre o que deu errado e o papel dessa pessoa nisso tudo. Você pode decidir que deve haver consequências mais fortes para o gerente, mas acho que você precisa saber mais. Ele sugeriu originalmente o jogo ou foi outra pessoa? Ele percebeu o desconforto dessa funcionária? Ele procurou tranquilizá-la de alguma forma? Ele estava rindo?

O ponto principal é que melhorar a interação das equipes é ótimo, mas é algo que deve ser bem considerado e organizado de uma forma atenciosa e respeitosa. As equipes de trabalho adoram atividades externas. O departamento jurídico, nem tanto. Não é incomum que fins de semana fora do local de trabalho saiam de controle e criem questões legais, ressentimentos pessoais e outros problemas. A força de algo como um fim de semana de mochilão também é sua fraqueza: você tem uma noção mais completa de quem são seus colegas. Talvez eles sejam mais corajosos ou mais engraçados do que você imaginava, ou talvez tenham sentimentos sobre a natureza que os tornam queridos para você e para o resto do grupo. Você volta a trabalhar com mais confiança e coleguismo. Mas quando você confunde os limites entre "vida profissional" e "vida pessoal", as pessoas baixam a guarda profissional, e seu julgamento profissional pode cair junto. O "jogo" pode ser apropriado entre amigos ou casais em um acampamento pessoal — não é apropriado em uma atividade de trabalho. E esse tipo de passeio também pode revelar que alguém bebe demais ou tem convicções políticas que o ofendem. Você pode terminar esse tipo de fim de semana com menos respeito e carinho pelos seus colegas do que no início, assim como aconteceu com essa funcionária.

Reuniões fora do local de trabalho são notórios campos minados no que se refere a assédio sexual. Você tem pessoas estressadas longe de suas famílias, bebendo álcool, dormindo em quartos fechados. Apresentar um assunto abertamente sexual como o "jogo" é um convite para problemas, e o gerente precisa se lembrar de que ele é o gerente da equipe, não seu terapeuta.

Como executivo, você deve agradecer a essa funcionária por alertá-lo sobre essas questões e reforçar que você compreende seu desconforto. Dependendo das outras experiências da mulher nesse grupo, você pode estar diante de uma reclamação legítima sobre o ambiente de trabalho dela e deve levar a sério seu pedido de transferência. Fale francamente com o gerente nesse caso, mas também advogue por uma discussão mais ampla sobre as atividades fora do local de trabalho. Incentive outros líderes a dar um passo atrás nos detalhes e pensar sobre o que você deseja realizar fora do escritório. Esses encontros estão sendo executados de uma forma consistente com seus valores e objetivos? As atividades são indevidamente dominadas por gerentes obstinados ou caçadores de emoções?

Eventos de fortalecimento de vínculos fora do local do trabalho precisam ser bem pensados. Eles estão unindo ou dividindo sua equipe?

MOMENTO CODIFICADO 6:
SÓ MAIS UM INTERVALO PARA A TEQUILA

O trabalho tem sido muito difícil, então, em nome de sua equipe, você pergunta se pode construir uma área de bar temática divertida perto da sua estação de trabalho. A gerente da equipe, Meredith, adora a ideia e doa pessoalmente um letreiro néon da Jose Cuervo. Ela também aprova gastar US$500 em ingredientes para margarita e copos plásticos com o logotipo da empresa. Meredith deixa claro, entretanto, que esse projeto é seu e você precisa gerenciá-lo. Todos na equipe concordam que não usarão o bar antes das 16h, a menos que seja uma ocasião especial.

É um momento codificado?

1. Não, seu código de ética permite o consumo responsável por adultos. Como as pessoas interpretam isso é responsabilidade delas.
2. Sim, porque você assumiu a liderança e deve preparar um e-mail lembrando a todos que isso é uma celebração, não um recurso para ficar de pileque. Se você servirá bebidas alcoólicas, também precisa monitorar o consumo de álcool de cada pessoa e não deixar que ninguém que bebeu demais dirija.
3. Sim — era um momento codificado de sua gerente, e ela falhou. Uma equipe de trabalho não precisa de modo algum de um bar em tempo integral, e é provável que isso crie problemas.

DISCUSSÃO DE "SÓ MAIS UM INTERVALO PARA A TEQUILA"

Essa situação é uma luz amarela piscando: pode sair tudo bem ou pode acionar um código vermelho. Não estamos falando de uma única festa, mas de uma fonte contínua de álcool para a equipe. Eu exortaria a gerente a refletir sobre essa ideia e administrá-la por conta própria se ela for em frente.

Na verdade, pedi à minha equipe do Airbnb para fazer um vídeo sobre festas e uso de álcool antes das festas de fim de ano para que as equipes de trabalho pudessem ter alguns pensamentos específicos em mente durante as festas e os passeios da equipe. No entanto, por que uma equipe de trabalho precisa de um bar que está potencialmente "aberto" todos os dias? Outras equipes serão convidadas a participar da diversão, ou isso se torna um privilégio exclusivo de trabalhar para essa equipe? Talvez o mais ameaçador seja que, a menos que todos os membros da equipe amem margaritas, existe potencial para criar uma divisão. Algumas pessoas podem querer terminar cada dia com uma margarita, mas talvez outras gostariam de usar aquela meia hora extra para trabalhar, em vez de beber; talvez elas preferissem uma aula de alongamento ou uma caminhada em grupo como um exercício de união da equipe. Aí você ouve comentários do tipo "Ah, vamos lá, relaxe", que podem se tornar cansativos e gerar ressentimento.

Esta é a dificuldade das questões relacionadas ao álcool no local de trabalho: eles podem virar algo gigante. Você pode ter cem reuniões perfeitamente divertidas, sãs e sem incidentes, e, em seguida, uma pessoa bebe demais ou mistura medicamentos com álcool, ou alguém decide depois de duas margaritas que é o momento perfeito para xingar o gerente que pensa estar fora do alcance de sua voz. Os companheiros dos funcionários que agora chegam atrasados para o jantar algumas vezes por semana com hálito de tequila não acham graça, e uma vida familiar tensa pode se tornar uma distração.

De novo, a luz amarela está piscando.

O abuso de álcool pode levar a violações significativas do código de ética. Certifique-se de não organizar eventos relacionados unicamente ao consumo de bebidas alcoólicas.

MOMENTO CODIFICADO 7: MARTY E O CONSTRANGIMENTO MIDIÁTICO

Marty trabalhou por cinco anos na BigCo, grande e conhecida empresa de capital aberto que fabrica skates, bicicletas e outros equipamentos recreativos. Ele foi recrutado para a NewCo. Ele deixou a BigCo em bons termos e assinou um acordo de saída dizendo que não competiria nem compartilharia segredos por dois anos.

No dia seguinte à sua chegada à NewCo, que tem um código de ética que diz que todos os pedidos de mídia devem ser discutidos pela equipe de comunicação, um repórter que Marty conhece de uma revista de negócios envia a ele uma mensagem pelo LinkedIn: "Ei, parabéns pelo novo trabalho — que tal um café, seria muito legal te encontrar." Marty respeita o trabalho do repórter. É lisonjeiro ser procurado por ele. Eles se encontram, e Marty percebe que o repórter quer falar sobre o boato de que os skates motorizados da BigCo estão sendo devolvidos em massa por clientes insatisfeitos. O repórter diz que alguns dos skates não funcionaram bem e causaram ferimentos graves. "Eu sei que você não teve nada a ver com essa divisão, mas qual é o rumor sobre como isso aconteceu? Ouvi dizer que um adolescente está em coma após um acidente com o novo Xmodel e pode haver um processo."

Quando o repórter menciona a lesão, Marty solta um gemido. Ele ouviu rumores internos de que a equipe de engenharia da BigCo tinha problemas com os componentes usados nos skates, mas que a gerência os rejeitou para atingir uma meta. Claramente, ele sabe de algo.

Marty pode contar o que sabe ao repórter e ainda manter a integridade?

1. Não. Ele não deveria estar falando com o repórter. Ele está violando a política de seu novo empregador sobre dar entrevistas sem combinar antes com a equipe de comunicação. Ele deve explicar que não quer criar especulações e encerrar o encontro.
2. Ele deve insistir que o repórter concorde em não publicar seu nome — então ele pode dizer o que quiser.
3. Se a consciência de Marty o está incomodando, ele deve dizer ao repórter que ligará para alguns ex-colegas e os encorajará a falar com ele em off.

DISCUSSÃO DE "MARTY E O CONSTRANGIMENTO MIDIÁTICO"

Marty está enredado em um dilema ético, e qualquer uma das três opções pode ser "antiética", dependendo de sua perspectiva.

Uma imprensa livre é um componente importante de qualquer democracia, e ao longo da minha vida, vi os repórteres desempenharem um papel crítico ao expor erros e mudar o mundo com reportagens investigativas. Tenho um grande respeito pela imprensa, e, nesse caso, o trabalho desse repórter pode promover a segurança pública. Mas isso não significa que, como empresa, você deseja que seus funcionários falem abertamente com qualquer repórter que ligar. As empresas, principalmente as de capital aberto, devem falar a uma só voz, e a falha em controlar comunicações fantasmas pode ter sérias implicações legais e de marca.

As empresas frequentemente instruem os funcionários a não falar diretamente com os repórteres sobre a empresa ou dar entrevistas sem acompanhamento da equipe de comunicação. Uma razão para isso é que os indivíduos que não estão acostumados a falar com repórteres podem estar inclinados a dizer mais do que realmente sabem ou a compartilhar informações confidenciais ou imprecisas. Os repórteres são bons em lisonjear e atrair as pessoas que entrevistam, mas especular em voz alta com um repórter pode expor um indivíduo e uma empresa a uma publicidade constrangedora e prejudicial à marca. Marty não conhece todos os fatos sobre os possíveis problemas de design dos skates, e o pouco que ele sabe é baseado em fofocas de escritório de segunda mão.

Em retrospecto, talvez Marty não devesse ter concordado com essa reunião e agora ele não pode se sair bem da situação. Se ele se recusar a falar com o repórter, está cumprindo suas obrigações para com a BigCo, protegendo as informações confidenciais da empresa como parte de seu acordo de saída. E está cumprindo a promessa a seu novo empregador ao seguir sua política. Mas ele tem de viver com o conhecimento de que seu silêncio pode estar ajudando a perpetuar danos aos consumidores — ele está protegendo um segredo que coloca os jovens em perigo. É seu papel… sua obrigação legal ou moral… expor essa situação? E, em caso afirmativo, essa obrigação ética supera suas outras obrigações?

Marty pode pensar que cooperar com a imprensa é uma escolha ética, e esse pode ser o caminho correto aqui, mas mesmo isso não é tão claro. As perguntas óbvias incluem: se é uma questão de consciência, por que Marty não tentou remediar o problema quando trabalhava lá? É apenas dor de cotovelo? Marty vendeu todas suas ações da BigCo quando saiu, e a NewCo se beneficiaria com uma história que fere a BigCo? Parecerá um esforço da NewCo para vazar deliberadamente más notícias sobre um concorrente por meio de um canal clandestino? É um caso clássico em que a aparência pode estar em desacordo com a realidade, mas, ainda assim, é prejudicial.

Esse exemplo também serve como um lembrete de que os acordos que uma pessoa assina quando entra ou sai de uma empresa devem ser cuidadosamente lidos e considerados. Um acordo de rescisão de funcionários pode abordar o pagamento por férias não utilizadas, a renúncia de ações e a continuidade de benefícios. Em parte em troca dessas considerações, o funcionário pode concordar em não discutir nenhuma informação material que adquiriu enquanto trabalhava na empresa, incluindo conhecimento de segredos comerciais, designs, cronogramas de lançamento de produtos ou outras informações competitivas. A violação desses acordos pode deixar a pessoa vulnerável a uma ação judicial por parte do empregador anterior.

Marty pode escolher a opção 1 e, então, por conta própria, pode encorajar seus ex-colegas a resolver qualquer que seja o problema que leva a produtos inseguros. De acordo com algumas leis de denúncias, ele pode desfrutar de certos direitos, até mesmo como ex-funcionário. Mas contornar as políticas de sua nova empresa e se envolver com a mídia para buscar um resultado positivo aqui pode ser uma violação do código e um curso de ação perigoso.

Por uma série de razões, a interação com a mídia é melhor se deixada para a equipe de comunicação da empresa, embora a atividade potencial do denunciante e a segurança pública imponham uma estrutura ética diferente nessa política aparentemente simples.

MOMENTO CODIFICADO 8:
DEFINA "ACADÊMICO"

Você é um executivo de marketing de uma rede global de restaurantes que está em um excelente momento na Ásia. Você ouve boatos de que, em uma universidade local, um grupo de professores de turismo fez uma pesquisa perspicaz sobre as diferenças de marketing de alimentos em diferentes culturas asiáticas. Você entra em contato com os professores e pede uma reunião para discutir marketing na Tailândia, mas também o trabalho deles na região como um todo. Você também disse que consideraria criar um relacionamento de consultoria entre eles e sua empresa.

Eles respondem que estão abertos à ideia e ansiosos para encontrar você e que, por acaso, estão tentando arrecadar dinheiro para uma viagem de pesquisa ao Japão, onde planejam se encontrar com reguladores para discutir os obstáculos que as empresas estrangeiras às vezes enfrentam ao tentar abrir restaurantes lá.

Você tem fundos suficientes em seu orçamento para enviá-los a Tóquio por alguns dias. Os relacionamentos de consultoria geralmente são diretos, certo?

DISCUSSÃO DE "DEFINA 'ACADÊMICO'"

Eu não ofereci três cenários para escolher porque esse parece ser um caso fácil e direto. Qual poderia ser o possível dilema ético?

Quero reforçar a importância de qualquer empresa que opere ou estabeleça relações formais em um país estrangeiro compreender as regras e leis desse país. Não há más intenções aqui. Mas o problema é que, em alguns países, os professores universitários são funcionários do governo. Patrocinar qualquer funcionário do governo em qualquer tipo de viagem leva ao risco de desencadear disposições da Lei de Práticas de Corrupção no Exterior dos Estados Unidos [U.S. Foreign Corrupt Practices Act] (ou, no Reino Unido, a Lei de Suborno do Reino Unido [UK Bribery Act]), além das leis locais antissuborno.

Por um lado, a viagem pode ser interpretada como um arranjo legal para a contratação dessas pessoas para a execução de serviços específicos. A questão é: as leis da Tailândia permitem que funcionários do governo sejam contratados como consultores por empresas estrangeiras ou sejam contratados sem algum tipo de processo projetado para aprovar tal solicitação? Além disso, se a viagem for interpretada, de alguma forma, como esbanjadora ou luxuosa, você pode correr o risco de ser acusado de subornar funcionários do governo para outros fins. Quem te acusaria disso? Talvez acadêmicos rivais com ciúmes de você apoiar

Apêndice: Discussão dos Momentos Codificados   261

esses professores. Pode ser positivo para a carreira de um auditor do governo tailandês descobrir e relatar um relacionamento ilegal. Um concorrente asiático tentando dificultar a obtenção de contratos de restaurantes em hotéis pode estar tentando fazer com que sua empresa fracasse.

À medida que uma empresa expande suas operações para novos países, ela deve coletar dados relevantes sobre as leis e práticas existentes para evitar fazer algo que seria perfeitamente correto nos Estados Unidos, mas que poderia criar um escândalo em um país diferente. Uma empresa precisa educar explicitamente os funcionários para obter liberação para qualquer tipo de subscrição ou pagamento financeiro, incluindo até mesmo o pagamento de despesas a qualquer funcionário do governo, e deve se esforçar para determinar o que constitui um funcionário do governo.

MOMENTO CODIFICADO 9:
TORY E AS DEZ FOLHAS SULFITE

Tory trabalha com análise de dados para a SportsCo, uma empresa de comércio eletrônico que aplica logotipos de equipes esportivas em itens como mochilas e canecas de café. Ela adora seu trabalho e recebe notas altas de seu gerente. Tory acabou de terminar uma análise dos padrões de compra de roupas de inverno do banco de dados de clientes da SportsCo, incluindo uma planilha dos mil principais compradores por gastos em estados de clima frio, junto com seus endereços e e-mails. O marketing planeja uma campanha de e-mail vendendo parcas, luvas e chapéus com o logotipo da equipe.

A irmã de Tory, Katy, de Minneapolis, começou um negócio doméstico tricotando lindas blusas de lã com uma versão não oficial de logotipos de times de futebol. Katy está com dificuldade para pagar todas as contas.

Depois de enviar seu relatório ao marketing, Tory imprime uma cópia, e, três dias depois, um envelope chega à casa de Katy. Tory escreveu na frente: "Achei que isso seria útil, e você pode abordar essas pessoas com um e-mail para receber pedidos de suas blusas." Katy liga para Tory. "Isso é incrível — você não terá problemas por enviar isso, não é?"

"Claro que não! Eu tinha de fazer esse relatório de qualquer maneira, e ninguém liga para dez folhas de papel sulfite. Eu vi os convites da festa de pôquer do meu chefe na copiadora na semana passada."

O juiz apitou para Tory?

1. A irmã de Tory não é concorrente da SportsCo. Todo mundo ganha. Não há problema ético aqui.
2. Tory tem todo o direito de usar os equipamentos da empresa para uso pessoal, assim como seu chefe. Não houve nenhum custo adicional para a empresa por ela ter copiado esse relatório, então está tudo bem.
3. Isso representa um conflito de interesses e um compartilhamento impróprio de informações confidenciais, bem como uma violação da privacidade do cliente.

DISCUSSÃO DE "TORY E AS DEZ FOLHAS SULFITE"

As ações de Tory foram completamente inadequadas, e a resposta é a número 3. O problema aqui é que ela se concentrou no trivial (o custo do papel de cópia) e ignorou o fato de ter essencialmente roubado e distribuído a propriedade intelectual de sua empresa — os padrões de compra e identidades dos clientes. Suas motivações não foram más, mas esse ato não é diferente de um hacker estrangeiro entrar no banco de dados da SportsCo, roubar dados e vendê-los aos concorrentes. Um cliente da SportsCo que acabe se comunicando com a irmã de Tory, descobrindo como ela conseguiu suas informações, pode ficar muito zangado com a empresa.

Citei este exemplo na categoria de comunicação porque acredito que a SportsCo falhou em comunicar as implicações práticas da privacidade de dados e propriedade intelectual. É irrelevante o tamanho da concorrência representado pela irmã de Tory. A justificativa de Tory parece baseada em um mal-entendido e um discernimento falho, não em intenção maliciosa. Mas em algumas empresas nesse ambiente, onde a privacidade dos dados do cliente é tão crítica para a confiança do cliente, seu erro pode resultar em consequências graves, até mesmo demissão. Há um problema maior — a empresa não investiu em esclarecer a importância da privacidade dos dados do cliente e deve fazê-lo imediatamente. Esse é um momento de aprendizado para todos.

Uma questão secundária nesse exemplo é que as empresas precisam estabelecer uma política clara sobre quando e como os funcionários podem usar os ativos da empresa para seu uso pessoal. Deixar de fazer isso leva a justificativas e mal-entendidos como esse. Por que não simplesmente proibir todo o uso pessoal da propriedade da empresa? Mais uma vez, com a mistura de vidas pessoais e profissionais, é mais fácil falar do que fazer. Se um funcionário envia um e-mail pessoal usando um laptop da empresa, em algum nível desgasta o teclado e usa o wi-fi da empresa... isso é uma violação de integridade? Se eu pegar uma caneta do trabalho e deixar em casa, roubei propriedade da empresa? Seja muito explícito, sem ser ridículo. Você precisa de um plano que proporcione flexibilidade — claro, proíba qualquer uso pessoal de informações confidenciais da empresa, mas permita o uso pessoal de equipamentos ou recursos com um impacto financeiro "mínimo" (alguns dólares ou menos) para a empresa. Ou desenvolva uma abordagem mais rígida... mas a chave é ser claro e intencional sobre o que é permitido e o que não é.

Abusos de privacidade de dados e informações de clientes são um prelúdio comum para um código vermelho. Empresas devem ter uma estratégia de privacidade de dados e devem investir pesadamente para garantir que os funcionários entendam como as falhas de privacidade de dados podem afetar sua marca.

MOMENTO CODIFICADO 10: GANHA-GANHA-GANHA, OU NENHUMA BOA AÇÃO FICA SEM PUNIÇÃO?

Você é presidente de um banco de médio porte e é ativo em sua comunidade. Seu amigo e vizinho precisa instalar em sua casa um novo home theater e internet. Ele pergunta se você conhece alguém bom. "Eu sei exatamente de quem você precisa", você diz a ele. "Tenho uma pessoa de suporte de TI realmente excelente em minha equipe e vou verificar com ela quando poderá fazer isso."

"Fantástico!", seu vizinho diz. "Fico feliz em pagar a ela, só quero alguém competente."

"Sem custo, fico feliz em ajudá-lo", você diz, embora pretenda pagar à técnica de TI você mesmo.

Tudo bem nessa situação?

1. Se o trabalho for feito fora do expediente e com o equipamento do cliente, então não há problema.
2. Como gerente, você não pode pagar pessoalmente essa pessoa para trabalhar fora do escritório. É antiético.
3. Você está colocando a funcionária em uma situação difícil. Você quer mesmo ser um corretor de serviços de áudio e vídeo?

DISCUSSÃO DE "GANHA-GANHA-GANHA, OU NENHUMA BOA AÇÃO FICA SEM PUNIÇÃO?"

Vale a pena pensar em cada problema nas três opções, mas também é possível que essa situação acabe bem. Eu chamaria isso de "luz amarela", um cenário no qual proceder com cautela. É um bom exemplo de promoção de recursos internos como consultores de ética para ajudar as pessoas a pensar em possíveis problemas e soluções antes de agir.

Especialmente em comunidades menores, não é incomum que funcionários em vários níveis se envolvam nas redes uns dos outros (e de familiares e amigos) em transações como contratação de empregos paralelos, compra de um carro ou manutenção de casa. Embora os motivos possam não ser nefastos de forma alguma, você verá, se colocar seus óculos de ética, que complicações e conflitos de interesse podem surgir.

Vamos supor que os fatos dessa situação sejam completamente honestos — não há nenhum motivo oculto para você pedir a essa pessoa de TI em particular para fazer esse trabalho, ela é apenas muito competente. Você está totalmente apto e preparado a pagar o preço em vigor e está simplesmente fazendo um favor ao seu vizinho e esperando que a funcionária goste da chance de ganhar algum dinheiro extra. Você vê isso como uma situação em que todos ganham. Mas se você seguir em frente, que expectativas ou relacionamentos essa situação cria que podem ser problemáticos mais tarde?

1. Se você perguntar diretamente à técnica de TI sobre esse trabalho específico, ela pode se sentir pressionada a concordar ou até mesmo a não cobrar muito, ou mesmo não cobrar. Se, no futuro, você não der a promoção ou atribuição que ela deseja, como ficará se ela disser que você a pressionou a fazer esse favor?
2. Você gerencia a equipe dela? Quantos técnicos de TI estão nela? Como os outros reagirão ao ouvir que você a escolheu, em vez de um deles?
3. O que acontecerá se houver algum problema com o trabalho — digamos que ela cancele o serviço três vezes e o sistema não esteja pronto para a grande festa do Super Bowl de seu vizinho. Seu vizinho está zangado e você também. Você pode afirmar, com certeza, que não estenderá essa irritação para avaliar o desempenho dela no trabalho daqui para a frente? Se você não der a ela um aumento suficiente ou uma tarefa que ela quer, ela trará isso à tona e reclamará que é uma retaliação pelo problema do trabalho clandestino?

Uma opção que pode permitir que você evite algumas dessas minas terrestres é postar uma nota no quadro de avisos ou outro canal de comunicação interna dizendo que você conhece alguém que precisa de algumas horas de ajuda na configuração de áudio e vídeo e que pagará o preço normal — há alguém interessado em algum fim de semana extra ou trabalho noturno? Outra vantagem de postar o trabalho abertamente é que isso remove o sigilo — o que é sempre uma proteção contra acusações de favoritismo ou motivos suspeitos.

Criar um relacionamento financeiro entre um executivo e um funcionário de nível inferior fora do escritório pode levantar muitas questões éticas. Prossiga com cuidado.

MOMENTO CODIFICADO 11:
NO XEROX

Você gerencia os consultores de ética em sua empresa. A primeira coisa que acontece em uma manhã de segunda-feira é que uma conselheira entra e fecha a porta. Ela diz que ouviu uma conversa entre duas mulheres que não conseguiu identificar enquanto estava no banheiro. Uma delas disse: "Fui tirar uma fotocópia hoje e encontrei um contrato entre Trevor Jones (um executivo de alto nível) e Louise Crawford (sua assistente administrativa). Ele está emprestando a ela US$100 mil, e estava escrito que eles estão "mutuamente concordando que a devolução será feita ao longo dos próximos cinco anos". Então a outra disse: "Você está de brincadeira? A Louise chega atrasada todas as manhãs, e ele nunca parece se importar, mas quando outra pessoa da equipe se atrasa, ele sempre faz um comentário. Trevor é um idiota. Aposto US$20 que ele está dormindo com ela."

Bem, isso parece confuso. O que você deveria fazer?

1. Isso não foi informado à empresa por meio dos canais oficiais de denúncia. É boato, e as evidências foram coletadas em violação aos direitos da Quarta Emenda de Trevor e Louise — você precisa ignorá-las.
2. Um empréstimo entre um chefe e um funcionário não é explicitamente proibido, mas essa relação deve ser investigada.
3. Você não pode fazer muito nesse caso, mas pode sugerir que a equipe que está trabalhando na nova versão do código de ética trate das transações entre os funcionários. Algo de valor significativo, como um empréstimo ou um presente, pode representar um conflito de interesses e deve ser relatado à equipe de ética.

DISCUSSÃO DE "NO XEROX"

Primeiro, vamos falar sobre a opção errada, a número 1. Pessoas que assistiram muito à *Law & Order* e outros programas de crimes pegam o jargão da justiça criminal e presumem que coisas como os Direitos de Miranda ("Você tem o direito de permanecer em silêncio") ou leis sobre coleta de evidências por boatos (narrativa de segunda mão) de alguma forma se aplicam universalmente. Ao longo dos anos, ouvi funcionários tentarem argumentar que as coisas que dizem ou fazem depois do expediente são "inadmissíveis em tribunal".

Sejamos, portanto, claros: como empregador privado, não estou limitado pelas regras que podem se aplicar a promotores ou ações governamentais. Eu não preciso me preocupar com regras criminais de evidências. Essa conversa "ouvida" é o suficiente para alertar a empresa sobre possíveis problemas, e ela precisa agir. Se eu ouvir que alguém deixou um documento sobre um empréstimo pessoal para um subordinado direto em uma copiadora e, quando pergunto sobre isso, eles invocam seu direito de permanecer em silêncio, bem, ok, arrume suas coisas, você está fora. Se você disser que alguém está armando para você e que o empréstimo não existe, a história é diferente. É por isso que investigamos.

De volta ao empréstimo de Trevor. O curso certo é uma combinação dos números dois e três. E é exatamente nesse tipo de cenário que quero que todos os funcionários pensem.

Claro, empreste alguns dólares a um colega ou subordinado direto para comprar um sanduíche ou doe US$20 para um arrecadador de fundos para um banco de alimentos durante as férias. Mas US$100 mil? Um acordo financeiro substancial como esse entre um gerente e um subordinado direto é incomum e uma vistosa bandeira vermelha. Tenho visto esses empréstimos se tornarem uma maneira inadequada de comprar o silêncio de um funcionário sobre outros assuntos, incluindo favores sexuais ou contabilidade inadequada de despesas. Além do mais, a discórdia que seu relacionamento claramente está causando na equipe de trabalho precisa ser abordada.

Depois de uma investigação preliminar que pode envolver a revisão de e-mails em equipamentos da empresa, Trevor precisa ser informado de que um funcionário viu a nota de empréstimo na copiadora. Se ele admitir que deixou e der uma explicação, sua resposta sugerirá o próximo curso de ação. Se ele negar a existência de tal empréstimo e alguém estiver tentando incriminá-lo, essa resposta pode sugerir outro. Trevor precisa pensar sobre seu relacionamento com sua assistente e sobre como os outros o estão percebendo.

A investigação deve ser conduzida com uma mente aberta, e é necessário questionar aos colegas de ambos os funcionários se há algo no relacionamento deles que está causando problemas no local de trabalho. Meu instinto e minha experiência dizem que seria altamente incomum um chefe emprestar tanto dinheiro a um empregado, a menos que ele tenha um relacionamento que seja inadequado o suficiente para criar tensão e discórdia na equipe de trabalho. A lealdade de Louise deve ser primeiro para a empresa, não para seu chefe. Uma transação desse tamanho torna isso muito difícil. No mínimo, se ele emprestou o dinheiro a ela para algum propósito nobre e gentil, como as contas médicas de uma criança, Trevor demonstrou falta de discernimento.

Gerentes devem manter alguma distância profissional entre eles e seus subordinados diretos. Seja cordial, gentil e atencioso. Mas emprestar quantias significativas de dinheiro ou se envolver na vida de um subordinado direto como se fosse um membro da família não é apropriado.

MOMENTO CODIFICADO 12: A CULPA É DO RIO

Elliott dirige as operações internacionais de uma empresa farmacêutica com sede em Miami e sempre viajou muito. Acontece que Elliott tem duas famílias: uma esposa e duas filhas gêmeas que moram em Miami, e uma companheira e um filho no Brasil. A companheira do Brasil sabe da esposa em Miami. A esposa de Miami não sabe da companheira no Brasil.

Elliott tem motivos legítimos de negócios para viajar ao Brasil, mas ultimamente tem defendido que sua empresa expanda ainda mais suas operações por lá. Ele disse que quer passar metade do tempo no país, e tem um bom argumento de negócios para propor isso: a fábrica lá tem sido produtiva e eficiente.

Stewart, um rival de longa data de Elliott, recebe uma dica de que Elliott tem uma segunda família no Brasil e que a família de Elliott nos Estados Unidos não sabe de nada. Stewart também soube que um pequeno grupo de subordinados diretos de Elliott sabe sobre suas duas famílias e o está acobertando. Stewart marca uma reunião com o diretor jurídico, a quem sugere que a prioridade de Elliott é ter uma desculpa para ir para o Brasil e sustentar sua segunda família às custas da empresa, e que há melhores oportunidades de expansão em outros lugares.

O carnaval é muito mais divertido que isso. E agora?

1. Os relacionamentos pessoais de Elliott são assunto dele. O diretor jurídico deve discutir o assunto com o CEO, e se o desempenho de Elliott for bom e parecer que ele está operando com vistas ao interesse da empresa, nada mais deve ser feito.
2. O diretor jurídico deve confrontar Elliott. O potencial conflito de interesses cria, no mínimo, a impressão de que seu discernimento sobre os negócios no Brasil está sendo prejudicado por seu relacionamento pessoal, sem falar que a empresa está sendo utilizada para financiar e viabilizar sua traição. Além disso, o peso do sigilo que Elliott criou em torno dessas duas famílias cria um potencial para escândalo ou chantagem no futuro.
3. Saber que Elliott mantém esse nível de farsa em sua vida pessoal sugere que ele carece de integridade e caráter, e isso é razão suficiente para despedi-lo.

DISCUSSÃO DE "A CULPA É DO RIO"

Situações como essa não são tão raras quanto muitas pessoas podem pensar. Ao longo de minha carreira, soube de pelo menos meia dúzia de homens que tendem a viajar muito e que escolheram um caminho de vida complicado, criando e sustentando uma segunda família em outra cidade ou país — normalmente uma mulher e um ou mais filhos sobre quem sua primeira esposa e filhos não sabem. Em cada caso, a situação continuou por anos antes de vir à tona.

Não é função de um código de ética lidar com as complexidades do casamento de um funcionário. Práticas como bigamia, poliamor, *affairs* e outras opções de estilo de vida estão normalmente além das preocupações de um local de trabalho. Mas todos nós sabemos que não é tão simples. Os limites entre "vida pessoal" e "vida profissional" estão cada vez mais confusos, e os funcionários que se envolvem em certos comportamentos secretos ou abusivos fora do escritório podem envergonhar e prejudicar a marca de sua empresa se esse comportamento se tornar amplamente conhecido. Por exemplo, a NFL — a liga nacional de futebol americano dos EUA — teve de lidar com vários incidentes de abuso conjugal de seus jogadores. Esse tipo de conduta fora do campo não tem nada a ver com o desempenho em campo — mas os delitos de funcionários de alto nível podem refletir tão mal no empregador, que deixar de suspender ou disciplinar o funcionário é visto como atitude de uma empresa que tolera o mau comportamento. O curso adequado é o número 2, e, dependendo do que uma investigação descobrir, pode ser necessária uma demissão.

O mundo está mudando. Os consumidores querem mais das empresas e os clientes desejam confiar nos líderes das empresas com as quais fazem negócios. Se o CEO de uma marca voltada para a família for exposto por levar uma "vida secreta", a confiança na marca pode ser minada e pode forçar o conselho a agir.

Há outro nível de análise para esse exemplo. O fato de a companheira brasileira de Elliott não ser uma funcionária, fornecedora, cliente ou qualquer outro tipo de parceira de negócios remove um nível de conflito de interesses desta equação. Mas Elliott costuma voar às custas da empresa para o Brasil e agora ele quer passar ainda mais tempo lá. Elliott fez de tudo para ser acusado de ter um conflito de interesses. O fato de que o Brasil possa ser um mercado promissor para a empresa não é o ponto — Elliott provavelmente não pode ter um discernimento claro sobre essa expansão porque tem um interesse pessoal em passar mais tempo lá. Mas mesmo se ele pudesse, de alguma forma, avaliar a situação com imparcialidade, os rumores sobre seu caso estão agora no local de trabalho, e seus colegas nunca confiarão completamente que suas opiniões são imparciais. Ele perdeu a confiança de que os líderes precisam para ser eficazes, pois colegas de trabalho invejosos sempre questionarão seus motivos.

O diretor jurídico tem de entrevistar Elliott e avaliar suas despesas com atenção. Se a evidência mostrar que Elliott tem viajado excessivamente para o Brasil ou sustentado sua segunda família com o dinheiro da empresa, ele estará acabado. Mas mesmo que Elliott tenha conseguido se mover sem deixar um rastro de evidências de fraude nas despesas, ele não pode defender com credibilidade a expansão no Brasil. Suas ações provavelmente minarão a confiança da empresa em seu julgamento e prejudicarão sua carreira. Isso também pode encerrar sua carreira nessa empresa.

Existem outras variações sobre esse tema. Em diferentes empresas, estive envolvido em investigações em que dois funcionários, casados com outras pessoas, usaram suas viagens de trabalho para encontros amorosos fora de casa. Os colegas podem descobrir, e às vezes se sentem mal pelos cônjuges. Um colega pode enviar denúncia anônima a um ou a ambos os cônjuges, que podem até aparecer furiosos no escritório. Às vezes, uma dica vai para um gerente ou para o diretor jurídico, sugerindo que a empresa verifique os registros de viagem das duas partes porque estão inventando motivos para viajar que não são relevantes para a realização de seus trabalhos. Muitas vezes, é claro que mesmo quando as duas pessoas podem não estar viajando juntas ou até mesmo trabalhar no mesmo departamento, elas repetidamente, às vezes por um período de muitos anos, conseguiram estar em Boston, Atlanta ou Seattle nos mesmos dois ou três dias e no mesmo hotel. Uma investigação deve ocorrer para verificar se uma das partes tem uma relação de controle com a outra. Mais perguntas: o gerente estava permitindo viagens desnecessárias para alguma das partes? Eles usaram os recursos da empresa de forma inadequada? E, finalmente, aqueles que sabiam sobre qualquer uma dessas relações "secretas" constituíam um "grupo" que recebeu benefícios ou outra consideração como consequência?

Ocultar um possível conflito de interesses de seu trabalho é, em última análise, uma estratégia autodestrutiva.

MOMENTO CODIFICADO 13: PIRATARIA DE SENHAS

Terry é um novo contratado para a equipe de segurança da ProCo. Uma tarde, Tina, a diretora de tecnologia da empresa, convida Terry para se juntar a ela em uma sala de reunião. Tina entrega a Terry um cartão com uma lista de endereços do banco de dado de clientes de um concorrente da ProCo; um nome de usuário e uma senha também estão escritos nele.

Tina sorri cruelmente: "Nós vimos alguns posts no Blind que sugerem que esses caras estão nos hackeando. Um de nossos vendedores encontrou esse cartão. Ele não o roubou, nem comprou, nem pediu a ninguém. Isso o torna um jogo justo." Ela empurra um notebook para Terry. "Quero que você encontre alguma lanchonete ou cafeteria do outro lado da cidade, com wi-fi. Use esse notebook e veja se consegue acessar esses bancos de dados e me diga o que encontrar. Baixe qualquer coisa que possa estar relacionada a nós e também copie qualquer diretório que você encontrar. Não o use para mais nada e traga-o de volta para mim."

Terry gagueja: "Já ligamos para o FBI?"

"Nós vamos ligar, mas precisamos de evidências. E precisamos pegá-las antes que eles percebam e consertem tudo." Tina se levanta: "Não me decepcione, Terry. Você tem um futuro brilhante. E não fale sobre isso com ninguém; essa é uma tarefa altamente confidencial. Nem mesmo a seu gerente — você entendeu?"

Ninguém disse que proteger os dados da empresa seria fácil... mas como Terry deveria lidar com essa missão?

1. Terry deve ir direto ao escritório do diretor jurídico e pedir uma reunião. Ele deve tirar a poeira de seu currículo e estar preparado para pedir demissão se o diretor lhe disser para seguir a ordem de Tina.
2. Terry deve ir ao seu gerente e discutir essa conversa. Ele vai querer a confirmação de seu gerente de que está apenas seguindo as ordens de Tina. Se o gerente também lhe disser para fazer isso, então essa é outra ordem, e ele não será culpado. Mas ele deve manter um diário em tempo real de tudo o que acontece, para que possa se defender.
3. Se a empresa vir evidências no Blind de que está sendo hackeada, provavelmente é verdade; essa empresa rival começou a guerra e merece o que receber.

DISCUSSÃO DE "PIRATARIA DE SENHAS"

Tina está propondo um cenário em que Terry cometeria espionagem corporativa, um ato criminoso. Fazer login conscientemente em um banco de dados privado com um nome de usuário que não é o seu é como encontrar no chão as chaves de um carro, ao lado de um Porsche, e sair dirigindo. Faz diferença se você acha que o dono do Porsche roubou seu Honda Civic há duas semanas? Não faz. É crime vasculhar um banco de dados ao qual você sabe que não deveria ter acesso — você está usando deliberadamente credenciais falsas, e o crime em questão geralmente é fraude eletrônica; nesse caso, também pode ser roubo de segredos comerciais.

As informações postadas no Blind podem ser um vazamento interno ou pode ser apenas invenção. Por ser anônimo, o material postado no Blind não é prova de nada. Isso não pode ser uma desculpa para esse tipo de comportamento.

Esse é um dilema muito difícil e estressante para Terry. Para demonstrar integridade, Terry tem de pensar longe, pois isso definirá sua carreira. Terry assinou um acordo quando entrou na empresa, dizendo que obedeceria à lei. Essa promessa é o ponto de partida de qualquer código de ética. Qualquer solicitação, a qualquer momento e em qualquer lugar que claramente viole a lei, mesmo que venha da CTO, exige um momento de cerejeira do funcionário a quem foi solicitado realizar tal ação: "Não, eu sei que isso é ilegal, e se você quer que eu faça coisas ilegais, eu não quero trabalhar aqui."

A lealdade não é desculpa para esse comportamento. "Olho por olho" porque a outra empresa roubou segredos comerciais não é desculpa. Apenas seguir ordens não é desculpa. Será que uma pessoa com força de caráter para dizer não a esse comportamento encontrará outro emprego, mais de acordo com seus valores? Da minha parte, tenho certeza… a resposta é a número 1.

O compromisso de seguir a lei é fundamental para qualquer código de ética legítimo.

Apêndice: Discussão dos Momentos Codificados   275

MOMENTO CODIFICADO 14:
TRÊS RATOS CEGOS

Rick odeia conflitos, mas ele tem opiniões fortes sobre muitos assuntos, então ele entra no site anônimo Blind e manda ver. Por exemplo:

"Nossa tara em reciclagem é balela — passamos todo esse tempo separando o papel das latas, blá-blá-blá, e eu vi nosso pessoal de manutenção simplesmente jogar tudo no lixo comum. Conversa fiada de progressistas, não quer dizer nada."

"Com certeza, este mês anda tendo muitas reuniões de 'alto nível' no prédio 4 após o expediente. Ouvi dizer que o novo chefe do projeto Orion cultiva sua própria erva premium e vai compartilhá-la. E por compartilhar eu quero dizer vender."

Você é o diretor jurídico da empresa de Rick e recebeu uma denúncia anônima em sua *hotline* de ética de que Rick é o funcionário que posta comentários grosseiros, às vezes inadequados, usando um dos três nomes de usuário diferentes. O informante afirma ser colega de outro funcionário de TI que criou os e-mails falsos de Rick para que ele pudesse registrar nomes diferentes para usar no Blind.

Você arranca a máscara do anônimo?

1. Ignore a dica e as postagens. Depois de começar a acompanhar as informações postadas em sites anônimos, onde terminará sua responsabilidade?
2. Respire fundo e monitore as postagens. Parte das informações nessas postagens sugerem algumas questões éticas em sua empresa. Concentre-se em investigá-las, não em atirar no mensageiro. Designe um investigador para examinar as alegações de reciclagem e venda de drogas publicadas online.
3. Designe um investigador para examinar os e-mails e o uso da rede do funcionário de TI e de Rick. Se o que o informante anônimo diz for verdade, ambos violaram as regras da empresa ao conspirar para abusar do endereço de e-mail da empresa para fins não comerciais e devem ser demitidos.

DISCUSSÃO DE "TRÊS RATOS CEGOS"

Pode ser tentador enterrar a cabeça na areia e torcer para que essa bagunça desapareça, mas você não pode fazer isso. Goste ou não, você foi avisado sobre um problema potencial e precisa fazer um acompanhamento. (E, a propósito, não sou fã da escola de pensamento "o que você não sabe não te machucará" — é melhor você saber sobre os problemas e lidar com eles.)

Primeiro, você deve examinar as alegações de venda de maconha — quer a maconha seja legal em seu estado ou não, é improvável que esse canal de distribuição seja licenciado (ou colete os impostos apropriados). Isso é potencialmente uma violação criminal. Pior ainda, no momento em que este livro foi escrito, a distribuição de maconha ainda é um crime federal, e usar a propriedade da empresa como um ponto de distribuição significa que a propriedade de sua empresa pode estar sujeita a confisco federal se Rick for preso. Isso é uma coisa difícil de explicar para um conselho, especialmente se você tivesse conhecimento e não fizesse nada a respeito. Você tem várias opções aqui — pode instalar uma câmera de vídeo no prédio 4, investigar os registros de crachás de Rick ou fazer uma visita surpresa tarde da noite, confirmando, assim, o boato.

Em segundo lugar, eu acompanharia a questão da reciclagem. Provavelmente não há ofensa criminal aqui (a menos que sua lei local exija a reciclagem). Ainda assim, se esse tipo de coisa está acontecendo, prejudica a credibilidade de sua iniciativa "verde" e, de forma mais ampla, a confiança na liderança. Uma verificação rápida do lixo pode confirmar esse boato.

Terceiro, você tem um problema no departamento de TI se, de fato, os funcionários estão permitindo a criação de contas de e-mail falsas. Você pode conseguir voltar ao informante para saber o nome do falsário ou pelo menos instigar uma auditoria independente para examinar seus registros de e-mail para determinar se há contas falsas. Esses mesmos registros também podem ajudá-lo a descobrir quem está usando essas contas e quem está por trás das postagens anônimas.

Se os rumores sobre a venda de drogas forem falsos, você precisa lidar rapidamente com a pessoa que está espalhando os rumores maliciosos. Se os rumores forem verdadeiros, é bem possível que o autor da postagem tenha algum nível de proteção... mas, no mínimo, você gostaria de falar com o funcionário e incentivá-lo a usar um canal oficial de denúncia.

A era da transparência cria problemas com os quais é difícil lidar — isso não significa que você pode ignorá-los.

MOMENTO CODIFICADO 15: SAM, ELA NÃO ESTÁ A FIM DE VOCÊ

Sam, um redator técnico, tem problemas para fazer amigos e é desajeitado com as mulheres em geral. Mas ele está trabalhando com Ellen, uma designer, em um projeto de manual de produto para a MediumCo. Não há relacionamento de subordinação, e Sam e Ellen são solteiros. Um dia, quando eles saíram de uma reunião, Sam juntou coragem e perguntou a Ellen se ela gostaria de um drinque na sexta à noite. Ela sorri e diz que amigos de fora da cidade vão visitá-la na sexta-feira, mas "talvez em outra hora". Dez dias se passam, Sam dispara para Ellen a sexta versão de um e-mail em que está trabalhando há uma hora: "Competição de trívia na Bayside Tavern, sábado. Quer estar na minha equipe?" Um minuto depois, ela responde: "Droga, vou sexta à noite para a casa dos meus pais. Divirta-se — boa sorte!"

É normal que Sam continue tentando... ou este é um momento codificado?

1. Ellen não disse não de verdade, então, até que ela o faça, ele pode ver a hora certa para continuar tentando.
2. Sam, tente uma abordagem diferente. Peça a uma de suas colegas para ver se ela gosta de você ou se você deve recuar.
3. Sam, luz amarela. Deixe Ellen em paz se ela não der o próximo passo. Se você continuar perguntando, começa a se tornar uma pressão inadequada.

DISCUSSÃO DE "SAM, ELA NÃO ESTÁ A FIM DE VOCÊ"

Se Sam trabalhasse no Airbnb, ele já teria violado nossa política: uma vez e acabou. Ele tem o dilema humano clássico de ter uma queda por alguém que pode ou não estar interessado. Isso é uma pena, de verdade. Talvez, fora do escritório, você possa ser um pouco mais persistente. Mas no trabalho você deve seguir em frente.

O cerne desse dilema é: os valores da empresa incluem o direito de se sentir seguro e livre de assédio no local de trabalho. Isso significa que Sam não é livre para continuar perguntando e tentando vencer Ellen pelo cansaço. Ir para o trabalho não significa ter de passar por todos os esquemas imaginativos de um filme de comédia romântica. Sim, Ellen inicialmente disse "talvez outra hora", mas quando Sam perguntou novamente, ela não reforçou que estava interessada em sair com ele. Depois de duas tentativas, Sam absolutamente deve dar um passo para trás. Alistar um colega neste esquema pode acumular mais problemas, criando um ambiente desagradável para Ellen.

Suspeito que alguns de vocês estejam pensando: ela não disse não. Quando ela disse "talvez outra hora", soou como "por favor, pergunte-me de novo!" Outros estão pensando: "Sam, acorde! Qualquer pessoa que usa os pais como desculpa simplesmente não gosta de você." Essa é a tristeza do amor não correspondido, tão antigo quanto a humanidade. Não existe uma linguagem de código específica que possa abordar os anseios humanos, e não culpo Sam por seus sentimentos… mas há um ponto em que os convites começam a parecer perseguição, e alistar os outros para defender sua causa, como você poderia ter feito no ensino médio, é antiprofissional e inaceitável.

Uma política justa e razoável da empresa sobre convidar um colega para sair é: uma vez e acabou.

Apêndice: Discussão dos Momentos Codificados

MOMENTO CODIFICADO 16:
"CLARO, ENTENDI PERFEITAMENTE

Luke foi designado para oferecer suporte técnico de marketing a Marco. Eles se reúnem duas ou três vezes por semana no cubículo de Marco. Marco é casado com Greg e recentemente adotaram dois filhos gêmeos. Luke está sempre tocando o braço ou ombro de Marco e, ao longo de vários fins de semana, Luke inundou Marco com textos sobre o projeto. Aborrecido, Marco finalmente muda suas reuniões presenciais para telefonemas. Luke passa pelo cubículo de Marco na tarde de sexta-feira. Ele sugere a Marco que eles saiam para beber uma cerveja; Marco responde: "Luke, eu respeito suas habilidades, mas não estou interessado em socializar. E vamos tentar responder às perguntas durante nossas reuniões. Preciso me concentrar na minha família quando estou em casa."

"Claro, entendo totalmente", diz Luke, sorrindo. Enquanto ele se afasta, Marco o ouve dizer em voz alta: "Seu filho da puta desgraçado". Marco entra no corredor, onde três outras pessoas estão olhando para ele com preocupação.

Na segunda de manhã, Marco recebe uma ligação do RH. Luke entrou com uma queixa dizendo que Marco tem exigido favores sexuais em troca de recomendá-lo para um bônus por este projeto. Outro colega diz a Marco que Luke postou uma declaração no Facebook dizendo: "Não é certo que meu algoz aja como o Sr. Homem de Família quando devo calar a boca e fazer meu trabalho".

O RH começa a investigar. Os colegas de escritório de Marco ouviram Luke xingando Marco, mas não há evidências para apoiar as afirmações de Luke — ou inocentar Marco. Em seguida, o RH recebe uma mensagem de voz anônima na hotline de ética. "Trabalhei com Luke em outra empresa. Acabei de ouvir que ele acusou alguém de exigir sexo. Ele já fez isso duas vezes antes."

Caramba! O que faria uma equipe de RH de alta integridade?

1. Depois de verificar os registros de texto e e-mail de ambas as partes, o RH não consegue resolver a situação. É a palavra de uma pessoa contra a de outra, e o que aconteceu em outra empresa é irrelevante. A empresa não pode disciplinar ninguém, só pode transferir Luke para que ele não trabalhe com Marco.

2. Estatisticamente, é menos arriscado acreditar na vítima que denuncia um crime. Já que colegas de trabalho ouviram Luke xingar quando ele saiu do cubículo de Marco, isso inclina a balança em direção ao lado de Luke.

3. A empresa deve investigar a história de Luke com base na denúncia anônima. Mas isso apresenta seu próprio conjunto de desafios, uma vez que ligar para as referências dele e seus antigos empregadores provavelmente não resultará em respostas e (se a denúncia anônima for falsa) lançará injustamente calúnias sobre Luke. Pode ser difícil de confirmar, mas é errado ignorar um padrão de comportamento — ter uma hotline que permita a uma empresa entrar em contato com a parte anônima definitivamente ajudaria em uma situação como essa.

DISCUSSÃO DE "CLARO, ENTENDI PERFEITAMENTE"

Que bagunça. Recentemente li uma história sobre um suposto assediador sexual que, em resposta às alegações de má conduta que várias vítimas fizeram contra ele, disse: "Não há necessidade de investigação. É tudo verdade." Esse tipo de honestidade, embora revigorante, é incomum. Esses casos costumam ser conexões cinzentas e complexas que apresentam às empresas duas histórias totalmente diferentes e desafiam você a encontrar a verdade.

A opção 2 é claramente o caminho errado. Você não pode confiar em crenças estatísticas (não comprovadas) sobre se o primeiro delator de um incidente está dizendo a verdade. O xingamento de Luke realmente não prova nada. Você precisa de fatos. Isso significa que você precisa fazer uma investigação. Supondo que você tenha avisado adequadamente aos funcionários que tem o direito de investigar seus computadores e e-mails de trabalho (e supondo que isso seja legal em sua área), você desejará conduzir uma investigação justa e completa, que inclua examinar e-mails e registros de mensagens disponíveis. Você pode entrevistar funcionários perto do cubículo de Marco para ver se alguém percebeu ou ouviu algo. Os registros de mensagens podem mostrar que Luke iniciou repetidamente as trocas de mensagens nos fins de semana, o que poderia apoiar Marco. Você também pode tentar retornar a denúncia anônima — se ela veio por meio de uma hotline que permite a comunicação bidirecional com um denunciante anônimo, você pode pedir mais detalhes (nome do ex-empregador ou a possibilidade de outras vítimas) que ajudarão a investigação. Você pode até tentar entrar em contato com os ex-empregadores de Luke para corroborar a dica anônima, mas, sendo realista, os ex-empregadores provavelmente não farão comentários.

São situações frustrantes: existe uma vítima real, mas quem é? As duas pessoas não podem estar dizendo a verdade. Em nosso exemplo, sabemos que Marco é

Apêndice: Discussão dos Momentos Codificados

inocente, mas quando sou a pessoa que está conduzindo a investigação, não sei disso. Eu chamo isso de casos 50-50.

Mas algo mudou em relação a esses casos 50-50. O movimento #MeToo é geralmente associado ao empoderamento das mulheres e à manifestação contra o assédio, mas há uma consequência legal para outras vítimas de assédio que também se manifestam. Predadores tendem a seguir padrões. E promotores e juízes começaram a aceitar padrões repetidos de todos os tipos como evidências legítimas e relevantes. Casos como esse, em que alguém fez uma afirmação semelhante várias vezes e acusa alguém que nunca foi acusado de nada impróprio, estão sendo vistos sob uma nova luz.

Não gosto de assumir um papel investigativo mais participativo em um caso como esse. Mais uma vez, é por isso que estou tão determinado a *evitar* o máximo possível incidentes difíceis no trabalho e comportamento inadequado. Eu encorajo qualquer funcionário que esteja se sentindo pressionado por um colega a buscar orientação de um consultor de ética, um gerente ou o RH.

Quando qualquer funcionário é vítima de uma acusação com potencial de encerrar sua carreira, essa pessoa merece todo seu esforço para chegar à verdade.

Posfácio

Integridade em uma crise

Enquanto eu fazia as edições finais deste livro, em janeiro de 2020, nuvens de tempestade na forma de COVID-19 estavam se formando na China. Enviei e-mails para meus colegas do Airbnb em nosso escritório em Pequim, perguntando sobre sua saúde. Na época, lembro-me de ter pensado em como deve ser assustador "para eles". Não estava me atinando que os Estados Unidos também estavam à beira de uma pandemia. Eu me voltei para outros assuntos; as provas do livro foram impressas e enviadas aos revisores e outros envolvidos no projeto, na preparação para o lançamento em maio.

Eu estava ouvindo rádio no carro em 11 de março de 2020, quando soube que Adam Silver havia tomado a decisão de suspender a temporada da NBA depois que um de seus jogadores, Rudy Gobert, testou positivo para COVID-19. Diante de uma grande decisão de integridade em um prazo curto, Adam acertou. Sua decisão daria apoio crítico, a funcionários da saúde pública, líderes políticos e outros que estavam observando o aumento das taxas de infecção, ao fato de que, apesar de todas as graves consequências para a economia, as escolas e a vida em geral, eles precisavam tomar medidas imediatas.

No meio dessa mudança turbulenta, um amigo que sabia que eu estava lançando um livro perguntou: "Você acha que alguém se preocupará com integridade quando as empresas estão preocupadas com a sobrevivência?" Sem hesitar, respondi: "Acho que isso forçará todos a pensar sobre integridade mais do que nunca." E percebi que precisava escrever este capítulo final.

✦

Tempos difíceis revelam o caráter. Para uma empresa, uma crise é um teste de pressão para sua integridade. Use-a para liderar e conquistará a admiração e o apreço de seus *stakeholders* e os benefícios que daí advêm. Se falhar, as consequências irão persegui-lo por muito tempo depois que a crise acabar — supondo que sua empresa ainda esteja funcionando.

Tive a sorte de trabalhar ao lado de executivos que mostraram integridade e caráter durante crises. Em 1999, o eBay atingiu o limite de sua arquitetura de sistema e houve interrupções frequentes de plataforma, desencadeando uma falha catastrófica que durou 21 horas. Meg Whitman, nossa CEO, criou uma sala de guerra, onde executivos e engenheiros moraram por vários dias, sem interrupção, cochilando em colchonetes, até que a equipe de engenharia conseguiu fazer nosso sistema voltar a funcionar, estável.

Em seguida, enviamos um e-mail para os clientes: Meg reconheceu que havíamos falhado com eles e prometeu ir além de nossas obrigações contratuais e reembolsar todas as taxas durante o período em que estivemos fora do ar — até mesmo para os leilões que só terminariam um bom tempo após a interrupção. Ela prometeu que investiríamos em uma arquitetura mais robusta para evitar interrupções futuras. Em outras palavras, ela se concentrou primeiro em reconquistar a confiança, embora isso tenha causado um impacto significativo em nossos ganhos. Alguns temiam que a Wall Street nos punisse por seguir esse caminho. Em vez disso, aconteceu o oposto: compradores e vendedores permaneceram engajados, os investidores continuaram apoiando nossa plataforma, e o eBay sobreviveu a essa experiência de quase morte.

Apenas dois anos depois, em 11 de setembro de 2001, outra crise testaria novamente o caráter da empresa. O primeiro dilema de integridade do 11 de Setembro foi simples de resolver: descobrimos que, poucas horas depois de os aviões atingirem as torres do World Trade Center, na cidade de Nova York, as pessoas anunciaram entulhos do local para vender no eBay. Nossa equipe de confiança e segurança já tinha uma política que proibia anúncios que envolvessem um vendedor lucrando com um desastre, e removemos rapidamente os anúncios.

Naquele mesmo dia, recebemos um telefonema do governador de Nova York, George Pataki, que nos disse que celebridades e outras pessoas queriam leiloar itens pessoais como uma arrecadação de fundos para beneficiar as famílias das vítimas do 11 de Setembro. A empresa inteira abraçou rapidamente a ideia, e em 72 horas, lançamos o Auction for America [Leilão para os EUA, em tradução livre]. No fim das contas, 230 mil itens mudaram de mãos, e arrecadamos US$10 milhões para os sobreviventes. Não cobramos taxas pelas transações. Agiríamos de maneira semelhante durante outras crises. Durante o furacão Katrina, nossos gerentes de sistemas puderam ver que os vendedores e compradores de Nova Orleans haviam desaparecido do eBay depois que tiveram de abandonar suas casas. Nós respondemos depositando US$1.000 em suas contas individuais do PayPal.

Vi nessas experiências que líderes íntegros operando com responsabilidade perante uma ampla gama de *stakeholders* podem sobreviver a crises e emergir mais fortes.

E é verdade também que estabelecer uma cultura de integridade ajudará imensamente quando as crises chegarem, estabelecendo um ambiente de confiança e um desejo inconsciente de fazer a coisa certa. Os funcionários tendem a confiar em seus líderes; os fornecedores estão abertos a enfrentar os desafios de curto prazo juntos; os clientes, mesmo quando incomodados, tendem a dar à empresa o benefício da dúvida. Quando uma empresa cai em padrões de pensamento de curto prazo, acobertamentos e ataques ao mensageiro, por outro lado, os erros se agravam e, em última análise, levam ao caos e ao fracasso.

✦

Falei sobre integridade para diversos grupos logo após o início da pandemia da COVID-19. Seus impactos atingiram a todos nós direta ou indiretamente, e rapidamente houve muita discussão sobre empresas e executivos que tinham ou não lidado bem com isso, ou mesmo de forma adequada. Não se engane, são tempos difíceis. Mesmo as empresas que fizeram tudo certo, que investiram tempo e energia na criação de uma cultura forte, positiva e saudável baseada em valores e respeito, tiveram de lutar contra difíceis compensações, algumas envolvendo demissões, afastamento pessoal obrigatório, cortes salariais, desligamentos de unidades de negócios e outras ações que afetaram trabalhadores que não fizeram nada de errado. Comecei, então, a desenvolver uma estrutura que ajudasse a orientá-los na tomada de decisões difíceis.

Antes de abordar essa estrutura, quero fazer algumas observações gerais sobre o tipo de comportamento que acredito refletir integridade e o tipo que soa vazio ou cínico. Como eu, você provavelmente recebeu garantias de empresas de que elas estão "lá" para você. "Estamos todos juntos nisso", dizem outras. E então, a proposta: compre um carro novo e adiaremos as primeiras parcelas por alguns meses! Um amigo meu recebeu um e-mail "Estamos aqui para ajudá-lo" de um corretor de iates. Exatamente aquilo de que você precisa no meio de uma pandemia!

Outras empresas estão realizando ações significativas e concretas que deixarão uma impressão positiva e duradoura. Algumas seguradoras de automóveis, por exemplo, reembolsaram uma porcentagem dos prêmios durante a quarentena, uma vez que as taxas de acidentes de carro caíram. Esse reembolso foi uma surpresa inesperada para os clientes que foram demitidos ou viram sua renda diminuir. Empresas de internet aumentaram os limites de dados e suspenderam certas taxas para apoiar pessoas presas em casa assistindo a filmes e tentando manter seus filhos entretidos.

Outras empresas procuraram ajudar diretamente nas crises médicas. Uma equipe da Bloom Energy se ofereceu para reformar respiradores que não funcionam, ajudando a salvar vidas. Uma série de empresas de roupas, incluindo a Brooks Brothers, a LVMH, a empresa de equipamentos esportivos Fanatics e a Eddie Bauer mudaram a produção para fazer máscaras e aventais de segurança para funcionários de hospitais.[1] A editora de livros Scholastic anunciou que apoiaria programas de merenda grátis para crianças cujas escolas estavam fechadas. Também fez parceria com atores para ler livros para crianças em casa no Instagram e no Facebook e encorajar doações para campanhas locais de alimentos.[2]

Avaliar como você pode e deve contribuir como membro participativo de uma comunidade maior em luta contra um desafio me leva ao primeiro elemento da estrutura que criei.

Passo um: Faça uma avaliação rigorosa dos stakeholders

No início de qualquer crise, você precisa de uma avaliação de 360° do impacto em seus *stakeholders*. Por razões óbvias, a natureza da crise tende a definir suas prioridades ao fazer isso. Em uma situação como a da COVID-19, as empresas cujos funcionários trabalhavam perto uns dos outros tiveram um problema de segurança sério e imediato. As preocupações de uma força de trabalho de linha de montagem seriam bem diferentes dos dilemas de uma empresa de publicidade que atende ao setor de viagens e usa muitos redatores e designers freelancers.

Houve uma reportagem maravilhosa no *Los Angeles Times* sobre um CEO que demonstrou uma resposta baseada em princípios ao lidar com a COVID-19, concentrando-se primeiro nos seus funcionários.[3] Kevin Kelly, CEO da Emerald Packaging, uma empresa familiar de sacolas plásticas localizada em Union City, Califórnia, estava dirigindo para o trabalho quando ouviu um funcionário da FDA falando sobre a importância de implementar procedimentos de distanciamento social e saneamento dentro dos locais de trabalho. Foi no mesmo dia em que a NBA tomou a decisão crucial de interromper os jogos, e antes de a maioria das empresas tomarem qualquer atitude.

Kelly chegou ao trabalho e convocou uma reunião com toda a empresa — por teleconferência — e anunciou novos procedimentos projetados para manter todos seguros. Nos dias seguintes, ele acrescentou duas semanas de licença médica para todos os funcionários e aconselhou qualquer pessoa que não estivesse bem a ficar em casa. Quando questionado na reunião sobre o que uma pessoa deveria fazer se ela fosse a única que sabia como fazer seu trabalho ou operar uma máquina específica, Kevin repetiu que, independentemente das consequências para o negócio, ela deveria ficar em casa — e fez o funcionário repetir essa mensagem importante. Todos riram, mas entenderam a mensagem. Gosto de como Kevin lidou com isso: ele priorizou a segurança dos funcionários em relação a outros fatores de longo prazo e não atribuiu essas conversas aos recursos humanos nem escondeu a mensagem em um e-mail. Ele percebeu que a mensagem tinha de vir de cima, ao vivo, com sentimento, para ter credibilidade.

Sua equipe de liderança também proibiu reuniões com mais de cinco pessoas e escalonou os intervalos e o horário de almoço, insistindo que os funcionários evitassem se misturar e socializar. Ele fez sua equipe encher frascos de spray com álcool por toda sua fábrica e incentivou a desinfecção constante de estações de trabalho, maçanetas, corrimãos e outros lugares onde os funcionários poderiam estar tocando as superfícies. Considerado um negócio essencial (a Emerald faz as sacolas plásticas que carregam alface e vegetais frescos, dentre outras coisas), a Emerald até olhou para o entorno de sua comunidade para ver como poderia apoiar os vizinhos. Kelly decidiu pedir 270 burritos para um almoço grátis todas as semanas, para ajudar a manter um restaurante local em funcionamento.

Como CEO, Kevin Kelly poderia ter se concentrado nos negócios e em sua participação no mercado e deixado as decisões das instalações para vários subordinados. No entanto, o que ele percebeu naquela viagem para o escritório foi que proteger a saúde e a segurança de seus funcionários era uma "obrigação moral" e tinha de ser sua primeira tarefa. E com o passar das semanas, apesar de suas próprias preocupações com a saúde de sua família, ele fez questão de estar no escritório todos os dias. Um líder não pode pedir à sua equipe para fazer algo que ele mesmo não faria.

Por outro lado, estive preocupado com a experiência de muitos funcionários de mercearias e drogarias. Em meados de abril de 2020, o United Food & Commercial Workers [Sindicato dos Comerciários e Setor de Alimentos, em tradução livre] emitiu um comunicado à imprensa dizendo que trinta trabalhadores de supermercado morreram de COVID-19 e vários milhares relataram sintomas respiratórios.[4] O sindicato reclamou que algumas lojas demoravam a proteger os trabalhadores com o limite do número de clientes permitidos em uma loja ao mesmo tempo. Muitas operações de varejo alardearam ideias como "obsessão do cliente" e que era essencial que as pessoas pudessem comprar mantimentos e medicamentos. Mas, em alguns casos, os grandes varejistas não conseguiram ver que a mensagem confusa de falar sobre a saúde dos cliente, mas não proteger a saúde de seus funcionários com o mesmo vigor aparente, levaria a uma reação adversa.

Também acredito que, quando você pede aos funcionários que trabalhem em situações potencialmente perigosas, os líderes da empresa não devem se isolar no ar-condicionado da diretoria. Passar um tempo em uma caixa registradora ou na reposição das prateleiras pode fornecer percepções que inspiram um líder a recomendar mais precauções, e os funcionários aprovarão e respeitarão sua disposição de ver a situação da linha de frente. Também envia a mensagem de que você não pediria a eles para fazerem algo que você mesmo não faria.

Claro, os funcionários são apenas um dos *stakeholders* que os líderes de uma empresa devem considerar. Há outros:

Acionistas. Seus investidores vão querer saber: você está economizando dinheiro? Deve atrasar certos investimentos até que a situação se estabilize? Priorizou quais projetos podem precisar ser cortados se a situação se prolongar? Precisa reduzir o tamanho? Não há nada de antiético em atender a essas questões, mas sua importância não deve estar tão acima das demais a ponto de a segurança ou a estratégia de negócios serem negligenciadas.

Parceiros, fornecedores e locatários. Seu sucesso depende de um parceiro fornecer um ingrediente ou material essencial? Você sabe quais são os problemas urgentes deles? Você precisa apoiar o negócio deles para sustentar o seu próprio? E eles podem te ajudar? Se você está com dificuldade financeira, tenha uma conversa honesta com eles sobre seus desafios e tenha uma noção de quanta flexibilidade eles podem oferecer a você em termos de pagamento — com boas parcerias, todos investem no sucesso uns dos outros.

Clientes. Você está entrando em contato para ter certeza de que entende quais são as necessidades do cliente? Eles estão precisando de dinheiro? Você deve considerar a extensão de um plano de pagamento antes que eles simplesmente entrem em default? Eles precisam de produtos que estão tendo dificuldade em encontrar e que você possa ajudar a adquirir? Existem segmentos com necessidades especiais? Com a COVID-19, uma mensagem positiva foi enviada quando muitas lojas criaram um horário especial para idosos vulneráveis fazerem compras, tentando limitar ainda mais sua exposição ao vírus.

Sua comunidade. O que está acontecendo com seus vizinhos? Eles têm desafios específicos com os quais você pode ajudar? Você tem instalações que pode emprestar para grupos de voluntários que precisam se reunir ou recolher suprimentos emergenciais? Você pode doar alimentos ou itens para membros da comunidade que estão sofrendo? Até mesmo ajudar em pequenas coisas pode fazer uma grande diferença. Por exemplo, quando o abrigo Fife Moves, de São Francisco, estava com dificuldade para encontrar comida para suas famílias, mais de vinte empresas da Área da Baía de São Francisco se ofereceram para doar os lanches que foram deixados para trás quando os funcionários começaram a se refugiar e trabalhar em casa.

✦

Conforme discutimos anteriormente neste livro, todas as empresas inteligentes estão mudando para uma orientação mais focada nos stakeholders, em vez de uma focada só nos acionistas. A realidade moderna dos negócios e o aumento da transparência das mídias sociais forçaram as empresas a levar as preocupações de seus funcionários e clientes ainda mais a sério. Se você for visto como oportunista ou explorador em uma crise, as críticas podem rapidamente se transformar em boicotes de clientes ou problemas com parceiros. Se você fornecer uma mão amiga, os benefícios para sua reputação no futuro podem ser significativos.

A Amazon, por exemplo, está lutando contra uma série de incêndios na frente da integridade enquanto escrevo estas linhas. Por um lado, a extensa rede de distribuição da empresa está permitindo a milhões de pessoas uma quarentena mais segura, graças à entrega de alimentos e produtos essenciais. A Amazon está contribuindo positivamente para nosso país, transferindo bens vitais em todo o mundo para as mãos dos consumidores. Por outro lado, a alegação de alguns trabalhadores de depósitos de que a Amazon não está protegendo adequadamente sua saúde levou a greves isoladas e críticas à administração da empresa. Não ajudou quando um memorando vazou, no qual eram citados os comentários feitos pelo diretor jurídico da empresa sobre um trabalhador que liderava um protesto, chamando-o de "não inteligente ou articulado" e delineando uma estratégia para levar as críticas ao comportamento do trabalhador, em vez daquelas da Amazon.[5]

A Amazon está em uma posição nada invejável. Por mais que ela esteja fazendo um bem enorme às pessoas ao entregar mercadorias, também é vista como um gigante que está lucrando com o enorme aumento nos negócios. Isso torna muito mais importante para a empresa avaliar continuamente o tratamento que dispensa a todos seus *stakeholders*.

Passo dois: Comunique-se com empatia e honestidade

Em uma crise, independentemente das informações que comunicam, os melhores líderes são diretos, autênticos e empáticos. Eles reconhecem que o medo e a incerteza existem, fazendo com que os funcionários se sintam melhor por não estarem sozinhos em suas preocupações. Eles são honestos sobre os desafios enfrentados; dizer "todos vamos superar isso juntos" quando você já sabe que um terço dos funcionários será demitido é uma abordagem desrespeitosa e pode sair pela culatra.

Os funcionários sempre percebem mais do que os líderes pensam. Eles veem a linguagem corporal de seus líderes quando estão confiantes e, apenas por meio de pistas não verbais, sentirão que algo está errado ou que não estão ouvindo toda a história. Se você disser que a saúde e a segurança deles são sua prioridade número um e então lhes disser que eles precisam se sacrificar e não reagir exageradamente às advertências de agentes do governo ou especialistas em saúde e ir trabalhar mesmo que não se sintam bem, não fique surpreso quando eles começarem a questionar tudo o que você lhes diz. Se sua comunicação for inconsistente, evasiva ou robótica — como se um advogado escrevesse cada palavra e o avisasse para não se desviar do roteiro —, você pode alimentar temores sem querer.

Então, o que você diz em uma crise? Tente imaginar com o que seus funcionários estão preocupados e priorize essas questões. Em uma crise financeira como a recessão de 2008, o medo geral de muitos funcionários era de demissões; durante a COVID-19, as preocupações iniciais incluíam o risco físico de exposição a um patógeno trazido por outros trabalhadores ou clientes e o equilíbrio entre as obrigações do trabalho e das crianças durante o fechamento generalizado de escolas. Os executivos inteligentes afirmaram especificamente que a empresa precisava ser flexível, em vez de manter expectativas rígidas. Fiquei impressionado no início de abril de 2020, quando a Microsoft anunciou que ofereceria licença parental especial de doze semanas para funcionários que estivessem lidando com o fechamento de escolas devido à pandemia. A maioria das empresas não tinha os recursos para oferecer um benefício tão generoso, mas os esforços dos líderes que mudam as reuniões, agendas e resultados para liberar funcionários conforme necessário durante o dia não passam despercebidos pelos funcionários e geram lealdade.

Durante outros desastres naturais ou crises, um conjunto totalmente diferente de questões pode ser mais proeminente. E se tudo estiver bem no trabalho, mas um grande número de funcionários perder o acesso às suas casas em uma enchente?

E se houver contaminação do principal produto alimentício de uma empresa e seus esforços precisarem mudar da produção e envio para rastreio e recolhimento? E se houver uma grande interrupção na rede elétrica? Novamente, é impossível imaginar todos os cenários que poderiam criar uma ameaça significativa para os negócios de uma empresa ou viabilidade de longo prazo. Qualquer que seja o problema, seus funcionários procuram o corpo de diretores para obter informações, uma avaliação realista de como as coisas estão e, se possível, que alguém reafirme que suas preocupações estão sendo ouvidas.

Especialmente quando você suspeitar que terá de demitir pessoas ou fazer mudanças radicais em sua estratégia ou operações de curto prazo, não dê uma falsa demonstração de otimismo. Não é possível ou sábio comunicar tudo o que você sabe o tempo todo, e pode haver assuntos que você está tentando resolver antes de planejar suas próximas etapas. Se você está procurando financiamento adicional, por exemplo, ou se inscreveu em algum tipo de programa especial que pode ajudar a reter os trabalhadores, pode haver um período em que você simplesmente não tem as respostas para algumas perguntas. Não há problema em dizer que você está investigando todas as opções para continuar as operações e fará a atualização assim que souber mais.

Passo três: Fique alerta para novas oportunidades

Quando o clima de negócios mudar e seus recursos de repente não estiverem alinhados com a demanda do cliente, seja criativo. Converse com seus *stakeholders*, ouça suas ideias e esteja aberto a novas oportunidades e formas de fazer negócios.

Durante a COVID-19, o surgimento de plataformas de venda online fáceis de usar criou novas oportunidades para empresas cujas lojas de varejo foram forçadas a fechar ou cujas cadeias de suprimentos usuais foram interrompidas. Muitos restaurantes mudaram para um modelo de retirada ou entrega muito mais rapidamente do que no passado. No contexto da COVID-19, mesmo com sites de viagens e serviços de compartilhamento de casa apresentando baixa demanda, empresas como Grubhub e Uber Eats aumentaram com volumes sem precedentes de pedidos de entrega de comida. O Airbnb lançou uma versão online de seu *Experiences*. Ouvi falar de empresas em negócios decididamente não essenciais, como camisetas personalizadas, mudando sua presença de marketing online para a venda de itens essenciais, como produtos de papel. Meu personal trainer começou a dar aulas para mim e para outros clientes via Zoom.

É preciso coragem e muito esforço para mudar o curso de ação, mas seguir o velho ditado de "encontre uma necessidade e preencha-a" nunca é um mau conselho em uma crise. Esses momentos também podem levar a novas linhas de negócios e relacionamentos que podem criar benefícios de longo prazo.

Passo quatro: Tome decisões difíceis com integridade

Em qualquer tipo de crise que afete significativamente as receitas, as empresas podem ter de economizar dinheiro cortando projetos e investimentos não essenciais e, em alguns casos, demitindo trabalhadores. Demissões não são necessariamente antiéticas; infelizmente, foram necessárias no Airbnb. Alguns CEOs podem concluir, com razão, que, se não cortarem uma certa porcentagem da equipe, a empresa ficará gravemente prejudicada em suas finanças. O corte de funcionários oferece uma chance para os que ficaram de manter a empresa em pé até que a recuperação comece.

Sei que existem alguns executivos que, em crise, agem rapidamente para cortar todas as despesas possíveis. Eu até os ouvi dizer que é a abordagem "menos perturbadora, menos cruel", porque, embora seja difícil para aqueles que são demitidos, a liderança pode, então, assegurar aos funcionários restantes que há negócios e reservas de caixa suficientes para mantê-los empregados por um determinado período de tempo. Eu ouvi dizer que essa abordagem "remove o medo" dos funcionários remanescentes e permite aos que saíram ter uma chance de encontrar um novo emprego no início de uma crise, antes que muitas outras empresas também recorram à dispensa.

Tendo a pensar que uma redução radical dos custos da noite para o dia não é a melhor maneira de fazer isso. Mas, seja rápido ou comedido, qualquer corte de custos deve começar pelo topo — os líderes podem precisar "comer por último", como aconselha o autor Simon Sinek; em uma crise, eles precisam se sacrificar primeiro. Um CEO não pode implementar de forma confiável demissões ou cortes de benefícios sem começar na equipe de liderança, um grupo que é presumivelmente bem remunerado e que pode resistir à tempestade financeira com mais facilidade do que os funcionários do "chão de fábrica". Não é de se surpreender, então, que Adam Silver e Brian Chesky — que lideram empresas que sofreram duramente na crise — tenham iniciado medidas de corte de custos no topo, com seus próprios salários e os de sua equipe de liderança.

Para algumas empresas, pode haver opções extras que não chegam a ser exatamente demissões.

Algumas empresas, como um primeiro passo, podem pedir aos funcionários que tirem todas suas férias e auxílios-doença acumulados para economizar em obrigações financeiras na esperança de que as condições melhorem e eles não tenham de ser dispensados.

Outra opção é uma licença — normalmente uma proposta a um funcionário de que ele não receberá um salário no futuro próximo, mas seu plano de saúde e outros benefícios permanecerão e suas opções de ações serão adquiridas até uma determinada data, quando sua situação será reavaliada. Isso envia um sinal de que, embora deva economizar dinheiro, a administração está esperançosa de que o funcionário possa (e vai) retornar e deseja tornar esse processo mais fácil e atraente. Obviamente, isso dá ao funcionário a oportunidade de procurar outro emprego, mas também mantém aberta uma porta que ambas as partes valorizam. E você pode continuar a demonstrar apreço pelos funcionários em licença. Uma rede de pizzarias em Atlanta teve de deixar vários funcionários em licença, mas a rede decidiu entregar pizzas grátis regularmente para eles, como um esforço para fornecer comida e manter contato com seus colegas de equipe.

Ao anunciar qualquer opção de corte de custos — especialmente demissões —, recomendo enfatizar os detalhes do "porquê". Por exemplo, quando a Marriott anunciou que dispensaria dezenas de milhares de funcionários após a COV1D-19, o CEO Arne Sorenson explicou aos funcionários que suas taxas de ocupação em todo o mundo eram de apenas 25%, ante 70% no ano anterior, e sua taxa de ocupação na China era de apenas 5% a 6%. Ele disse que o Marriott foi afetada pela COV1D-19 muito mais do que pelo 11 de Setembro. Não era segredo que as viagens globais quase pararam, mas informar os funcionários sobre as dimensões e a escala do desafio com referências específicas reforçou a necessidade de agir. Se você não der detalhes, os funcionários podem atribuir os movimentos à indiferença geral a eles, ou especular sobre executivos que ganharam ou perderam disputas territoriais, ou repetir teorias como: "Eles estão querendo fechar esta unidade há muito tempo , isso só lhes dá uma saída fácil." A propósito, Sorensen também anunciou que não aceitaria nenhum salário pelo resto do ano, e o restante do pagamento da equipe executiva seria reduzido em 50%.[6]

Em segundo lugar, embora represente uma despesa, a empresa que demitir funcionários em uma crise deve, se viável financeiramente, fornecer assistência transitória, que pode incluir indenizações ou benefícios de saúde estendidos. Isso é uma coisa boa a se fazer por funcionários valiosos e respeitados que você teve de dispensar, e também tem um benefício psicológico para os funcionários existentes verem que a empresa tem um coração e pretende agir de uma forma tão generosa quanto razoável. O impacto financeiro para os negócios do Airbnb tem sido substancial, assim como para toda a indústria de viagens, e tem sido doloroso, pessoal e profissionalmente, para os líderes do Airbnb demitir vários funcionários.

◆

A crise da COVID-19 não afetou severamente apenas os funcionários do Airbnb, mas também as comunidades de anfitriões e hóspedes. Na maioria dos casos, o Airbnb permite que os anfitriões definam suas próprias políticas sobre reservas canceladas. Para os anfitriões que passaram a depender do aluguel de espaço como uma parte significativa de sua renda e estabeleceram padrões de reserva explicitamente estritos, o Airbnb exigir que eles devolvessem dinheiro enquanto o mundo estiver bloqueado poderia impor dificuldades significativas. Por outro lado, com milhões de possíveis viajantes literalmente proibidos de deixar suas casas para qualquer coisa que não seja a compra de alimentos e itens básicos ou uma emergência, cobrar deles por viagens de férias que poderiam ser legalmente proibidas também era preocupante.

Por fim, o Airbnb permitiu que muitos hóspedes cancelassem suas reservas. Mas, fiel à filosofia de múltiplos stakeholders do Airbnb, a empresa também reservou US$250 milhões para ajudar a compensar anfitriões cujas políticas de reserva foram afetadas. O que foi inspirador para mim foi quando os funcionários do Airbnb também começaram a ajudar individualmente. Cada funcionário do Airbnb recebe um crédito de viagem a cada trimestre para viajar pelo Airbnb. Vários funcionários tiveram a ideia de doar seus créditos aos anfitriões, e por conta própria, sem solicitação da administração, mais de 2 mil funcionários doaram mais de US$1 milhão para anfitriões necessitados.

◆

Um dia a pandemia terminará e a vida voltará a um certo sentido de "normal". Quando isso acontecer, não importa sua função — membro de família, pai, amigo, funcionário, gerente, CEO —, as pessoas sempre se lembrarão de como você se comportou e de como você as fez se sentir durante uma crise. Em certo sentido, não existe melhor teste de integridade e nenhum momento em que esta seja mais valiosa.

Agradecimentos

"Quando você vive de acordo com o código de sua própria luz, isso é integridade impecável. A integridade impecável tem sua própria simetria, seu próprio som de elegância, excelência e brilho. Quando alguém com integridade impecável entra em uma sala, as pessoas sentem isso. Elas pensam: eu quero isso."
— Carlos Santana, setembro de 2019

Quando comecei a trabalhar neste livro, queria me concentrar nas engrenagens que ajudassem empresários a resolver dilemas e cenários específicos sendo intencionalmente éticos. Eu também queria apresentar o argumento mais geral de que isso poderia tornar o mundo melhor. Mas, à medida que o livro evoluía, descobri que tinha um fascinante conjunto de conversas com pessoas de muitos pontos de vista diferentes, caminhos de vida e estruturas éticas e morais. Quando terminei, estava desafiando e expandindo minhas próprias definições e estruturas que reuni ao longo de duas décadas tentando ajudar as empresas a traçar um curso ético. Percebi que as pessoas se conectam com o conceito de integridade de muitas maneiras diferentes, desde as implicações inteiramente práticas e legais até as dimensões espirituais, quase místicas, de que o músico Carlos Santana falou comigo certa manhã.

Mas, como ele disse, quando você encontra alguém que está em um caminho ético, você percebe uma sensação inegável de boa energia; você pode até sentir uma inspiração poderosa para ser uma pessoa melhor.

Meus agradecimentos têm que começar com Jillian, o amor da minha vida, sem a qual isso nunca poderia ter acontecido. Desde seu "Você deveria escrever um livro" até me colocar em contato com Tim, meu editor, e reconectando-me com Joan, minha parceira de redação, e treinando-me em todo o processo como minha agente e parceira, até estar guardada em meu coração todos os dias, este livro está repleto de sua sabedoria, sua luz e seu amor. Tenho uma sorte extraordinária de ter você ao meu lado todos os dias. Tim Bartlett e a equipe da St. Martins têm sido parceiros maravilhosos para mim. Obrigado por sua orientação e por acreditar não apenas no livro, mas no que ele representa. Sou muito grato por minha parceira de redação, Joan O'C. Hamilton, que queria que eu escrevesse um livro já na nossa primeira conversa em 2010 e que assinou contrato para ajudar em 2018. Ela fez muito mais do que apenas escrever minhas ideias, ela foi uma verdadeira parceira colaborativa que trouxe suas próprias histórias e forte senso de integridade a este projeto, e eu não poderia pedir por um colega melhor para escrever este livro.

Este é um livro de memórias de uma jornada de vida, e aprendi com alguns líderes de classe mundial, colegas e amigos ao longo do caminho, começando do topo, com meu padrinho, Jerry Erickson, e os amigos queridos Wilbur Vitols, Nash Schott, Joyce Vance, Kevin Etheridge e Jimmy DiNardo. Desde meus dias como promotor federal, agradeço aos juízes federais do Rocket Docket que me formaram como um jovem advogado — juiz Bryan, juiz Cacheris, juiz Hilton, juiz Brinkema, juiz Ellis, juiz Hudson, juiz O'Grady, juiz Sewell e, claro, o juiz Williams. Obrigado a toda a família do Ministério Público da EDVA, especialmente Helen Fahey, Richard Cullen, Chuck Rosenberg, Tom Connolly, Peter White, James Comey, Roscoe Howard, Jim Trump, Randy Bellows, John Nassikas, Tim Shea, John Rowley, Neil Hammerstrom, Jay Apperson, Andrew McBride, Gordon Kromberg, John Davis, Rosie Haney, Jan Purvis, Larry Leiser, General Rich, Justin Williams e Mark Hulkower, e nossos colegas do outro lado do rio, John Martin, John Dion e Robert Mueller.

No eBay, tive a sorte de aprender com alguns dos melhores líderes que já conheci — Mike Jacobson e Maynard Webb —, que altruisticamente continuam a derramar grande parte de sua sabedoria de vida ensinando-me direito, negócios e integridade; sou profundamente grato a vocês dois. A Meg Whitman, por dar uma chance a um promotor federal no Vale do Silício e por apoiar e acreditar em mim. A Marty Abbott, que simplesmente não me deixou falhar. A Brian Swette, John Donahoe, Josh Kopelman, Wendy Jones, Michael Dearing, Bill Cobb, Jamie Iannone, Rajiv Dutta, Bob Swan, Kristin Yetto, Jeff Housenbold, Maggie Dinno, Lynn Reedy, Andre Haddad, Lorrie Norrington, Gary Briggs, Mark Rubash, Jay Lee, Joe Sullivan, Steve Westly, Lorna Borenstein, Alex Kazim, Kip Knight e tantos outros líderes do eBay, por lições de vida em liderança. À incrível equipe jurídica do eBay, pessoas como Brad Handler e Jay Monahan, Geoff Brigham, Kent Walker, Mike Richter, Lance Lanciault, Allyson Willoughby, Tod Cohen, Allison Mull, Jay

Agradecimentos 297

Clemens, Kyung Koh, John Muller, Scott Shipman, Jack Christin e Alex Benn. E a todos os membros da família eBay Trust and Safety, que deram tanto para criar um mercado confiável — Jeff Taylor, Lulu Laursen, Eric Salvatierra, Matt Halprin, Carolyn Patterson, Dinesh Lathi, Ken Calhoon, Vikram Subramaniam, Tong Li, Xin Ge, Sameer Chopra, Mariana Klumpp, Mike Eynon, Laura Mather, Martine Niejadlik, Hseuh Tsang, Grace Molnar, Amjad Hanif, Lynda Talgo, Brian Burke, John McDonald, Colin Rule, Randy Ching, Tim Kunihiro, Sophie Bromberg, os irmãos King Jeff e Jeremy, Larry Priedberg e Dave Steer, e Ellen Silver, Sarah McDonald, Chet Ricketts, Kai Curtis, Sean Chaffin, Kathy Pree, Gary Pullmer, Bryan Richards, John Canfield e Kevin Embree, eLVIS, Lissa Minkin e Paul Oldham, Amanda Earhart, Amidha Shyamsukha, Tim Paine e Monica Paluso, Zach Pino, Susan Dutton, e toda a incrível equipe em Draper, Utah e John Kothanek, Alastair MacGibbon, Mat Henley, Andy Brown, Oliver Weyergraf, Michael Pak, Garreth Griffith, Christian Perella, Ange la Chesnut, Stony Burke, Dave Carlson, Jeff Parent e Kevin Kamimoto, e tantos outros que fizeram parte dessa jornada como os pioneiros da confiança e segurança na internet.

No Chegg, que time! Muito obrigado ao meu mentor e bom amigo Dan Rosensweig e a Heather Hatlo Porter, Chuck Geiger, Nathan Schultz e Andy Brown, Esther Lem e Jenny Brandemeuhl, Robert Park, Mitch Spolen, Elizabeth Harz, Anne Dwane, Tina McNulty, Mike Osier, Heather Tatroff Morris, John Fillmore e meu bom amigo Dave Borders! Todos vocês se uniram e construíram algo incrível. Alunos em primeiro lugar!

E a equipe do Airbnb começa no topo, e a integridade começa com Brian, Nate e Joe. Obrigado por construir um tipo diferente de empresa com uma missão inspiradora da qual todos podemos nos orgulhar. Agradecimentos a Belinda Johnson, Beth Axelrod, Greg Greeley, Jonathan Mildenhall, Chris Lehane, Joebot, Alex Schleifer, Dave Stephenson, Fred Reid, Margaret Richardson, Aisling Hassell e Melissa Thomas-Hunt e toda a equipe executiva por liderar a jornada da Integridade Intencional. À melhor coleção de talentos jurídicos internos do mundo — os mais de 150 advogados ao redor do mundo liderados por Renee Lawson, Garth Bossow, Fiona Dormandy, Rafik Bawa, Sharda Caro, Darrell Chan, Kum Hong Siew, Ruben Toquero, Claire Ucovich e Shanna Torrey, que trabalham como parceiros de um negócio para difundir o pertencimento e que acreditam no exercício da advocacia com integridade e sorrisos, meus mais profundo agradecimento a todos por me proporcionarem a incrível experiência de vida de trabalhar com vocês como uma verdadeira equipe. Agradecimentos especiais a Kate Shaw, Peter Urias, Sarah Robson, Samantha Becker, Jordan Blackthorne,

Julie Wenah, Jen Rice e todos os Consultores de Ética, por me ensinarem tanto sobre diversidade, inclusão e ética. Agradecimentos especiais a Karen White da AG Alliance, Jackie Stone da McGuire Woods e Geoff Eisenberg por todo o apoio, sabedoria e amizade ao longo dos anos.

Meus agradecimentos a todos que dedicaram seu tempo e pensamentos tão generosamente a este livro — Reid Hoffman, Ben Horowitz, Josh Bolten, Srin Madipalli e Lilian Than, o superadvogado Jackie Kalk, general Eric Holder, Priya Singh e David Entwistle da Stanford Health, David Westin, Thomas Friedman, Dan Ariely, Yael Melamede, presidente Jim Ryan, Kim Scott, Jeff Jordan, Paul Sallaberry, Janet Hill, Chai Feldblum e Sharon Masling, Jim Morgan, Donald Heider, Jim Sinegal, presidente Adam Silver e Carlos Santana.

Mais importante ainda, obrigado à minha família. Aos meus filhos, Bianca e Cliff, com amor. Cada um, à sua maneira, me ajudou a descobrir formas de evoluir e comunicar integridade em meu trabalho mais difícil: ser pai. Eles são os dois filhos mais maravilhosos que um pai poderia desejar; tenho uma sorte extraordinária de tê-los no centro de minha vida. A Justin Manus, Mandy, Blake, Nick, Brock e Mariana Salzman, Mark e Mara DuBois, Elizabeth Manus, Jom e Lisa Bloch, Alexis e Jordan e Caroline e Babyus, por me tornar tão plenamente parte de sua família maravilhosa. Com amor e gratidão a meu tio, Cliff Waddell, que me colocou na faculdade de direito e, mais importante, esteve ao meu lado como meu mentor, figura paterna e amigo durante toda a jornada; nada disso teria acontecido sem você. Para meu pai, espero que seu "chapa" tenha lhe deixado orgulhoso. Para minha avó, uma fonte constante de amor puro e apoio em minha vida. E, claro, minha primeira professora e modelo de integridade, minha mãe, Kitty Chesnut. Isto é para você e por todo o amor que você derramou em mim — mãe, só queria que você ainda estivesse por perto para ir à livraria local para comprar o primeiro exemplar e lê-lo em sua cadeira de balanço favorita.

E, por último, para qualquer pessoa que já se sentiu inspirada pela Integridade Intencional e deseja trazê-la para seu próprio trabalho, vou deixá-los com a mesma mensagem que Carlos Santana me enviou: "Vá até a lavanderia, pegue sua capa e voe."

Notas

Introdução: Levantem as mãos?
1. 2019 Edelman Trust Barometer, janeiro, 2019. <https://www.edelman.com/trust-barometer> (acesso em 6 de novembro de 2019).
2. Richard Edelman, "Trust at Work," Edelman, 21 de janeiro, 2019. <https://www.edelman.com/insights/trust-at-work> (acesso em 19 de outubro de 2019].
3. Jessica Long, "The Bottom Line on Trust," Accenture, 30 de outubro de 2018. <https://www.accenture.com/us-en/insights/strategy/trust-in-business> (acesso em 19 de outubro de 2019).
4. Ryan Suppe, "Salesforce Employees Ask CEO to Reconsider Contract with Border Protection Agency," *USA Today,* 26 de junho de 2018. <https://www.usatoday.com/story/tech/2018/06/26/salesforce-employees-petition-ceo-reconsider-government-contract/734907002/> (acesso em 19 de outubro de 2019].
5. Kate Trafecante e Nathaniel Meyersohn, "Wayfair Workers Plan Walkout in Protest of Company's Bed Sales to Migrant Camps," CNN Business, 26 de junho de 2019. <https://www.cnn.com/2019/06/25/business/wayfair-walkout-detention-camps-trnd/index.html> (acesso em 19 de outubro de 2019).
6. Daisuke Wakabayashi, Erin Griffith, Amie Tsang e Kate Conger, "Google Walkout: Employees Stage Protest over Handling of Sexual Harassment", *New York Times,* 1º de novembro de 2018. <https://wwwv.nytimes.com/2018/11/01/techno logy/google-walkout-sexual-harassment.html> (acesso em 19 de outubro de 2019).
7. "On the Other side of Prime Day, Amazon Workers Brace for 'Two Months of Hell' — NBC News," Kazal.hu, 16 de julho de 2019. <https://kazal.hu/2019/07/16/on-the-other-side-of-prime-day-amazon-w?orkers-brace-for-tw?o-months-of-hell-nbc-new?s/> (acesso em 19 de outubro de 2019].
8. Akane Otani, "Patagonia Triggers a Market Panic over New? Rules on Its Power Vests", *Wall Street Journal,* 4 de novembro de 2019, <https://wwvwsj.com/articles/patagonia-triggers-a-market-panic-over-new?-rules-on-its-pow?er-vests-11554736920> (acesso em 19 de outubro de 2019).
9. "Business Roundtable Redefines the Purpose of a Corporation to Promote An Economy That Serves All Americans'", Business Roundtable, 19 de agosto de 2019, <https://ww\wv.businessroundtable.org/business-roundtable-redefines-the-purpose-of-a-corporation-to-promote-an-economy-that-serves-all-americans> (acesso em 19 de outubro de 2019).

Capítulo 1: Espiões, jarts e racismo

1. "An Assessment of the Aldrich H. Ames Espionage Case and Its Implications for U.S. Intelligence", Comitê de Inteligência do Senado dos EUA, 1º de novembro de 1994. <https://fas.org/irp/congress/1994_rpt/ssci_ames.htm> (acesso em 19 de outubro de 2019).
2. Jarts são um bom exemplo de como alguns vendedores podem ser implacáveis quando sentem o cheiro de oportunidades — e como os itens proibidos podem ganhar o selo de fora da lei que os torna ainda mais valorizados por alguns compradores. Quando eu estava no eBay e os vendedores descobriram que estávamos proibindo jarts, eles tentaram uma nova abordagem: anunciar "somente caixa de jarts!", nos quais eles vendiam a caixa para você e, adivinhem, incluíam os jarts de graça. Também banimos essa prática, mas notei que anúncios do tipo "somente caixa" ressurgiram recentemente.
3. Em agosto de 2019, houve uma investigação notável do *Wall Street Journal* intitulada "A Amazon cedeu o controle de seu site. O resultado: milhares de produtos proibidos, inseguros ou rotulados incorretamente". Assim como as empresas de tecnologia que têm lutado para lidar com a desinformação em suas plataformas, a Amazon se mostrou incapaz ou relutante em policiar efetivamente os vendedores terceirizados em seu site. O *Journal* encontrou mais de 4 mil produtos à venda "que foram declarados inseguros por agências federais, são enganosamente rotulados ou são proibidos por reguladores federais". Confesso que senti certa simpatia pelo desafio de policiar essa questão em uma plataforma tão ampla, mas é imperativo atuar em prol da segurança do cliente, não apenas demonstrar uma intenção nesse sentido. <https://wmv.wsj.com/articles/amazon-has-ceded-control-of-its-site-the-result-thousands-of-banned-unsafe-or-mislabeled-products-11566564990> (acesso em 9 de novembro de 2019).
4. Brian Chesky, citado em *Time*, 8 de setembro de 2016, "Airbnb CEO: 'Bias and Discrimination Have No Place' Here", <https://time.com/4484113/airbnb-ceo-brian-chesky-anti-discrimination-racism/> (acesso em 9 de novembro de 2019).

Capítulo 3: C de Chefe

1. El, "Violated: A Travelers Lost Faith, A Difficult Lesson Learned", Around the World and Back Again, 29 de janeiro de 2011. <http://ejroundtheworld.blogspot.com/2011/06/violated-travelers-lost-faith-difficult.html> (acesso em 19 de outubro de 2019).
2. Lyneka Little, "San Francisco Burglary Inspires Changes at Airbnb," ABC News, 2 de agosto de 2011. <https://abcnews.go.com/Business/airbnb-user-horrilied-home-burglarized-vandalized-trashed/story?id=14183840> (acesso em 19 de outubro 2019).
3. Leigh Gallagher, "The Education of Airbnb's Brian Chesky," *Fortune*, 26 de junho de 2015. <https://fortune.com/longform/brian-chesky-airbnb/> (acesso em 19 de outubro de 2019).
4. Kevin Short, "11 Reasons to Love Costco That Have Nothing to Do with Shopping", *Huffington Post*, 6 de dezembro de 2017. <https://www.huffpost.com/entry/reasons-love-costco_n_4275774> (acesso em 19 de outubro de 2019).
5. Kara Swisher, "Who Will Teach Silicon Valley to Be Ethical?," *New York Times*, 21 de outubro de 2018. <https://wvvmcnytimes.com/2018/10/21/opinion/who-will-teach-silicon-valley-to-be-ethical.html> (acesso em 19 de outubro de 2019).
6. Danny Hakim, Aaron M. Kessler e Jack Ewing, "As Volkswagen Pushed to Be N. 1, .Ambitions Fueled a Scandal", *New York Times*, 27 de setembro de 2015. <https://vmmcnytimes.com/2015/09/27/business/as-vw-pushed-to-be-no-l-ambitions-fueled-a-scandal.html> (acesso em 19 de outubro 2019).
7. Jasper Jolly, "Former Head of Volkswagen Could Face 10 Years in Prison", *The Guardian*, 15 de abril de 2019. <https://www.theguardian.com/business/2019/apr/15/former-head-of-volkswagen-could-face-10-years-in-prison> (acesso em 19 de outubro de 2019).
8. Lydia Dishman, "How Volkswagen's Company Culture Could Have Led Employees to Cheat," *Fast Company*, 15 de dezembro de 2015. <https://vmmcfastcompany.com/3054692/how-volkswagens-company-culture-could-have-led-employees-to-cheat> (acesso em 19 de outubro de 2019).
9. James C. Morgan, com Joan O'C. Hamilton, *Applied Wisdom: Bad News Is Good News and Other Insights That Can Help Anyone Be a Better Manager* (Los Altos, CA: Chandler Jordan Publishing, 2016).
10. Matt Stevens, "Starbucks C.E.O. Apologizes After the Arrest of Two Black Men," *New York Times*, 15 de abril de 2018. <https://vmmcnytimes.com/2018/04/15/us/starbucks-philadelphia-black-men-arrest.html> (acesso em 19 de outubro de 2019).
11. Kim Bellware, "Uber Settles Investigation into Creepy 'God View' Tracking Program", *Huffington Post*, 6 de janeiro de 2016. <https://www.hulfpost.com/entry/uber-settlement-god-view_n_568da2a6e4b0c8beacf5a46a> (acesso em 19 de outubro de 2019).

Notas 301

12. Amy Conway-Hatcher e Sheila Hooda, "The Rearview Mirror and the Road Ahead on #Me-Too: Action Items for Corporate Boards", Law.com, 10 de janeiro de 2019. <https://wvmdaw.com/corpcounsel/2019/01/10/the-rearview-mirror-and-the-road-ahead-on-metoo-action-items-for-corporate-boards/> (acesso em 19 de outubro de 2019).
13. Sarah McBride, "WeWork IPO Turns Contentious at SoftBank's Vision Fund", *Los Angeles Times*, 6 de setembro de 2019. <https://vmmdatimes.com/business/story/2019-09-06/wework-ipo-turns-contentious-softbank-vision-fund> (acesso em 2 de novembro de 2019).
14. Stephen Bertoni, "WeWorks $20 Billion Office Party: The Crazy Bet That Could Change How the World Does Business", *Forbes*, 24 de outubro de 2017. <https://vmmcforbes.com/sites/stevenbertoni/2017/10/02/the-way-we-work/#71dd3ceflbl8> (acesso em 19 de outubro de 2019).
15. Daisuke Wakabayashi and Katie Benner, "How Google Protected Andy Rubin, the 'Father of Android'", *New York Times*, 25 de outubro de 2018. <https://vmmcnytimes.com/2018/10/25/technology/google-sexual-harassment-andy-rubin.html> (acesso em 19 de outubro de 2019).
16. Jennifer Blakely, "My Time at Google and After", *Medium*, 28 de agosto de 2019. <https://medium.com/@jennifer.blakely/my-time-at-google-and-after-b0af688ec3ab> (acesso em 19 de outubro 2019).
17. Connie Loizos, "Google Lets Drummond Do the Talking", *TechCrunch*, 29 de agosto de 2019. <https://techcrunch.com/2019/08/29/google-lets-david-drummond-do-the-talking/> (acesso em 19 de outubro de 2019).
18. Phillip Bantz, "Ex-Google Employees Account of Sexual Misconduct, Mistreatment Is Familiar Tale of 'High Talent' Privilege", Law.com, 29 de agosto de 2019. <https://vmmclaw.com/corpcounsel/2019/08/29/ex-google-employees-account-of-sexual-misconduct-mistreatment-is-familiar-tale-of-high-talent-privilege/> (acesso em 19 de outubro de 2019).
19. Shona Ghosh, "Google's Latest Explosive #MeToo Claims Are Yet Another Sign of a Destructively Permissive Culture Built Up over Years", *Business Insider*, 29 de agosto de 2019. <https://www.businessinsider.com/google-rocked-by-david-drummond-claims-2019-8> (acesso em 19 de outubro de 2019).
20. Connie Loizos, "Alphabet's Controversial Chief Legal Officer David Drummond Is Leaving, Saying He Has Decided to Retire", *TechCrunch*, 10 de janeiro de 2020. <https://techcrunch.com/2020/01/10/alphabets-controversial-chief-legal-officer-david-drummond-is-leaving-saying-he-has-decided-to-retire/> (acesso em 14 de janeiro de 2020).
21. Reuters, "Alphabet Legal Head Drummond Exits, Giving Its New CEO Chance to Shake Up Team", *New York Times*, 10 de janeiro de 2020. <https://vmmcnytimes.com/reuters/2020/01/10/business/10reuters-alphabet-executive.html> (acesso em 14 de janeiro de 2020).

Chapter 4: Quem somos?

1. Reed Abelson, "Enron's Collapse: The Directors; Eyebrows Raised in Hindsight About Outside Ties of Some on the Board", *New York Times*, 30 de novembro de 2001; Nicholas Stein, "The World's Most Admired Companies: How Do You Make the Most Admired List? Innovate, Innovate, Innovate", *Fortune*, 2 de outubro de 2000. <https://archive.fortune.com/magazines/fortune/fortune_archive/2000/10/02/288448/index.htm> (acesso em 10 de novembro de 2019).
2. Zeke Ashton, "Cree's Conference Call Blues", The Motley Fool, atualizado em 18 de novembro de 2016. <https://vmmcfool.com/investing/general/2003/10/24/crees-conference-call-blues.aspx> (acesso em 19 de outubro de 2019).
3. Esta lista deriva de um excelente artigo chamado "Corporate Ethics and Sarbanes-Oxley", publicado em 2003 pelo *Wall Street Lawyer*. <https://corporate.findlaw.com/law-library/corporate-ethics-and-sarbanes-oxley.html> (acesso em 19 de outubro de 2019).
4. Milton Friedman, "The Social Responsibility of Business Is to Increase Its Profits", *New York Times Magazine*, 13 de setembro de 1970. <http://umich.edu/~thecore/doc/Friedman.pdf> (acesso em 12 de novembro de 2019).
5. Larry Fink, "Purpose & Profit". <https://vmmcblackrock.com/corporate/investor-relations/larry-fink-ceo-letter> (acesso em 12 de novembro de 2019).
6. Doug McMillan, "A Message from Our Chief Executive Officer", Walmart. <https://cert-me.walmart.com/content/walmartethics/en_us.html> (acesso em 15 de julho de 2019).
7. "Patagonias Mission Statement", Patagonia. <https://wvmcpatagonia.com/company-info.html> (acesso em 19 de outubro de 2019).

8 Esses termos são uma abreviatura de valores que são explicados para os funcionários quando eles ingressam no Airbnb. Eles se referem a uma missão de pertencer, um espírito de hospitalidade, uma disposição para abraçar a imprevisibilidade dos negócios e viagens com entusiasmo e uma capacidade de encontrar respostas criativas em situações difíceis, como nossos fundadores fizeram quando mantiveram a empresa funcionando com a venda de caixas de cereais personalizadas em convenções políticas.
9 Minha mãe amava programas desse tipo e costumava ler cartas em voz alta no café da manhã. Uma de minhas respostas favoritas de todos os tempos foi a uma carta de um leitor que alegou estar em pé de guerra porque pessoas "de aparência estranha" de diferentes raças e orientações sexuais estavam visitando uma casa do outro lado da rua. O remetente perguntou: "Esses malucos estão destruindo os valores de nossas propriedades! Como podemos melhorar a qualidade deste bairro antes respeitável?" A resposta: "Querido remetente: Você pode se mudar." Para mais respostas memoráveis, ver <https://theweek.com/articles/468550/13-dear-abbys-best-zingers> [conteúdo em inglês] (acesso em 22 de novembro de 2019).
10 "Integrity: The Essential Ingredient", The Coca-Cola Company. <https://www.coca-colacompany.com/content/dam/journey/us/en/private/fileassets/pdf/2018/Coca-Cola-COC-External.pdf> (acesso em 19 de outubro de 2019).
11 "Code of Business Conduct and Ethics", Amazon. <https://ir.aboutamazon.com/corporate-governance/documents-charters/code-business-conduct-and-ethics/> (acesso em 19 de outubro de 2019).
12 "Corporate Ethics", Hewlett Packard Enterprise. <https://wwnv.hpe.com/us/en/about/governance/ethics.html> (acesso em 7 de agosto de 2019).
13 Nick Bilton, "Inside Elizabeth Holmes's Chilling Final Months at Theranos", *Vanity Fair*, 21 de fevereiro de 2019. <https://wmmcvanityfair.com/newfs/2019/02/inside-ehzabeth-holmess-final-months-at-theranos> (acesso em 19 de outubro de 2019).
14 Henry Blodget, "Mark Zuckerberg on Innovation", *Business Insider*, 1º de outubro de 2009. <https://wmmcbusinessinsider.com/mark-zuckerberg-innovation-2009-10> (acesso em 22 de novembro de 2019). Perceba que até mesmo Zuckerberg mudou seu lema para "Mova-se rápido com infraestrutura estável". <https://wmmcbusinessinsider.com/mark-zuckerberg-on-facebooks-newf-motto-2014-5> (acesso em 22 de novembro de 2019).

Capítulo 5: Sabotando a missão
1 Vault Careers, "Finding Love at Work Is More Acceptable Than Ever", Vault, 11 de fevereiro de 2015. <http://wmmcvault.com/blog/wforkplace-issues/2015-office-romance-survey-results/> (acesso em 19 de outubro de 2019).
2 Maureen Farrell, "Two Snap Executives Pushed Out After Probe into Inappropriate Relationship", atualizado em 18 de janeiro de 2019. <https://wmmcwfsj.com/articles/twfo-snap-executives-pushed-out-after-probe-into-inappropriate-relationship-11547850401> (acesso em 19 de outubro de 2019).
3 David Margolick, "Inside Stanford Business School's Spiraling Sex Scandal", *Vanity Fair*, 17 de outubro de 2015. <https://wmmcvanityfair.com/newfs/2015/10/stanford-business-school-sex-scandal> (acesso em 19 de outubro de 2019).
4 Alexandra Berzon, Chris Kirkham, Elizabeth Bernstein e Kate O'Keeffe, "Casino Managers Enabled Steve Wynn's Alleged Misconduct for Decades, Workers Say", atualizado em 27 de março de 2018. <https://wmmcwfsj.com/articles/casino-managers-enabled-wfynns-alleged-misconduct-for-decades-wforkers-say-1522172877> (acesso em 19 de outubro de 2019).
5 Tiffany Hsu e Mohammed Hadi, "Wynn Leaders Helped Hide Sexual Misconduct Allegations Against Company's Founder, Report Says", *New York Times*, 2 de abril de 2019. <https://wmmf.nytimes.com/2019/04/02/business/wfynn-resorts-sexual-misconduct-steve-wfynn.html> (acesso em 19 de outubro de 2019).
6 Release do Departamento de Justiça dos EUA: Theranos Founder and Former Chief Operating Officer Charged in Alleged Wire Fraud Schemes, 15 de janeiro de 2018. <https://wmmcjustice.gov/usao-ndca/pr/theranos-founder-and-former-chief-operating-officer-charged-alleged-wfire-fraud-schemes> (acesso em 12 de novembro de 2019).
7 Jennifer Medina, Katie Benner e Kate Taylor, "Actresses, Business Leaders and Other Wealthy Parents Charged in U.S. College Entry Fraud", *New York Times*, 12 de março de 2019. <https://www.nytimes.com/2019/03/12/us/college-admissions-cheating-scandal.html?module=inline> (acesso em 12 de novembro de 2019).

Notas   303

8 Wired Staff, "A True EBay Crime Story", *Wired*, 8 de maio de 2006. <https://www.wired.eom/2006/05/a-true-ebay-crime-story/> (acesso em 19 de outubro de 2019).
9 Kevin Sack, "Patient Data Landed Online After a Series of Missteps", *New York Times*, 6 de outubro de 2011. <https://www.nytimes.com/2011/10/06/us/stanford-hospital-patient-data-breach-is-detailed.html> (acesso em 19 de outubro de 2019).
10 Ibid.
11 Jack Morse, "'F*ck ethics. Money is everything': Facebook Employees React to Scandal on Gossip App", Mashable, 30 de janeiro de 2019. <https://mashable.com/article/facebook-employees-react-teen-spying-app-blind/> (acesso em 19 de outubro de 2019). Nota: é justo mencionar que é impossível confirmar se a pessoa que postou isso é ou não um funcionário atual do Facebook.

Capítulo 6: Renove, detone, repita
1 <https://www.thedishonestyproject.com/film/> (acesso em 12 de novembro de 2019).
2 Quando o Airbnb começou a receber denúncias de hóspedes negros informando que o acesso aos anúncios do Airbnb estava sendo negado, procurei o conselho de Eric imediatamente para saber como lidar com a situação, e sua empresa forneceu consultoria jurídica ao Airbnb em várias ocasiões durante minha gestão.
3 Jacobellis v. Ohio. <https://www.law.cornell.edu/supremecourt/text/378/184> (acesso em 12 de novembro de 2019).

Capítulo 7: Tapete vermelho para reclamações
1 Ann Skeet, "A Conversation with Theranos Whistleblower Tyler Shultz", Markkula Center for Applied Ethics at Santa Clara University, 22 de maio de 2019. <https://www.scu.edu/ethics/focus-areas/leadership-ethics/resources/a-conversation-with-theranos-whistleblower-tyler-shultz/> (acesso em 19 de outubro de 2019).
2 Reid Hoffman, "The Human Rights of Women Entrepreneurs", LinkedIn, 23 de junho de 2017. <https://www.linkedin.com/pulse/human-rights-women-entrepreneurs-reid-hoffman/> (acesso em 19 de outubro de 2019).
3 "Suboxone Maker Pays $1.4 Billion to Settle Fraud Investigation", *FDA News*, 22 de julho de 2019. <https://www.fdanews.com/articles/192064-suboxone-maker-pays-14-billion-to-settle-fraud-investigation> (acesso em 19 de outubro de 2019).
4 Sue Reisinger, "Justice Department, 6 Whistleblowers Win $ 1.4B Settlement with Opioid Maker", Law.com, 11 de julho de 2019. <https://www.law.com/corpcounsel/2019/07/ll/justice-department-6-whistleblowers-win-l-4b-settlement-with-opioid-maker/> (acesso em 19 de outubro de 2019).
5 Matt Richtel e Alexei Barrionuevo, "Finger in Chili Is Called Hoax; Las Vegas Woman Is Charged", *New York Times*, 23 de abril de 2005. <https://www.nytimes.com/2005/04/23/us/finger-in-chili-is-called-hoax-las-vegas-woman-is-charged.html> (acesso em 19 de outubro de 2019).

Capítulo 8: Quando o inevitável acontece
1 Rebecca Grant, "McDonald s Workers Walk Out over Sexual Harassment", *The Nation*, 18 de setembro de 2018. <https://vvmmcthenation.com/article/mcdonalds-workers-walk-out-over-sexual-harassment/> (acesso em 19 de outubro de 2019); ver também Sarah Jones, "McDonalds Workers Say Times Up on Sexual Harassment", *New York Magazine*, 21 de maio de 2019. <http://nymag.com/intelligencer/2019/05/mcdonalds-workers-say-times-up-on-sexual-harassment.html> (acesso em 19 de outubro de 2019).
2 Elahe Izadi e Travis M. Andrews, "Former CBS Chairman Les Moonves Fired for Cause, Will Not Receive Severance in Wake of Sexual Misconduct Allegations", *Washington Post*, 17 de dezembro de 2018. <https://wvvmcwashingtonpost.com/arts-entertainment/2018/12/17/former-cbs-chairman-les-moonves-fired-cause-will-not-receive-severance-wake-sexual-misconduct-allegations/?utm_term=.23e0896b50bb> (acesso em 19 de outubro de 2019).
3 Reid Hoffman, "The Human Rights of Women Entrepreneurs", LinkedIn, 23 de junho de 2017. <https://wvvmclinkedin.com/pulse/human-rights-women-entrepreneurs-reid-hoffman/> (acesso em 19 de outubro de 2019).

Capítulo 9: De olho nos canários

1. Kat Eschner, "The Story of the Real Canary in the Coal Mine", *Smithsonian*, 30 de dezembro de 2016. <https://vvmmcsmithsonianmag.com/smart-news/story-real-canary-coal-mine-180961570/> (acesso em 19 de outubro de 2019).
2. Susan Fowler, "Reflecting on One Very, Very Strange Year at Uber", Susan Fowler blog, 19 de fevereiro de 2017. <https://www.susanjfowler.com/blog/2017/2/19/reflecting-on-one- very-strange-year-at-uber> (acesso em 19 de outubro de 2019).
3. Maya Kosoff, "Mass Firings at Uber as Sexual Harassment Scandal Grows", *Vanity Fair*, 6 de junho de 2017. <https://www.vanityfair.com/news/2017/06/uber-fires-20-employees-harassment -investigation> (acesso em 19 de outubro de 2019).
4. Eric Holder, "Uber Report: Eric Holder's Recommendations for Change", *New York Times*, 13 de junho de 2017. <https://wvvmcnytimes.com/2017/06/13/technology/uber-report-eric-holders -recommendations-for-change.html> (acesso em 19 de outubro de 2019).
5. "FAQs", Blind, atualizado em março de 2019. <https://wvvmcteamblind.com/faqs> (acesso em 19 de outubro de 2019).
6. "Ethics Complaints," Blind, 13 de setembro de 2017. <https://vvmmcteamblind.com/article/Ethics-complaints-eQUWfpH4> (acesso em 19 de outubro de 2019).

Capítulo 10: Cara, não é que você "não sabe flertar"

1. Globe Newswire, "Research Finds Businesses May Soon Feel Financial Impacts of #MeToo in Staffing and Revenue", FTI Consulting, 15 de outubro de 2018. <https://wvvmcfticonsulting.com /about/newsroom/press-releases/research-finds-businesses-may-soon-feel-financial-impacts -of-metoo-in-staffing-and-revenue> (acesso em 19 de outubro de 2019).
2. Alexandra Berzon, Chris Kirkham, Elizabeth Bernstein e Kate O'Keeffe, "Casino Managers Enabled Steve Wynns Alleged Misconduct for Decades, Workers Say", *Wall Street Journal*, atualizado em 27 de março de 2018. <https://www.wsj.com/articles/casino-managers-enabled -wynns-alleged-misconduct-for-decades-workers-say-1522172877>. (acesso em 19 de outubro de 2019).
3. Deanna Paul, "Harvey Weinsteins Third Indictment Could Open the Door for Actress Anna- bella Sciorra to Take Stand", *Washington Post*, 26 de agosto de 2019. <https://wvmcwashingtonpost .com/arts-entertainment/2019/08/26/harvey-weinsteins-third-indictment-could-open-door -another-accuser-take-stand/> (acesso em 19 de outubro de 2019).
4. U.S. Equal Employment Opportunity Commission, "Enforcement Guidance". <https://www .eeoc.gov/eeoc/publications/upload/currentissues.pdf> (acesso em 12 de novembro de 2019; destaques meus).
5. A postagem original de Rosenberg no Facebook foi removida, mas foi amplamente reproduzida, incluindo no *Deadline*: Mike Fleming Jr., "'Beautiful Girls' Scribe Scott Rosenberg on a Complicated Legacy with Harvey Weinstein", Deadline, 16 de outubro de 2017. <https://deadline.com/2017/10/scott -rosenberg-harvey-weinstein-miramax-beautiful-girls-guilt-over-sexual-assault-allegations-1202189525/> (acesso em 19 de outubro de 2019).

Capítulo 11: Seu cliente o define

1. Mike Snider e Edward C. Baig, "Facebook Fined $5 Billion by FTC, Must Update and Adopt New Privacy, Security Measures", *USA Today*, 24 de julho de 2019. <https://wvvmcusatoday.com/story /tech/news/2019/07/24/facebook-pay-record-5-billion-fine-u-s-privacy-violations/1812499001/> (acesso em 19 de outubro de 2019).
2. Estou seguindo a convenção crescente de não usar o nome do assassino, já que os especialistas dizem que os assassinos em massa são motivados pela ideia de se tornarem famosos, mesmo após a morte.
3. Kevin Roose, "'Shut the Site Down,' Says the Creator of 8chan, a Megaphone for Gunmen", *New York Times*, 4 de agosto de 2019. <https://vvmmcnytimes.com/2019/08/04/technology/8chan-shooting-manifesto.html> (acesso em 13 de novembro de 2019).
4. Drew Harwell, "Three mass shootings this year began with a hateful screed on 8chan. Its founder calls it a terrorist refuge in plain sight", *Washington Post*, 4 de agosto de 2019. <https://www .washingtonpost.com/technology/2019/08/04/three-mass-shootings-this-year-began-with-hateful-screed-chan-its-founder-calls-it-terrorist-refuge-plain-sight/> (acesso em 19 de outubro de 2019).
5. Kevin Roose, "Why Banning 8chan Was so Hard for Cloudflare: 'No One Should Have That Power'", *New York Times*, 5 de agosto de 2019. <https://wvmcnytimes.com/2019/0S/05/technology /Schan-cloudflare-el-paso.html> (acesso em 19 de outubro de 2019).

Notas   305

6   Matthew Prince, "Terminating Service for 8Chan", The Cloudflare Blog, 4 de agosto de 2019. <https://blog.cloudflare.com/terminating-service-for-Schan/> (acesso em 19 de outubro de 2019).
7   Monica Nickelsburg, "Amazon Seeks to Root Out Any Ties to Schan, as Tech Firms Grapple with Implications of Extremist Sites", *Geek Wire*, agosto de 2019. <https://vvmmcgeekwire.com/2019 / amazon-seeks-root-ties-Schan-tech-firms-grapple-implications-extremist-sites/> (acesso em 12 de novembro de 2019).
8   Mike Isaac, *Super Pumped: The Battle for Uber* (New York: W. W. Norton, 2019), 174.
9   Ibid.
10 Padrões da comunidade, Facebook. <https://www.facebook.com/communitystandards/introduction> (acesso em 12 de novembro de 2019).
11 Simon van Zuylen-Wood, "'Men Are Scum': Inside Facebooks War on Hate Speech", *Vanity Fair*, 26 de fevereiro de 2019. <https://www.vanityfair.com/news/2019/02/men-are-scum-inside -facebook-war-on-hate-speech> (acesso em 19 de out de 2019).
12 Elizabeth Dwoskin, "YouTubes Arbitrary Standards: Stars Keep Making Money Even After Breaking the Rules", *Washington Post*, 9 de agosto de 2019. <https://vvmmcwashingtonpost.com /technology/2019/0S/09/youtubes-arbitrary-standards-stars-keep-making-money-even-after-breaking-rules/?noredirect=on> (acesso em 19 de outubro de 2019).
13 14th Annual Board of Boards, CECP Executive Summary. <https://cecp.co/wp-content/uploads /2019/03/2019_BoB_Exec_Summary-Final-WEB.pdf> (acesso em 13 de novembro de 2019).
14 Ibid.
15 Meg Whitman, com Joan O'C. Hamilton, *The Power of Many: Values for Success in Business and in Life* (New York: Crown Publishing, 2010).

Conclusão: Um superpoder para nosso tempo
1   Cindy Boren, "Clippers Owner Donald Sterling Allegedly Tells Girlfriend Not to Bring Black People to Games, Disses Magic Johnson, Report Says", 26 de abril de 2014. <https://www .washingtonpost.com/news/early-lead/wp/2014/04/26/clippers-owner-donald-sterling-tells -girlfriend-not-to-bring-black-people-to-games-disses-magic-johnson/> (acesso em 22 de novembro de 2019).
2   Yahoo Sports Staff, "The NBA World Reacts to Donald Sterling's Lifetime NBA Banishment", Yahoo! Sports, 29 de abril de 2014. <https://sports.yahoo.com/-the-nba-world-reacts-to-donald-sterling-s-lifetime-nba-banishment-191344427.html?y20=l> (acesso em 19 de outubro de 2019).
3   Jonah Goldberg, "Op-Ed: America Is Sick, and Both Liberals and Conservatives Are Wrong About the Remedy", *Los Angeles Times*, 6 de agosto de 2019. <https://vvmmdatimes.com/opinion/story /2019-08-06/liberal-conservative-nationalism-socialism-communities> (acesso em 19 de outubro de 2019).
4   David Brooks, "The Demoralization of the Market", *New York Times*, 10 de janeiro de 2019. <https://www.nytimes.com/2019/01/10/opinion/market-morality.html> (acesso em 19 de outubro de 2019).
5   Jamie Dimon e Warren E. Buffett, "Short-Termism Is Harming the Economy", *Wall Street Journal*, 6 de junho de 2018. <https://wvvmcwsj.com/articles/short-termism-is-harming-the-economy -1528336801> (acesso em 19 de outubro de 2019).
6   Martin Lipton, "Wachtell Lipton Shines a Spotlight on Boards", 9 de julho de 2019, reimpresso em "The CLS Blue SkyBlog". <http://clsbluesky.law.columbia.edu/2019/07/09/wachtell-lipton-shines-a-spotlight-on-boards/> (acesso em 16 de novembro de 2019).
7   Mark Weinberger, "How the Role of Global CEO Is Changing", EY.com, 18 de janeiro de 2019. <https://wvvmcey.com/en_gl/wef/how-the-role-of-global-ceo-is-changing> (acesso em 19 de outubro de 2019).
8   Tim Cook, 2019 Commencement Address. <https://news.stanford.edu/2019/06/16/remarks-tim-cook-2019-stanford-commencement/> (acesso em 16 de novembro de 2019).
9   AP, "LUNA Bar Pledges to Make Up Roster Pay Gap for US Women", *USA Today*, 2 de abril de 2019. <https://www.usatoday.com/ story/sports/ soccer/2019/04/02/luna-bar-pledges-to-make-up-roster-pay-gap-for-us-women/39289701/> (acesso em 19 de outubro de 2019).

Apêndice
1   Rajeev Syal e Sybilla Brodzinsky, "Body Shop Ethics Under Fire After Colombian Peasant Evictions", *The Guardian*, 12 de setembro de 2009. <https://vmmctheguardian.com/world/2009/sep/13/body-shop-colombia-evictions> (acesso em 16 de novembro de 2019).

Posfácio: Integridade durante uma crise

1 Lindsay Weinberg e Falen Hardge, "More Fashion Retailers Make Medical Masks and Scrubs for Coronavirus Doctors", *Hollywood Reporter,* 25 de março de 2020. <https://www.hollywoodre- porter. com/news/coronavirus-fashion-brands-make-medical-masks-scrubs-hospitals-1286609).
2 "Jennifer Garner & Amy Adams Launch #SAVEWITHSTORIES to Help Kids Learn, Get Nutritious Meals During Coronavirus School Closures", press release, Scholastic, 16 de março de 2020. <http://mediaroom.scholastic.com/press-release/ jennifer-garner-amy-adams-launch-savewithstories-help-kids-learn-get-nutritious-meals->.
3 Russ Mitchell, "How to Protect Workers from the Coronavirus: This CEO Has Good Advice", *Los Angeles Times,* 26 de março de 2020. <https://www.latimes.com/business/story/2020-03-26/ coronavirus-manufacturer-safety>.
4 Dalvin Brown, "COVID-19 Claims Lives of 30 Grocery Store Workers, Thousands More May Have It, Union Says", *USA Today,* 14 de abril de 2020. <https://vmm.usatoday.com/story/money/2020/04/14/coronavirus-claims-lives-30-grocery-store-workers-union-says/2987754001/>.
5 Annie Palmer, "Amazon Lawyer Calls Fired Strike Organizer 'Not Smart or Articulate' in Meeting with Top Execs", CNBC, 2 de abril de 2020. <https://vmmccnbc.com/2020/04/02/amazon-lavryer-calls-fired-warehouse-worker-not-smart-or-articulate.html>.
6 Nick Ellis, "How Marriott Plans to Manage a 45% Drop in Hotel Occupancy Rates", The Points Guy, 20 de março de 2020. <https://thepointsguy.com/news/how-marriott-will-manage-huge-drop-in-occupancy/>.

Índice

Símbolos

8chan, site 201-202
8kun 203
11 de Setembro 274-275, 284
#MeToo, movimento 4, 37, 52, 56, 126, 159, 178

A

abuso
  de dados de clientes 55
  sobre a privacidade de dados 2
Accenture, consultoria mundial 11, 82
Accomable 227
Adam Neumann, cofundador da WeWork 57
Adam Silver, advogado da NBA 18, 133, 212
agressão sexual 182-183, 185
Alphabet 59, 60
Amazon 13, 22, 31, 49, 74, 94, 100
  Web Services 203
ambiente de trabalho hostil 121, 188, 196
American Civil Liberties Union 160
American Enterprise Institute 216
America Online 198, 200
Ann Skeet, diretora sênior de liderança ética no Markkula Center 131
Apple 109, 228
Applied Materials 36, 48
armadilha da integridade 6-8
armas de fogo 27
Arthur Andersen, auditor da Enron 63
ascensão e queda da empresa de testes de sangue Theranos 50
assédio sexual 4, 34, 40, 55, 61, 85, 92-93, 132
  definição 183
Atari 54
atitude de humildade 117
Auction for America 275

B

Bad Blood: Fraude Bilionária no Vale do Silício 50
batida constante 38
bebidas alcoólicas 27
Belinda Johnson, COO do Airbnb 129
Ben Horowitz, empreendedor 49
Bill Russell, pivô do Boston Celtics 213
Blackrock 67
blockchain 94
Blue Seat Studios 126
Bobby Brown, presidente da Liga Americana de Beisebol 28
Brian Chesky, CEO do Airbnb 5, 42, 66, 211
bullying 141, 170, 196
Business Roundtable 14, 218

C

Câmara de Comércio dos EUA 14
Cambridge Analytica 93, 199
Carlyle Group 228
caso Drummond 84
chantagem 85
Chief Executives for Corporate Purpose 207
Chuck Geiger, diretor de tecnologia 115
cláusulas
  de comportamento pessoal 162
  morais 163
código de ética 33-35, 52, 63
  comitê de 76
começo do eBay 22
comitê de auditoria da NBA 133
Competitive Agility Index 11
comportamento
  antiético 29
  ético 33
  inadequado nas redes sociais 118

compromisso com a integridade 214
comunicação
  do código 35
  transparente 36–37
conduta sexual 3
conflito de interesses 99–102
consequências 37–38
constância 38
consumo
  excessivo de álcool 88–89
  responsável de bebidas 123
Covid-19 4
cultura de alta integridade 37
customização do código de ética 35

D

Dan Ariely, cientista comportamental 10, 112, 190
Dan Ariely, cientista comportamental da Universidade de Duke 158
Danny Glover, ator 126
Dan Rosensweig, CEO da Chegg 116, 218
Dean Foods 228
declaração de missão da empresa 74
Departamento de Álcool, Tabaco e Armas de Fogo dos EUA 27
diálogo aberto e respeitoso 11
dilemas de integridade 39
  no trabalho 81–82
discriminação 187
discurso de ódio 208
Donald Heider, diretor executivo do Markkula Center for Applied Ethics 114, 131
drogas legais e ilegais 91–92

E

eBay 13, 20, 34, 99, 103, 198
Edelman, empresa de relações públicas global 8–9
empresas da internet 31, 46
Enron 62, 102
equipe
  de investigação 128
  de Trust & Safety 22

Eric Holder, ex-procurador-geral dos Estados Unidos 114, 118, 168
escândalos em empresas de tecnologia 4
ética
  corporativa 6
  no fornecimento de produtos 45
experiência com armas 27

F

Facebook 18, 23, 94, 185, 199
farsa do chili 143
Federal Trade Commission 54
Foreign Corrupt Practices Act 109
fraude 102, 150
  em contas de despesas 85
FTI Consulting 181, 190, 193
furacão Katrina 275
Fusca 47

G

GeekWire 203
Google 13, 36, 59, 75
Greylock Partners 136
grupo Confiança & Segurança 24, 26, 28

H

Harvey Weinstein 55, 183, 192
Hillary Rodham Clinton 228
Hill Family Advisors 228
Hipocrisia e ambiguidade 35
homeschooler 27, 31
hotline 132–133, 135, 160, 174, 190
Howard Schultz, fundador da Starbucks 208

I

impacto da tecnologia na sociedade 2
impostos sobre bebidas, tabaco e armas 27
incentivar a denúncia 129
incidente de confiança 82
informação
  médica 125
  privilegiada 57
Instagram 110
Integridade Intencional 3, 15, 17

intimidação 55

J

Jackie Kalk, advogada trabalhista 191
James Morgan, executivo 36, 48
Jamie Dimon, CEO do JPMorgan Chase 218
Jared Fogle, o ex-porta-voz do Subway 134
Jeff Bezos, fundador e CEO da Amazon 49, 96
Jeffrey Skilling, CEO da Enron 63
Jim Sinegal, cofundador da Costco 45-46
Joe Zadeh, chefe de gerenciamento de produto do Airbnb 45
John Carreyrou, autor 50, 130
Johnson & Johnson 82
JPMorgan Chase 218

K

Kara Swisher, colunista 45
Kombi 47
Ku Klux Klan 210, 213

L

Larry Fink, CEO da Blackrock, Inc. 67
legítima defesa 27
Lei Sarbanes-Oxley 63
leis de repressão ao comércio eletrônico 25
lentes
  da hipocrisia 155
  da homogeneidade 223
Les Moonves, ex-CEO da CBS 55, 163
liberdade de expressão 31
liderança ética 58
Lilian Tham, chefe de recrutamento executivo do Airbnb 36
LinkedIn 13, 104, 223
Littler 191
livros didáticos 27
Los Angeles Clippers 212

M

Mark Cuban, dono do Dallas Mavericks 214
marketplace 24
Markkula Center 131
Mark Weinberger, ex-CEO da empresa de consultoria global EY Global 221
Mark Zuckerberg 80
Masayoshi Son, presidente do SoftBank 57
Massachusetts Gaming Comission 93
massacre de Columbine 27
Matthew Prince, CEO da Cloudflare 202
Meg Whitman, CEO da eBay 21-24, 30, 118, 208, 219
mensagem da integridade 117
Microsoft 214
Mike Isaac, repórter do New York Times 204
Milton Friedman, economista 66
mortes por Tylenol, caso em Chicago 82
Motion Picture Association of America 95

N

NBA, liga de basquete 114, 133, 273
negócios disruptivos 19
Nevada Gaming Commission 92
New York Times, jornal 217
New York Yankees, equipe de beisebol 28

O

óculos da ética 152, 196
ombudsman 134, 136, 190
Oprah Winfrey Show 25
Oracle 50
orientação sobre preconceito racial 51
Os seis Cs 33

P

Passat 47
Patagonia, empresa 13, 68, 199
Paul Sallaberry, capitalista de risco 50
PayPal, forma de pagamento 13, 21, 136
pensamento tradicional 113
Pierre Omidyar, fundador do eBay 21
Pinterest 199
plataformas da internet 2
política
  de ética 61
  de recursos corporativos 94
Potter Stewart, juiz 121
privacidade

de dados 31, 93-94
do cliente 53-54
produtos proibidos no eBay 26
programa de Integridade Intencional 48
Progressive Insurance 228

R

racismo 169, 201
RB Group 138
Reid Hoffman, cofundador do LinkedIn 13, 136, 192
relacionamentos românticos 84
  proibição de 51-52, 55
relações inapropriadas 83
responsabilidade do bar 89
responsabilização das plataformas pelo conteúdo 31
Richard Diebenkorn, artista 103
Richard Edelman, CEO da Edelman 8
Richard L. Williams, juiz 144
Rob Chesnut, advogado 19

S

Salesforce 13
satisfação do cliente 66
Second Harvest Food Bank 218
Segunda Guerra Mundial 208-209
síndrome de Moisés 117
sistema de valores 50
Snapchat 86
SoftBank 57
Sports Illustrated, revista 215
Srin Madipalli 226-228
Starbucks 50
Steve Ballmer, ex-CEO da Microsoft 214
Steve Jobs 54, 155
storytelling 39
suborno 49, 150
  de funcionários 118
  e presentes 108-109
Subway 134
"sujeira" ética 37
suprema Corte dos EUA 121

T

tabaco 27

terceirizar" a responsabilidade 46
terrorismo doméstico 201
The Power of Many 210
Theranos 50, 77, 83, 102, 113, 130
Thurman Munson, jogador de beisebol 28
Tim Cook, CEO da Apple 228
tiroteio em El Paso 202
TMZ, site 212
Twitter 23

U

Uber 53, 113, 199
United Food & Commercial Workers 278

V

Vale do Silício 46, 88, 120, 155, 177
valores da empresa 65
vandalismo 42
Vault Platform, sistema 133
vazamentos 137-139
venda ilegal de dados de clientes 4
Veritas 50
violação
  das regras 146
  de dados 118
  de integridade 130
  do código 38, 40, 65
Vision Fund 57
Volkswagen 47, 102
  fraude da 47-48

W

Wall Street Journal 13
Walmart 67
Warren Buffett, CEO da Berkshire Hathaway 218
Weinstein Company 83, 183
Wendy's 142
We Work 57, 113
Willie Nelson, cantor 197
Wynn Resorts 83, 92, 183

Y

Yahoo! 22, 198
YouTube 199